本书是2012年度国家社会科学基金一般项目"拉美左翼和社会主义理论思潮研究"（批准号：12BGJ002）最终成果。

拉美左翼和社会主义理论思潮研究

徐世澄
◆ 主编 ◆

徐世澄 唐　俊
袁东振 王　双
陈　岚 叶健辉
合著

中国社会科学出版社

图书在版编目（CIP）数据

拉美左翼和社会主义理论思潮研究/徐世澄主编 . —北京：
中国社会科学出版社，2017.5
ISBN 978 - 7 - 5203 - 0118 - 3

Ⅰ.①拉…　Ⅱ.①徐…　Ⅲ.①社会主义—研究—拉丁美洲
Ⅳ.①D773.021

中国版本图书馆 CIP 数据核字（2017）第 067759 号

出 版 人	赵剑英
责任编辑	张　林
特约编辑	闫纪琳钺
责任校对	王　斐
责任印制	戴　宽

出　　　版	中国社会科学出版社
社　　　址	北京鼓楼西大街甲 158 号
邮　　　编	100720
网　　　址	http://www.csspw.cn
发 行 部	010 - 84083685
门 市 部	010 - 84029450
经　　　销	新华书店及其他书店

印刷装订	北京明恒达印务有限公司
版　　次	2017 年 5 月第 1 版
印　　次	2017 年 5 月第 1 次印刷

开　　本	710×1000　1/16
印　　张	20.5
插　　页	2
字　　数	309 千字
定　　价	88.00 元

目　　录

前言　···　(1)

第一章　拉美左翼和社会主义理论思潮的产生和发展　·········　(1)

　第一节　19世纪后期拉美工人运动的兴起和科学社会主义思想

　　　　　在拉美的传播　···　(2)

　　一　19世纪后期拉美国家工人运动的兴起　·················　(2)

　　二　拉美国家社会主义思想的产生与发展　·················　(5)

　第二节　拉美国家社会党和共产党的诞生　·····················　(10)

　　一　拉美国家社会党的建立　···································　(10)

　　二　拉美国家共产党的诞生　···································　(12)

　第三节　曲折发展的拉美共产主义和社会主义运动　··········　(15)

　　一　拉美国家共产主义运动在曲折中发展　·················　(15)

　　二　拉美社会民主主义的思潮与实践　······················　(27)

　　三　拉美民族社会主义的理论与实践　······················　(29)

　　四　拉美的托洛茨基主义及其影响　·························　(33)

　　五　21世纪后出现的新社会主义　····························　(37)

第二章　拉美新左翼运动的崛起　································　(41)

　第一节　拉美左翼运动的发展　···································　(41)

　　一　拉美传统左派政党、组织和运动　······················　(41)

　　二　拉美的左翼游击运动　······································　(43)

　第二节　东欧剧变和苏联解体对拉美左翼和社会主义

　　　　　运动的影响　··　(46)

一 东欧剧变 …………………………………………………（46）

二 苏联解体 …………………………………………………（47）

三 东欧剧变和苏联解体对世界格局的影响 …………（49）

四 东欧剧变和苏联解体对拉美左翼和社会主义

运动的影响 ……………………………………………（50）

第三节 20 世纪末拉美新左翼运动的崛起及其原因 …………（54）

一 拉美新左派的崛起 ……………………………………（54）

二 拉美新左派崛起的原因 ………………………………（62）

三 拉美新左派的作用和影响 ……………………………（68）

四 拉美新左派面临的问题 ………………………………（70）

第四节 当代拉美左翼与社会主义运动的战略主张与特点 ……（73）

一 关于拉美左派的战略和主张 …………………………（73）

二 当代拉美左翼和社会主义运动的特点 ………………（74）

第三章 拉美左翼与圣保罗论坛 ………………………………（83）

第一节 圣保罗论坛成立的历史背景 …………………………（83）

一 国际背景 …………………………………………………（84）

二 拉美背景 …………………………………………………（85）

第二节 圣保罗论坛的发展历程 ………………………………（87）

第三节 圣保罗论坛主张促进拉美一体化 …………………（107）

第四节 圣保罗论坛的特点 ……………………………………（110）

一 圣保罗论坛成员构成广泛 …………………………（110）

二 圣保罗论坛已经超越拉美的区域界限 ……………（111）

三 圣保罗论坛的基调渐趋缓和 ………………………（112）

第五节 圣保罗论坛的意义 ……………………………………（113）

第四章 巴西劳工党与世界社会论坛 ………………………（115）

第一节 世界社会论坛成立的历史背景与评价 …………（115）

一 世界社会论坛成立的背景与评价 …………………（116）

二 世界社会论坛成立以来的重要活动情况 …………（119）

第二节 世界社会论坛的特点、主张与理念 ……………（121）

一 世界社会论坛的主要特点 …………………………（121）

二 世界社会论坛的主张与理念 ………………………（123）

第三节　巴西劳工党在世界社会论坛建立与发展中的作用 …… (126)

　　一　巴西劳工党创立世界社会论坛的背景分析 ………… (126)

　　二　巴西劳工党在世界社会论坛发展中的作用与影响 …… (128)

第四节　巴西劳工党与世界社会论坛发展中的局限性及

　　　　问题 ………………………………………………… (129)

　　一　世界社会论坛的局限性 ………………………………… (129)

　　二　世界社会论坛存在的问题 …………………………… (131)

第五节　回顾与展望 ……………………………………………… (133)

第五章　古巴社会主义的发展与经济社会模式的"更新" ……… (137)

第一节　走上社会主义道路 …………………………………… (137)

　　一　进行民主改革 ………………………………………… (138)

　　二　宣布古巴革命是一场社会主义革命 ………………… (139)

第二节　积极探索社会主义革命和建设的

　　　　道路（1961—1990） ……………………………… (139)

　　一　关于经济发展战略和经济体制的辩论

　　　　（1964—1966） ……………………………………… (140)

　　二　"革命攻势"和为生产一千万吨糖的

　　　　战斗（1966—1970） ……………………………… (141)

　　三　进行苏联式的政治和经济改革（1970—1985） …… (142)

　　四　"纠偏进程"（1986—1990） ……………………… (144)

第三节　"特殊时期"的改革（1991—2006） ……………… (146)

　　一　苏东剧变和苏联解体对古巴的影响 ………………… (146)

　　二　有限的改革 ………………………………………… (148)

第四节　劳尔执政初期实施的改革措施（2006—2011）…… (152)

　　一　劳尔暂时执政时期（2006—2008）古巴的形势 ……… (152)

　　二　劳尔提出"更新"古巴经济模式的思想 ………… (155)

　　三　劳尔正式执政后至古共"六大"古巴的改革 ……… (159)

第五节　古共"六大"以来古巴模式的

　　　　"更新"（2011—　） ……………………………… (163)

　　一　古共"六大"的召开及其意义 ……………………… (163)

　　二　古共第一次全国代表会议 ………………………… (165)

　　三　古共"六大"召开以来古巴模式的变化 …………… (170)

四 古巴模式"更新"的特点 ………………………………… (174)

五 问题、挑战与前景 ……………………………………… (175)

第六章 拉美一些执政的左翼政党提出的社会主义 …………… (179)

第一节 委内瑞拉"21 世纪的社会主义" ………………… (179)

一 产生背景 ……………………………………………… (179)

二 基本内涵 ……………………………………………… (182)

三 主要实践 ……………………………………………… (184)

四 前景展望 ……………………………………………… (189)

第二节 厄瓜多尔的"21 世纪社会主义" ………………… (193)

一 产生背景 ……………………………………………… (193)

二 基本内涵 ……………………………………………… (196)

三 主要实践 ……………………………………………… (199)

四 主要成效 ……………………………………………… (202)

五 挑战与前景 …………………………………………… (203)

第三节 玻利维亚的社群社会主义 ………………………… (206)

一 产生背景 ……………………………………………… (206)

二 基本内涵 ……………………………………………… (208)

三 主要实践 ……………………………………………… (210)

四 前景预测 ……………………………………………… (214)

第四节 巴西劳工党的"劳工社会主义" ………………… (216)

一 产生背景 ……………………………………………… (216)

二 基本内涵 ……………………………………………… (219)

三 主要实践 ……………………………………………… (221)

四 前景分析 ……………………………………………… (226)

第七章 拉美其他社会主义与左翼思潮 ………………………… (230)

第一节 拉丁美洲社会民主主义 …………………………… (230)

一 社会民主主义、民主社会主义与科学社会主义

的异同 ………………………………………………… (230)

二 拉美社会民主主义 …………………………………… (231)

三 拉美社会民主主义思潮的特点 ……………………… (233)

四 拉美社会民主主义思潮的新变化 …………………… (235)

第二节　秘鲁阿普拉主义 ···（236）

第三节　尼加拉瓜桑地诺主义 ···（243）

第四节　拉丁美洲基督教民主主义 ···································（249）

第五节　阿根廷的庇隆主义 ···（257）

第六节　拉丁美洲解放神学 ···（264）

第八章　拉美左翼运动和共产党的新动向 ····················（276）

第一节　拉美左翼领导人对世界金融危机的思考 ··········（277）

第二节　拉美共产党的新动向 ···（280）

　　一　拉美共产党的现状 ···（280）

　　二　拉美共产党的政治地位 ·······································（282）

　　三　拉美共产党的政策主张 ·······································（283）

第三节　拉美左翼新理论——后新自由主义和新发展主义 ·····（284）

　　一　后新自由主义 ··（284）

　　二　新发展主义 ···（287）

第四节　拉美左翼运动的新动向 ·····································（291）

　　一　拉美左派领军人物查韦斯的去世的影响 ···········（292）

　　二　拉美左派政府执政地位依然相对稳固 ···············（292）

　　三　拉美出现了一个新的左翼论坛——拉美进步会见 ·······（293）

　　四　拉美左翼的新趋势 ···（294）

第五节　拉美新左派面临的挑战与前景 ·························（295）

　　一　美国对拉美左派的分化瓦解政策 ······················（295）

　　二　经济困难加重 ··（296）

　　三　腐败盛行 ··（297）

　　四　右翼势力的进攻 ··（297）

　　五　前景 ···（300）

主要参考书目 ···（302）

后记 ··（307）

前　言

拉丁美洲和加勒比地区（简称拉美）共有 33 个独立国家和 12 个未独立地区，面积逾 2072 万平方千米，占世界陆地面积的 13.8%；人口已达 6 亿，占世界总人口的 8% 强。2013 年拉美国内生产总值 6.08 万亿美元，人均国内生产总值 9881 美元。① 拉美是一个拥有丰富的资源、巨大的发展潜力并对人类的未来将产生巨大影响的大陆。

18 世纪末和 19 世纪初拉美地区爆发了轰轰烈烈的独立运动，摧毁了西班牙、葡萄牙等欧洲列强三百多年的殖民统治，建立了独立的国家。19 世纪后期和 20 世纪前半期，拉美大多数国家的政治制度经历了由半封建的"考迪罗"独裁政权向资产阶级代议制民主制度的转变，逐步形成现代国家制度；政局由政变频仍、动荡不定趋于相对稳定。

在拉美现代史上，左翼是一支重要政治力量，对该地区政治经济和社会的发展产生过重要影响。拉美的左翼历史悠久，早在 19 世纪中叶以后，社会主义思想就已开始在拉美地区广泛传播。1871 年法国巴黎公社失败后，大批欧洲社会主义者流亡拉美，使左翼思想在拉美得到广泛传播和扩散。19 世纪 70 年代，就在墨西哥、乌拉圭和阿根廷建立了第一国际的支部。19 世纪 90 年代，在阿根廷、智利、古巴和乌拉圭等国建立了社会党。1917 年俄国十月革命胜利后，拉美国家陆续成立了共产党。

在 20 世纪历史进程中，拉美共经历了五次比较重要的革命。其中第二次世界大战前有一次，即 1910—1917 年的墨西哥资产阶级民主革命。

① 联合国统计署，http://unstats.un.org/unsd/dnaama/dnllist.asp。

第二次世界大战后有四次，即 1944—1954 年的危地马拉革命，1952—1960 年的玻利维亚革命，1959 年初夺取全国胜利、后又宣布建立西半球第一个社会主义政权的古巴革命，以及 1979 年 7 月 19 日推翻独裁统治、夺取全国胜利的尼加拉瓜革命。在这五次革命和拉美工业化、现代化的进程中，拉美的无产阶级队伍不断壮大，政党政治不断完善，左翼政党、左翼工会和群众组织不断涌现，左翼思想、左翼运动、左翼政权和左翼领袖不断出现。

除了上述五次革命外，从 20 世纪 30 年代起，拉美各国掀起了以外抗强权、内争民主为主要内容的民主改革运动。拉美的民主改革是丰富多样的，有带有威权主义色彩的民众主义①改革，如巴西的热图利奥·瓦加斯（Getulio Vargas，1883 – 1954）、秘鲁的维克托·劳尔·阿亚·德拉托雷（Victor Raul Haya de la Torre，1895 – 1979）、阿根廷的胡安·多明戈·庇隆（Juan Domingo Peron，1895 – 1974）、厄瓜多尔的何塞·马里亚·贝拉斯科·伊巴拉（José María Velasco Ibarra，1893 – 1979）所进行的改革；有革新派军人如秘鲁的胡安·贝拉斯科·阿尔瓦拉多（Juan Velasco Alvarado，1910 – 1977）军政府所进行的"秘鲁模式"的试验，又有带有形形色色社会主义色彩的改革，如智利萨尔瓦多·阿连德（Salvador Allende，1908 – 1973）"向社会主义和平过渡"的改革措施，圭亚那福布斯·伯纳姆（Forbes Burnham，1923 – 1985）所创立和推行的"合作社会主义"，以及拉美一些国家所进行的民主社会主义与基督教社会主义色彩的改革等。这些改革尽管具有不同色彩和特点，有的还打着社会主义的旗号，但是一般都可归结为资产阶级性质的反帝民主改革，这是贯穿于拉美政治进程的一条主线，促进拉美国家由前资本主义向资本主义过渡，由传统社会向现代社会过渡。自 20 世纪 60 年代初至 80 年代初，在拉美民族民主运动的推动下，加勒比地区先后有 13 个国家摆脱殖民地地位而获得独立。这样，拉美地区的独立国家由战前的 20 个增加到 33 个。

本书专门研究拉美左翼和社会主义理论思潮，重点研究 20 世纪 80 年

---

① 民众主义（Populismo），又译"民粹主义"。

代末和90年代初以来，在拉美崛起的新左翼和社会主义思潮。

我们为什么要研究拉美左翼和社会主义理论思潮？其意义何在？

自20世纪七八十年代起，拉美成了新自由主义的试验场和重灾区。20世纪80年代末和90年代初，东欧剧变和苏联解体曾一度使包括拉美在内的世界各地区社会主义运动和左翼运动遭受巨大冲击，处于低潮。然而，令人瞩目的是，随着新自由主义负面效应逐渐暴露和拉美军人"还政于民"的民主化进程的加快，在新的国际和本地区的环境和形势下，拉美"左翼"与"右翼"共存和竞争逐渐成为拉美国家政治的常态，拉美左翼的发展进入了新的历史阶段。一些曾产生重大影响的左翼政党和组织，有的仍保持一定的活力，但是，相当一部分传统的左翼政党和组织的地位与影响逐渐下降，不如往昔。相反，另一些左翼政党组织和社会运动却在政治战略、纲领、斗争方式等方面进行了调整，力量不断壮大。拉美左翼力量很快就走出低潮，拉美的左翼顶住了巨大的国际压力，经受住了考验，不仅顽强地坚持和生存了下来，而且获得了重要的发展，呈逐渐上升趋势。

从1999年2月乌戈·查韦斯（Hugo Chávez，1954－2013）所领导的"第五共和国运动"在委内瑞拉上台执政开始，巴西、阿根廷、乌拉圭、尼加拉瓜、智利、玻利维亚、厄瓜多尔、萨尔瓦多和秘鲁等国的左翼政党和政治人物相继通过选举上台执政，拉美新左翼力量在政治舞台上群体性崛起；在墨西哥、哥伦比亚、洪都拉斯等国，左派政党虽然没能赢得大选胜利、上台执政，却也具备了与右派相匹敌和抗衡的实力。在玻利维亚、厄瓜多尔、阿根廷、危地马拉等国一波又一波蓬勃发展的社会运动，也迫使多位总统辞职和下台。

拉美左翼群体性崛起是拉美政治现代化的一个重要特征；拉美左翼的发展是拉美政治进程的重要组成部分；拉美左翼是拉美民主化进程的积极维护者；拉美左翼是发展观念转变的主要推动者；拉美左翼也是拉美地区新政治格局的积极塑造者。

拉美左翼和社会主义运动在世界政治舞台上所起的重要作用越来越令人刮目相看。拉美左翼和社会主义运动的"异军突起"是21世纪世界社会主义发展的一个亮点，是当代世界发展变革历史进程中的一支主力军，为世界左翼和社会主义运动的复兴起到了重要的推动作用。不少欧洲、亚洲和非洲的左翼政党和组织把拉美左翼和社会主义运动的崛起看成是"希望"。

拉美左翼于1990年创办的圣保罗论坛和于2001年创办的世界社会论坛，在推动世界左翼运动方面的影响越来越大，圣保罗论坛已成为"左派、反帝、反对新自由主义、反对一切殖民主义和新殖民主义、团结互助和参与制定'替代方案'的空间"，参加圣保罗论坛的年会的已不局限于拉美和加勒比国家的左翼政党和组织，也包括欧洲、亚洲、非洲等地区的左翼政党和组织，圣保罗论坛的年会已成为拉美和世界左派政党的重要聚会。而世界社会论坛也已成为世界各大洲中左派政党和非政府组织广泛参加的"反帝、反新自由主义性质"的"另一种全球化的具体化"。

全面、系统地研究二三十年在拉美出现的左翼和社会主义思潮，具有重要的理论价值和现实意义。

首先，探究拉美左翼和社会主义思潮兴起的原因，这些思潮的主体，其主要主张、观点和特点，及其对拉美政治、经济和国际关系等方面的影响，有助于我们深入认识拉美政治民主化进程和经济发展模式的变化。

其次，拉美的左翼和社会主义思潮无疑与当代世界资本主义的发展与国际左翼和共产主义运动的沉浮有着紧密的联系，研究拉美的左翼和社会主义思潮对我们全面认识当代世界资本主义发展的特点和面临的危机、挑战及其前景，以及了解和研究世界左翼、国际和拉美共运有着重要的意义。拉美地区左翼和社会主义思潮及运动的发展，不仅有着悠久的历史和传统，而且思想活跃、流派众多，可以说是各种社会思潮的聚集地，还是各种左翼政党进行社会革命、改革、运动和建设的试验场。特别是近20年来，拉美新左翼的崛起表明，拉美是21世纪世界社会主义运动发展最兴旺的地区。因此，研究、总结它的理论和实践，评价它在世界历史中的地位和意义是十分必要的。

最后，拉美左翼和社会主义思潮崛起的根源之一，是拉美各国新自由主义的经济改革使社会和经济利益不平等问题恶化，民众对以"华盛顿共识"为主导的新自由主义发展模式越来越感到不满。当前，我国正在深化改革，如何应对新自由主义全球化的挑战，妥善处理改革过程中出现的利益分配问题，建设和谐社会是面临的主要任务。探讨拉美的左翼和社会主义思潮及其与拉美当今政治经济和社会发展的关系，对于我国建设具有中国特色的社会主义无疑也有重要的借鉴意义。

本书的总体框架和基本内容大致如下：

第一章概括地叙述和分析了拉美左翼和社会主义理论思潮的产生和发展。简要地叙述和分析了19世纪后期拉美工人运动的兴起和科学社会主义思想在拉美的传播，拉美国家社会党、共产党的诞生和曲折发展的拉美共产主义和社会主义运动以及在拉美的社会民主主义的思潮与实践。

第二章主要论述拉美新左翼运动的崛起。在对拉美左翼运动的发展，拉美传统左派政党、组织、运动和拉美的游击运动进行系统梳理的基础上，重点研究了东欧剧变和苏联解体对拉美左翼和社会主义运动的影响，20世纪末拉美新左翼运动的崛起及其原因、作用、影响和所面临的挑战，分析了当代拉美左翼与社会主义运动的战略主张与特点。

第三章拉美左翼与圣保罗论坛。本章在对圣保罗论坛成立的历史背景、发展历程进行分析的基础上，着重分析了圣保罗论坛促进拉美一体化的主张、论坛的特点和圣保罗论坛的意义。

第四章巴西劳工党与世界社会论坛。本章在对世界社会论坛成立的历史背景与评价、重要的活动情况进行分析的基础上，重点研究与分析了世界社会论坛的特点、主张与理念；对巴西劳工党在世界社会论坛建立与发展中的作用、巴西劳工党与世界社会论坛发展中的局限性及问题进行了剖析，指出了巴西劳工党与世界社会论坛发展中的局限性及存在问题。

第五章古巴社会主义的发展与经济社会模式的"更新"。本章分析介绍了古巴是如何走上社会主义道路，如何积极探索社会主义革命和建设的道路，古巴如何应对苏东剧变对其的巨大打击和影响，重点分析和介绍了自2006年年中劳尔执政以来，特别是在2011年古共"六大"以来，古巴"更新"经济和社会模式的情况。

第六章拉美一些执政的左翼政党提出的社会主义。本章分析和介绍了委内瑞拉"21世纪的社会主义"、厄瓜多尔的"21世纪社会主义"、玻利维亚的"社群社会主义"和巴西劳工党的"劳工社会主义"产生的背景、基本内涵、主要实践和前景。

第七章拉美其他社会主义与左翼思潮。本章分析和介绍了拉丁美洲社会民主主义思潮的特点和新变化，秘鲁的阿普拉主义、尼加拉瓜的桑地诺主义、拉丁美洲的基督教民主主义、阿根廷的庇隆主义和拉丁美洲的解放神学。

第八章拉美左翼运动和共产党的新动向。本章分析了拉美左翼领导人对世界金融危机的思考、拉美共产党的新动向、拉美左翼新理论——后新自由主义和新发展主义、拉美左翼运动的新动向和拉美新左派面临的挑战与前景。

《拉美左翼和社会主义理论思潮研究》这一课题，于 2012 年 2 月申报，同年 5 月 20 日获全国哲学社会科学规划办公室批准立项，项目编号为 12BGJ002。原计划 2015 年 5 月 30 日完成，实际完成时间是 2015 年 8 月 30 日。同年 11 月 15 日，向浙江省社科规划办申请鉴定。浙江省规划办于 2016 年 3 月 16 日完成专家鉴定，申报全国社科规划办审核。2016 年 7 月 13 日，全国社科规划办准予结项。

本书由课题负责人、浙江外国语学院拉丁美洲研究所所长、中国社会科学院荣誉学部委员徐世澄研究员任主编，负责课题的论证和申报、课题框架结构的设计、成果的修改、统稿和定稿等工作。

课题组成员承担和完成的具体任务如下：

前言：徐世澄

第一章：袁东振（中国社会科学院拉丁美洲研究所所长助理、研究员）

第二章：徐世澄

第三章：陈岚（浙江外国语学院拉丁美洲研究所助理研究员、在读博士生）

第四章：王双（浙江外国语学院拉丁美洲研究所助理研究员、博士）

第五章：徐世澄

第六章：唐俊（浙江外国语学院拉丁美洲研究所副所长、博士）

第七章：叶健辉（浙江外国语学院社会科学部讲师、博士）

第八章：徐世澄

后记：徐世澄

本书所用的资料载至 2015 年 9 月底。

在本课题申报、写作和结项过程中，得到了浙江外国语学院院长洪岗、党委书记姚成荣、副院长郑亚莉等院领导，科研处处长郑淑贞等同志的大力支持，浙江外国语学院拉丁美洲研究所副所长唐俊博士做了大量的工作，在此表示衷心感谢。

本课题在立项后的 3 年多时间中，曾在北京和杭州先后召开了 3 次会议，就课题研究的思路和方法、课题的框架、成果初稿以及最终成果的审定等进行了研究和讨论。本课题的成果凝结了课题组全体成员的心血，是集体努力的结晶。

本课题研究中学习和借鉴了大量的学术界已有的研究成果，在此谨向他们表示衷心感谢。

对拉美左翼和社会主义及其理论思潮的研究是一项系统工程，我们在这方面的研究还是初步的，我们的一些看法和评价很可能是局限的、不够全面的，对许多重要问题的理解还有待于继续深入研究。另外，拉美左翼和社会主义及其理论思潮是在不断变化和发展的，新的情况、新的思潮层出不穷。虽然我们在主观上尽了力，但是由于理论水平和学术水平的限制，书中错误和不当之处在所难免，敬请各位读者不吝赐教。

第 一 章

拉美左翼和社会主义理论思潮的
产生和发展

拉美左翼思想和社会主义理论思潮在拉丁美洲地区源远流长。早在19世纪中期，社会主义思想就从欧洲传入拉美。最先传入拉美的是欧洲的空想社会主义思想，从19世纪70年代起，马克思主义和科学社会主义思想在拉美获得较大范围的传播。各种社会主义思想的传入，推动了拉美地区早期工人运动的发展，促进了无产阶级阶级意识的形成。随着社会主义思想影响的逐渐扩大，无产阶级的力量和组织性有所加强。19世纪末20世纪初，阿根廷、智利、巴西、古巴、乌拉圭等拉美国家陆续建立了社会党，第二国际的社会主义思想是这些政党的指导思想。1917年俄国十月革命的胜利在拉美地区引起强烈反响，一些拉美国家的共产主义者对社会党的传统改良主义主张日益不满，并从社会党中分裂出来，建立了独立的共产党；还有一些拉美国家的共产主义小组和马克思主义小组实现联合，成立了共产党。第二次世界大战以后，拉美国家的共产主义和社会主义运动发展的环境较为复杂，经历了国内、地区和国际形势变动的多重考验和磨难，在逆境中生存，在曲折中发展，积极探索拉美国家发展的道路。随着最近一轮民主化进程的不断深入，特别是进入21世纪以后，拉美国家的左翼力量进一步壮大，左翼执政的国家增多，一些拉美国家的执政党提出了关于社会主义的新主张，社会主义思潮和运动呈现出新特征。

第一节   19世纪后期拉美工人运动的兴起和
科学社会主义思想在拉美的传播

19世纪70年代，随着欧美资本大量涌入，拉美国家开始走上资本主义的发展道路。随着经济发展，拉美国家开始出现一些新变化，其中最主要的是"人口增长和城市化加速；拉美经济作为初级产品生产者，更有效地融入世界经济中；一些地区的工业开始增长，交通运输和服务业得到改进；实行国家政治一体化和行政管理的中央集权化；社会分化加剧"①。在上述因素作用下，拉美国家政治经济和社会面貌，以及社会、阶级和阶层结构均出现重大变化。工人阶级的形成与壮大，不仅为社会主义思想在拉美的传播和发展创造了历史条件，也极大地推动了拉美国家工人运动的发展。

一   19世纪后期拉美国家工人运动的兴起

（一）拉美国家经济、社会和阶级结构的变化与工人阶级队伍的扩大

现代化进程推动了拉美国家现代工业的发展，促进了社会结构、阶级结构和人口结构的变化，推动了工人运动的兴起与发展，为社会主义思想的传播与发展创造了有利条件。

工业化国家对初级产品的需求以及外国资本的进入，推动了拉美出口急剧增长及经济的较快发展，特别是推动了拉美现代工业的出现与发展。1870—1884年，由于美国和欧洲对拉美初级产品需求的增加，拉美国家的对外贸易获得快速增长。1870—1884年，拉美的对外贸易增长了43%。1853—1873年的20年间，阿根廷的出口翻了七番。1877—1900年墨西哥的出口翻了四番。1883—1889年巴西的出口增长了6—7倍。② 从19世纪后半叶开始，阿根廷、墨西哥和巴西等国的纺织工业从手工工场

---

① ［英］莱斯利·贝瑟尔主编：《剑桥拉丁美洲史》第4卷，社会科学文献出版社1991年版，第234页。

② ［美］E.布拉德福德·伯恩斯：《简明拉丁美洲史》，王宁坤译，涂光楠校，湖南教育出版社1989年版，第179—180页。

向机器生产过渡，其他拉美国家稍晚，但从 19 世纪末也开始类似的过渡。外资的进入和初级产品出口的增加，使拉美国家的工业化逐渐发展起来。伯恩斯对拉美国家早期工业企业发展进程做了清晰的描述："开始，工业化主要涉及对天然产品的加工，以供当地消费或出口。面粉厂、炼糖厂、肉类加工厂、制革厂、木材厂、酒厂及啤酒厂在资源条件方便的地方发展起来。然后服务新行业出现了：煤气及电力事业，维修铺和铸件厂，以及建筑企业等。最后，受到保护的工业开始生产其他家庭消费的产品，主要是纺织品和加工食品。"① 虽然就这一时期拉美国家工业企业的结构而言，大型现代工厂依然是少数，占主导地位的依然是小型工厂，大型机械化大工厂（主要是纺织厂，以及同出口部门紧密相连的其他工业企业，如面粉加工、肉类包装等）还是获得了较快的增长。1885 年，阿根廷建立了第一家肉类屠宰冷藏企业。相关资料显示，1870年以前，墨西哥基本没有资本主义工业企业，到 1910 年已有 146 家拥有机器生产的近代纺纱厂和织布厂；巴西的工业企业从 1889 年的 636 家增加到 1907 年的 3258 家，这些企业以纺织、家具、制鞋等为主。②

现代工业的出现与发展推动了拉美国家社会和人口结构的变化。1850—1930 年拉美地区总人口呈快速上升趋势。1850 年全地区人口为3050 万，1900 年达到 6190 万，1930 年增长到 1.041 亿。人口迅速增加导致了城市化速度加快，特别是拉美 8 个主要国家城市人口比重有大幅度增长。1870—1930 年的 60 年间，阿根廷城市人口比重由 17.3% 增加到38.1%，智利由 15.2% 增加到 38.0%，委内瑞拉从 16.8% 增加到36.7%。1930 年前后，古巴城市人口比重接近 30%，巴西、哥伦比亚、墨西哥和秘鲁城市人口比重相对较低，但也达到 15% 左右。③

社会和人口结构的变化促进了现代产业阶级的形成与发展，促进了现代工人阶级的诞生和成长，特别是阿根廷、巴西、智利、墨西哥、乌

① ［美］E. 布拉德福德·伯恩斯：《简明拉丁美洲史》，王宁坤译，涂光楠校，湖南教育出版社 1989 年版，第 183—184 页。

② 李明德主编：《简明拉丁美洲百科全书》，中国社会科学出版社 2001 年版，第 45 页。

③ ［英］莱斯利·贝瑟尔主编：《剑桥拉丁美洲史》第 4 卷，社会科学文献出版社 1991 年版，第 235、237—242 页。

拉圭、古巴和秘鲁等国家的工人阶级队伍增长较快。1880—1930 年，虽然拉美绝大多数人口仍为农业人口，但城市工人日益成长起来，虽然其在各国经济和社会中还不占特别重要地位。19 世纪末，拉美城市无产阶级约有 60 万人，加上种植园的工人和部分运输业、商业及服务业的职工，无产阶级总人口为 150 万—200 万。进入 20 世纪后，工业无产阶级和产业工人有较快增长。1910 年墨西哥全国人口 1510 万，其中产业工人接近 6 万。1920 年巴西全国人口 3000 万，工厂工人超过 27 万。1914 年阿根廷全国人口 800 万，工业企业雇员超过 24 万①。

（二）拉美国家工人运动的兴起与发展

拉美国家的工人阶级从其诞生之日起，就开始为争取和维护自己的权益而斗争。随着工人阶级的形成与不断壮大，其组织性也不断加强，各种形式的工人运动不断发展。拉美国家工人阶级成长和壮大的过程，在一定程度上也是工人运动不断发展和深化的过程。

拉美国家的工人运动大体经历了从非政治性的经济互助到逐渐政治化的过程。拉美地区最早的工人组织是互助会。19 世纪中叶，在经济发展较发达的拉美国家和几个大国，最先出现了工匠和工人的互助会组织，参加互助会的往往既有作坊主，也有其雇工。起初这类组织没有什么政治性，完全是自助和互助性质的组织，是工匠和工人为改善自己的生活、劳动条件而采用的集体组织形式；主要目的是互助会成员在经济上能够互相帮助。按照规定，会员要定期缴纳会费，在会员发生事故、生病或死亡时，互助会将给予必要救济；互助会有时也从事一些福利性事业。后来，随着欧洲社会主义特别是科学社会主义思想的传入，拉美国家的上述互助组织逐渐有了一些政治特色，除了成员间互助外，还开始提出一些政治经济利益的诉求。

拉美国家的工人运动还经历了由自发行动逐渐转向自觉斗争的进程。从 19 世纪末起，拉美地区出现了新的劳工组织，主要是由熟练工匠组成的行业工会以及由非熟练工人组成的工会。到 1920 年，主要拉美国家的

———————

① 〔英〕莱斯利·贝瑟尔主编：《剑桥拉丁美洲史》第 4 卷，社会科学文献出版社 1991 年版，第 325—326 页。

城市各行业"很少没有成立工会的"①。这些工会具有现代工会组织的特征，具有抵抗团体的性质，具有一定的政治倾向性。罢工成为这些工会组织反对雇主和政府的主要手段和武器。起初，这些工会举行的罢工多属于防卫性质的，工人罢工的主要目的是防止降低工资或增加工作日，反对一些特殊的工作条款，如不按时发放工资、工头为非作歹之类的行为。拉美国家工人早期罢工的特点是规模小，只有较少一部分工人参加，而且通常是在利益受到侵犯的情况下自发进行的。后来，工人防卫性的罢工虽从未绝迹，但罢工的范围日益广泛，规模也越来越大，准备工作更加充分，并逐渐提出减少工时、增加实际工资和承认工会合法性等要求。1907—1913年，阿根廷布宜诺斯艾利斯地区的工人罢工达到 1081 次。在 20 世纪的前10 年，在布宜诺斯艾利斯，巴西的里约热内卢、圣保罗和其他城市，多次爆发全市规模或全地区范围的总罢工，多次使这些城市陷于瘫痪。除了罢工，工人们还进行抵制、怠工，有时甚至还进行破坏活动。

拉美国家工人阶级联合斗争的意识和行动不断发展。19 世纪 90 年代起，工会组织谋求团结合作的意识增强，并不断组织起来，旨在声援其他行业和其他部门工人的声援性罢工也越来越多。1901 年阿根廷 17 个工会组织成立"阿根廷工人联合会"，1903 年有 3.3 万名会员。② 1906 年巴西 28 个工会组织联合成立全国性的"巴西工人联合会"。1918 年墨西哥建立了第一个具有全国性影响的工会联合会"墨西哥区域工人联合会"。秘鲁、古巴、智利、玻利维亚、萨尔瓦多和乌拉圭等国家也都建立了全国性工会组织。

二 拉美国家社会主义思想的产生与发展

拉美地区的社会主义思想最初是由欧洲传入的。来自欧洲国家的社会主义者和曾旅居欧洲的拉美进步知识分子把欧洲的社会主义思想介绍到拉美，并由此促成了拉美社会主义思想的产生。拉美国家经济、社会和阶级结构所发生的变化，为社会主义的传入提供了有利的社会环境，

---

① ［英］莱斯利·贝瑟尔主编：《剑桥拉丁美洲史》第 4 卷，社会科学文献出版社 1991 年版，第 341 页。

② 同上书，第 344 页。

而无产阶级的出现和发展，以及工人运动的兴起与发展，则为社会主义在拉美的传播提供了必要的阶级基础。

（一）社会主义在拉美地区传播的特点

社会主义思想在拉美地区的传播，有以下几个明显特征：

第一，拉美社会主义思想传播的基本地域特征。起初，社会主义思想在拉美的传播不是出现在大学里，也不是通过"专业"学术著作传播，而是通过来自德国、西班牙、意大利等国的移民带到拉美，并通过这些移民劳动者的实践进行传播的。在拉美地区，来自欧洲国家的移民最初主要集中在阿根廷、乌拉圭、智利、墨西哥等国家，因而社会主义思想也最先在这些国家得到传播和发展，并从这些国家逐渐向其他拉美国家扩展和传播。

第二，拉美社会主义思想传播的基本路径特点。社会主义思想在拉美传播的内容不断扩展，从最初的空想社会主义和其他非马克思主义的社会主义思想，扩展到后来的马克思主义和科学社会主义思想。自19世纪中叶起，源于欧洲的空想社会主义思想率先进入拉美，一些欧洲和拉美本土的空想社会主义信徒开始在拉美大陆宣传和传播社会主义。19世纪50年代以后，马克思的著作和马克思主义思想开始在拉美进步知识分子中间流传。特别是19世纪70年代以后，科学社会主义思想和马克思主义学说在拉美得到广泛传播。

第三，拉美社会主义传播的实践特征。社会主义传播的进程也是社会主义的实践过程。伴随社会主义思潮的传入，社会主义还逐渐成为拉美地区的一种实践活动。早在19世纪上半叶，拉美就出现了诸多空想社会主义的实践，例如，早在1828年，欧洲空想社会主义的主要代表人物罗伯特·欧文（Robert Owen）曾致函墨西哥政府，要求在墨西哥得克萨斯州（原是墨西哥领土，后并入美国）和科阿韦拉州进行乌托邦实践。1854年维克托·孔西代朗（V. Considerant）在得克萨斯建立了名为"拉雷乌尼翁"的法伦斯泰尔（Phalanstère）。① 19世纪40年代，在巴西奥利

① 法国空想社会主义者夏尔·傅立叶（Charles Fournier）为自己的理想社会设计了一种名为"法朗吉"的"和谐制度"，并为这个制度绘制了一套建筑蓝图，蓝图中的建筑物叫"法伦斯泰尔"，是法郎吉全体成员共同生活和工作的地方。参见中央编译局世界社会主义研究所《新编世界社会主义词典》，上海辞书出版社、中央编译出版社1996年版。

维拉、圣卡塔琳纳、帕尔梅特也创建了法伦斯泰尔。1866 年，智利空想社会主义的宣传者们在该国中部城市奇廉建立了一个法伦斯泰尔。当然，这些空想社会主义的实践最终都毫无例外地失败了。在马克思主义思想传播过程中，也一直伴随着科学社会主义的实践活动。1871—1875 年，在墨西哥、乌拉圭和阿根廷还建立了第一国际的支部；19 世纪 90 年代后半期和 21 世纪初，在社会主义思想较发达的阿根廷、智利、巴西、乌拉圭、古巴、墨西哥、厄瓜多尔、玻利维亚、秘鲁等国家，先后建立了社会党；1917 年俄国十月革命后，拉美国家相继建立了共产党。此后，在社会主义思想和马克思主义思想指导下，上百万拉美人锲而不舍地探索建立社会主义制度的实践活动，许多共产主义者和左翼进步人士甚至不惜牺牲，把生命奉献给了拉美人民的解放斗争。

第四，社会主义思想传播和发展的多样性特点。社会主义思想最初是从欧洲传入拉美的，后来拉美各国又出现了各式各样的本土社会主义思潮和实践。随着历史发展进程的推进，虽然有一些社会主义思潮归于衰落，但多样性一直是拉美社会主义思想和实践的主要特点。从 19 世纪中叶开始，拉美就存在多种社会主义思潮。20 世纪以后，民主社会主义、科学社会主义、基督教社会主义、托派社会主义以及各种民族社会主义，都在拉美地区得到一定发展空间，各种社会主义流派在竞争中共存，在斗争中发展。

（二）社会主义在拉美地区的传播过程

社会主义在拉美地区的传播大体经历了以下几个阶段：

第一阶段：19 世纪中叶，是空想社会主义思想传播的时期，空想社会主义思想在拉美（如阿根廷和墨西哥）获得一定程度影响。

19 世纪 50 年代，欧洲的空想社会主义者曾到拉美活动，并在该地区找到了大量追随者，圣西门、傅立叶等人的空想社会主义思想在拉美地区得到一定程度的传播。① 1845 年科学社会主义的追随者在巴西里约热内卢创办了《社会主义杂志》，宣传空想社会主义思想，这是空想社会主义

---

① Antonio Salamanca Serrano: Marxismo en América Latina, http://refudacion.com.mx/revistas/index.

者在拉美地区出版的第一份刊物。埃斯特万·埃切维里亚（Esteban Echeverría）是阿根廷人，曾在法国居住 5 年，深受法国空想社会主义者圣西门（Comte de Saint-Simon）和皮埃尔·勒鲁（Pierre Leroux）学说的影响；他于 1837 年和 1838 年在阿根廷分别创办"五月协会"和"青年协会"，宣传空想社会主义思想；1846 年埃切维里亚在乌拉圭首都蒙得维的亚发布了《五月协会社会主义宣言》（*Dogma socialista de la Asociación de Mayo*）。智利人马丁·帕尔马（Martín Palma）、巴西人若泽·伊格纳西奥·德阿普雷 – 利马（José Ignacio de Abreu e Lima）也以各种形式在各自的国家宣传乌托邦主义和空想社会主义思想，例如 1855 年，德阿普雷出版了题为《社会主义》的著作，系统介绍了其本人的乌托邦社会主义思想。

如前所述，除了宣传外，空想社会主义者还在拉美进行了空想社会主义的实践，墨西哥、智利、巴西等国家都出现了类似的实践活动。希腊人普洛蒂诺·罗达卡纳蒂（Plotino Rhodakanaty）1861 年到墨西哥后，出版一本《社会主义手册或傅立叶学说要义》（*Cartilla socialista o sea Catecismo elemental de la escuela de Charles Fourier*）的著作，详细分析了乌托邦社会主义在拉美的实践经验①。

第二阶段：从 19 世纪中叶以后，是马克思主义（科学社会主义）思想在拉美广泛传播的时期。

19 世纪中叶以后，马克思主义著作不断被介绍到拉美，马克思主义在拉美的传播取得突破。1853—1855 年，共产主义者同盟成员、马克思的朋友格奥尔格·威尔斯（Georg Weerth）曾旅居中美洲和南美洲地区，积极宣传马克思主义，他于 1856 年在古巴哈瓦那逝世。1854 年智利首都圣地亚哥的书店里公开出售马克思的《哲学的贫困》等著作。从 19 世纪 70 年代起，流亡到拉美的第一国际成员把马克思主义带到拉美，并在一些国家先进的知识分子中找到了支持者和信仰者。马克思主义思想的传播起初也主要集中在欧洲移民较多的阿根廷、智利和墨西哥等国家。西班牙学者安东尼奥·萨拉曼卡指出，1884 年 6 月马克思和恩格斯合著的

---

① Antonio Salamanca Serrano, Op. cit.

《共产党宣言》在墨西哥出版，1895 年阿根廷开始出版《资本论》①。

阿根廷接收的欧洲移民较多，自然也成为拉美社会主义思想传播的主要阵地。1872 年在阿根廷建立第一国际的法国支部，随后又建立了意大利支部和西班牙支部，成员以在阿根廷居住的这些欧洲国家的侨民为主，每个支部都建立了领导机构委员会；为了更好协调这些支部的活动，还成立了一个联合委员会，负责三个支部的统一领导。在阿根廷的其他城市，也建立了类似的工人组织和小组，1874 年在科尔多瓦和罗萨里奥建立了工人组织，自称是第一国际的"第四支部"，一些大学生也参与其中。19 世纪 70 年代中期，德国社会民主党在国内受到迫害，一些德国社会主义者移居到阿根廷，为社会主义思想在拉美的传播和运动提供了新血液。1882 年德国社会党人在布宜诺斯艾利斯成立革命组织"前进俱乐部"，主要从事团结和教育工人的工作，并出版了《前进报》，宣传马克思主义思想。阿根廷代表还参加了 1889 年在巴黎召开的第二国际成立大会。

墨西哥也是拉美马克思主义思想传播与发展的另一重要平台。1869 年第一国际在墨西哥的支持者圣地亚哥·比利亚努埃瓦（Santiago Villanueva）在工人中散发《国际工人协会章程》的小册子，使马克思主义的影响迅速扩大。1870 年在比利亚努埃瓦等人领导下，成立"劳动者组织中心"，同年 9 月改称"墨西哥工人大团结"，这是墨西哥也是拉美成立的第一个无产阶级组织。1871 年其机关刊物《社会主义者》周报第一期问世，明确提出自己的任务是捍卫无产阶级的权利和利益。1874—1875 年墨西哥还出现了第一国际的支部，并与在纽约的总委员会建立了联系。② 1878 年 7 月墨西哥成立了第一个社会党（1881 年该党被当局查封），并出版《社会革命报》来宣传马克思主义的原理，宣称要在真正社

---

① Antonio Salamanca Serrano, Op. cit. 关于马克思一些重要著作在拉美出版时间的叙述，说法各不相同，例如，根据祝文驰等所著《拉丁美洲的共产主义运动》，马克思和恩格斯合著的《共产党宣言》1888 年在墨西哥出版，认为这是马克思的著作在墨西哥用西班牙文首次出版，这比萨拉曼卡所认为的时间晚了 4 年。

② 祝文驰、毛相麟、李克明：《拉丁美洲的共产主义运动》，当代世界出版社 2002 年版，第 38 页。

会主义和假社会主义之间划清界限。

由于巴西存在着奴隶制度和帝国体制，马克思主义的传播受到限制。但是，从19世纪70年代起，巴西的知识分子和学生不顾当局禁令，利用报纸、传单和口头宣传，在工人中宣传马克思主义。在乌拉圭和古巴等国家，马克思主义思想也得到一定程度的传播，并为一些先进阶层所接受。

第三阶段：20世纪20年代前后，随着拉美各国共产党的相继建立，马克思主义和科学社会主义在拉美的传播与发展进入新阶段，加剧了革命的共产主义者与改良的民主社会主义者的分化。这一时期的情况，将在本章第二节中详细论述。

第二节 拉美国家社会党和共产党的诞生

社会主义思想的传播为社会主义政党的建立奠定了思想和理论基础，而工人阶级队伍的壮大和工人运动的发展，则为社会主义政党的建立奠定了必要的阶级和组织基础。

一 拉美国家社会党的建立

19世纪90年代以后，拉美国家的工人阶级队伍不断壮大并趋于成熟，工人运动进入了一个新阶段，斗争形式也趋于多样化。社会主义和马克思主义思想的传播，以及工人运动的兴起，促进了一批无产阶级政党和组织的建立，拉美各国陆续建立了社会主义政党（阿根廷和巴西1892年，智利1898年，古巴1899年），社会主义运动因而进入了一个新阶段。

1892年，阿根廷社会党建立（起初叫社会主义联合会，1894年改组为社会主义工人党，1896年改名为社会党）。该党的党员既有来自法国、德国、意大利等欧洲国家的公民，也有阿根廷本国公民。如1896年该党共有833名党员，其中阿根廷人387人，其他均为侨居阿根廷的欧洲人。1896年党代表大会通过的《原则宣言》体现了该党的主要主张。在政治方面，该党认为无产阶级的唯一目标是社会主义，党制定政治路线的目的是建立社会主义；要求实行更大程度的民主，主张现阶段党应参加议会斗争，呼吁各行会组织和联合会都要劝说其成员在选举中投社会党的票。在社会方面，主张更大程度的社会正义，尊重工人权利，制订尊重劳工权利的计划，通过政治行动，制定能够保护劳工权利的劳工法。在党的组织方面，允许没有取得阿根廷国籍的外国移民加入政党，把选区委员会作为党组织的基础，而不是把支部作为基础，以保证无产阶级占绝大多数。阿根廷社会党成立后，领导工人为争取 8 小时工作制、废除教会学校、实行统一累进税、争取组织工会和罢工自由等进行了斗争，为宣传马克思主义做了大量工作。党的总书记胡安·胡斯托（Juan Bautista Justo）把马克思的《资本论》第一卷翻译成西班牙文在西班牙马德里和拉丁美洲出版发行。然而阿根廷社会党党内存在不同的派别和政治倾向，在开展斗争的方式问题上始终存在分歧，并逐渐演变成马克思主义和改良主义之间的斗争。1918 年 1 月 6 日马克思主义者从社会党内分离出来，建立了独立的阿根廷共产党，当时称国际社会党，1919 年加入共产国际。1920 年 12 月召开特别代表大会，改称阿根廷共产党。

1892 年，在巴西里约热内卢召开了首次社会主义者大会，成立了巴西社会主义工人党。党确定的任务是组织工人为实现 8 小时工作制、建立工会、建立社会保险而斗争。与此同时，在港口城市桑托斯还成立了第一个马克思主义小组"社会主义中心"。到 1896 年巴西已经有好几个科学社会主义小组或中心在工人中间活动，其中圣保罗的社会主义中心影响最大，该中心还出版了巴西第一份宣传科学社会主义思想和马克思、恩格斯著作的报纸《社会主义者报》。

1898 年智利社会党成立。1896 年前后，智利出现了两个工人阶级组织，一个叫"社会主义中心"，另一个叫"工人兄弟联合会"。1897 年上述两个组织联合成立"社会主义联盟"，联盟的目的是"宣传和阐述科学社会主义思想，以这种方式为建党奠定基础"；同年 12 月在联盟基础上成立社会党，但党内有自由派和集权派两个派别。1898 年，该党的集权派同从民主党退出来的人一起建立"弗朗西斯科·毕尔巴鄂社会主义工人党"，1900 年改称社会党。由于党内左翼和右翼、马克思主义者和无政府主义者之间争斗不断，该党不久即解体。1901 年 7 月左翼社会主义者在港口城市瓦尔帕莱索建立社会民主党。

1899 年古巴社会党建立。1892 年何塞·马蒂（José Julián Martí Pérez）领导建立了古巴民主主义革命党，并创办《祖国报》宣传民主主义革命思想，在工人中产生了一定影响。由于该党存在严重的组织和政治缺陷，影响力逐渐减弱，党组织也逐渐消失。1899 年古巴一批进步知识分子着手重建工人党，后改称社会党，但该党也是昙花一现，寿命也不长。1900 年，古巴又出现了一个名为人民党的组织。

1902 年乌拉圭社会党正式成立。19 世纪末，邻国阿根廷社会主义运动的兴起推动了乌拉圭本国社会主义运动的发展，乌拉圭出现了好几个马克思主义小组。1896 年乌拉圭的几个社会主义小组联合成立了"工人社会主义者中心"，后来该中心与一些工会的行会组织合并，组成"劳动者联盟"。不久该联盟又和青年知识分子和大学生联合组成"马克思中心"，该中心即后来社会党的雏形。1902 年，乌拉圭社会党正式成立。

综上所述，虽然拉美国家这一时期建立了一些社会党①，但这些党建立的过程异常复杂，党的影响还相对有限。建党后，一些党内部分歧严重，在指导思想、斗争方式和斗争策略等问题上存在严重分歧，党组织不断出现分裂，一些党甚至在昙花一现后消失。在秘鲁、哥伦比亚、委内瑞拉、厄瓜多尔和巴拉圭等国家，工人运动和社会主义思想也得到一定程度的传播，但这一时期并没有像阿根廷、乌拉圭、智利等国那样成功地建立社会党组织②。

二 拉美国家共产党的诞生

俄国十月革命的胜利（1917）和共产国际的建立（1919），进一步推动了马克思主义与拉美的"对话"，许多国家陆续建立了共产党。有些共

---

① 关于拉美各国社会党建党时间，相关文献的描述有时并不完全一致，例如萨拉曼卡认为，古巴社会党成立于 1906 年，智利社会党成立于 1899 年。

② 这些国家有的后来也建立了社会党，但建党时间较晚，例如，1919 年建立秘鲁社会党。1911 年建立墨西哥社会主义工人党。此外，1918 年以前，墨西哥不少州都建立了社会主义小组，1919 年举行第一次全国社会主义者代表大会，成立墨西哥马克思主义社会党，后该党改称共产党。

产党是建立在工人阶级组织的基础上（阿根廷、巴西、哥伦比亚、古巴、智利、秘鲁、萨尔瓦多），群众基础较扎实，政治影响力较大。有些国家共产党的成员及其影响则主要局限在作家、学者等知识分子和学生等群体当中，在一般工人和农民劳动者中基础较薄弱，政治影响力相对较弱。[①]

拉美国家共产党的建立经历了特殊的过程，各国建党时间早晚不一，建党方式也不尽相同。

（一）拉美国家建党过程较长，各国建党时间早晚不一

在经济较发达、无产阶级队伍较强、工人运动基础较好、社会主义思想影响较大的拉美国家，如阿根廷、巴西、墨西哥、秘鲁、乌拉圭、古巴等国，共产党建党时间较早，这些国家的共产党在20世纪20年代以前就已经建立起来。1918年1月6日马克思主义者从社会党内分离出来，建立了独立的阿根廷共产党，当时称国际社会党，1919年加入共产国际。1920年12月召开特别代表大会，改称阿根廷共产党。阿根廷共产党被认为是拉美地区的第一个共产党组织。1919年9月墨西哥马克思主义社会党共产党成立，同年11月改称墨西哥共产党。乌拉圭1921年4月正式建立共产党。1912年6月4日，智利第一个工人阶级的政党智利社会主义工人党成立，1922年1月2日，改名为智利共产党。1922年3月巴西共产党举行成立大会。1925年8月正式建立了古巴共产党。1928年2月巴拉圭共产党建立。1928年10月秘鲁共产党建党。

从20世纪30年代到40年代中期，拉美共产党的影响力进一步扩大。在已经建立起共产党的国家，党组织得到巩固，党的影响力不断扩大。与此同时，在此前尚未建党的厄瓜多尔、萨尔瓦多、委内瑞拉、哥伦比

---

① 拉美学者也有不少研究共产主义在拉美传播的著作，如 Elvira Concheiro, Massimo Modonesi, Horacio Crespo（coordinadores）, *El Comunismo: Otras Miradas desde América Latina*, CEE-ICH-UNAM, México, 2012, segunda edición aumentada。墨西哥学者们的这部著作共分四部分，第一部分是"共产主义：问题和挑战"，内容包括共产主义的历史和概况，20世纪拉美共产主义的发展，马克思主义在拉美的发展和传播进程，对拉美共产主义和社会主义研究的反思，共产主义在拉美地区各个领域的影响。第二部分是"拉美共产主义的多样性"，对拉美地区主要国家（智利、巴西、阿根廷、中美洲地区和秘鲁等）的共产党和共产主义组织作实例研究。第三部分专门研究墨西哥本国共产主义的发展问题。第四部分是结论。

亚等国家，也先后成立了共产党。1926 年 5 月厄瓜多尔社会党正式建立，1931 年 10 月改名为共产党。1930 年 3 月法拉本多·马蒂（Augustín Farabundo Martí Rodríguez）等人领导建立了萨尔瓦多共产党。1935 年委内瑞拉革命党建立，不久改名为民族民主党；1937 年发生分裂，共产党人退出，成立独立的委内瑞拉共产党。1926 年哥伦比亚革命社会党建立，1930 年改名为共产党。

　　20 世纪 40 年代中期以后，又有一些拉美国家先后建立了共产党。1942 年多米尼加建立了革命民主党，1946 年改名为人民社会党，1965 年改名为共产党。玻利维亚在 20 世纪 20 年代虽建立了一些共产主义小组，但并没有正式建立共产党，一直到 1950 年玻利维亚共产党才正式建立。1954 年洪都拉斯马克思主义小组召开秘密会议，成立洪都拉斯共产党。[①]海地共产党的建立过程较为曲折。1932 年海地各地的马克思主义小组实现联合，成立了海地共产党，但由于受到政府镇压，该党名存实亡；1959 年海地共产党人建立人民统一党，1969 年与人民民族解放党（1954 年成立）合并成立海地共产党。

　　（二）拉美国家共产党的建党方式

　　拉美国家共产党的建党方式不尽相同，主要有三种：

　　一是共产主义者从传统社会党中分裂出来，建立独立的共产党。如前所述，阿根廷社会党内的左翼于 1918 年从党内分离出来，建立了国际社会党，1920 年改名共产党。1921 年 4 月建党的乌拉圭共产党也源于社会党的分裂。1920 年乌拉圭社会党在是否参加共产国际的问题上发生分歧，多数派召开特别代表大会，决定改名为共产党。委内瑞拉共产党的建立也属于此类。

　　二是由若干马克思主义小组或共产主义小组合并组成共产党。1918 年墨西哥建立了第一批共产主义小组，1919 年 9 月召开第一次共产主义小组的代表大会，决定建立墨西哥共产党，并加入共产国际。智利共产党于 1922 年 1 月正式成立，该党是以 1912 年成立的社会主义工人党为核

---

　　① 1924 年曾成立中美洲共产党，洪都拉斯共产党人作为该党的一个支部进行活动；1927 年洪都拉斯的几个共产主义小组联合成立洪都拉斯共产党，后在政府镇压下被迫停止活动。

心，联合一些革命小组和先进工人干部而组建。1922 年 3 月建立的巴西共产党，也是由各个共产主义小组联合组成。在 1925 年 8 月古巴举行的社会主义和共产主义小组代表大会上，正式建立了古巴共产党。1928 年 2 月巴拉圭的一些共产主义小组的代表召开会议，建立巴拉圭共产党。海地、洪都拉斯共产党的建党情况也大体相同。

三是将社会党直接改名为共产党。1928 年 10 月何塞·卡洛斯·马里亚特吉（José Carlos Mariátegui）等人建立秘鲁社会党，1930 年 5 月秘鲁社会党改称秘鲁共产党。1930 年哥伦比亚革命社会党（1926 年建立）改名为共产党。1931 年厄瓜多尔社会党（1926 年建立）改名为共产党。多米尼加共产党也属于此类。

第三节　曲折发展的拉美共产主义和社会主义运动

一　拉美国家共产主义运动在曲折中发展

（一）拉美国家共产主义运动的基本进程

拉美国家的共产党从建立之日起，就经历了曲折的发展进程。在长期的不利条件和艰苦环境中，为探索马克思主义与拉美现实相结合、探索社会主义在拉美的发展道路进行了艰苦卓绝的斗争，既取得一定发展，也曾遭遇多次重创。第二次世界大战以后，随着拉美地区的民族民主运动不断发展，拉美国家共产党在争取民族独立、人民民主、世界和平以及在反对独裁统治的斗争中做出了应有的贡献。[1] 拉美国家的共产主义运动既有新的进展，也出现反复和困难，呈现较明显的周期性特色。

20 世纪 30 年代以前，教条主义严重束缚着拉美国家的共产党。拉美国家共产党建立之初，在组织建设、理论思想、斗争策略等方面都存在严重缺陷，特别是在很大程度上受苏联和苏联共产党教条主义的束缚和影响。一些拉美国家的共产党脱离本国国情，盲目照搬苏联共产党的经验和指示，表现出严重的教条主义倾向。然而，拉美各国共产党在争取

---

[1]　关达主编：《第二次世界大战后拉丁美洲政治》，中国社会科学出版社 1987 年版，第 109 页。

民族独立、开展工人运动、维护劳工权益、参加议会选举、反对专制独裁统治等方面做了大量工作，开展了各种形式的斗争。智利、古巴共产党在建立统一战线方面进行了卓有成效的探索，巴西、厄瓜多尔等国家的共产党还开展了武装斗争的尝试。

20 世纪 40 年代，一些拉美共产党积极从事合法斗争，取得不小收获。古巴、智利等国共产党领导的人民阵线运动取得显著成绩。古巴共产党在 1940 年大选中获得 10 个议席，在市政选举中获得 100 多个市议员席位；1943 年共产党人胡安·马里内略（Juan Marinelloy Vidaurreta）出任古巴政府不管部长，成为拉美国家第一个成为政府部长的共产党人。1944 年，厄瓜多尔共产党人也进入政府任职。早在 1936 年，智利共产党就参加了由左翼进步力量组成的"人民阵线"（这是拉美地区最早的人民阵线）；在 1937 年议会选举中，智利共产党获得 1 个参议院席位和 7 个众议院席位；在 1941 年大选中，获得 3 个参议院席位和 17 个众议院席位；1946 年，智利共产党在政府中得到 3 个部长职务，成为参政党，是继古巴和厄瓜多尔之后第三个参政的拉美共产党。在 1944 年议会选举中，哥伦比亚共产党在参议院获得 1 个席位，众议院获得 4 个席位，在省议会获得 17 个席位，市议会获得 50 个席位。

20 世纪 50 年代，拉美共产党的斗争环境恶化。1945 年世界反法西斯战争的胜利，为拉美国家共产党的成长提供了有利环境，许多党的力量有所增长，政治影响力提升，党员人数增加到 50 万。然而，随着 1947 年后东西方冷战局面的形成，许多拉美国家的政府追随美国，执行反共政策，各国共产党的生存环境急剧恶化，共产党被宣布为非法组织，几乎所有共产党都被迫转入地下。在智利等国家，在政府中担任职务的共产党人被扫地出门，在议会中的共产党议员被剥夺议员资格，共产党人受到迫害。在这种不利的生存环境下，拉美国家共产党的人数也有所减少，从 20 世纪 40 年代后期的约 50 万下降到 1957 年的 13.5 万①。面对新形势和新环境，拉美国家共产党不得不放弃实施了十多年的"人民阵线"策

① 祝文驰、毛相麟、李克明：《拉丁美洲的共产主义运动》，当代世界出版社 2002 年版，第 145 页。

略，重新把反帝作为斗争目标，寻求建立"反封反帝的广泛阵线"，这个政策也差不多持续了 10 年。

20 世纪 50 年代后半期以后，随着国内执政环境的变化和苏联共产党外交战略的改变，拉美国家的共产党也再次转变斗争策略。1956 年苏联共产党"二十大"提出与资本主义和平共处的战略，拉美国家共产党的领导层纷纷追随苏联共产党，重新执行改良主义路线，放弃了执行 10 年之久的"反封反帝的广泛阵线"策略，再次追捧"议会道路"，埋下了党内分裂的隐患。在这一时期，拉美一些国家的独裁政权（哥伦比亚、委内瑞拉、秘鲁）被推翻或被迫下台，国内政治环境有所改善；一些拉美国家废除了反共法令，共产党的生存环境有所改善，委内瑞拉、智利等国的共产党重获合法地位。许多拉美国家的共产党开始热衷与本国资产阶级合作，实现"资本主义阶段"的发展目标，摆脱封建主义，为共产主义胜利创造条件。① 拉美国家共产党领导层脱离本国国情，盲目追随苏共，频繁改变斗争策略的做法，在党内引起强烈反响，引起一些党员的疑虑和不满。

20 世纪 60 年代以后，拉美地区出现有利于革命的形势，各国共产党的活动趋于活跃。古巴革命武装斗争的胜利和智利共产党议会道路的实践，成为 60 年代和 70 年代拉美共产主义和社会主义运动中最重要的事件。1959 年古巴取得武装反抗本国独裁统治斗争的胜利。古巴革命的胜利在拉美产生了深远影响，古巴一时成为武装斗争胜利的样板，拉美左翼力量和共产党纷纷模仿古巴模式开展武装斗争，开展旨在推翻拉美国家独裁政府的游击战，在约 20 个拉美国家出现了上百支反政府游击队。1967 年以前，拉美国家的游击活动主要集中在农村地区，1968 年以后转入城市。由于对形势出现误判和发动群众不力，在当局残酷镇压下，这些反政府的游击活动多归于失败，只有哥伦比亚、秘鲁等国的反政府游击队的活动一直持续地坚持下来。与此相反，智利共产党 20 世纪 50 年代末重新获得合法地位后，一直热衷进行合法的议会道路，积极参与各类选举，连续获得数个参议院席位和十几个众议院席位。在 1961 年、1965

---

① Antonio Salamanca Serrano: Marxismo en América Latina , http://refudacion.com.mx/re-vistas/index.

年和 1970 年大选中，与社会党等左翼力量结成统一战线，支持社会党领
袖萨尔瓦多·阿连德·戈森斯（Salvador Allende Gossens）参选总统。
1970 年阿连德当选总统并执政后，智利共产党在联合政府中获得财政、
劳工等 3 个部长职务，6 个省长和一个大市市长职务，在参议院 50 个席
位中占 6 席，在众议院 150 个席位中占 25 席①，成为主要的参政党；党
员人数增加到近 20 万，该党进入历史上最辉煌的时期。智利共产党的议
会道路成为通过合法手段成功获得政权的典型，受到苏联共产党以及拉
美不少共产党的追捧。值得指出的是，在这一时期，拉美各国共产党内
部在斗争策略和革命手段问题上产生严重分歧、争论，许多党出现组织
分裂，对拉美共产党的发展造成深远影响。

　　20 世纪 70 年代和 80 年代，拉美地区的共产主义和社会主义运动从
总体上处于由低潮缓慢恢复的过程中。1973 年智利发生右翼军人策动的
军事政变，左翼的阿连德政权被推翻，智利共产党也在政变后遭到取缔。
20 世纪 70 年代，拉美地区右翼军事政变频繁，除墨西哥、委内瑞拉、哥
伦比亚和哥斯达黎加外，拉美大陆几乎出现了清一色的威权主义军政府，
多国共产党被宣布为非法或遭到取缔，其领导人和共产党员受到迫害，
其他左翼力量也遭到残酷镇压，遭受了巨大损失，社会主义和共产主义
的实践总体上处于低潮。20 世纪 70 年代末和 80 年代，随着拉美国家的
民主化进程不断深入，军政权基本上完成了还政于民的进程。在民主体
制的框架下，拉美地区多数共产党重新获得合法地位并进行公开活动，
左翼力量发展的环境得到改善，拉美共产主义和社会主义运动有所恢复，
多数国家共产党的力量有所恢复。80 年代中期，拉美国家共产党共有 50
多个，党员人数近百万（其中古巴共产党占一半）。

　　20 世纪 80 年代末和 90 年代初，拉美的共产主义和社会主义运动再
次遭受致命打击。苏联解体、东欧剧变，以及社会主义阵营消失，给拉
美地区的共产主义和社会主义运动造成严重消极影响，对各国共产党产
生强烈的冲击。拉美国家的共产党意识形态出现迷茫和迷失，"苏联社会

---

① 中共中央对外联络部拉丁美洲研究所：《拉丁美洲各国政党》，上海人民出版社 1980 年
版，第 375 页。

主义"失败在拉美地区的共产党中产生"道义挫折",许多党员失去了奋斗的方向和目标。作为西半球唯一执政党的古巴共产党面临前所未有的执政困难。遭遇美国敌视和反政府武装长期困扰的尼加拉瓜桑地诺民族解放阵线左翼政府在1990年选举失利下台,加剧了拉美国家共产党和左翼力量的挫败感。中美洲一些国家的反政府左翼游击队也逐渐归于沉寂。一些拉美国家的共产党出现组织分裂,力量和影响力进一步削弱。阿根廷、乌拉圭、玻利维亚、哥斯达黎加共产党中都有一些领导人对共产主义信念产生动摇,并从党内分离出去,另建社会民主主义性质的政党。一些拉美国家的共产党甚至改旗易帜,改变党的性质。巴西的共产党更名为社会主义人民党,宣称新党的性质是"介于英国工党和社会民主党"式的政党;乌拉圭共产党也宣布走社会民主主义道路。几乎所有拉美共产党都有大批党员退党,改变信仰。阿根廷、智利、玻利维亚、秘鲁等国加入共产党的党员人数均出现大幅度下降,出现严重组织危机,例如,乌拉圭共产党党员由5万人降到0.7万人。

20世纪末21世纪初,拉美左翼力量出现群体性崛起,影响力快速提升。由于拉美国家的传统执政党在长期执政过程中,没有有效解决国家面临的一系列政治、经济和社会难题,逐渐失去民众的信任。而左翼政党和左翼领导人提出的探索新的发展道路和发展模式、替代新自由主义改革的主张和口号代表了广大中下社会阶层的诉求,赢得了许多人的支持。左翼政党先后在委内瑞拉、巴西、阿根廷、乌拉圭、智利、玻利维亚、厄瓜多尔、尼加拉瓜、萨尔瓦多、秘鲁等拉美国家上台执政,政治影响力获得大幅提升。一些左派掌权的拉美国家明确提出社会主义的口号,其中委内瑞拉和厄瓜多尔提出的"21世纪社会主义"、巴西提出的"劳工社会主义"、玻利维亚提出的"社群社会主义"或"印第安社会主义"影响较大,拉美这些左翼政党的领导人自称是"社会主义者",宣称要带领各自国家进行"社会主义建设"[①]。在左翼当政的有利形势下,拉美地区的社会主义运动也出现新的有利条件,呈现全面复苏的势头。特别是在委内瑞拉"玻利瓦尔革命"、玻利维亚"印第安革命"和厄瓜多尔

---

① 徐世澄:《拉美社会主义运动现状和趋势》,载于《当代世界》2013年第11期。

"公民革命"的鼓舞下，拉美的马克思主义在思想和政治上重新武装起来。① 拉美共产党经受住了东欧剧变和苏联解体的考验，并取得了发展。拉美各国的共产党多数已成为"合法"政党，公开参加政治动员和各种活动；巴西、智利、委内瑞拉等国的共产党员当选为国会议员或在政府中任职，以多种形式参政，增加了对政府决策的影响力。

（二）拉美国家共产党的现状及其基本主张

综上所述，1917 年俄国十月革命的胜利，推动了马克思主义思想特别是科学社会主义思想在拉美的传播。从 1918 年拉美第一个共产党在阿根廷建立，到 1943 年共产国际解散，多数拉美国家已经在组织上建立了共产党。从总体上说，拉美国家的共产党经历了曲折的发展道路，先后经历了国内专制独裁统治的镇压，党内教条主义和宗派主义的严峻考验，以及受美共白劳德主义、中苏论战、东欧剧变和苏联解体等外部因素的严重冲击，发展几经起伏动荡，历经坎坷。几乎拉美所有的共产党都曾出现组织分裂，力量受到很大削弱。然而，拉美国家的共产党经受住了各种严峻的考验，即使在苏东剧变后，不少拉美国家的共产党依然生存了下来，有的还取得了进一步发展。

1. 拉美国家共产党的政治地位

当前拉美国家的共产党多是"合法"政党（有些则通过外围组织开展活动，如秘鲁共产党等）。除古巴共产党长期连续执政外，巴西、委内瑞拉、智利等国家的共产党与执政党结成各种形式的联盟并参加了政府，是参政党，但多数国家共产党的政治身份是在野党。

执政党。古巴共产党长期执政，多年来坚持马克思主义意识形态、坚持共产党的领导，坚持社会主义国家的性质，成为激励和凝聚拉美左翼力量的一面重要旗帜。

参政党。如前所述，当前的参政党主要是巴西共产党、委内瑞拉共产党和智利共产党。三党均是执政联盟的成员，在议会有席位，有党员在政府内任职。

---

① Antonio Salamanca Serrano: Marxismo en América Latina, http://refudacion.com.mx/re-vistas/index.

在野党。多数国家共产党是在野党。一些国家的共产党在国内有一定政治影响，在议会占有席位。例如哥伦比亚共产党在议会有席位。秘鲁等国家的共产党也有一定影响，在一些省市执政，在工会和学生等群体中较有影响。在全国性选举中，秘鲁等国家的共产党能获得5%左右的选票，有一定的政治和社会影响。

2. 拉美国家共产党的主要政策主张

拉美国家共产党的主要政策主张如下：

在指导思想上坚持马列主义。拉美国家共产党明确地把马列主义作为指导思想，这是共产党与拉美地区其他类型左翼政党的最本质区别。拉美国家的共产党认为，在新的历史条件下，马列主义和社会主义对解决拉美的社会问题、对满足人民的迫切要求仍具有现实意义。

在斗争策略上强调合法斗争。在新的历史条件下，拉美国家共产党的斗争策略和手段发生根本变化，强调通过民主的方式，开展合法的斗争。哥伦比亚共产党曾经是武装斗争的积极参与者和领导者。虽然该党并不完全放弃武装斗争，但合法斗争成为其最主要的斗争手段。委内瑞拉共产党在2007年9月召开的第十一次全国会议的"政治决议"中强调，民主的中间路线是革命的重要手段。巴西共产党章程规定"党要在国家现行法律框架内开展活动"。巴西、乌拉圭、阿根廷、哥伦比亚、玻利维亚、秘鲁等国家的共产党，都利用大选的时机，与国内其他进步政党组织建立选举阵线或选举联盟，参与政治进程，从事合法斗争。

在政策取向上反对新自由主义改革。拉美共产党认为，新自由主义的制度面临危机；新自由主义远远不能保证社会的发展，造成社会财富愈加集中在垄断寡头手中，失业日益增加，大多数人贫困加剧，陷入被遗弃的境地。拉美国家多数共产党同其他左翼政党结成统一战线，坚持开展反对帝国主义和新自由主义的斗争。

坚信社会主义能取代资本主义。拉美国家的共产党普遍认为，"社会主义仍充满活力，无论现在和将来都是人类的希望"和"拉美人民的唯一选择"，建立一个没有资本剥削和压迫的另一个世界是可能的，共产党应在建设社会主义新社会的历史进程中承担自己的责任。巴西共产党认为，党的最终目标是实现科学社会主义和共产主义，社会主义和共产主义是巴西唯一正确的出路；委内瑞拉共产党认为，社会主义是更高级、更完善的革命民主制度，要用人民的民主国家取代资产阶级的国家，向建设社会主义的方向迈进；哥伦比亚共产党则将"打开通向人道社会主义的道路"作为党的主要活动目标。

对拉美重大问题的看法。坚持反帝反美：反对美国主导的一体化进程，主张用一个排除美国、包括古巴的组织代替美洲国家组织；支持在新的基础上重新推进一体化进程，支持所有有利于反对帝国主义和有利于地区一体化的建议。无条件地支持古巴革命：认为古巴的存在及其对帝国主义阴谋和侵略的反抗，对于人民斗争的发展、对于坚定社会主义取代野蛮资本主义的信念具有重要意义。支持拉美地区的左翼政府和进步政府：支持拉美地区左翼力量之间加强团结。

（三）拉美共产主义和社会主义运动发展的不利因素

拉美国家的共产主义思潮源远流长，共产党的历史悠久。拉美是较早建立共产党组织的地区，但党的发展进程十分曲折坎坷，无论是共产党，还是共产主义思潮，在拉美多数国家从未占据主流地位。当前拉美国家的执政环境虽然相对有利，一些共产党虽仍有一定政治影响，但这种影响主要集中在少数国家，在多数国家，共产党的政治影响力局限在特殊群体（工会组织、知识分子、青年学生等群体当中），对整个社会的影响力相对不足。拉美共产党或共产主义思潮影响力受到局限的原因至少有以下几个方面。

1. 频繁外来冲击的负面影响

拉美共产党遭受的最严重外来冲击至少有三次。第一次是20世纪40年代来自美共白劳德改良主义和取消主义的冲击。20世纪30年代末和40年代上半期，美国共产党内白劳德主义盛行。① 白劳德主义虽发生在美

---

① 白劳德（Earl Russell Browder, 1891 - 1973），1934—1944年任美国共产党总书记。他推崇罗斯福新政，断言社会主义纲领在美国得不到多数人支持，美国国内一切冲突和社会问题都可以用和平方式解决，阶级调和可以化解美国资本主义危机。他把共产主义等同于美国主义，认为"共产主义是20世纪的美国主义"，世界已进入资本主义同社会主义"长期信任和合作"的时代。1944年5月他宣布解散美国共产党，代之以"美国共产主义政治协会"。1945年7月威廉·福斯特等人重建美国共产党，次年白劳德被开除出党。

国，但由于美国共产党与拉美国家共产党之间的特殊联系，其改良主义主张被许多拉美国家的共产党所采纳，特别是白劳德主义在组织上取消独立共产党的做法在拉美地区产生严重不良后果。一些拉美共产党仿照美国共产党的做法，改变党的名称。巴拿马共产党改名为人民党；哥斯达黎加共产党宣布解散，另组人民先锋党；古巴共产党改名为人民社会党；哥伦比亚共产党改名为社会民主党。在巴西共产党内，也出现了一股取消主义思潮，主张淡化共产党人的政治面目。白劳德主义在 1945 年以后逐步得到纠正，但它对拉美共产党造成的伤害和负面影响持续了多年。第二次是 20 世纪 60—70 年代国际共运大论战和中苏两党分裂的冲击。受中苏论战的影响，拉美各国共产党领导机构内部在治党方针、参与国内政治斗争的方式，以及政策立场等问题上产生严重分歧，许多共产党内出现亲苏派和亲华派的斗争，最终发生组织分裂。拉美共产党最多时达到五六十个，一个国家内通常会有好几个相互争斗的共产党。这一时期，拉美国家共产党的数量虽有所增加，但因组织分裂，党的力量和政治影响力却有所下降。第三次是 20 世纪 80 年代末和 90 年代初的苏联东欧剧变的冲击。面对人类历史上第一个社会主义国家的消亡，一些拉美国家的共产党手足无措。拉美地区有的党改旗易帜，放弃共产主义理想和信念；有的党甚至销声匿迹，在组织上消亡；许多国家的共产党员选择退党，各党的党员数量大幅度下降。但是，拉美国家的不少共产党经受住了上述外来危机的冲击，基本力量和组织架构得以保留下来，有的党甚至得到进一步发展。目前，共产党依然是拉美左翼的重要组成部分，但其在理论、组织、干部队伍建设等方面存在严重缺陷和不足，在可预见的未来，恐难成为拉美地区的主流政治力量。

2. 国内生存环境恶劣的消极后果

在传统上，拉美地区专制独裁或右翼统治盛行，许多拉美共产党长期处在地下或非法地位，党的活动受到诸多限制，不少共产党长期不能取得合法地位。中美洲各国共产党从成立之日起便处于非法状态，遭受当局镇压。1927 年成立的洪都拉斯共产党，在政府镇压下被迫停止活动。1954 年洪都拉斯共产党再次成立，但自建党起就处于白色恐怖中。智利共产党 1927 年被宣布为非法，直到 1932 年才取得合法地位。墨西哥共产党于 1929 年、阿根廷共产党于 1930 年被宣布为非法。1922 年 7 月，刚成立不久的巴西共产党被取缔。厄瓜多尔共产党自 1926 年建党到 1944年，一直处于地下状态。萨尔瓦多共产党自 1930 年成立起就一直处于非法状态。冷战期间，许多拉美国家的政府追随美国执行反共政策，对共产党采取高压态势，共产党活动空间受到极大压缩。1947—1948 年，巴西、智利和哥斯达黎加等 8 个拉美国家的共产党被当局宣布为非法，巴西、智利等国议会中的共产党人被剥夺议员资格。1950 年 1 月玻利维亚共产党建立，随即被当局宣布为非法。到 50 年代中期，有 14 个国家的共产党无法参加大选，无法开展政治宣传，被排除在国家政治发展进程之外。20 世纪 60 年代和 70 年代，拉美国家军事独裁政权盛行，多数共产党的党组织被取缔，共产党人和左翼进步人士受到残酷迫害，党的领导人和大批党员被迫流亡国外，党在国内的政治影响力大为下降。长期不利甚至近乎残酷的生存环境，严重制约了拉美国家共产党的成长，削弱了其政治和社会影响力。当前，拉美国家均建立了较稳固的民主体制，共产党的国内生存环境虽然较为有利，但在日益完备的多党制竞争体制下，共产党在与其他政党的竞争中往往并不具备优势，在很多情况下处于被边缘化的状态。

3. 党自身的严重组织缺陷

许多拉美国家的共产党是在原社会党的基础上改建而来，有些是各种马克思主义小组或共产主义小组合并而来，各种社会主义思想在党内均有一定影响力，一些党的内部分歧和斗争由来已久。在组织方面，不少政党内部分歧严重，党内有派，派别众多，党的分裂成为常态，没有形成团结和有权威的领导核心，严重削弱了党组织的统一和党的战斗力。1937 年巴西共产党分裂成两派，一部分人退党，另组革命社会党，加入第四国际。智利共产党内从一开始就存在不同派别，1931 年公开分裂为正统派和非正统派，1937 年非正统派并入智利社会党。墨西哥共产党成立后不久，就分裂成好几派，党几乎到了解体的边缘。① 乌拉圭共产党建

---

①　祝文驰、毛相麟、李克明：《拉丁美洲的共产主义运动》，当代世界出版社 2002 年版，第 74 页。

党不久也发生分裂，反对开展议会斗争的派别甚至被开除出党。

20 世纪 60 年代，由于国际共运大论战和中苏分裂的影响，拉美国家共产党内部的斗争逐渐尖锐化，在革命道路、治党方针等方面原本就存在的许多分歧日益表面化。内部分歧在国际共运大论战的催化下发酵，最终造成党的组织分裂。巴西和哥伦比亚共产党的一些负责人因反对中央路线被开除出党后，另组新党；在秘鲁、厄瓜多尔和玻利维亚，一些反对中央路线的中央领导成员，争取到党内的多数支持，宣布将老的领导集团开除出党，造成党组织的分裂；在智利、乌拉圭和阿根廷等国家，党的中下层干部另起炉灶，从党内分裂出来，组建新党。许多拉美国家出现一国两党、三党，甚至多党并存的局面。1962 年以后巴西两个共产党并存；哥伦比亚和智利共产党一分为二；乌拉圭和委内瑞拉共产党一分为三；秘鲁共产党甚至一分为四。当前，拉美国家许多共产党内部的宗派主义和教条主义的传统痼疾仍未得到根治，严重制约了其政治影响力的发挥。

4. 党的思想理论和斗争策略缺陷

在相当长的时期内，拉美一些共产党及其领导人没有能够制定出符合本国国情的斗争策略。党的领导层在制定路线、方针、政策时，既缺乏对马克思主义基本原理及其精髓的精准把握，也缺乏对本国国情的真正了解，制定不出既符合国情又得到基层群众支持的战略和政策。萨拉曼卡认为，从 20 世纪 20 年代起，苏联共产党的教条主义就传到拉美，以后就一直在拉美占统治地位，具体体现为马克思主义与拉美现实脱节。他把这种状况称为马克思主义与拉美现实"相互隔离"[①]。20 世纪 60 年代以前，多数拉美国家的共产党以苏联共产党的意志和指示是从，完全沦为苏共的"小兄弟"，缺乏真正的理论建树。斯大林"革命阶段论"的教条主义曾在拉美共产党内占主导地位，拉美现阶段革命被定性为"资产阶级民主革命"，同样，白劳德改良主义也被许多拉美共产党所采纳。在冷战形势下，拉美共产党追随苏共，重新把反帝作为斗争的目标，寻

---

① Antonio Salamanca Serrano：Marxismo en América Latina, http：//refudacion. com. mx/re-vistas/index.

求建立"反封反帝广泛阵线"。1956 年苏共二十大提出与资本主义和平共处的战略，拉美共产党的策略再次发生转变，重新教条地执行改良主义，与本国资产阶级合作，实现"资本主义阶段"的发展目标。由于脱离国情，不能深入群众，拉美许多共产党对本国政治、经济和社会缺乏深入了解，对本国革命应该依靠谁、团结谁、反对谁的问题始终没有给出答案，难以提出为广大群众接受和支持的纲领和计划。① 由于缺乏思想理论创新，加上斗争策略不稳定，致使拉美国家共产党无论是在武装斗争还是在选举方面，都没能取得预想的业绩。目前，拉美国家的许多共产党仍未在新形势下提出解决拉美各种社会难题的有效建议，许多党甚至仍固守传统的政治和斗争策略，其政治影响力只集中在特定群体和特定社会阶层。

5. 社会传统的不利影响

拉美地区在传统上是一个保守的大陆，保守思想占主流，缺乏深刻的政治和社会变革。各种改良主义占主导地位，变革思想特别是革命思想受到压制，共产主义思想更是被视为"异端邪说"。拉美地区的传统文化（包括西—葡传统政治理论和天主教思想）不利于共产主义思想的传播。拉美殖民时期，拉美地区统治模式的主要特征是等级制度、集权和专制统治、依附关系。权力是自上而下的，权力结构和社会结构是等级式的。拉美国家独立后，西—葡殖民统治传统的影响依然存在，许多国家基本没有实现社会结构的深刻变革，等级制度和寡头式的社会秩序没有受到丝毫触动。直到现在，等级、专制、精英主义、庇护主义的传统在拉美政治生活和政治制度中仍有明显体现。

拉美国家的某些政治文化环境往往不利于共产主义思想的传播。拉美长期受政治混乱和暴力困扰，社会各阶层普遍存在追求稳定和秩序的心态，这与马克思主义所宣传的革命、彻底社会变革的理论有矛盾。在拉美某些特殊政治环境中，一些夸夸其谈、具有个人魅力的政治家容易受到追捧，民众容易被空洞的政治口号迷惑，甚至抱有不太切合实际的

---

① 郭元增、江时学：《拉美国家共产党的斗争历程》，载于李慎明主编《执政党的经验教训》，社会科学文献出版社 2008 年版，第 232 页。

政治幻想，这也不利于马克思主义的传播和共产主义运动的发展。

二　拉美社会民主主义的思潮与实践

除了科学社会主义（或共产主义）外，拉美地区还存在着社会民主主义，以及各种形式的民族社会主义，各种社会主义思潮的理论和政策主张也不完全相同，甚至在许多方面完全相反。从总体上说，在较长的历史时期，主张非资本主义和非共产主义的"中间立场"或"中间道路"的民族社会主义和社会民主主义，在拉美社会主义思潮中一直占据主流地位。在实践方面，社会民主主义和民族社会主义的实践在拉美也占主流地位，而其他类型的社会主义实践往往遭遇了重大挫折。值得指出的是，在不少拉美国家，民族社会主义和社会民主主义是相互渗透、相互融合和相互包含的，有时甚至是融为一体的。

（一）拉美社会民主主义思潮的发展

社会民主主义是拉美地区重要的社会主义思潮。如前所述，拉美的社会民主主义或民主社会主义源于欧洲国家和第二国际。早在 19 世纪末20 世纪初，社会民主主义在拉美得到迅速传播；在第二次世界大战以后的民主化发展进程中，拉美社会民主主义的影响迅速扩大，并获得了主流政治思潮的地位，拉美地区社会民主主义政党迅速增加到数十个。20世纪 80 年代末 90 年代初苏联东欧剧变发生后，拉美各国共产党的影响力明显下降，而拉美社会民主主义的影响却获得明显提升。

拉美社会民主主义政党认为，自己的理论来源不是马克思主义的思想体系，而是根植于基督教伦理、人道主义和拉美民族英雄们的思想。作为拉美左翼力量的组成部分，社会民主主义既批评资本主义，又反对共产主义，主张实现社会民主主义，主张在政治、经济、社会和国际关系方面实现民主化，实现社会和经济改革，巩固和完善民众参与的政治制度。拉美社会民主主义的这种政治立场迎合了该地区众多社会阶层追求进步和民主、维护政治和社会稳定的心理，在很大程度上反映了中下社会阶层的政治社会诉求，赢得了广泛的社会支持，促进了社会民主主义势力在拉美的不断扩张。与此同时，拉美社会民主主义政党改良主义的政治取向，决定了其不会从根本上改变这些国家的根本政治、经济和社会制度，能够在一定程度上消除拉美国家社会上层和精英集团对激进变革和革命的恐惧与担心，容易为既得利益集团和社会精英阶层所接受。

（二）拉美社会民主主义的主要主张

拉美社会民主主义与其他地区的社会民主主义既有联系，又有区别，其主要理论和政策主张如下：

反对共产主义。同欧洲社会民主主义一样，拉美的社会民主主义既批评资本主义"野蛮"，也批评共产主义"专制"，主张既非资本主义也非共产主义的"第三条道路"；反对阶级斗争和暴力革命，主张阶级合作，尊崇议会道路和民主。与欧洲的社会民主主义相比，拉美的社会民主主义显得更加保守，许多政党从建立之日起就持一种反马克思主义的立场。

主张改良主义。拉美的社会民主主义主张多元的民主政治，主张实行多党制和竞选制，允许不同观点共存，允许各阶级参政；认为应通过由工人、农民、企业主、农场主和中间阶层组成的"多阶级联盟"实现社会民主主义；主张通过选举、思想教育、对现存社会结构进行和平改造，用改良主义手段实现社会民主主义。

倡导社会正义。拉美的社会民主主义认为，自由经济造成贫富悬殊和两极分化，而公有制经济会导致极权主义，因而主张实行混合经济制度，因为混合经济体制可以保证公有制和私有经济共处，国营、私人和合作企业同时发展。拉美社会民主主义倡导社会公平与正义，尊重个人的权利和自由，但强调国家在促进社会正义方面发挥调节作用。拉美社会民主主义政党认为，社会民主主义的最终目标是建立自由、民主、平等和正义的新社会。

（三）拉美社会民主主义实践的多样性

拉美社会民主主义政党数量众多，至少有 60 多个①，许多党曾经长期执政，目前仍有很多党在继续执政。这些政党在政治取向、价值观上有明显差异，既有左派激进政党，如墨西哥民主革命党、尼加拉瓜桑地诺民族解放阵线等，也有左翼温和政党，如智利社会党、智利争取社会

---

① 徐世澄主编：《拉丁美洲现代思潮》，当代世界出版社 2010 年版，第 109—110 页。

民主党，巴西劳工党等；既有中间或中左翼政党，如墨西哥革命制度党、秘鲁阿普拉党、委内瑞拉民主行动党，也不乏中间偏右政党，如哥伦比亚自由党、哥斯达黎加民族解放党。①

由于拉美民主社会主义政党政治取向和价值观的多样性，其在拉美的实践也呈现出多元性特征。一些左翼政党（桑解阵）对新自由主义政策持坚定的批评和否定态度，中间派（智利社会党、巴西劳工党、墨西哥革命制度党）虽有时对新自由主义进行批评，但执政后通常会保留新自由主义政策的基本取向，只在某些方面做些调整，在政策上表现出一定的反复和摇摆。一些中右翼政党则明显倾向于新自由主义政策，与传统左翼的立场有一定差距。

三　拉美民族社会主义的理论与实践

从 20 世纪中叶以后，在古巴、智利、尼加拉瓜、圭亚那、格林纳达等拉美国家陆续出现了一系列民族社会主义的实践，但这些国家社会主义实践的结果各不相同。20 世纪 60 年代古巴成功实现了由民主革命向社会主义革命转变，最终建立了西半球第一个也是唯一的社会主义国家。20 世纪 70 年代智利阿连德社会主义的实践被右翼力量策划的血腥军事政变所终止。尼加拉瓜桑解阵的社会主义因执政党在 1990 年大选中失利而终结。圭亚那合作社会主义和格林纳达社会主义最终也无果而终。然而，进入 21 世纪以后，在委内瑞拉、玻利维亚和厄瓜多尔等国家，又开始了新一轮的所谓"21 世纪社会主义"或新社会主义的实践。

古巴：从民族民主革命过渡到社会主义。1959 年古巴革命取得胜利，独裁政权被推翻。这场革命的领导者是菲德尔·卡斯特罗等进步青年领导的左翼组织"七二六运动"，而不是早已存在的古巴共产党（人民社会党）。因此古巴革命是民族民主革命，并不是一场社会主义革命。革命胜利后，以"七二六运动"为主体的革命政府在政治、经济、社会各领域进行大规模民主改革。在政治上，取缔反动政党，废除反动法令，没收反动分子的财产，解散旧军队。在经济和社会方面，改变旧的经济制度，

---

① IS, "Partidos Miembros*de la* Internacional Socialista", http：//www.lainternacionalsocialista.org.

建立新的生产关系，实行土地改革，对本国和外国企业实行国有化，确保充分就业，使所有劳动者享有社会保险，实行全民免费教育和免费医疗。

古巴民主改革过程中，在古巴的美国资本被国有化，引起美国的强烈不满。随着古巴改革的深入，美国开始采取敌视古巴新政府的态度和措施，并支持雇佣军武装入侵古巴，企图扼杀古巴革命。在美国对古巴极力打压的同时，苏联等社会主义国家给予了古巴援助。美国的威胁和社会主义国家的支持促使古巴最终倒向社会主义。1961 年，以卡斯特罗为中心的古巴领导层决定，将民族民主革命转变为社会主义革命，并宣布古巴是社会主义国家。同年 7 月，古巴三个主要革命组织"七二六运动"、人民社会党、"三一三革命指导委员会"合并成"革命统一组织"。1962 年 5 月"革命统一组织"改名为古巴社会主义革命统一党。1965 年 10 月在社会主义革命统一党基础上建立古巴共产党，古巴也成了迄今为止西半球第一个和唯一的社会主义国家，成为凝聚拉美左翼力量的核心。

智利：阿连德社会主义与向社会主义和平过渡的失败。1970 年 9 月，智利社会党和共产党等左翼力量组成的"人民团结阵线"在大选中获胜，随即组成以两党为核心的人民团结政府，社会党领袖萨尔瓦多·阿连德出任总统，宣布要在智利建立起世界上"第一个以民主、多元化和自由为式样的社会主义"，"树立起第二种向社会主义过渡的模式"。智利共产党人和社会党人把这些方面所提出的一系列理论主张归结为"通向社会主义的智利道路"。

智利阿连德社会主义的基本主张是：通过选举和平过渡到社会主义，首先通过选举取得行政权，然后通过选举取得议会绝对多数并掌握立法权，继而进行经济结构的变革；在资产阶级法制范围内进行社会主义变革，"在尊重法制、体制和政治自由的条件下，改变资本主义制度"；建立多元政治和经济，包括建立多党制政府，允许多元的政治观念和意识形态，建立多元经济，以公有制为主，公有制、合营和私有制并存。

人民团结阵线政府执政期间，实施了一系列改革措施。通过大规模国有化，把外国资本控制的铜矿以及本国私人大型企业收归国有；进行大规模土地改革，征收大庄园土地，建立大量国营农场和合作社；改善中低收入阶层生活条件，提高社会福利，提高职工工资、最低工资和最低养老金标准，增加对劳动者的各种补贴和福利。

阿连德政府的政策引起较大争议，特别是遭到企业主和农场主的激烈反对。大幅度增加社会福利的政策最终成为国家财政的负担，造成财政赤字增加，通货膨胀加剧，国内市场商品匮乏，不满情绪增加。1973年9月智利发生右翼军事政变，人民团结政府被推翻，阿连德本人在政变中丧生，智利共产党和社会党遭到镇压，智利社会主义的实践以失败告终。20世纪80年代以后，智利社会党不再像过去那样强调党是工人阶级的先锋队，而是将其确定为"全国体力劳动者和脑力劳动者的党"①。90年代以后，社会党宣布不再信仰马克思主义，尽管不要求党员放弃马克思主义的信仰。1992年智利社会党加入社会党国际，完成了从激进社会主义转向社会民主主义的转型。

圭亚那：合作社会主义实践的兴衰。合作社会主义是圭亚那人民大会党及其领导人福布斯·伯纳姆（Forbes Burnham）20世纪70年代提出的社会主义理论和实践。在历史上，圭亚那两大政党人民进步党和人民大会党都主张在圭亚那建立"正义的社会主义社会"。为了同人民进步党的社会主义相区别，伯纳姆提出了"合作社会主义"。其主要论点是：要避免资本主义社会中普遍存在的人剥削人的异化现象，必须实行合作社会主义；建立社会主义制度是目标，合作制是实现这一目标的主要渠道或工具；合作社会主义以马克思主义为主导，但不能接受共产主义国家业已准备好的思想和答案；合作社会主义的基础是合作社，合作社比国有制更为先进和公正；实行合作社会主义的途径是和平方式，要逐步向社会主义过渡；要独立自主、自力更生地走自己的路，坚持不结盟原则，"不做东方或西方的走卒"。

伯纳姆执政近20年间，为实行合作社会主义，对国家的政治、经济和社会生活进行了一系列改革，包括颁布新宪法，宣布圭亚那是处于从资本主义向社会主义过渡的民主主权国家，国民经济将以社会所有制为

---

① 康学同主编，王玉林、王家雷副主编：《当代拉美政党简史》，当代世界出版社2011年版，第526页。

基础，将根据社会主义的经济规律发展经济，合作社会主义将成为社会主义变革的重要原则。在经济社会方面，实行政府拥有、开发和控制国家自然资源的政策，将外资控制的重要经济部门通过赎买的方式国有化。大力发展合作社，政府设立合作社部，政府还建立了合作学校，开办了合作银行。

20 世纪 80 年代前期，由于圭亚那经济形势不断恶化，合作社会主义的理论和实践不断遭到批评。1985 年伯纳姆逝世后，继任的党领袖和总统德斯蒙德·霍伊特（Desmond Hoyte）认为"社会主义不能靠空话实现"，从合作社会主义的立场后退，但他仍然宣称坚持社会主义道路，重申人民大会党忠于社会主义的目标，是"社会主义政党"。1992 年，人民大会党在大选中失利，执掌政权的人民进步党政府宣布不再执行合作社会主义的政策。1997 年人民大会党制定的新纲领，提出"建设圭亚那式的社会主义"①。

尼加拉瓜：桑解阵社会主义的兴衰。尼加拉瓜桑解阵的社会主义实践始于 1979 年桑地诺革命的胜利。1961 年，卡洛斯·丰塞卡（Carlos Fonseca）等人创建了桑地诺民族解放阵线，1963 年开始武装斗争，最终于 1979 年 7 月推翻了索摩查独裁统治，取得民主革命的胜利。革命胜利后，桑解阵连续执政 11 年。执政期间，在政治上推行政治多元化，允许各种政治组织自由活动，吸收其代表参与执政；经济上实行混合经济，让国营经济（约占经济总量 40%）与私人经济"和平相处"；推行不结盟外交，但实际上与苏联、古巴关系日益密切，与美国的关系日益恶化。

桑解阵领导人曾公开表示自己是马克思列宁主义者，指导思想是马列主义和桑地诺主义，革命的方向是社会主义。然而，1985 年以后，由于国内政治冲突加剧和执政环境恶化，桑解阵不再提社会主义，时任总统丹尼尔·奥尔特加（Daniel Ortega）在 1987 年宣称，尼加拉瓜"还不是搞社会主义的时候，我们的社会模式不是东欧式的，也不是古巴式的，而是斯堪的纳维亚模式的"。1990 年 2 月，桑解阵在大选中失利，在连续

---

① 康学同主编，王玉林、王家雷副主编：《当代拉美政党简史》，当代世界出版社 2011 年版，第 292 页。

执政 11 年后沦为在野党，尼加拉瓜桑解阵的社会主义实践也画上了句号。2006 年桑解阵再度执政，再度出任总统的奥尔特加宣称，自己已经不再信仰自己年轻时候所信仰的马克思主义。桑解阵 2012 年 8 月第五次全国代表大会提出的口号是建立一个"基督教的、社会主义的、团结的尼加拉瓜"。

格林纳达：社会主义的昙花一现。1973 年莫里斯·毕晓普（Maurice Bishop）等人创建了"新宝石运动"，并于 1979 年发动政变，建立了人民革命政府，出任总理。毕晓普自称是社会主义者，认为社会主义是解决本国问题的唯一办法。"新宝石运动"也自称是马克思列宁主义政党，信奉科学社会主义，主张在格林纳达实现"从社会主义方向前进到社会主义建设"的阶段。毕晓普执政期间，对内主张进行社会经济改革，实行混合经济，建立人民参政的体制，对外则积极促进同苏联和古巴的友好合作关系。格林纳达社会主义的实践在某些方面有过激现象，甚至实行过快的国有化政策，造成国家经济遇到严重困难。[1] 1983 年 10 月，格林纳达发生军事政变，毕晓普遭政变军人枪杀。美国借机与 6 个加勒比国家组成多国部队出兵格林纳达。至此，毕晓普等人推动的格林纳达社会主义实践宣告终结，其所创建的政治组织"新宝石运动"随后也消失了。

四 拉美的托洛茨基主义及其影响

在国内拉美学界，对托洛茨基主义的研究不充分，且多负面评价。其实，托洛茨基主义是拉美比较有影响的社会主义思潮之一，在拉美一直有一批追随者，拉美也成了托洛茨基主义的最主要阵地。

（一）托洛茨基主义在拉美的传播

拉美的托洛茨基主义最初产生于 20 世纪初俄国工人运动中。列昂·托洛茨基（Leon Trotsky）是俄国著名工人运动家，十月革命的主要领导人之一。列宁逝世后，托洛茨基在与斯大林争夺领导权的斗争中失利，先是被斯大林排挤出苏联共产党最高领导层，后于 1927 年被开除出党，

---

① 参见李春辉、苏振兴、徐世澄主编《拉丁美洲史稿》，商务印书馆 1993 年版，第 634—635 页。

1929 年被驱逐出境，20 世纪 30 年代，经当时墨西哥左翼总统拉萨罗·卡德纳斯（Lázaro Cardenas，1895 - 1970）批准，来到墨西哥避难。1940年在墨西哥城的寓所被苏联特工暗杀。

托洛茨基主义 20 世纪 20 年代就传入拉美，20 世纪 30 年代托洛茨基流亡到拉美后，扩大了托洛茨基主义在拉美的影响，拉美逐渐成为世界托派的主要阵地和大本营。30 年代以后，拉美主要国家都出现了从共产党内分裂出来的信奉托洛茨基主义的托派组织，又称"左翼反对派"，拉美的托派阵营不断扩大。① 1938 年托洛茨基在墨西哥创建第四国际（又称世界社会主义革命党），与斯大林和苏联共产党领导的第三国际（共产国际）相对抗。

托洛茨基在世时，拉美的托派组织基本能保持团结。托洛茨基被暗杀后，特别是 20 世纪 50 年代以后，第四国际发生多次分裂，拉美托派的影响力有所下降。60 年代以后，托派主义的活动又趋于活跃。1962 年，阿根廷托派分子胡安·波萨达斯重组第四国际拉美局，建立第四国际拉美书记处，托派力量得到重新整合。托派分子领导了拉美一些国家的工人运动、农民夺地斗争甚至一些国家武装斗争，政治影响力和号召力有所增强。到 20 世纪 80 年代初时，拉美国家共有 30 多个托派组织，分布在 12 个国家。

（二）拉美托洛茨基主义的基本主张和主要特点

拉美托派与老牌托派的主张既有相似之处，也有不同之处。② 拉美托派的主要主张可简单地概括为以下 4 个方面：1. 世界革命论。认为任何一场革命都不可能单独取得成功并向社会主义发展，这一切只能在世界范围内发生。世界革命的中心在欠发达国家，"殖民地革命在世界革命的总过程中始终处于中心地位"。2. 争取社会主义是唯一的斗争内容。认为民族的、种族的和其他类似的斗争，"都要与推翻资本主义的斗争结合起

---

① 阿根廷、巴西、智利、墨西哥、秘鲁、古巴等拉美主要国家的托派组织，都是从共产党中分裂出来的。参见［美］罗·杰·亚历山大《拉丁美洲的托洛茨基主义》，商务印书馆 1984年版，第 52 页。

② 关于拉美托派和老牌托派主张的异同，参见徐世澄主编《拉丁美洲现代思潮》，世界出版社 2010 年版，第 119—120 页。

来，只有打倒了资本主义，这些问题才可逐一获得解决"。3. 革命的领导力量。认为农民是革命阶级的中心和轴心，农民是当代革命的领导力量；落后国家的民族资产阶级有革命的潜力，对这些国家的民族资产阶级政府给予批评性的支持，可与之建立统一战线。4. 拉美大陆革命的思想。拉美托派提出了实现"建立中南美洲苏维埃联邦"的基本目标和实行大陆革命，认为第一步先进行反帝的土地革命，然后再不间断地向社会主义推进。

拉美托洛茨基主义政党的特点是：1. 组织规模小，党的成员少。"所有的拉丁美洲托洛茨基主义党的党员人数都是很少的"①，许多托派组织在最兴旺的时期，成员也不过数百人。2. 基层组织不健全。拉美托派组织没有建立起基层单位及遍及全国各地的全国性组织，影响力多局限在首都或一两个大城市。各国的托洛茨基主义党充其量只能设立一个小型的全国办事处，由党的领导人和党员提供志愿服务。3. 缺乏纪律性。拉美托派党内宗派主义和派别活动盛行，对违纪党员没有处罚措施，给党的团结造成不利影响。4. 拉美托派内部不统一，各派观点也不相同。有些固守传统托派的立场，有些则提出与传统老牌托派不同的主张。5. 工人运动和政治宣传是拉美托派的主要活动。拉美托洛茨基主义政党忽视参加竞选活动，而是把主要精力用于工人运动和开展宣传工作。"尽管他们党员人数少而且对各自国家劳工运动或一般政治活动影响很小，但他们一直坚持活动。"②

（三）托洛茨基主义在拉美的影响

拉美是托洛茨基主义影响较大的地区，也是世界托洛茨基主义的主要阵地。自托洛茨基主义传入拉美以来，其在拉美地区的影响一直延续下来，托派思想至今在该地区一些左翼群体以及一些知识分子中仍然有一定影响。连委内瑞拉前左翼总统查韦斯也曾号召委内瑞拉人民学习托洛茨基的著作，特别是学习托洛茨基的"不断革命理论"，并称赞托洛茨

---

① ［美］罗·杰·亚历山大：《拉丁美洲的托洛茨基主义》，商务印书馆1984年版，第58页。

② 同上书，第61页。

基是"杰出的思想家"。

拉美的托洛茨基主义在知识界和学术界有一定吸引力，拉美托派研究热度不减。在拉美地区，对托洛茨基及其思想的研究一直是拉美马克思主义研究学者的主要内容之一。阿根廷、厄瓜多尔、乌拉圭等国家有一批研究托洛茨基主义的学者，相关研讨活动不断举办。例如，2012 年阿根廷布宜诺斯艾利斯大学举办了"拉美地区"系列研讨会，讨论的具体题目分别是："托洛茨基主义是危机、战争和革命时代的马克思主义"；"不断革命理论"；"苏维埃民主与社会主义"；"资本主义危机和过渡理论"等。① 截至 2012 年，具有托派倾向的拉美左翼政党已经连续主办了16 届"拉美革命问题"系列国际研讨会，每届会议都有来自拉美 10 个国家 30 多个激进或极端左翼政党和组织的代表与会。② 会议围绕"拉美革命问题"的主题，就拉美和世界人民及工人阶级的解放行动的经验，反对本国统治者和帝国主义斗争的经验，国际革命运动的进程，争取社会主义的斗争，资本主义危机，斗争的战略、策略、方法等问题进行探讨。该讨论会的观点在一定程度上体现了拉美托派主义者对当代拉美重大政治、经济和社会问题上的基本看法和理论主张。

拉美一些学者对托洛茨基及其理论贡献有较高评价。拉美学者关于托派研究的成果较多，主要观点如下：1. 认为研究托洛茨基思想具有重要意义。在阿根廷召开的"托洛茨基的马克思主义思想"系列研讨会上，会议主办方认为，在当前资本主义危机条件下，托洛茨基的革命遗产对于反对寡头资产阶级统治的世界具有现实意义，认为托洛茨基思想是唯一的"战略性"马克思主义，一直保持着社会主义革命的政治目标，强调为摆脱剥削和贫困的社会而斗争。2. 关于托洛茨基的贡献。认为托洛茨基是马克思主义革命传统的继承者。20 世纪斯大林主义把马克思主义变成了为苏联国家官僚政权服务的教条，而革命马克思主义传统则由托洛茨基主义者保留了下来。托洛茨基和列宁、罗莎·卢森堡一样，在 20

---

① Seminario "El marxismo de León Trotsky", WWW. pts. org. er/.

② CIPOML, XVI Seminario Internacional Problemas de la Revolución en América Latina, http: //www. cipoml. info/index. php/es/inicio/8-espanol/o-es-inicio/259-resolucion-xix-sesion-plenaria-de-la-cipoml.

世纪社会政治的新条件下，继承了马克思、恩格斯的"革命马克思主义"。3. 关于托洛茨基理论的核心。托洛茨基政治思想核心的内容有不断革命理论、苏维埃民主（或工人委员会）与社会主义、资本主义危机与过渡理论。4. 托洛茨基对马克思主义做了创造性的解释。认为托洛茨基不仅和列宁一起领导了最早的武装斗争，而且对推翻和摆脱野蛮资本主义的革命进行了"创造性"解释，反对（像第二国际那样）对马克思主义做机械、教条式的重复。① 乌拉圭学者维多利亚·博什（Victoria Bosch）肯定了托洛茨基苏联红军和苏维埃政权主要缔造者的作用，肯定了其对苏联早期经济理论的开拓性贡献。②

五　21 世纪后出现的新社会主义

进入 21 世纪，拉美地区左翼力量群体性崛起，一批左翼政党通过选举纷纷上台执政，其中有 4 个国家执政的左翼执政党提出了建设社会主义的主张和口号，这些国家的执政者宣称自己是社会主义的信徒。委内瑞拉前总统、执政的委内瑞拉统一社会主义党（前身是第五共和国运动）创始人和主席乌戈·查韦斯（Hugo Chávez），厄瓜多尔总统、执政党"主权祖国联盟"领导人拉斐尔·科雷亚（Rafael Correa），都明确提出要在各自国家建设"21 世纪社会主义"。他们建设社会主义的主张，得到玻利维亚、尼加拉瓜等国左翼执政者的支持和响应。玻利维亚总统埃沃·莫拉莱斯（Evo Morales）及其所创建的执政党"争取社会主义运动"党还提出"社群社会主义"或"印第安社会主义"，巴西执政的劳工党提出"劳工社会主义"。厄瓜多尔和玻利维亚的执政者后来还提出"美好生活社会主义"的思想。包括"21 世纪社会主义"在内的上述新社会主义的理论和实践，是拉美左翼政治力量对新发展模式和发展道路的勇敢探索，丰富了拉美社会主义的内涵。由于本书有专门章节对这些新社会主义思潮和实践进行研究和论述，在此不再赘述。

---

① Instituto del Pensamiento Socialista Karl Marx：Gran comienzo del seminario con Christian Castillo："El marxismo de León Trotsky"，http：//www. ips. org. ar.

② Victoria Bosch：la Polemica Buharin, Trosk y Preobayensky，http：//www. ips. org. ar.

　　总之，无论在历史上还是目前，拉美都有各种各样的社会主义，而社会主义一直是拉美地区左翼力量的重要代表。无论是拉美左翼，还是拉美的社会主义，都经历了一个曲折发展和不断壮大的过程。拉美地区左翼力量的发展和社会主义影响力的扩大通常呈现出一种正相关关系。在拉美左翼力量发展壮大的时期，拉美社会主义的影响力通常也会相应提升；相反，在左翼力量遭受打压和挫折的时期，社会主义的影响力通常也会有所减弱。除了科学社会主义和马克思主义外，拉美地区还有其他各种各样的民族主义社会主义理论思潮和实践。除了拉美各国的社会党和共产党公开宣称要搞社会主义外，各种其他社会主义思潮、流派及其实践也有一定的影响力。在社会主义的实践方面，除了拉美许多国家民主社会主义（或社会民主主义）外，古巴的社会主义、圭亚那合作社会主义、牙买加社会主义、秘鲁的军事社会主义、智利阿连德社会主义、尼加拉瓜桑解阵社会主义、格林纳达社会主义等，成为战后拉美政治发展进程中具有标志性的社会主义实践。在秘鲁、玻利维亚等印第安人口比重较大的拉美国家，印第安社会主义或各种土著社会主义思想一直有较重要的影响。拉美地区信奉各种类型社会主义的政党总数超过 100 个。进入 21 世纪，左翼力量和社会主义思潮在拉美地区影响力进一步扩大，目前巴西、玻利维亚、委内瑞拉、厄瓜多尔等国家的执政党就信奉各色各样的社会主义。关于这些执政党的社会主义理论、主张以及政策实践，在本书其他章节将做专门或详细分析和介绍。

本章参考文献

关达主编：《第二次世界大战后拉丁美洲政治》，中国社会科学出版社 1987 年版。

康学同主编，王玉林、王家雷副主编：《当代拉美政党简史》，当代世界出版社 2011 年版。

[英] 莱斯利·贝瑟尔主编：《剑桥拉丁美洲史》第 4 卷，社会科学文献出版社 1991 年版。

李春辉、苏振兴、徐世澄主编：《拉丁美洲史稿》，商务印书馆 1993 年版。

[美] 罗·杰·亚历山大：《拉丁美洲的托洛茨基主义》，商务印书馆 1984 年版。

肖楠等编写：《当代拉丁美洲政治思潮》，东方出版社 1988 年版。

徐世澄主编：《拉丁美洲现代思潮》，当代世界出版社 2010 年版。

徐世澄：《拉美社会主义运动现状和趋势》，载于《当代世界》2013 年第 11 期。

中共中央对外联络部拉丁美洲研究所：《拉丁美洲各国政党》，上海人民出版社 1980
年版。

祝文驰、毛相麟、李克明：《拉丁美洲的共产主义运动》，当代世界出版社 2002 年版。

袁东振：《拉美社会主义思想和运动：基本特征与主要趋势》，载于《拉丁美洲研究》
2009 年第 3 期。

Antonio Salamanca Serrano：“Marxismo en América Latina”, http：//refudacion. com. mx/
revistas/index.

CIPOML, “XVI Seminario Internacional Problemas de la Revolución en América Lati-
na ”, http：//www. cipoml. info/index. php/es/inicio/8-espanol/o-es-inicio/259-resolu-
cion-xix-sesion-plenaria-de-la-cipoml.

Elvira Concheiro, Massimo Modonesi, Horacio Crespo (coordinadores), *El Comunismo*：
Otras Miradas desde América Latina, CEEICH-UNAM, México, 2012, segunda
edición aumentada.

Heinz Dieterich：“Fin del Socialismo Estatal en America Latina”, http：//www. lapatil-
la. com/2 de agosto de 2011.

Instituto del Pensamiento Socialista Karl Marx：Gran comienzo del seminario con Chris-
tian Castillo：“El marxismo de León Trotsky”, http：//www. ips. org. ar.

Jorge G. Castañeda, *Utopia Unarmed*：*The Latin American Left After the Cold War* , Vin-
tage Books (USA), 1994.

José Aricó, “ Marx y America Latina ”, Nueva Sociedad 66, mayo-junio 1983,
www. nuso. org/upload/articulos/3064_ 1. pdf.

Luis E. Aguilar (ed.), *Marxism in Latin America*, Revised Edition, Temple University
Press, Philadelphia , 1978.

Marta Harnecker, *La izquierda en el umbral del siglo XXI*, Siglo XXI Editores
(Mexico), 2000.

Marta Harnecker, “Los hitos que marcan a la izquierda latinoamericana desde la revolución
cubana hasta hoy”, http：//www. talcualdigital. com/.

Michael Lowy, *el Marxismo en America Latina*：*de 1909 a nuestros dias*, Edición Era,
S. A. , 1982.

Rollie E. Poppino, *International Communism in Latin America*：*a History of the Movement*

1917 – 1963, the Free Press of Glencoe, Collier – Macmillan Limited, London, 1964.

V Conferencia Internacional, "La Obra de Carlos Marx y los desafíos del Siglo XXI", http: //www. profesionalespcm. org.

Victoria Bosch: "la Polemica Buharin, Trosky y Preobayensky", http: //www. ips. org. ar.

第 二 章

拉美新左翼运动的崛起

第一节　拉美左翼运动的发展

左派和右派的概念起源于 1789 年法国大革命中国民议会在巴黎召开的一次会议。在这次会议上，赞成革命、支持共和制、大众政治运动和世俗化的成员坐在主席台的左边，而主张君主制、反对革命的成员坐在右边。19 世纪中叶开始，"左派"逐渐是指各种形式的社会主义与共产主义。1848 年，马克思和恩格斯发表《共产党宣言》，断言无产阶级革命将会推翻资产阶级社会，并废除私有财产制，创造一个无阶级和无国家的共产主义社会。第一国际即国际工人联合会（1864—1876）的组织者视自己为法国大革命左派的后继者，左派的概念逐渐形成。在当代政治话语中，"左派"或"左翼"通常是指社会主义者、共产主义者或主张进行社会政治改革者。在国际政治中的"左派""右派""中间派"是根据各国或地区的政治情势而有所不同。

在拉丁美洲，一般认为，拉美左派是指拉美的社会主义政党和共产主义政党，反对传统保守势力，主张革命和改革的进步的社会运动、组织和政治力量或人士。一般把 20 世纪 80 年代末 90 年代初苏东剧变和苏联解体前拉美的左派称为拉美传统左派，把苏东剧变和苏联解体后拉美新出现的左派称为拉美新左派。

一　拉美传统左派政党、组织和运动

本书第一章重点介绍了拉美社会党和共产党的一些基本情况。本章

重点介绍拉美其他左派政党、组织和运动。对于什么是拉美传统左派政党、组织和运动，看法不尽相同。哥斯达黎加学者卡尔沃·萨拉萨尔认为，[①] 20 世纪前半期，拉美发生的左翼事件有：

1910—1920 年[②]在 "土地与自由" 口号下爆发的墨西哥革命。

20 世纪 20 年代巴西青年军官路易斯·卡洛斯·普列斯特斯（Luís Carlos Prestes，1898 – 1990）领导的尉官派运动和起义，随后他又领导普列斯特斯纵队进行了富有传奇色彩的长征，武装反抗巴西独裁者阿图尔·贝尔纳德斯的统治。起义遭镇压失败后，纵队被迫转入玻利维亚。这次起义和长征激发了巴西人民争取民族独立和民主自由的斗志，在巴西现代史上产生了很大影响。普列斯特斯本人后来加入了巴西共产党，当选为共产国际执行委员，曾任巴西民族解放联盟名誉主席和巴西共产党总书记[③]。

1927—1933 年，尼加拉瓜奥古斯托·塞萨尔·桑地诺（Augusto César Sandino，1893 – 1934）领导游击战争和人民起义，反抗美国占领军。桑地诺率领的游击战最终迫使美国从尼加拉瓜撤军，但是他本人却被阴谋夺取独裁地位的国民警卫队司令安纳斯塔西奥·索摩查·加西亚所暗杀。

1952 年玻利维亚爆发了人民反帝反封建的民族民主革命运动。4 月 9 日，民族主义革命运动发动玻利维亚人民群众举行武装起义，推翻了亲美的乌戈·巴利维安·罗哈斯军政府夺取政权，民族民主革命运动领袖帕斯·埃斯登索罗（Víctor Paz Estenssoro，1907 – 2001）就任总统，新政权实行了国有化、土改等一系列社会、政治、经济改革。

1944—1954 年中美洲国家危地马拉爆发了一场资产阶级民主革命，推翻了以豪尔赫·乌维科的亲美军事独裁统治，建立了以胡安·何塞·

---

① Cindy Calvo Salazar, LA "NUEVA" IZQUIERDA LATINOAMERICANA: CARACTERíSTICAS Y RETOS FUTUROS, Reflexiones, vol. 88, núm. 1, 2009, pp. 55 – 65, Universidad de Costa Rica, San José, Costa Rica.

② 一般认为墨西哥革命是 1910 年至 1917 年。

③ 1959 年 10 月普列斯特斯率巴西共产党代表团访华，见到了他敬仰已久的毛泽东主席，两位东西方长征的领袖终于得以见面。毛泽东主席还特意在济南设宴招待了普列斯特斯。

阿雷瓦洛 （Juan José Arévalo，1904－1990）为首的民族资产阶级政府。阿雷瓦洛及其后继者的哈科沃·阿本斯（Jacobo Arbenz，1913－1971）总统对危地马拉进行了一系列政治、经济和社会改革，触动了外国垄断资本主要是美国资本的利益，引起美国政府的敌视，随后被颠覆。

古巴人民在菲德尔·卡斯特罗（Fidel Castro，1926－　）为首的"七二六运动"的领导下，从1953年7月武装起义开始，经过5年多的武装斗争，于1959年1月1日推翻了巴蒂斯塔亲美独裁统治，取得了革命的胜利，在拉丁美洲建立了第一个摆脱帝国主义统治的社会主义国家。

从这些左翼革命事件来看，领导这些革命斗争的往往并不是共产党，是一些左派或进步组织，其大多数领导人也不是共产党人，而是小资产阶级或中产阶级革命家。

就古巴革命而言，古巴革命是一场民族民主革命，领导这场革命的主要组织是卡斯特罗领导的、具有激进思想的"七二六运动"，而不是1925年就已成立的古巴共产党（后改称人民社会党）；古巴革命的道路是武装斗争的道路，而不是议会斗争或其他和平过渡的道路；古巴革命的道路是在农村开展游击斗争、建立根据地，从农村到城市，直至取得全国胜利；古巴革命的胜利，是以"七二六运动"为核心，建立反对巴蒂斯塔独裁统治各种政治力量联合统一战线的胜利。目前古巴的执政党古巴共产党成立的过程是：1961年7月，古巴三个主要革命组织"七二六运动"、人民社会党和"三一三革命指导委员会"合并成"革命统一组织"。1962年5月，"革命统一组织"改名为"古巴社会主义革命统一党"。1965年10月3日，在"古巴社会主义革命统一党"的基础上建立古巴共产党，由卡斯特罗担任党中央第一书记。

二　拉美的左翼游击运动

在20世纪六七十年代古巴革命胜利的影响下，拉美游击队运动在不少拉美国家兴起。一方面，拉美的左翼想效法古巴革命的道路，企图通过游击斗争和武装起义夺取政权；另一方面，古巴领导人也致力于向本地区和亚非地区"输出革命"，总结并推广古巴武装斗争的经验。时任古巴领导人之一的埃内斯托·切·格瓦拉（Ernesto Che Guevara，1928－

1967）就撰写并出版了《游击战》①和《古巴革命战争回忆录》②等著作，格瓦拉在总结古巴革命经验后，提出了他的游击中心主义思想，其要点是：拉丁美洲革命的条件已经成熟，革命应该同时在各国进行；革命的形式是武装斗争，武装斗争的主战场是在农村；武装斗争应从游击战开始，其领导者和参加者是游击队本身，"游击队是先锋队的先锋队"，"游击队就是孕育中的党"；进行游击战的方式是建立"游击中心"，队伍扩大后，再建立另一个"游击中心"，最后发展成一支人民军队，夺取政权。

为了实现大陆革命的理想，1964 年格瓦拉毅然辞去在古巴担任的一切职务，告别家人和亲友，离开古巴先去非洲刚果领导武装斗争，失败后又赴玻利维亚，在玻利维亚建立了一支由古巴人、玻利维亚人和拉美其他国家人组成的游击队，试图以玻利维亚为中心，把武装斗争的火焰扩展到整个拉丁美洲。

1966 年 1 月，古巴在哈瓦那召开了第一次亚非拉三大洲大会，会上，拉美代表一致同意建立拉丁美洲团结组织协调拉美各国的武装组织和斗争，加强互相的团结。

在古巴革命的影响下，20 世纪 60 年代，在拉美近 20 个国家先后出现了上百个游击队组织，游击队运动几乎席卷了整个拉丁美洲。主要游击队有：秘鲁的左派革命运动和民族解放军，危地马拉的起义军，尼加拉瓜的桑地诺民族解放阵线，哥伦比亚民族解放军，委内瑞拉的游击阵线、民族解放军和左派革命运动，墨西哥的民族革命公民联合会和格瓦拉领导的玻利维亚民族解放军等。1967 年 10 月 9 日格瓦拉在玻利维亚游击战中不幸牺牲后，拉美农村游击中心运动遭到沉重打击。

1968 年至 20 世纪 70 年代末，随着农村游击运动高潮的退却，在乌拉圭、巴西、阿根廷和智利等拉美多国出现了城市游击队，比较著名的有乌拉圭的"图帕马罗斯"游击队组织、巴西的民族解放行动组织、阿根廷的"蒙托内洛斯"和人民革命军及智利的左派革命运动等。

---

① ［古巴］格瓦拉：《游击战》，上海人民出版社 1975 年版。
② ［古巴］格瓦拉：《古巴革命战争回忆录》，上海人民出版社 1975 年版。

拉美各国游击队组织成员的社会组成不尽相同,有的游击组织的成员主要来自中间阶层,有的组织的成员主要来自工人、农民和青年学生。就其政治倾向来说,有的属于共产党,如委内瑞拉的民族解放军等,但属于共产党领导的游击队并不多,大部分拉美游击队是由其他左翼政党、组织或运动所领导的,如庇隆主义左派、民主社会主义政党,还有的来自托洛茨基派等。拉美游击运动的特点是主张通过农村或城市的武装斗争夺取革命的胜利。拉美游击队的产生和发展,表明拉美国家普遍存在社会危机,从客观上来看,游击运动是对拉美现存秩序的挑战。20 世纪 70 年代,拉美游击运动遭到了军人独裁统治的沉重打击,大部分国家的游击队组织都被镇压下去,只有尼加拉瓜、哥伦比亚和秘鲁等少数国家的游击队还得以艰难生存。

1979 年,尼加拉瓜桑地诺民族解放阵线领导的游击斗争推翻了索摩查家族的独裁统治,建立了民族复兴政府。革命胜利后,以桑地诺民族解放阵线为主的执政委员会进行了一系列的民主改革。尼加拉瓜革命的胜利推动了 70 年代后期和 80 年代中美洲国家与拉美其他地区国家的武装斗争。在中美洲的危地马拉、萨尔瓦多等国又出现了武装斗争的新高潮。1982 年危地马拉各革命武装力量实现了联合,成立危地马拉全国革命联盟。1980 年 10 月,萨尔瓦多几个游击队组织联合成立萨尔瓦多"法拉本多·马蒂"民族解放阵线,组成"民主革命阵线—法拉本多·马蒂民族解放阵线革命联盟"。

20 世纪 80 年代和 90 年代初,随着国际形势的变化和拉美民主化进程的发展,拉美国家的游击队组织发生了分化,大部分游击队组织放弃了武装夺取政权的道路,选择了和平选举、参加国家代议制民主政治。1992 年 1 月 16 日,萨尔瓦多"法拉本多·马蒂"民族解放阵线的领导人与当政的克里斯蒂亚尼政府签署了一项和平协议,从而结束了持续 12 年、夺取了 7.5 万人生命的冲突。1996 年 12 月 29 日,危地马拉政府与游击队组织"危地马拉全国革命联盟"签署《永久和平协定》,宣告最终结束在这个中美洲国家长达 36 年之久的内战。

第二节　东欧剧变和苏联解体对拉美左翼和社会主义运动的影响

一　东欧剧变

20 世纪 80 年代末至 90 年代初，东欧社会主义国家的政局发生的激烈动荡令世界瞩目。在短短两三年时间，波兰、匈牙利、捷克斯洛伐克、民主德国、保加利亚、罗马尼亚、南斯拉夫和阿尔巴尼亚等社会主义国家，政权纷纷易手，国家改变了颜色。执政多年的共产党、工人党或劳动党纷纷下台，东欧各国政治经济和社会制度发生了根本性的变化，从苏联模式的社会主义制度最终演变为西方欧美资本主义制度。

东欧社会主义国家剧变的共同特点是：（一）从外因来说，都是受到苏联戈尔巴乔夫"改革"和"新思维"的影响。（二）以美国为首的西方国家在东欧国家推行"和平演变"政策，加速了东欧的剧变。（三）从内因来看，都是由于经济困难导致政治危机；一些国家试图实施经济改革，但没有把握住正确的政治导向。（四）面对动荡的政局，执政的共产党、工人党或劳动党的妥协退让，实行政治多元化、多党制，使反对派得以扩大势力，并最终夺取了政权。

不同点是：（一）反对派夺权的方式有所不同。波兰等多数国家是通过和平方式，民主德国是通过并入联邦德国的方式，而罗马尼亚则是通过流血冲突的方式实现了政权交替。（二）结果有所不同。东欧各国政权更迭之后，德国实现了统一；而南斯拉夫则分裂为斯洛文尼亚、克罗地亚、马其顿、波斯尼亚和黑塞哥维那、黑山五个共和国；捷克斯洛伐克一分为二，即捷克和斯洛伐克。

东欧国家的剧变并不是偶然的，它是各国长期积累起来的各种矛盾的总爆发，是各种因素综合作用的结果。其剧变的原因主要有：

（一）在政治上，东欧国家的政府和执政党缺乏独立性，听从苏联和苏联共产党的命令和指挥。为对抗美国的冷战攻势，苏联竭力维持和巩固其在东欧的势力范围，强迫东欧各国在内政外交上同它保持一致。苏共要求东欧各国的执政党按照它的旨意部署行动计划，处理各自的内部事务和相互之间的关系。稍有不听话，就予以制裁或派兵镇压。由于东欧国家高度集中的政治体制，官僚主义滋生膨胀，导致民主和法治遭到严重破坏，特权和腐败现象盛行，东欧各国党和政府威信下降，其结果是使反对派能够获取相当数量的群众支持并最终以大选的形式获取政权（罗马尼亚是通过暴力）。

（二）在经济上，东欧国家盲目地照搬苏联发展模式，实现高度集中的计划经济体制，背离了本国的具体国情。为摆脱苏联模式所带来的消极后果，东欧各国又在不同程度上要求摆脱苏联模式，实现改革。

（三）1985 年戈尔巴乔夫上台后，苏联放松了对东欧的控制。与此同时，戈尔巴乔夫对东欧政策的"新思维"，即建设"民主的、人道的社会主义"的纲领，推动了东欧各国党的改组、分裂和蜕变，催化了东欧的变化并促使东欧各国的反对派借势突起。

（四）以美国为首的西方国家的"和平演变"战略的影响。西方国家针对社会主义国家采取"和平演变"的基本战略，其目标是使社会主义国家实行经济私有化、政治多元化、思想文化和价值观念西方化，最终使社会主义国家演变为资本主义国家，实现以美国为领导的资本主义一统天下的世界。东欧国家是西方实施这一战略的突破口。20 世纪 80 年代初，西方国家加紧实施这一战略，在东欧剧变过程中，西方国家进一步协调行动，利用各种传媒，宣扬西方的价值观，进行意识形态的渗透；利用贷款、贸易和技术援助，诱压东欧国家向西方靠拢；利用"人权"问题干涉内政，扶植支持东欧国家内部的反对势力，推波助澜，终于达到了目的。

二　苏联解体

苏联作为两大超级大国之一，曾拥有与美国相匹敌的庞大的军事力量，尽管它的经济实力一直不如美国。20 世纪 80 年代，里根上台后，提出了"战略防御计划"，打算通过以高技术为核心的新一轮军备竞赛，拖垮经济力量相对落后的苏联。苏联的经济实力，再难以支撑庞大的军费开支同美国继续争霸。为了扭转经济发展的颓势，维持苏联在世界上的大国地位，改革已势在必行。

1985 年 3 月，苏共中央总书记契尔年科病逝，同年 4 月召开的苏共中央全会和 1986 年年初召开的苏共二十七大确立了戈尔巴乔夫的最高领导地位，并确立了戈尔巴乔夫改革的路线。1985 年 5 月 11 日，戈尔巴乔夫在苏共中央非常全会上当选为苏共中央总书记、苏联国防会议主席，成为苏联事实上的最高领导人。1988 年，戈尔巴乔夫担任苏联最高苏维埃主席团主席。他确立了把国内和对外工作的重点转到发展经济上来的方针，推行加速发展战略和经济体制改革。由于经济改革障碍重重，成效不大，他又转向政治改革，以求扫清障碍。他提倡"公开性"和"新思维"，从主张揭露社会主义的"阴暗面"，发展到推行西方式的多党制，致使国家在政治上失去领导核心，思想上失去统一的基础，各民族失去联系的纽带，其结果导致苏联社会思想混乱、民族矛盾加剧、经济状况恶化和社会秩序全面动荡，使苏联的政局发展到难以控制的地步，全面陷入混乱和危机。1990 年 3 月 14 日，苏联人民代表大会通过《关于设立苏联总统职位和苏联宪法（根本法）修改补充法》，决定设立苏联总统，从而改变了由苏联最高苏维埃主席团集体行使苏联国家元首职权的制度，戈尔巴乔夫担任了苏联总统一职，也是历史上唯一的苏联总统。

1991 年 8 月 14 日，苏联公布了《苏维埃主权共和国联盟条约》，条约将"苏维埃社会主义共和国联盟"改名为"苏维埃主权共和国联盟"。这一条约的签订，标志着苏联瓦解的开始。在苏联行将毁灭的时候，一些试图维护苏联本来的联盟体制、避免苏联解体的苏联高级官员于同年 8 月 19 日发动政变，但仅仅三天，就宣告失败，"八一九"事件以维护苏联为初衷，但却成了加速苏联瓦解的催化剂。"八一九"事件后，苏联形势急转直下，开始了党和国家全面崩溃瓦解的剧变，叶利钦及其支持者迅速掌握了国家大权。苏共被排挤出政权机构，国家政权发生了根本的质变。8 月 24 日，戈尔巴乔夫宣布辞去苏共中央总书记职务，苏共中央"自行解散"。各加盟共和国分离势力急剧增长，纷纷宣布独立，苏联加速解体。12 月 8 日，俄罗斯、白俄罗斯和乌克兰三国领导人签署了关于成立"独立国家联合体"的明斯克协定，宣布"苏联作为国际法主体和地缘政治现实已不复存在"。12 月 21 日，原苏联 11 个加盟共和国领导人在阿拉木图签署《阿拉木图宣言》，正式成立"独立国家联合体"（简称独联体），并通知戈尔巴乔夫取消苏联总统的设置，这标志着苏维埃社会主义共和国联盟的完全解体。12月25日圣诞节夜，戈尔巴乔夫发表电视演说，宣布辞去苏联总统职务。19时32分，克里姆林宫屋顶旗杆上降下了镰刀锤子的苏联红旗，升上了一面俄罗斯的三色旗。至此，苏联从地图上消失。

东欧剧变和苏联的解体对世界格局产生了深刻的影响，标志着这个横贯欧亚大陆的超级大国寿终正寝，第二次世界大战后形成的东西方冷战状态和世界两极格局最终结束，导致世界格局从两极格局变成了"一超多强"，而且促进了多极化的加速发展。东欧剧变和苏联解体加速了经济的全球化，从计划经济或中央经济和市场经济两大经济体系变成了单一的市场经济体系，尽管各国市场经济的发展程度有所不同。

从经济和社会上看，苏联曾是与美国并驾齐驱的超级大国，苏联解体后，俄罗斯的综合国力和经济地位一落千丈。普京1999年年底就任俄罗斯总统前夕在《千年之交的俄罗斯》一文中承认，"90年代俄罗斯国内生产总值几乎下降50%，仅相当于美国的十分之一"。尽管最近十多年来俄罗斯实现了强劲复苏，经济实力逐渐恢复，但受国际金融经济危机和乌克兰危机的影响，近年来俄经济再次严重下滑。

三　东欧剧变和苏联解体对世界格局的影响

东欧剧变和苏联解体导致国际力量对比严重失衡，使唯一超级大国美国被"胜利"冲昏了头脑，私欲无限膨胀。美国提出了建立单极世界即称霸全球的战略构想，还提出了所谓"人道主义干预"，企图实现其称霸全球的目的。但是，冷战的结束和两极格局的瓦解并未给世界带来普遍安全与和平。美国和西方势力凭借其经济、科技、军事实力和外交优势，继续奉行冷战思维，把军事干预和战争作为实现其价值观和利益的重要手段。苏联的解体使美国没有了牵制和掣肘，它公然破坏国际关系基本准则，肆无忌惮地推行霸权主义和强权政治，一而再再而三地对外用兵，直至赤裸裸地进行侵略战争。苏联解体和两极格局的瓦解也使世界上各种掩盖着的矛盾，包括民族矛盾、领土纠纷、宗教冲突、资源之争普遍激化，非传统安全问题，如国际恐怖主义、民族分裂主义、宗教极端主义、毒品走私、经济危机、资源短缺、非法移民、环境恶化等问题日益突出。

从共产主义运动发展轨迹看，苏共曾是一个党龄达 90 多年、执政 74 年、党员人数曾达 1920 万的大党，到苏联解体后，经过 20 多年的风雨涤荡，其继承者俄罗斯联邦共产党的党员人数只有不到 20 万，政治影响力不断减弱。苏联解体对国际共产主义运动和社会主义事业是一个严重打击，使得国际共产主义运动面临更大的困难，使人类的社会主义发展进程在世界范围内陷入低潮。坚持走社会主义道路的国家只剩下中国、越南、老挝、朝鲜和古巴五国。在苏联境内和东欧中南欧地区，美国和西方社会的多党制议会民主、意识形态多样化等，成为俄罗斯乃至所有转型国家政治生态的标准符号。拉丁美洲和非洲不少国家也纷纷在政治上实施多党制和政治多元化，在经济上，奉行新自由主义和“华盛顿共识”。

但是，苏联的解体并不意味着国际共产主义运动和社会主义运动的终结。苏联解体充其量只是一种社会主义模式的失败。世界上仍有中国等一些国家坚持走社会主义道路，在欧洲、亚洲、非洲，特别是在拉丁美洲地区，左翼运动和社会主义运动仍在继续发展。人们正从苏联的兴亡中研究它的经验教训，进而为左翼运动和社会主义运动的发展寻找更为正确的道路。

2008 年年底发端于美国的国际金融危机不仅使 20 年前全面推行西方发展模式的独联体和东欧转型国家雪上加霜，也使一些西方发达国家同样陷入一场经济、社会、政治危机。这场危机实际上是新自由主义经济模式的危机。所以，连“历史终结论”的鼓吹者福山也不得不哀叹：“这场全球金融危机让一些发展模式受到审判的话，那就是自由市场或新自由主义模式。危机凸显了资本主义制度——甚至像美国那样先进的制度——内在的不稳定性。”

四　东欧剧变和苏联解体对拉美左翼和社会主义运动的影响

东欧剧变和苏联解体对拉美左翼和社会主义运动的主要影响是：

（一）对社会主义古巴沉重的打击

东欧的剧变和苏联的解体对古巴造成了很大的冲击。古巴失去了苏联这一重要的战略依托。古巴革命胜利前，曾于 1942 年 10 月同苏联建交。1952 年 4 月，巴蒂斯塔独裁政府与苏联断交。古巴革命胜利后，1960 年 5 月 8 日，古巴与苏联复交。20 世纪 80 年代末苏联解体前，古苏关系十分密切，两国党政军领导人互访频繁，古巴主要领导人菲德尔·卡斯特罗和劳尔·卡斯特罗等曾多次访苏，苏联领导人部长会议第一副主席米高扬（1960、1961）、部长会议副主席柯西金（1960）、苏共中央总书记勃列日涅夫（1974）、苏共中央总书记和最高苏维埃主席戈尔巴乔夫（1989）等也先后访问古巴。苏联一直是古巴最主要的经济贸易伙伴和古巴最主要的经济、军事援助国。在一些重大问题上，古巴常常支持苏联的立场，但古苏之间也存在一些分歧和矛盾。如 1962 年 10 月加勒比导弹危机期间，古巴领导人卡斯特罗断然拒绝苏联迫于美国的压力，单方面要求古巴接受美国提出的让联合国派人到古巴"现场监督"和核实苏联从古巴撤走导弹情况的建议。

古巴革命胜利后不久，东欧社会主义国家也陆续同古巴建交，此后，古巴与东欧社会主义国家保持了密切关系，既是政治上的盟友，又是经济上重要的伙伴。1972 年，古巴加入了经互会，实现了与苏联、东欧经济的一体化，加深了古巴在经济上对经互会国家的依赖。苏联、东欧国家，特别是苏联在经济、军事上给予了古巴大量援助，以优惠价格向古巴提供石油，高价购买古巴食糖，平均每年要向古巴提供四五十亿美元以上的援助。1976 年通过的古巴宪法明确规定，古巴是世界社会主义大家庭的组成部分。在东欧剧变、苏联解体前，古巴 85% 的外贸是同苏联和东欧社会主义国家进行的，其中东欧约占 10%。20 世纪 80 年代末，古巴积欠苏联、东欧国家的债务为 260 亿美元。在古巴的苏联专家和顾问一度超过 1 万人，驻军约 1.2 万人。苏联在古巴的援建项目多达 1000 多项，其中大型工业企业有 100 多项。而古巴的糖、热带水果、镍等矿产品满足了苏联的需要。

1985—1991 年，在"新思维"指导下，苏联调整了对古巴的政策，逐渐疏远同古巴的关系，削减对古巴的援助。1989 年 4 月戈尔巴乔夫访古期间，虽然同卡斯特罗一起，代表两国签署了为期 25 年的古苏两国友好与合作条约，但不久，由于苏联国内形势的急剧变化，上述条约成了一纸空文。苏联对古巴的石油出口从 1989 年的 1200 万吨降至 1991 年的 800 万吨。

1991 年 12 月苏联的解体使古巴经济形势急剧恶化，陷入空前的危机。苏联解体后，俄罗斯宣布停止对古巴的援助，撤走了援古的军事专家和技术人员，双边贸易额大幅度下降，俄罗斯不再向古巴提供优惠。由于古巴的能源主要依靠苏联的原油，俄罗斯对古巴石油供应的大幅度减少和价格的提升（按国际市场价格），使古巴燃料短缺，发电量显著下降，大批工厂企业被迫关闭或减产，大批农机闲置，客运货运大幅度减少，居民生活用电经常中断。由于燃料短缺和缺少外汇进口化肥、除虫剂等，古巴的蔗糖产量和收入锐减。由于俄罗斯不再向古巴低价出口粮食和食品，使古巴政府不得不一再降低居民的食品定量。据估计，苏联的解体使古巴遭受的直接经济损失约 40 亿美元，使古巴国内生产总值 1990—1993 年累计下降 34%。而东欧的剧变、经互会的解散使古巴同东欧国家的经贸关系几乎不复存在。

（二）使拉美的共产主义运动遭受巨大冲击

东欧剧变、苏联解体前，拉美国家有 40 多个各类共产主义政党和组织，其中大多数与苏共保持密切的关系，长期以来，它们拜苏共为师，跟随苏共的方针路线和政策，配合苏联的外交需要。20 世纪 80 年代初以来，情况发生了变化，不少拉美共产党的独立自主性有所加强，但仍未从根本上摆脱对苏共的依赖。

东欧剧变和苏联的解体使拉美的共运遭受巨大冲击，造成不少拉美的共产党及其党员思想混乱，意见严重分歧；个别党改旗易帜；一些党的组织发生分裂，力量和影响下降；也有一些党坚持马列主义，坚持共产主义的理想，其力量有所壮大。东欧剧变和苏联的解体对拉美共产党的影响大致分为以下几种：

1. 个别党的主体部分脱离了共运，如巴西的共产党（Partido Comunista Brasileiro，PCB）。① 1992 年，巴西的共产党召开"十大"，会上 75%

① 巴西原来有两个共产党，一个是巴西的共产党，另一个是巴西共产党（Partido Comunista do Brasil，PCdoB）。巴西的共产党与巴西共产党原来都属于巴西共产党，1961 年 8 月，党内改良派将党的名称改为巴西的共产党。

的代表同意将党的名称改为"社会主义人民党",放弃原来的党旗、党歌和镰刀、锤子的标志。会后,该党总书记宣布,改名后的社会主义人民党是"工党和社会民主党的混合物"。巴西的共产党成为拉美第一个改旗易帜的共产党。但是,就在"十大"上,以奥拉西奥·马塞多为首的一批老共产党员反对将党改名的决定,宣布退党,并于1993年8月重新恢复了巴西的共产党,但力量不强。①

2. 一些党的主要领导宣布皈依社会民主主义,如乌拉圭共产党总书记海梅·佩雷斯主张走社会民主主义道路,于1992年4—5月,宣布辞去总书记的职务,随后,该党多数中央执行委员会成员及20名中央委员也宣布辞去党内职务,另建"人民民主党"。但是,以乌共原总书记罗德内·阿里斯门迪的女儿玛丽亚娜·阿里斯门迪等为首的一部分乌共领导成员和党员,于同年5月召开全国特别代表大会,决定坚持原来共产党的名称和纲领,坚持马列主义。②

3. 一些党的组织发生分裂,力量和影响下降。如玻利维亚共产党发生了分裂,1991年8月,以中央书记萨拉斯为首的一些领导人鼓吹社会民主主义,并拉出近一半党员,成立"民主社会主义抉择党"。哥斯达黎加人民先锋党也发生了分裂。1991年9月,该党政治委员会委员奥斯卡·马德里加尔等领导人宣布退党,但以总书记温贝尔托·巴尔加斯·卡沃尔内为首的"正统派"于1991年召开党的"十七大",制定了党的新的纲领,坚持马列主义。还有一些党,如阿根廷共产党、秘鲁共产党、哥伦比亚共产党、智利共产党等,都不同程度地发生了分化。

4. 一些党坚持马列主义,坚持共产主义的理想,其力量有所壮大。如巴西共产党的主席若昂·阿马佐纳斯在该党第八次全国代表会议上说,90年代初,苏联社会主义的最终垮台,震动了我们曾经捍卫过的理想主义的、非辩证的信念。但是,由于近年来巴西共产党坚持共产主义信念,并且旗帜鲜明地捍卫马列主义理论……巴西共产党的力量和影响反而急

---

① 康学同主编:《当代拉美政党简史》,当代世界出版社2011年版,第114页。

② 祝文驰、毛相麟、李克明:《拉丁美洲的共产主义运动》,当代世界出版社2002年版,第328—330页。

剧扩大。① 巴西共产党 1990 年党员人数为 9 万，到 21 世纪初已发展到 30 万人以上。②

（三）促使尼加拉瓜桑地诺民族解放阵线下台

1979 年 7 月 19 日，尼加拉瓜桑地诺民族解放阵线领导的革命取得胜利后，苏联在政治、经济、军事等方面加紧同桑地诺政府发展关系。据统计，到 20 世纪 80 年代中期，苏联向桑地诺政府提供了 14 亿美元的经济援助，22 亿美元的军援。美刊认为，"苏联的军事援助对尼加拉瓜革命的生存至关重要"③。桑地诺民族解放阵线总书记、总统奥尔特加④曾先后 4 次访问苏联。20 世纪 80 年代后期，苏联停止向尼加拉瓜供应武器，并减少了对尼加拉瓜的经济援助。苏东欧的剧变使桑地诺政府失去了主要的外援，在一定程度上促使桑地诺民族解放阵线候选人奥尔特加在 1990 年的大选中的失败，加剧了拉美国家共产党和左翼力量的挫败感，与此同时，也使得中美洲其他一些国家如萨尔瓦多、危地马拉的反政府左翼游击队逐渐归于沉寂，放下武器，成为合法政党，与政府和谈，参与国内的政治民主化进程。

第三节　20 世纪末拉美新左翼运动的崛起及其原因

一　拉美新左派的崛起

自 20 世纪末起，面临世界社会主义运动的暂时挫折，拉美左翼力量很快就走出低潮，拉美的左翼运动不仅顶住了东欧剧变和苏联解体的巨大冲击和强大的国际压力，经受住考验，顽强地坚持和生存下来，而且

---

① 肖枫主编：《社会主义向何处去——冷战后世界社会主义运动大扫描》，当代世界出版社 1999 年版，第 989 页。

② 康学同主编：《当代拉美政党简史》，当代世界出版社 2011 年版，第 112 页。

③ 转引自李明德主编《拉丁美洲和中拉关系——现在与将来》，时事出版社 2001 年版，第 362 页。

④ 丹尼尔·奥尔特加（Daniel Ortega, 1945 -　　）桑地诺民族解放阵线总书记、总统。1979 年至 1981 年任民族复兴政府 5 人执政委员会成员，1981—1985 年 1 月任 3 人执政委员会协调员（政府首脑），1985 年 1 月至 1990 年任总统。2007 年 1 月再次就任总统至今。1991 年至今一直是桑地诺民族解放阵线总书记。

逐步得到恢复和发展,这是当代拉美政治的一个亮点。国际舆论惊呼:"拉美的左派正在重新崛起。"英国《剑桥拉丁美洲史》认为,"90年代初期,全世界的左派都面临着像拉丁美洲左派所面临的同样多甚至更多的问题。相比之下,拉丁美洲的左派比其他地方的左派处于相对有利得多的形势之中","左派创立了在拉丁美洲国家政治中发挥中心作用的政党、工会和知识分子团体","在70年代和80年代里,左派在反对独裁政权争取民主的斗争中起了重要作用","古巴依然作为中美洲左派的一个重整旗鼓的地点而屹立着"。①

到21世纪初,拉美左翼运动的"异军突起"成为21世纪世界左翼运动发展的一个新动向。不仅社会主义的古巴已经走出了东欧剧变和苏联解体后的困难时期,显现出新的生机活力,而且拉美其他左翼运动也异军突起。古巴坚持和发展社会主义,无疑对拉美左翼和社会主义运动的恢复和发展起了重要的推动作用。

(一) 拉美左派崛起的标志

1. 拉美共产党的恢复和发展。巴西、委内瑞拉、智利、阿根廷、哥伦比亚、秘鲁等国的共产党经受了东欧剧变和苏联解体的考验,不仅坚持了下来,有的还取得了恢复和发展,巴西共产党已发展成一个拥有30万党员的大党。拉美各国的共产党已成为"合法"政党,公开参加活动,至今在拉美政治舞台上仍有二三十个共产党。巴西、智利、乌拉圭、委内瑞拉、哥伦比亚等国的一些共产党员当选为国会议员或被任命为内阁部长。巴西共产党是巴西劳工党罗塞夫联合政府的参政党之一,该党在巴西联邦众议院拥有15席,在联邦参议院拥有2席,占有1名州长、57名市长、18名州议员、976名市议员职位。②

2. 圣保罗论坛的建立。正当东欧国家和苏联发生剧变、世界社会主义运动处于低潮时,在巴西劳工党和古巴共产党的倡议下和劳工党的主办下,1990年7月2日至4日,拉美13个国家的48个左派政党和组织在

---

① [英] 莱斯利·贝瑟尔主编:《剑桥拉丁美洲史》,第六卷(下),当代世界出版社2001年版,第173页。

② http://pt.wikipedia.org/wiki/Partido_Comunista_do_Brasil.

巴西圣保罗召开首次会议，讨论世界和拉美地区政治、经济和社会发展等重大问题。2015 年 7 月 29 日至 8 月 1 日，在墨西哥首都墨西哥城举行了圣保罗论坛的第 21 届会议，圣保罗论坛已成为拉美地区最具代表性与影响力的左派进步运动。

3. 拉美左派纷纷通过选举上台执政。哥伦比亚学者豪尔赫·恩里克·博特罗认为，"当代拉美左派同 20 世纪 70 年代和 80 年代的左派不同，过去拉美左派主张武装斗争夺取政权，而现在是通过选举取得政权"，"拉美现在的左派中有些人，如查韦斯过去并不是什么政党的党员，而是代表某种进步力量或运动"，"查韦斯的上台执政，标志着拉美左派新阶段的开始"，"拉美新左派同过去激进的、正统的、过时的左派不同，它是理智的、温和的、现代的"。① 英国《剑桥拉丁美洲史》认为，"（拉美）左派创立了在拉丁美洲国家政治中发挥中心作用的政党、工会和知识分子团体"，"在 90 年代，（拉美）左派面临了制定新的方式去达到老目的的挑战"。②

拉美一些国家在饱尝新自由主义的苦果之后，自 20 世纪末以来，拉美一些左派政党或组织在本国的大选中接连获胜。1998 年 12 月 6 日，委内瑞拉第五共和国运动（2008 年在该运动基础上成立委内瑞拉统一社会主义党）领导人乌戈·查韦斯作为竞选联盟"爱国中心"的候选人在大选中获胜，1999 年 2 月 2 日，查韦斯正式就任总统，此后，他又两次连选连任，到 2013 年 10 月 7 日，他第三次蝉联总统，执政 14 年。然而，查韦斯因病于 2013 年 3 月 5 日逝世。他指定的接班人尼古拉斯·马杜罗在 2013 年 4 月 14 日的大选当选总统，并于同年 4 月 19 日就职。

巴西左翼劳工党领袖卢拉·席尔瓦 2002 年 10 月参加总统选举并获胜，于 2003 年 1 月 1 日任职，2006 年 10 月再次当选巴西总统，2007 年 1 月 1 日就任，执政至 2010 年 12 月底。2010 年 10 月，劳工党提名的候选人迪尔玛·罗塞夫在第二轮总统选举中胜出，当选总统，并于 2011 年 1

---

① Jorge Enrique Botero："El auge de la izquierda en America Latina:¿Coyuntura pasajera o fenomeno a largo plazo? http://eltiempo.terra.com.co10 de febrero de 2006.

② [英] 莱斯利·贝瑟尔主编：《剑桥拉丁美洲史》，第六卷（下），当代世界出版社 2001 年版，第 173 页。

月 1 日就职，劳工党继续在巴西执政。2014 年 10 月 26 日，迪尔玛·罗塞夫在第二轮总统选举中再次胜出，于 2015 年 1 月 1 日再次就任总统。

2003 年 5 月 14 日，阿根廷正义党（庇隆主义党）左翼领导人内斯托尔·卡洛斯·基什内尔在第二轮大选中胜出，当选总统，同年 5 月 25 日就职。2007 年 10 月 29 日，基什内尔的夫人、正义党领导人克里斯蒂娜·费尔南德斯·德基什内尔在总统选举中获胜，12 月 10 日就任；2011 年 10 月 23 日，克里斯蒂娜"胜利阵线"候选人再次在大选中获胜，于同年 12 月 10 日再次就任。

2004 年 10 月 31 日，乌拉圭左翼广泛阵线主席塔瓦雷·巴斯克斯在本国大选中获胜，成为该国历史上第一位上台执政的非传统左翼政党领导人。2009 年 11 月 29 日，广泛阵线候选人何塞·穆希卡在第二轮的选举中胜出，当选总统，并于 2010 年 3 月 1 日就任。在 2014 年 11 月 30 日第二轮大选中，广泛阵线候选人、前总统巴斯克斯胜出，于 2015 年 3 月 1 日开启左翼政党在这个南美国家的第三个任期。

2005 年 12 月 18 日，玻利维亚左派组织争取社会主义运动和印第安人古柯种植农协会领导人埃沃·莫拉莱斯当选为玻利维亚总统，2006 年 1 月 22 日就任总统。2009 年 12 月 6 日，在总统选举中，莫拉莱斯再次当选总统，并于 2010 年 1 月 22 日就任。2014 年 10 月 12 日，玻利维亚举行大选，莫拉莱斯连选连任，获胜，2015 年 1 月 22 日，莫拉莱斯开始其第三个总统任期。

2006 年 11 月，拉斐尔·科雷亚作为厄瓜多尔左派政党主权祖国联盟的候选人参加总统选举获胜，于 2007 年 1 月就任总统。2009 年 4 月 26 日厄瓜多尔根据新宪法提前举行大选，科雷亚再次当选，并于 2010 年 1 月 15 日再次就任总统。2013 年 2 月 17 日，厄瓜多尔举行大选，总统科雷亚作为主权祖国联盟的候选人在大选中胜出，并于同年 5 月 24 日第三次就任总统。

2006 年 11 月 7 日，尼加拉瓜桑地诺民族解放阵线领导人丹尼尔·奥尔特加在大选中获胜，于 2007 年 1 月 10 日正式再次就任尼加拉瓜总统。在 2011 年 11 月大选中，奥尔特加又一次当选总统，并于 2012 年 1 月 10 日就任。

2009 年 3 月 16 日，左翼"法拉本多·马蒂"民族解放阵线候选人毛里西奥·富内斯当选为萨尔瓦多总统，并于 6 月 1 日就任。2014 年 3 月 9 日，执政党"法拉本多·马蒂"阵线候选人、副总统萨尔瓦多·桑切斯·塞伦在第二轮大选中胜出，当选总统，6 月 1 日，正式就任。

智利左翼社会党人米歇尔·巴切莱特 2006 年 1 月 15 日作为智利执政联盟总统候选人参加大选并获胜，成为智利历史上第一位女总统，同年 3 月 11 日宣誓就职，任期 4 年（2006—2010）。2013 年 2 月 15 日，她作为反对派中左翼联盟"新多数联盟"候选人在第二轮总统选举中胜出，再次当选总统，并于 2014 年 3 月 11 日第二次就任总统。

2011 年 6 月 5 日，在第二轮总统选举中，秘鲁左翼民族主义党主席奥良塔·乌马拉作为左翼选举联盟"秘鲁必胜"候选人胜出，当选总统，并于同年 7 月 28 日宣誓就职。

到 2015 年年初为止，左派或中左派掌权的拉美国家已有十多个。

4. 一些左翼执政的拉美国家的总统提出了社会主义的主张。拉美社会主义运动在经历了十几年低潮后，再度振兴。一些左翼执政的拉美国家总统或左翼政党提出了社会主义的口号，并付诸实践。如委内瑞拉已故总统查韦斯和现任总统马杜罗在委内瑞拉倡导"玻利瓦尔社会主义革命"，正在建设"21 世纪社会主义"；莫拉莱斯总统正在玻利维亚实施"社群社会主义"和"印第安社会主义"和"美好生活社会主义"；科雷亚总统在厄瓜多尔推行"21 世纪社会主义"和"美好生活社会主义"；巴西劳工党则提出要在巴西实现"巴西劳工社会主义"。拉美这些左派执政国家的领导人自称是"社会主义者"，要带领他们的国家进行"社会主义建设"。在他们的号召下，"要社会主义、不要资本主义"，已成了一些拉美国家时髦的口号。

拉美一些左翼政党及其领导人执政已近 10 年，有的已超过 10 年，总的来说，多数执政的左翼政党及其领导人的执政地位比较巩固，原因是其采取的内外政策取得了一定效果，赢得了民心。但也有少数左翼政党或领导人，如巴拉圭中左派爱国变革联盟提名的候选人费尔南多·卢戈在 2008 年 4 月 28 日的大选中获胜，于同年 8 月 15 日就任巴拉圭总统，却在 2012 年 6 月 22 日被众、参两院弹劾下台。

　　近二三十年，拉美各国的新社会运动也蓬勃发展，其标志是在巴西劳工党的倡议下，在拉美及全世界各地的新社会运动的配合下，先后举行了十多次"世界社会论坛"。"世界社会论坛"的中心口号是"另一个世界是可能的"，而与会的拉美左派党和组织的口号是"一个社会主义的新世界是可能的"。

　　值得关注的是，最近几年，拉美一些左翼学者在批判新自由主义的过程中，提出了"后新自由主义"和"新发展主义"等理论。

　　（二）拉美左派的定义

　　《剑桥拉丁美洲史》的作者认为，拉美左派一般是指拉美各国的共产党和社会党。[①] 但拉美有的学者认为，目前拉美及欧洲一些社会民主党主张新自由主义，不能再把它们看作左翼政党。[②] 智利左翼学者、《跨入21世纪的左派》一书作者玛尔塔·哈内克把拉美现存的一些游击组织，如哥伦比亚革命武装力量、哥伦比亚民族解放军等都看成左翼组织。[③] 但是，由于多年来与哥伦比亚政府进行断断续续和平谈判的这两支游击队并没有停止其恐怖活动和贩毒活动，因此，美国和欧盟已把它们定性为恐怖主义组织，拉美大部分左派党已与这些游击组织拉开了距离，世界社会论坛和圣保罗论坛也不再邀请它们参加其活动，因此，不能把这些游击队组织视为左翼组织。有些学者把拉美一些民族主义政党和组织，其中有些是前游击队组织如萨尔瓦多"法拉本多·马蒂"民族解放阵线、尼加拉瓜桑地诺民族解放阵线、危地马拉全国革命联盟以及近年来新成立的政党和组织，如查韦斯所创建的委内瑞拉第五共和国运动（后改名为委内瑞拉统一社会主义党）、玻利维亚的争取社会主义运动、厄瓜多尔的主权祖国联盟等都被看成左翼政党，因为这些政党或组织奉行反对帝国主义、霸权主义和新自由主义的方针。有些学者认为，拉美左派应该

　　① ［英］莱斯利·贝瑟尔主编：《剑桥拉丁美洲史》第六卷（下），当代世界出版社2001年版，第173页。

　　② Daniel Rafuls, "*Crisis de la izquierda*" *o conformacion de una nueva alternativa politica*, WWW. rebelion. org.

　　③ Marta Harnecker, *La Izquierda en el Umbral del Siglo XXI*, Editorial Ciencias Sociales, La Habana, 2001.

把拉美左派社会运动（组织）包括在内，"左派是指反对资本主义制度及其致富逻辑并为建立为劳动阶级利益服务的社会而奋斗的力量组合"，左派可分为"党的左派（izquierda de partido）"和"社会左派（izquierda social）"，前者是指左翼政党和组织，后者是指左翼社会运动。① 美国左翼学者詹姆斯·佩德拉斯对鉴别拉美某个政党和政府是否属于左派提出了 14 条标准，其中包括减少社会不均、提高人民生活水平、将民众利益和国家利益置于私人利益和外国利益之上、鼓励民众参与政治、生产多样化、社会开支和公共投资优先、增加最低工资、执行反帝的外交政策等。②

哥伦比亚安第斯大学教授塞萨尔·罗德里格斯·加拉比托和美国威斯康星—麦迪逊大学帕特里克·巴莱特教授等在他们主编的《拉美新左派：起源和未来的走向》一书中认为，所谓拉美新左派，首先是指最近出现的拉美左派；其次，拉美新左派与传统左派的区别在于，前者主张通过选举和民众抗议的方式实施改革，而后者是主张武装革命的道路。他们把 20 世纪 80 年代末 90 年代初以来活跃在拉美政坛的拉美左派称为"拉美新左派"。③

对拉美新左派特点的看法，一些人认为拉美新左派的主要特点是"务实"。阿根廷学者比利亚斯认为，"近年来，拉美一些国家出现了一种新型的左派，它对抗性不太强，比较务实，主张建立广泛的联盟，以对新自由主义产生的恶劣的社会影响进行改革"④。塞萨尔和帕特里克认为，拉美新左派的特点是，"战略多样化和对各种分散组织形式的协调"，"具有广泛的社会基础"，"是市民社会的凸现"，是"改良主义"和"民主

---

① Marta Harnecker, *La Izquierda en el Umbral del Siglo XXI*, Editorial Ciencias Sociales, La Habana, 2001.

② James Petras, *Nuevos Vientos desde la izquierda o aire caliente desde una nueva derecha*, WWW. rebelion. org 13 de marzo de 2006.

③ César A. Rodríguez Garavito, Patrick S. Barrett, Daniel Chavez（editores）, *La nueva izquierda en América Latina Sus orígenes y trayectoria futura*, Grupo Editorial Norma, Bogotá, Colombia, abril, 2005, pp. 17, 22 – 24.

④ Carlos M. Villas: "La izquierda latinoamericana y el surgimiento de regimenes nacional-populares", *Nueva Sociedad*, mayo-junio 2005, No. 197, pp. 84 – 99.

的深化"。①

（三）拉美新左派的特点

20 世纪 90 年代中后期以来，拉美新左派及其发展在意识形态、战略、社会基础、基本诉求、斗争方式等方面都呈现出与传统左派不同的特征。

1. 在意识形态方面，与传统左派相比，拉美新左派的特征之一是马克思主义在新左派意识形态中逐渐淡化，新左派社会运动本土化倾向趋于增强，新左派的政党意识逐渐淡薄。如委内瑞拉统一社会主义党、厄瓜多尔祖国主权联盟、玻利维亚争取社会主义运动等新成立的政党或组织已不把马克思主义作为指导思想，玻利维亚争取社会主义运动不认为自己是一个政党，而是运动。此外，拉美新左派政党和组织在纲领主张等方面都较为温和。

2. 在战略方面，与传统左派坚持马列主义、通过阶级斗争夺取全国政权的战略不同，新左派在战略上呈现出多元化的特点。在组织战略方面，拉美新左派的政党组织和社会运动往往在丧失自身组织独立性的前提下，为了共同的政治目标如参加选举、抗议等重要活动，组成各种联盟。如乌拉圭的广泛阵线和巴西劳工党在 20 世纪 90 年代的斗争和发展过程中，充分体现了政党和社会运动之间形成联盟的强大社会力量。为了在竞选中获得最大限度的社会支持，新左派政党也会采取与其他左派政党和中间派政党结盟的政策，如委内瑞拉统一社会主义党，在多次大选和地方选举中，与委内瑞拉共产党、祖国为大家等党组成"大爱国中心"。而玻利维亚现总统领导的玻利维亚争取社会主义运动就是在 2000 年玻利维亚发生的反对水资源私有化的"水之战"等一些大规模抗议斗争中，起重要作用的古柯种植业者工会等社会运动和组织基础上形成的。

3. 在社会基础方面，拉美新左派社会基础比传统左派更加广泛。拉美传统左派的社会基础主要是工人，通过工会进行社会动员反对阶级剥

---

① César A. Rodríguez Garavito, Patrick S. Barrett, Daniel Chavez（editores）, *La nueva izquierda en América Latina Sus orígenes y trayectoria futura*, Grupo Editorial Norma, Bogotá, Colombia, abril, 2005, pp. 31 – 36.

削和压迫。随着拉美政治社会形势的变化，拉美新左派的社会基础已由
工人为主扩大到广泛的社会各阶层，包括被边缘化的失业工人、农民、
印第安人、非正规就业者和中间阶层。他们要求改变新自由主义的经济
模式、改变所处的边缘化状态、实现社会政治经济平等、反对种族和性
别歧视等诉求。在墨西哥、厄瓜多尔、玻利维亚、秘鲁等安第斯国家和
中美洲危地马拉等国，印第安人运动已成为反新自由主义的主要力量。

4. 在斗争方法方面，拉美新左派与传统左派在斗争方式上有不同的
选择。拉美传统左派基本上可以分为革命的左派和改良的左派，前者主
张主要通过武装革命的道路夺取政权，后者主张通过选举和议会道路等
和平的方式达到夺权目的。由于20世纪90年代初尼加拉瓜桑解阵在大选
中败北，萨尔瓦多、危地马拉等游击队组织与本国政府缔结和平协定，
主张武装斗争的革命左派的地位和影响力逐渐减小，而主张通过选举或
非暴力的体制外动员的方式夺权的左派社会运动成为拉美新左派的主体。
而一些传统左派政党在90年代后对过去的政治纲领、战略和斗争方式也
作出了调整，基本上摒弃了武装斗争作为夺权的方式。90年代的拉美新
左派不再把武装斗争作为进行社会变革和夺取政权的主要手段。

5. 拉美新左派比传统左派更加强调民主。民主政治在拉美新左派发
展中具有重要地位。新左派的崛起得益于民主政治的发展。在20世纪80
年代和90年代初民主化的进程中，拉美各国的军政府纷纷"还政于民"，
这为新左派力量的壮大和上台提供了有利条件，也使长期处于地下状态
的一些左派政党成为合法政党，可以参加竞选。新左派政党适时提出了
变革旧的民主政治、实行参与制民主政治的要求，得到了广大要求变革
的民众的支持。

二　拉美新左派崛起的原因

自20世纪末起，拉美左派政党或组织通过选举在拉美十多个国家先
后上台执政。此外，在另一些拉美国家，左派政党或组织成为本国的主
要政治力量之一。在这些政党和组织中，有一些成立的时间比较早，如
尼加拉瓜桑地诺民族解放阵线成立于1961年，乌拉圭广泛阵线成立于
1971年，巴西劳工党成立于1980年，萨尔瓦多"法拉本多·马蒂"民族

解放阵线成立于 1980 年。但是，也有不少左派政党和组织成立时间不长，如玻利维亚争取社会主义运动（1999 年）、厄瓜多尔主权祖国联盟（2005 年）、秘鲁民族主义党（2005 年）、委内瑞拉统一社会主义党（2008 年）① 等。通常把最近一二十年涌现出来的左翼政党和组织称为拉美新左翼。如前所述，拉美新左翼，特别是拉美执政的新左翼政党和组织与拉美传统的左翼政党有区别，也有相同之处。其主要区别在于，在意识形态方面，拉美传统左翼常常把马克思主义作为指导思想，而拉美新左翼往往放弃或不再强调马克思主义是党的指导思想；在斗争战略和策略方面，拉美新左翼不再主张通过武装斗争夺取政权，而是主张通过选举的合法途径获取全国或地方政权；在社会基础方面，拉美新左翼的社会基础更加广泛，不仅包括工人、农民，而且包括印第安人、非正规就业者、边缘居民、中产阶级和进步知识分子等。

拉美新左派崛起的主要原因是：

（一）新自由主义发展模式加剧了拉美的社会矛盾

自 20 世纪 80 年代中期起，拉美多数国家对原来实行的进口替代工业化内向型发展模式进行调整，开始实施新自由主义外向型发展战略。80 年代末，拉美国家纷纷接受"华盛顿共识"（Washington Consensus）所提出的一整套针对拉美国家和东欧转轨国家的新自由主义的政治经济理论。1982 年从墨西哥开始，拉美一系列国家都先后爆发了债务危机，深陷危机的拉美国家迫切需要进行经济改革。1989 年，美国国际经济研究所邀请国际货币基金组织、世界银行、美洲开发银行和美国财政部的研究人员，以及拉美国家代表在华盛顿召开了一个研讨会，旨在为拉美国家经济改革提供方案和对策。美国国际经济研究所的约翰·威廉姆森（John Williamson）对拉美国家的经济改革提出了已与上述各机构达成共识的 10 条政策措施，称作"华盛顿共识"，成为新自由主义学说的理论

① 委内瑞拉执政党统一社会主义党（Partido Socialista Unido de Venezuela，PSUV）成立于 2008 年，它的前身是 1998 年 4 月 19 日查韦斯成立的第五共和国运动（Movimiento V República，MVR）。而第五共和国运动的前身是查韦斯在 1982 年 12 月 17 日在军内秘密成立的"玻利瓦尔运动—200"（Movimiento Bolivariano 200），1987 年，查韦斯又将该运动改名为"玻利瓦尔革命运动—200"（Movimiento Bolivariano Revolucionario 200）。

依据，陆续在拉美国家广为推广。"华盛顿共识"的 10 条政策建议包括：1. 加强财政纪律，压缩财政赤字，降低通货膨胀率，稳定宏观经济形势；2. 把政府开支的重点从补贴转向经济效益高的领域和有利于改善对穷人服务的领域，如初等教育、医疗和基础设施投资等；3. 开展税制改革，扩大税基和降低边际税率；4. 实施利率市场化；5. 采用一种具有竞争力的汇率制度；6. 实施贸易自由化，开放市场；7. 放松对外国直接投资的限制；8. 对国有企业实施私有化；9. 放松政府的管制；10. 保护私人财产权。①

在"华盛顿共识"的指导下，自 20 世纪 90 年代起，拉美多数国家大刀阔斧地进行了新自由主义的经济改革，减少国家对经济的干预，实行市场化的经济体制；大力推行国有企业私有化，对外贸易自由化，大幅度降低进口关税，取消出口管制；减少或取消对外资的种种限制，全面开放资本市场。新自由主义改革在一定时期内改善了拉美国家的宏观经济指数，在 20 世纪 80 年代拉美国家经济发展停滞的"失去的十年"之后，90 年代拉美年均国内生产总值和人均国内生产总值增长率分别为 3.2% 和 1.4%，但新自由主义产生了严重的负面效应，使拉美各国的收入分配不公现象越来越明显，贫富差异扩大，社会问题日益严重，使拉美成为"世界上收入分配最不公平的地区"，贫困人口增加了 2400 万；随着国内市场的开放，许多竞争力弱的民族企业陷入了困境；国有企业私有化使私人资本和外国资本的生产集中不断加强。在此过程中，拉美国家两极分化日益严重，外债居高不下，失业人口显著增加，社会矛盾日益尖锐。而拉美各国的政府在处理这些危机时大都表现出了无能为力、束手无策的迹象。

拉美左翼运动的共同点是反对新自由主义，积极探索新自由主义的替代模式，强调社会公平正义，从而得到民众的广泛认同和支持。与此同时，拉美一些中左翼政党适时调整了斗争策略，放弃激进立场，并提

---

① Williamson, John: What Washington Means by Policy Reform, in: Williamson, John (ed.): Latin American Readjustment: How Much has Happened, Washington: Institute for International Economics 1989.

出了务实、温和的政策主张。如巴西劳工党成立初期，主张在巴西实现彻底的社会变革，提出要创建民主、平等的工人政府，消除资产阶级的统治，在巴西实现社会主义，并表示为达到这一目标，必要时不排除使用暴力手段。20世纪80年代，随着军人统治的结束和文人政府的建立，劳工党放弃了成立初期的激进主张，认识到只有改变激进立场才能赢得民众支持，强调以民选方式参政和获取政权，而不是武装暴力的手段，经济纲领也实现了从"革命性"到"建设性"的转变。因此，劳工党在领导工农争取权益斗争的同时，积极参与选举活动。2001—2002年，劳工党制定了温和、务实的竞选纲领，明确承诺不会进行"国有化"等激进变革，最终赢得大选。

1990年成立的拉美左派协调和磋商机构圣保罗论坛的宗旨是反对资本主义全球化、反对新自由主义，倡导进行合法斗争，替代现行的不合理的国际秩序，争取民主的未来和全球善治。在圣保罗论坛多次会议的文件中，均提出了"替代方案""替代模式""替代战略""替代社会""替代秩序"等概念，其战略目标是替代新自由主义。圣保罗论坛认为新自由主义在拉美已经失败，要加强拉美社会进步力量的团结，通过开展议会斗争和发动群众运动来抵制美洲自由贸易区的建立。

2001年委内瑞拉总统查韦斯提出美洲玻利瓦尔替代计划，旨在加强拉美和加勒比地区国家间的经贸合作和一体化进程，抵制美国倡导建立的美洲自由贸易区。2004年，查韦斯与古巴领导人菲德尔·卡斯特罗在古巴首都哈瓦那正式成立美洲玻利瓦尔替代计划。2009年6月，该组织更名为美洲玻利瓦尔联盟。

2007年1月15日，厄瓜多尔左翼总统科雷亚在就职仪式上发出了这样的呼声："新自由主义的漫漫长夜应当终结了！""一个拥有独立主权、受人尊敬、公正合理的社会主义的拉丁美洲正要诞生！"2009年科雷亚总统在他所著的《厄瓜多尔：香蕉共和国的迷失》一书中，以生动的事例说明，新自由主义在厄瓜多尔和拉美其他国家的历史上意味着"漫长和悲伤之夜"。正是由于新自由主义的罪过，使厄瓜多尔这个香蕉共和国迷失，因为"最近几十年来的所作所为实在没有搞出什么名堂"，"除了经济社会失败外，新自由主义也严重损害了民主制度的合法性"。①

（二）拉美政治民主化有助于左派崛起

自 1964 年巴西发生军人政变之后，拉美一系列国家发生军事政变，到 70 年代后期，除墨西哥、委内瑞拉、哥伦比亚等少数国家外，大多数拉美国家都由军人掌握政权。军政府上台后，一般都禁止政党活动，对共产党和左翼政党活动更是严加禁止和镇压。自 20 世纪 70 年代末起，随着国际形势的变化，拉美军人执政的国家先后通过不同的方式还政于民，这一进程被称为民主化进程。到 90 年代初，拉美已基本上完成了民主化进程。民主化进程结束了拉美地区长期动荡的局面，使整个地区政局趋于稳定，文人政府执政后，开放了党禁，为左翼政党和左翼运动的兴起和通过选举上台执政提供了政治空间和便利条件。一些以前从事武装斗争的组织，如萨尔瓦多的"法拉本多·马蒂民族解放阵线"，演变成为合法政党，通过大选，赢得总统职位，成为执政党。

（三）拉美传统政党治国无方

冷战结束之时，大部分拉美国家已完成民主化进程，都由传统的政党当政。随着世界经济全球化、世界政治民主化的发展，拉美传统政党执政能力明显不足，治国理政无方，执政能力减弱，难以推行深层次的体制性改革，不能确保宏观经济政策的连续性和稳定性，难以发挥在参与国际竞争、促进经济发展、维护社会公正稳定、消除贫困和改善收入分配等方面的主导作用。一方面，随着拉美工业化和城市化进程的加快，各国社会结构随之发生变化，中产阶级人数逐步增加，社会问题层出不穷，如无地农民、印第安人、贫困、失业等问题日益严重，而传统政党在满足利益多元化方面力不从心。另一方面，随着社会信息化不断发展，各种政治组织、社会运动和普通民众表达政治意愿的渠道拓宽，而传统政党在表达民众政治诉求方面的功能弱化，其社会整合能力下降。阿根廷、委内瑞拉、厄瓜多尔、玻利维亚等多位总统在民众的抗议浪潮中黯然下台。此外，由于拉美传统政党长期以来自身建设薄弱，缺乏有效的

---

① ［厄瓜多尔］拉斐尔·科雷亚·德尔加多：《厄瓜多尔：香蕉共和国的迷失》，当代世界出版社 2014 年版，序 2，第 5、41 页。

自我监督和外部监督机制，腐败丑闻不断，严重削弱了拉美民主政治体制和传统政党的执政合法性。特别是在推行新自由主义改革、对国有企业实行私有化的过程中，一些党政要员趁机中饱私囊，贪污受贿之风盛行，遭致民众强烈反对和持续抗议。

（四）美国对外战略重点转移，忽视"后院"

1990 年 6 月 27 日，美国总统乔治·赫伯特·沃克·布什在国会发表"开创美洲事业倡议"（以下称"美洲倡议"）的讲话，提出将同拉美国家建立一种"新的经济伙伴关系"，其最终目标是建立一个从阿拉斯加到火地岛的美洲自由贸易区。冷战结束后，美国调整地区战略，构筑以"政治民主化、经济自由化"为基础的西半球新安全体系。但由于拉美多数国家进行"华盛顿共识"指导的新自由主义改革，使地区贫困、分配不公、社会边缘化等问题加剧，民众的反美情绪不断高涨。2005 年 11 月4—5 日在阿根廷马德普拉塔市召开的第四届美洲国家首脑会议上，在南方共同市场国家阿根廷、巴西、乌拉圭、巴拉圭和委内瑞拉等国的强烈反对下，美国关于建立美洲自由贸易区的倡议遭到了失败。另外，在"9·11"事件后，美国对外战略重点转移到反恐方面，对拉美的关注越来越少，对拉美承诺的援助大幅减少，美拉矛盾增多，关系渐行渐远。美国对拉美奉行的干涉主义、霸权主义对拉美的经济和社会发展带来了很大的负面影响，这些都构成了拉美左派崛起的国际原因。

（五）左翼执政后致力变革深得民心

自 20 世纪末以来，拉美中左翼纷纷在拉美十多个国家上台执政，无论是激进左翼还是温和左翼执政的政府，均采取了一系列政治、经济和社会的变革措施，强调根据本国国情寻找替代模式，推动民族经济发展，关注民生与社会发展，强调社会公平正义，保持了经济增长和社会稳定，得到民众广泛的认可。如查韦斯在生前执政的 14 年间，委内瑞拉先后举行的十余次选举和全民公投，除一次以微弱劣势失利外，查韦斯均以较大优势获胜。在劳工党卢拉总统执政的八年间，巴西经济保持了年均4.5% 的增长率，外贸总额翻了两番，失业率由 11.7% 降至 6.7%，2800万人成功脱贫。国际金融危机爆发后，拉美中左翼政府积极采取应对措施，经济快速恢复增长，巴西等国率先摆脱危机不利影响，2011 年巴西一度成为世界第六大经济体。

三　拉美新左派的作用和影响

20 世纪 90 年代以来，拉美新左派社会运动和政党重新崛起在拉美政治舞台上。尤其是 1999 年 2 月查韦斯在委内瑞拉通过选举上台执政后，新左派纷纷先后在巴西、阿根廷、乌拉圭、智利、玻利维亚、厄瓜多尔、尼加拉瓜、萨尔瓦多、秘鲁等拉美国家上台执政，政治影响力获得大幅提升。拉美有一半以上的人口生活在左派执政的国家，这对拉美政治、经济、社会和国际关系的发展都产生了重大影响。《纽约时报》发表的一篇文章惊呼，"拉美已有 3/4 的国家的政权掌握在左派领导人手中"。

（一）新左派的崛起对拉美民主政治的发展具有重要意义

新左派政党和政治人物在总统竞选中获得了广大要求对传统政治体制进行变革、对传统政治精英不满的民众的支持，对拉美代议制民主体制下占主导地位的传统政治体制和精英发起了挑战。

（二）对新自由主义经济发展模式构成挑战

拉美新左派是在批判新自由主义模式的过程中发展和壮大起来的。拉美一系列左派政党或左派人物上台执政后，对原有新自由主义经济发展模式和经济社会政策进行了不同程度的调整，加强了国家对经济的干预，采取了国有化、土地改革等措施，实行了有利于穷人的扶贫、社保、医疗卫生、教育、就业和住房等社会计划，使中下层民众和弱势群体的生活状况有明显的改善，如巴西的卢拉政府的"零饥饿计划"、"家庭救助计划"，委内瑞拉查韦斯政府实施的"走进贫民区"、"罗宾逊计划"等社会计划等。厄瓜多尔左翼总统科雷亚在 2007 年 1 月 15 日就职典礼上说："新自由主义的漫漫长夜应当终结了！""一个拥有独立主权、受人尊敬、公正合理的社会主义的拉丁美洲正要诞生！"除科雷亚外，拉美一些激进左翼总统如已故委内瑞拉总统查韦斯和现总统马杜罗、玻利维亚总统莫拉莱斯、巴西前总统卢拉等也提出要用"21 世纪社会主义"、"社群社会主义"或"劳工社会主义"来替代新自由主义的经济模式和代议制民主制度。尽管这些主张仍在探索中，但它毕竟代表着一条与旧制度不同的新的发展模式，寄托了千百万穷人和要求变革的民众的热切期望。

查韦斯政府的政策对玻利维亚、厄瓜多尔等左派政府的执政产生了重大影响。

（三）对美国霸权提出了有力挑战

拉美新左派的崛起，极大地改变了拉美的政治格局。这些左派政府上台后，都对美国的霸权主义和单边主义提出了挑战，对美国的霸权主义政策持批评或反对的立场，在对美国的经贸交往中勇敢捍卫本国的利益，对外政策的独立性增强。2005年11月，在阿根廷马德普拉塔举行的第四次美洲国家首脑会议上，在巴西、阿根廷、乌拉圭、委内瑞拉等左派执政国家的强烈反对下，美国提出的建立美洲自由贸易区的倡议彻底告吹。2004年12月，在古巴和委内瑞拉的倡议下，成立了美洲玻利瓦尔替代计划组织，后玻利维亚、尼加拉瓜、安提瓜和巴布达、多米尼克、厄瓜多尔、圣文森特和格林纳丁斯等国也纷纷加入，2009年该组织更名为"美洲玻利瓦尔联盟"。2004年12月，南美洲12国宣布成立南美洲国家共同体；2008年5月，在南美洲国家共同体基础上，南美洲国家联盟宣告成立；2011年12月，在委内瑞拉首都加拉加斯，包括地区全部33个独立国家的拉美和加勒比共同体正式宣告成立。

在拉美新左派政府的抵制下，美国已经难以像过去那样，对拉美实行"胡萝卜加大棒"的霸权主义政策，其对拉美国家的控制力大大减弱。美国"泛美对话"组织主席彼得·哈吉姆指出，"当前，几乎在所有的拉美国家都出现了反美情绪"。2013年11月18日，美国国务卿克里不得不承认，"门罗主义时代已经终结"。

（四）促进了世界各地左派运动和世界社会主义运动的发展

拉美左派的崛起，对东欧剧变、苏联解体后处于低潮的世界其他地区的左派运动和世界社会主义运动来说，无疑是一个巨大的鼓舞。1991年由拉美左派创办的圣保罗论坛的影响越来越大，它不仅团结了一大批拉美左翼政党和组织，而且自第3次会议起，论坛还邀请来自欧洲、亚洲和非洲等其他地区的共产党及左派政党和组织的代表作为观察员与会。一年一度的论坛会议，成为拉美与世界左派政党和组织的盛会。

四 拉美新左派面临的问题

20 世纪 90 年代以来，左派新社会运动、新左派政党和政府构成了拉美新左派的主要部分。他们利用有利的国际国内环境，向占据垄断地位的新自由主义意识形态提出挑战，在委内瑞拉、巴西、阿根廷等一系列国家上台执政。拉美新左派在 21 世纪初呈现出令人鼓舞的发展趋势。但是拉美新左派要获得进一步发展，仍然面临着诸多问题。主要问题是：

（一）经济发展模式问题

拉美的新左派的主要主张是反对新自由主义，然而一些左派，如智利社会党巴切莱特、巴西卢拉和迪尔玛、委内瑞拉的查韦斯和马杜罗在执政后，国家的经济结构和以初级产品出口为主的发展模式没有太大变化。由于最近几年受国际金融危机的影响，国际市场上初级产品价格的下降使新左派执政的国家的经济增长速度普遍放慢。

（二）党和政府内部腐败引起民众严重不满

拉美新左派政党往往都是高举反腐旗帜，参加竞选获胜而上台执政的。但是，在执政后，由于社会地位的改变和党内监督不力，新左派政府和政党都在不同程度上存在贪污腐败现象。2005 年巴西"月费案"曝光。2014 年年底和 2015 年年初，又爆发巴西国有石油公司丑闻，涉案金额达数十亿美元，被称为"巴西历史上最大的贪腐案件"。这两大丑闻都涉及劳工党一些领导人，甚至牵连前总统卢拉和现总统迪尔玛·罗塞夫总统。迪尔玛总统支持率大跌，2015 年 8 月，迪尔玛的民调支持率一度跌到只有 7%。继 2013 年、2014 年民众大规模抗议之后，2015 年 3 月、4 月和 8 月，巴西全国各地又有数百万示威者走上街头，抗议经济萧条、物价上涨、腐败横行。与以往抗议不同的是，参加抗议的民众不再是最贫困的民众，而是刚刚脱贫的中产阶级。此外，2015 年抗议的主要矛头集中指向总统迪尔玛，要求她下台。同样由于政府官员腐败、经济增长乏力、社会福利减少等原因，委内瑞拉、厄瓜多尔、秘鲁、阿根廷、智利、玻利维亚等国的部分民众对本国新左派政府的失望增加，民众抗议此起彼伏，持续不断。拉美国家社会冲突和抗议趋于常态化和多样化，而对现状不满的新兴中产阶级常常成为抗议的主角。

（三）国内保守势力和反对派的进攻

近年来，拉美右翼保守势力呈上升趋势，在美国和西方其他国家右翼政党和人士的支持下，对本国新左派政府和政党频频发起攻击。在拉美一些新左派当政的国家，右翼力量仍相当强大。如在委内瑞拉，在2013 年 4 月 14 日大选中，马杜罗得票率为 50.61%，仅以 1.49% 的微弱优势战胜反对党联盟候选人卡普里莱斯。反对派控制了首都加拉加斯和梅里达等重要城市和一些州。巴西劳工党虽然执政已十多年，但劳工党本身在国会和政府中并不占多数，因此在许多问题上，不仅需要执政联盟的其他政党的支持，也需要保守派的支持，劳工党的执政地位并不牢固。厄瓜多尔、玻利维亚虽然是左派党执政，但右翼政党在本国重要城市和州（省）掌权。厄瓜多尔首都基多和主要城市瓜亚基尔掌控在反对派手中。玻利维亚首都拉巴斯和阿尔托、科恰班巴、圣克鲁斯等重要城市的市长职位在 2015 年中期选举中被反对派夺取。在 2015 年 10 月 25 日举行的阿根廷第一轮大选中，执政联盟胜利阵线的候选人肖里仅以 2.5% 的优势得票获第一位，在 11 月 22 日第二轮大选中能否战胜反对党右翼联盟变革联盟的候选人马克里有待观察。变革联盟在第一轮大选中，从执政党正义党手中夺回了布宜诺斯艾利斯省省长的职位。如何应对反对派保守势力的进攻，缓解来自右派保守政党的压力，保持执政地位，维持政治稳定，赢得选举，是当前拉美新左派政府和政党面临的主要难题之一。

（四）在左派政党内部、左派政党和执政联盟各政党之间，以及左派政党与新社会运动之间存在分歧

拉美新左派政府往往是由多个政党组成的执政联盟，如巴西劳工党执政联盟由 11 个政党组成，包括民主运动党、劳工民主党、民主社会党、巴西共产党等。智利社会党执政联盟"新多数"由 7 个党组成，包括基督教社会党、争取民主党、智利共产党等。左派政党和执政联盟其他政党之间往往存在分歧和矛盾，如巴西民主运动党党员、众议院议长库尼亚就公开要求迪尔玛总统下台。在左翼政党内部存在多种派别，它们之间也有分歧和矛盾。如巴西劳工党党内有"马克思主义左派"、"劳工派"、"卢拉派"和托洛茨基派等。劳工党内部的左派批评劳工党政府政策"右转"，违反和背弃了劳工党作为左派党的教义。劳工党参议员埃

洛伊娜·埃莱娜和前环保部长玛丽娜·席尔瓦因与党的领导意见分歧，先后退出劳工党，另成立新党。委内瑞拉执政党统一社会主义党党内有"革命马克思主义派""社会主义浪潮派""格瓦拉主义派""社会民主派"和"玻利瓦尔革命派"等。原计划和经济部长西奥达尼因与马杜罗产生分歧，被开除出党。此外，左派政党与新社会运动之间也存在分歧和矛盾。原来支持左派政党的一些拉美新社会运动在左派政党执政后，往往因反对左派政府的某些政策措施，也起来反对左派政府。而有些左派政党在执政后，往往没有很好兑现其竞选时的承诺，满足新社会运动的要求，给新社会运动质疑左派政府合法性提供了口实。如卢拉在 2002年竞选总统时曾承诺，在当选总统后 4 年内安置 40 万户无地农民家庭。然而，卢拉执政后，只安置了 2.1 万户。2013 年 4 月 17 日，在巴西 7 个州，数千名巴西无地农民运动成员举行抗议，要求劳工党迪尔玛政府进行土改，安置至今仍住在公路旁帐篷里的 15 万无地农户。至今巴西 45%的可耕地仍被占 1%农户总数的大庄园主占有。原来支持科雷亚政府的厄瓜多尔印第安人组织由于政府没有满足该组织提出的要求，抗议示威不断。

（五）美国明里暗里干涉拉美新左派国家的内政

1983 年创建的美国国家民主基金会是美国向委内瑞拉非政府组织提供资助的主要机构，它的主要目标是推翻查韦斯和马杜罗政权。根据该基金会 2013 年财政年度的报告，该基金会向委反政府组织提供了 230 万美元，其中 178.73 万美元直接给反对派全国性组织，59 万美元给地方组织，其中有 30 多万美元是专门资助反对马杜罗的青年领袖。[①] 2015 年 2月 28 日，马杜罗总统指控美国支持委内瑞拉右翼军人试图发动政变。3月 9 日，美国总统奥巴马对马杜罗采取针锋相对的措施，宣称委内瑞拉是对美国外交和安全的严重威胁，宣布对委 7 名政府和军队高官进行制裁。马杜罗强烈谴责奥巴马这一政令。奥巴马对委内瑞拉政府的这一指控受到拉美国家一致的批评和谴责。美国通过民主基金会等机构资助委反对派，利用委内瑞拉政府面临的经济困难，发动经济战、宣传战，进行颜色革命，企图推翻马杜罗政府。2015 年 7 月 23 日，厄瓜多尔总统科

---

① http://lospuebloshablan.org/golinger-sigue-la-mano-sucia-de-la-ned-en-venezuela/.

雷亚指责美国与厄瓜多尔、委内瑞拉、巴西、阿根廷等国的右翼势力沆瀣一气，进行反对拉美新左派政府的抗议和颠覆的"软政变"活动。据统计，2013 年，美国曾向厄反对派提供 8700 万美元，支持反对派在大选中击败科雷亚未遂。科雷亚说，"反对我的计划是在国外策划的"①。8 月 17 日，玻利维亚总统莫拉莱斯对阿根廷《第 12 页报》说，美国企图分化拉美左派来打垮进步国家，尤其是对委内瑞拉和巴西。

　　拉美左派政党已经清楚地认识到所面临的挑战，并正在采取措施，应对挑战。2014 年 9 月，在厄瓜多尔主权祖国联盟的主持下，拉美及欧洲 20 国 35 个左派政党在首都基多举行了"拉美进步会晤"，重点讨论如何应对拉美右翼保守势力对拉美进步势力和政府的攻击。2015 年 3 月 12—14 日，墨西哥左派劳工党在墨西哥城主持召开了由 40 个国家 132 个政党参加的第 19 次"政党与新社会"国际研讨会，会议认为，近年来拉美反动保守势力对拉美革命和进步政府展开了攻势，拉美革命和进步政府必须予以反击。7 月 29 日至 8 月 1 日，拉美左派论坛圣保罗论坛第 21 届会议在墨西哥城举行，会议由墨西哥左派政党民主革命党和劳工党主办，来自 26 个国家 105 个政党的 200 多位代表与会。全会通过的《最后声明》指出，目前帝国主义和各国寡头正在对左翼发动进攻，企图恢复右翼保守政权。因此，加强拉美左派的团结具有特别重要的意义。9 月 28—30 日，第二届"拉美进步会晤"在基多举行，会晤通过的声明表示声援拉美左翼巴西迪尔玛政府、委内瑞拉马杜罗政府、萨尔瓦多塞伦政府和尼加拉瓜奥尔特加政府，反击右翼对这些左翼政府的进攻。

第四节　当代拉美左翼与社会主义
运动的战略主张与特点

一　关于拉美左派的战略和主张

（一）拉美左派的战略

拉美左派的战略不尽相同。委内瑞拉、厄瓜多尔、玻利维亚等国提

---

① http://latinoamericapiensa.com/politica/2246-la-derecha-busca-derrocar-a-correa.

出要建设"社会主义",明确提出反对帝国主义、新自由主义。而有的左派只提反新自由主义,不提反对帝国主义。有的只是在口头上反对新自由主义,在实际经济政策上,奉行新自由主义。关于拉美左派的战略,美国学者史蒂夫·埃尔内尔认为,20世纪90年代以来,拉美左派有三种战略:第一种是墨西哥前外长豪尔赫·卡斯塔涅达的中派战略;第二种是智利左翼学者玛尔塔·哈内克主张重点进行反新自由主义斗争的战略;第三种是美国左翼学者詹姆斯·佩德拉斯主张反新自由主义任务不能削弱反帝和反资本主义的斗争。① 玛尔塔·哈内克认为,目前拉美左派主要的任务是反对新自由主义,而不是反对帝国主义。法国历史学家弗兰克·戈迪绍认为,拉美左派的内部存在三个重要战略:一是"第三条道路"的社会自由化;二是组成反新自由主义的阵线;三是若干选举战略,其目标是建立一种广泛的社会基础,除人民群众外,还应包括中小资产阶级。他认为,"还有一些人仍在试图回归社会主义的目标,以及一种决裂性的、反资反帝的政治策略,这种策略能够指导社会斗争","建立这种新社会的道路各不相同,应符合各国实际情况。目前左派没有模式遵循"。②

(二)拉美左派的主张

一般来说,大多数拉美左派的主要主张是:反对新自由主义的经济改革;反对新自由主义的全球化;反对建立美洲自由贸易区;反对美国对古巴的封锁;反对美国企图颠覆委内瑞拉和拉美其他左翼政府;反对美国干涉和剥削;维护民族独立,发展民族经济,促使民族振兴;要求惩治腐败、恢复民众权益;提出新自由主义的替代方案等。

二 当代拉美左翼和社会主义运动的特点

关于什么是拉美左翼,在前面已经做了分析。对什么是拉美的社会主义运动,大致有三种看法。一种认为,拉美只有一个国家古巴是社会

---

① Marta Harnecker, *Sobre la estrategia de la izquierda en America Latina*, Rebelion, 6 de octubre de 2004.

② WWW. ah. xihuanet. com, 2005 年 11 月 17 日。

主义国家，只有古巴的社会主义才能称得上是社会主义。另一种看法认为，从广义上说，拉美的社会主义运动应该包括在拉美一些国家执政的左派总统或左派党提出的具有拉美特色的社会主义，如委内瑞拉查韦斯生前及马杜罗提出的"21 世纪社会主义"、厄瓜多尔科雷亚总统提出的"21 世纪社会主义"、玻利维亚总统莫拉莱斯提出的"社群社会主义"、科雷亚和莫拉莱斯提出的"美好生活社会主义"、巴西劳工党提出的"劳工社会主义"等；也应包括拉美一些社会党提出的拉美民主社会主义，拉美一些基督教社会党提出的拉美基督教民主主义，甚至也应包括在拉美有广泛影响的托洛茨基主义和拉美"新社会运动"等。① 第三种看法认为，除古巴外，拉美一些左派政党提出的"'21 世纪社会主义'，或印第安社会主义、劳工社会主义、桑地诺主义、民众主义、人民参与社会主义，大体上都可以划为民族社会主义"②。

（一）高举反对新自由主义的旗帜，提出并实现新自由主义的替代模式

一些学者提出"后新自由主义"的主张。美国学者佩德拉斯认为，21 世纪初，在阿根廷、厄瓜多尔、玻利维亚等拉美国家，爆发了大规模的反新自由主义的人民运动和起义，先后推翻了十多个新自由主义政府。通过选举，中左派领导人纷纷在拉美国家上台执政，建立了后新自由主义政府。他指出，后新自由主义的主要特点是：1. 后新自由主义是反新自由主义及其精英的人民运动的产物；2. 后新自由主义政府是拉美国家发生的深刻的经济和社会危机的产物；3. 后新自由主义政府推行了一系列的鼓励国家的经济政策；4. 后新自由主义实施了反贫困、贴补失业者、支持中小企业和促进就业的计划；5. 后新自由主义要求跨国公司支付更多的资源开发税，提高了农工业产品的出口税；6. 建立了国有企业与私人企业的合资企业；7. 政治机构取代了人民运动，成功地推动了国家、企业和人民运动三方的协调进程，实施了建立在"社会契约"基础上的"职团政治"；8. 后新自由主义政府提出了发展主义战略，扩大出口和大

---

① 崔桂田、蒋锐等：《拉丁美洲社会主义及左翼社会运动》，山东人民出版社 2012 年版，第 334—358 页。

② 高放：《从世界经济危机看社会主义前景》，载于《科学社会主义》2009 年第 3 期。

出口并使出口多样化。① 阿根廷左翼经济学家和社会活动家克劳迪奥·卡兹认为，拉美大陆已经普遍抛弃新自由主义，但是，拉美后新自由主义在有关未来发展道路问题上，存在着是走向社会主义还是新发展主义（利用国家发展民族资本）的争论。②

巴西学者埃米尔·萨德尔在 2008 年出版了《重建国家 拉丁美洲的后新自由主义》一书，他认为，后新自由主义是反资本主义的，但不是社会主义……但是，这是一个不容否认的进步。萨德尔还认为，克服新自由主义不仅要建立一个新的经济发展模式，而且要建立一个新的政治模式。拉美正在建设一个后新自由主义。③

（二）具有明显的"去美国化"的倾向

长期以来，美国一直把拉美地区当成自己的"后院"，在政治上干涉拉美国家的内政；经济上掠走拉美大量资源，控制拉美的经济命脉；在文化和思想意识形态上进行渗透。然而，随着拉美左翼政党纷纷上台执政，美国逐渐失去对该地区的控制力，拉美左翼政权的"去美国化"倾向越来越明显。

在政治上，拉美左翼政党上台执政后，实现政治上的独立，对美国政治价值观提出挑战。拉美左派掌权的国家极力抵制美国的控制、干涉，并转向加强内部团结，解决本地区内部分歧；在全球和地区议题上，拉美左派执政的国家不再一味附和、顺应美国的政策倡议，而是坚持符合本地区现实情况和利益的政策立场。2013 年，美国"棱镜门"窃听事件被曝光后，激化了美国与拉美左派的巴西、厄瓜多尔、玻利维亚、委内瑞拉、尼加拉瓜、阿根廷等国的矛盾。委内瑞拉、玻利维亚、尼加拉瓜三国一度宣布要为斯诺登提供政治避难。

在拉美地区的热点问题上，拉美国家强调地区内部团结，主张通过

---

① James Petras, Las nuevas clases medias dominantes de Latinoamérica: Estabilización, crecimiento y desigualdad, 2010 – 06 – 11, http：//www. rebelion. org/noticia. php? id = 116156.

② Claudio Katz, Socialismo o Neodesarrollismo, http：//www. rebelion. org/noticia. php? id = 42281, 1 de diciembre, 2006.

③ Emir Sader, Refundar el Estado. El Posneoliberalismo en America Latina, Buenos Aires, septiembre de 2008.

协商、对话解决问题，拒绝美国的插手、干预。在 2009 年的洪都拉斯军事政变、2012 年的巴拉圭前总统卢戈被该国议会罢免等诸多事件上，拉美国家特别是左派执政的国家加强内部的协调团结，与美国的立场针锋相对。由于拉美左派的崛起，在人权、民主、贸易、移民、禁毒、反恐等一系列议题上，拉美左派掌权的国家与美国的分歧越来越大。美国倡导的美洲自由贸易区南扩受阻，相关协议久久不能达成。反之，由委内瑞拉和古巴主导的美洲玻利瓦尔联盟、南方共同市场、南美洲国家联盟和拉美加勒比共同体等拉美地区一体化组织，则在一定程度上与美国分庭抗礼，抵制美国的控制、干涉。

在对外关系上，拉美左翼政权对外关系日益多元化，与俄罗斯、亚太地区特别是与中国、欧盟和非洲的双边和多边关系日益紧密频繁，这对美国在拉美地区的主导地位构成了巨大挑战。由于拉美国家外交独立性的增强和美国在拉美影响力的下降，2013 年 11 月 18 日，美国国务卿克里在美洲国家组织致辞中不得不承认："纵观美国历史，历任总统都强调门罗主义，并选择了相似的外交政策。然而今天，我们做出了不同的选择。门罗主义时代已经终结。"①

（三）与拉美的社会运动密不可分

不少拉美左翼政党起源于社会运动。随着 20 世纪 70 年代末拉美军政府"还政于民"的民主化的发展，拉美的工人、农民、学生和印第安人运动日益高涨，从中产生了一些左翼政党。如 1980 年成立的巴西劳工党就起源于巴西圣保罗市及其周边地区的冶金工人运动，劳工党的创始人、后任巴西总统的伊纳西奥·卢拉出身工人家庭，他本人当过工人，曾任圣贝尔纳多市冶金工会主席，工人运动是其进行政治活动的基础，劳工党本身的名称也表明其阶级来源。玻利维亚争取社会主义运动主席、现任总统莫拉莱斯是艾马拉印第安人，他作为古柯种植农工会主席崛起于政坛，于 1995 年创建了"人民主权政治工具"组织——争取人民主权大会组织，该组织后更名为"争取社会主义运动"。争取社会主义运动的纲领规定，该运动是"美洲大陆印第安人、黑人和人民运动的组成部分"。

---

① http：//www.el-nacional.com/mundo/John-Kerry-Termino-Doctrina-Monroe_ 0_ 302969971.html.

其党章规定，党的目标之一是"保护工会组织、土著居民组织、人民组织和社会组织"。

(四) 拉美左翼政党流派多思潮杂

在拉美左翼执政党和其他左翼在野党、参政党中存在着诸多不同的流派，大体可以归纳为"传统派"、"温和派"和"激进派"三大派。这三种左翼流派的主要政治思想分别是马克思主义、社会民主主义（改良主义或民众主义）和新社会主义或民族社会主义。

1. "传统派"。是指以马克思主义为其指导思想的拉美各国共产党。从 19 世纪 70 年代第一国际在拉美建立支部开始，发展至今，虽经 20 世纪 80 年代末 90 年代初东欧剧变和苏联解体的强烈冲击，但多数拉美共产党力量仍得以保存至今，拉美现有二三十个共产党。除古巴共产党继续执政外，拉美多数共产党同其他左翼政党结成统一战线，有的参政，有的在野，开展反对帝国主义和新自由主义的斗争，成为拉美左翼中的一股重要力量。

2. "温和派"。主张改良的拉美"温和派"，既批评资本主义，也反对共产主义，主张用改良的方式发展本国经济，增强综合实力。有的主张效仿欧洲的民主社会主义，有的则主张民族主义或民众主义。在政治上，它们主张意识形态多元化，实行多党制，反对阶级斗争，实现社会的公平正义；经济上提倡混合经济，主张将自由市场和国家调控结合起来，以避免市场经济两极分化和国有经济集中垄断等弊端。如智利社会党、秘鲁阿普拉党、墨西哥民主革命党、乌拉圭广泛阵线、阿根廷正义党等左翼政党大都属于这一派政党。

3. 新社会主义或民族社会主义派。是指提出具有拉美本土特色的社会主义口号的拉美激进派政党，如玻利维亚争取社会主义运动提出"社群社会主义"，巴西劳工党提出"劳工社会主义"，委内瑞拉统一社会主义党和厄瓜多尔主权祖国联盟党提出"21 世纪社会主义"等。这些执政的左派政党在对内政策上、政治上普遍主张进行修宪改革，扩大总统权力，以保证政策的连续性，大力推行"参与式"民主，鼓励社会各阶层广泛参与国家决策，强化制宪会议的作用。坚持国家对经济的干预和主导，对国家经济命脉的要害部门，如能源部门实行"国有化"。在社会发展方面，强调平等、缩小贫富差距，保障低收入阶层和弱势人群利益，促进社会公平，如委内瑞拉查韦斯政府推出"罗宾逊计划"、"走进社区计划"和"食品计划"等；玻利维亚莫拉莱斯政府推出扶贫计划、支持团结互助计划和扫盲计划等；厄瓜多尔科雷亚政府推出"社会发展计划"；巴西卢拉政府推出了"零饥饿计划"、"家庭救济计划"和"巴西扫盲计划"等。在对外政策上，主张"反美抗美"，反对美国单边主义和霸权主义，推进拉美一体化进程，实现对外关系的多元化发展。

当前新拉美社会主义或民族社会主义的政治信仰主要来源于民众主义、社会改良主义、社会民主主义、基督教社会主义、结构主义、人道主义、第三世界主义、工会主义等思潮。虽然有的左派领导人如查韦斯、马杜罗等敬仰马克思主义、毛泽东思想，但同时又笃信基督教。从理论渊源来看，当前拉美社会主义主要来源于地区或国家著名历史人物和民族英雄如玻利瓦尔、马蒂等的思想，印第安人传统文明与价值观，基督教社会主义思想，地区左翼阵营如马里亚特吉、卡斯特罗和格瓦拉等的多元思想，以及对马克思主义理论精髓的批判性吸收等。建立在上述不同思想理论基础上的拉美新社会主义构想类型多种多样，有以委内瑞拉、玻利维亚、厄瓜多尔为代表的"激进"左翼所提倡的社会主义，也有巴西、智利、阿根廷、乌拉圭等国"温和"左翼所提倡的带有社会民主主义色彩的社会主义，还有左翼社会运动如圣保罗论坛提出的"替代社会"、"替代模式"、"替代方案"，世界社会论坛提出的"另一个世界是可能的"等主张，等等。

（五）富有拉美特色

不少拉美左派政党把"21世纪社会主义"作为一种发展理念，强调尊重拉美各国国情，从斗争实际出发，打破苏联东欧教条主义的条条框框，注重学习和借鉴中国、古巴革命的经验，寻找符合本国实际的发展之路；强调社会主义构想应结合各国的具体情况，不存在固定的模式。目前大多数拉美左派政党都主张通过和平方式来夺取政权和发展社会生产力，主张国家的经济命脉及机场、港口等重要基础设施应由国家控制，而提供服务的企业则应实现产权民主化，不必是完全的国有化；主张新的发展观，强调摒弃西方推崇的消费主义和价值观，不追求"生活得更好"，而追求"美好生活"，即"美好生活社会主义"；主张不断革新和减少原教旨主义，强调在探索适合本国以及本地区现状的社会主义时，必须坚持思考与革新，坚持批评和自我批评，不断进行自我建设与完善；主张人民参与和充分发扬民主，强调人民是社会的主人，认为只有人民才能解决不断出现的问题，他们应自由地寻找解决方案；致力于实现和推动拉美地区一体化，维护民族主权和尊严，主张通过地区一体化建设摆脱外部势力的控制，实现自主发展；强调要有拉美的特性，要创造拉美自己的思想，应突出本国特色和本国文化传统。如查韦斯和马杜罗提出的"21世纪社会主义"强调要建立人民政权，以参与制民主代替议会民主，鼓励社会各阶层广泛参与决策，建立新型国家政治体制，建立公社和社区委员会；同时发展个体所有制、社会所有制和国家所有制，在国有制占主体地位的前提下，鼓励社会所有制即集体制和合作制的发展，大力推进合作化运动，强化国家对经济的干预；重视财富的公平分配和社会福利的改善，扩大社会扶贫计划，建设一个平等、自由、包容、没有特权的社会；全面启动文化、教育、科技和道德等方面的改革和宣传工作，提倡新闻民主化，扩大人民的言论权利，同时加强对新闻传媒的管控；加强对武装力量的革命性改造，调整军事思想，改组军队结构，提高作战能力，赋予其保卫和建设社会主义的特殊政治使命，强调军民联合。莫拉莱斯"社群社会主义"主张发展社团民主，探索一条建立在团结、互惠、社群与共识基础上的社会主义经济模式，实现社会正义，保护弱势群体，以印第安文明和价值为根基、以独立战争英雄的思想为指导，建设多民族、多元文化的国家，建立"拉美大祖国"；反对帝国主义，支持第三世界国家和人民的团结，声援正在为自由、正义和解放而斗争的力量和运动，反对新自由主义的新殖民主义政策，捍卫国家的政治主权、经济主权和发展权。玻利维亚"争取社会主义运动"党认为，应首先在玻利维亚建立一个资产阶级民主社会，然后在20年的时间里逐渐进入社会主义，最后在50—100年的时间里实现无产阶级专政。厄瓜多尔科雷亚总统宣称，在"21世纪社会主义"社会中，将建立"价值经济"而非"市场经济"，人民而非市场处于主导地位，市场将是一个良好的服务部门，人类不再是用于积累资本的生产工具。巴西劳工党的"劳工社会主义"反对对人类社会中的差异采取各种形式的种族、宗教或意识形态歧视，认为民主不仅仅是获得一般民意、人民尊严的工具，同时还是政治行为的目标、宗旨和永恒的价值观，民主要延伸至所有的人，个人和团体的政治自由和经济、社会权利要协调一致；主张保护公民对民主法治国家的尊重，将代议制民主与确保公民以各种方式参与国家管理的公共空间的建设相结合；主张建立一种经济增长与收入分配协调一致的新经济模式。恢复国家在经济计划中的角色。允许不同形式的所有制共存；主张缩短工作日，重新确立全面就业的观念。要使劳动者对工业、农业、服务业等各个领域的管理制度化；认为自然资源不能作为私有财产，而应以集体和民主的方式、与环境协调的方式、对后代负责的方式加以利用；把国家建设与国际大环境相联系，倡导国际关系的根本改变。主张建立能推动经济社会均衡发展、不受大国强权控制的多边和多极的世界；未来改变当前国际力量对比，将致力于拉美各国尤其是南美洲国家的联合自强；劳工社会主义是不断获得经济、社会、政治和文化进步的过程，并为新的进步开辟道路。

20 世纪 80 年代末 90 年代初东欧剧变和苏联的解体曾使包括共产党在内的拉美左翼政党和拉美社会主义运动受到巨大冲击，但二十多年来，它们经受住了严峻的考验，度过了低潮期，形成了今天拉美地区左派崛起的格局。在拉美政治民主化进程中，左翼政党发挥了重要作用；在经济建设方面，拉美左翼执政党也取得了较好成就；在社会领域，拉美左翼政党更是站在平民立场上，推进社会公平与正义，不仅得到拉美广大民众的认可，连续获得执政地位，还发展成为一支重要的国际左翼力量，在国际政治舞台上扮演着越来越重要的角色。目前，世界大多数国家都经受着全球金融危机的挑战，拉美的左翼政党和左翼政权也正在经受着新的考验。

本章参考文献

崔桂田、蒋锐等：《拉丁美洲社会主义及左翼社会运动》，山东人民出版社 2012 年版。

康学同主编：《当代拉美政党简史》，当代世界出版社 2011 年版。

肖枫主编：《社会主义向何处去——冷战后世界社会主义运动大扫描》，当代世界出版社 1999 年版。

祝文驰、毛相麟、李克明：《拉丁美洲的共产主义运动》，当代世界出版社 2002 年版。

[古巴] 格瓦拉：《游击战》，上海人民出版社 1975 年版。

[古巴] 格瓦拉：《古巴革命战争回忆录》，上海人民出版社 1975 年版。

[英] 莱斯利·贝瑟尔主编：《剑桥拉丁美洲史》第六卷（下），当代世界出版社
　　2001 年版。

[厄瓜多尔] 拉斐尔·科雷亚·德尔加多：《厄瓜多尔：香蕉共和国的迷失》，当代世
　　界出版社 2014 年版。

　　Cindy Calvo Salazar, LA "NUEVA" IZQUIERDA LATINOAMERICANA：
CARACTERÍSTICAS Y RETOS FUTUROS, Reflexiones, vol. 88, núm. 1, 2009,
pp. 55 – 65, Universidad de Costa Rica, San José, Costa Rica.

Marta Harnecker, Sobre la estrategia de la izquierda en America Latina, Rebelion, 6 de
octubre de 2004.

James Petras, Las nuevas clases medias dominantes de Latinoamérica：Estabilización,
crecimiento y desigualdad, 2010 – 06 – 11, http：//www. rebelion. org/noticia. php?
id = 116156.

César A. Rodríguez Garavito, Patrick S. Barrett, Daniel Chavez (editores), La nueva
izquierda en América Latina Sus orígenes y trayectoria futura, Grupo Editorial Norma,
Bogotá, Colombia, abril, 2005.

Marta Harnecker, La Izquierda en el Umbral del Siglo XXI, Editorial Ciencias Sociales,
La Habana, 2001.

第三章

拉美左翼与圣保罗论坛

圣保罗论坛（Foro de São Paulo，FSP）是拉美地区最具代表性和影响力的、由拉美大多数左翼政党和组织参加的协调和磋商机构，因第一届论坛在巴西圣保罗市举行而得名。它成立于 1990 年 7 月。截至 2015 年 8 月，共召开了 21 届会议，目前论坛共有 21 个国家 4 个地区的 109 个成员党或组织。圣保罗论坛的成立与发展对拉美左派的崛起起到重要的推动作用，为拉美的政治凝聚和团结提供了平台。

第一节　圣保罗论坛成立的历史背景

圣保罗论坛是拉美左翼政党和组织的论坛，于 1990 年 7 月由巴西劳工党和古巴共产党共同发起，在巴西圣保罗召开了第一届会议，在墨西哥首都墨西哥城召开的第二届会议中，把定期召开的拉美左翼政党和组织的会议正式命名为"圣保罗论坛"。

圣保罗论坛的成立有明显的时代特征。20 世纪 80 年代末 90 年代初，东欧剧变、苏联濒临解体，世界社会主义运动处于低潮，拉美不少左派政党和组织在思想和理论上感到困惑，迫切需要一个能够将零散分布在拉美各个国家的左翼政党和组织连接起来的机制和讨论空间，以明确和把握政治方向。同时，资本主义全球化迅速发展，尤其是新自由主义全球化给包括拉美国家在内的发展中国家带来消极的影响，这为拉美左派政党和组织批判资本主义、辨析社会主义、寻求新自由主义的替代方案提供了条件。在这种情况下，拉美左派政党和组织开始寻找团结和合作的新形式。

一　国际背景

圣保罗论坛成立之前，也就是 20 世纪 80 年代末 90 年代初，是国际社会最动荡的时期，苏联和东欧社会主义国家的剧变对国际共产主义运动和左翼运动产生了巨大的消极影响。

1985 年 3 月，戈尔巴乔夫接任苏联共产党中央总书记后，竭力主张党的指导思想多元化，放弃意识形态的对立化。这实质上是要苏共不再把马克思列宁主义作为党的指导思想，不再把共产主义作为苏共的奋斗目标，否定了马克思列宁主义的指导，把西方的政治经济思想及主张作为苏联党和国家政策的指导方针。戈尔巴乔夫上台之后推行所谓的"人道的民主的社会主义"理论，他的"改革和新思维"，在政治上推行多党制和议会政治，以多党制取代共产党的领导，以议会制度取代苏维埃制度。苏共曾是世界上影响最大、存在时间最久、执政时间最长的共产主义政党。1988 年 6 月底至 7 月初，苏共第十九次全国代表会议宣布苏联全面开展政治体制改革，戈尔巴乔夫总书记在报告中强调，苏联政治体制改革的主要方针不仅是倡导"民主化""公开性"和"舆论多元化"，而且是要放弃苏共是苏联政治体制核心，要把国家权力中心从共产党手中向苏维埃转移。在经济上推行私有化，从根本上改变苏联社会主义经济基础。

20 世纪 80 年代末 90 年代初，苏联以及东欧各个社会主义国家的政治经济制度发生根本性改变，原斯大林模式的社会主义制度最终演变为西方欧美资本主义制度，从而发生剧烈动荡。东欧国家自 1989 年后开始剧变，最先是在波兰，后来扩展到东德、捷克斯洛伐克、匈牙利、保加利亚、罗马尼亚、阿尔巴尼亚等国。匈牙利社会主义工人党在 1989 年宣布放弃执政党地位，实行多党制，1989 年 11 月 9 日，柏林墙轰然倒塌，德国统一社会党总书记克伦茨宣布开放东西柏林、东西德的分界线。

东欧剧变和苏联濒临解体对国际共产主义运动打击的广度和深度都是空前的，对拉美地区的共产党和左翼政党也不例外。拉美不少左派政党和组织在思想和理论上感到困惑，迫切需要一个能够协调和连接拉美各国左翼政党和组织的机制和开展讨论的空间，探讨东欧剧变对拉美左翼政党组织的影响和应对的措施，以明确和把握政治方向。国际共产主义运动也需要拉美共产党和左翼政党开展行动，守护自己的革命阵地，坚持自己的信仰，重新定义方针和行动方向，复兴国际共产主义和社会主义运动。

在东欧发生剧变之后不久，当戈尔巴乔夫提出要放弃苏共领导但是苏共还没有自行解散、苏联还存在时，1990 年 7 月，在巴西劳工党和古巴共产党的发起下，拉美左翼政党和组织就在巴西圣保罗召开会议，这是拉美左翼政党和组织在东欧剧变后的首次聚首，商讨地区政治问题。这在当时被一些媒体评论为"竖起拉美的柏林墙"、"点燃共产主义的死灰"。

二 拉美背景

而从拉美地区环境来看，1990 年圣保罗论坛成立之年，正是美国提出"华盛顿共识"的年份。1982 年墨西哥债务危机爆发之后，20 世纪 80 年代拉美其他国家也先后发生债务违约，陷于债务危机。拉美国家急需进行经济改革来走出危机。1989 年，英国经济学家、美国国际经济研究所高级研究员、国际货币基金组织顾问约翰·威廉姆森（John Williamson）在所著的《拉美政策改革的进展》一书中对拉美政策改革提出了十条建议，此后，1990 年，美国国际经济研究所在华盛顿召开了关于拉美经济政策调整与改革的研讨会，邀请拉美国家的代表，国际货币基金组织、世界银行和美洲开发银行的代表，美国财政部的官员、金融界和企业家人士和一些研究机构的专家，在华盛顿召开了一个研讨会，旨在为拉美国家经济改革提供方案和对策。会上，约翰·威廉姆森提出的十条政策主张经过若干修改后成为会议的共识，被称为"华盛顿共识"。"华盛顿共识"的 10 条政策建议包括：1. 加强财政纪律，压缩财政赤字，降低通货膨胀率，稳定宏观经济形势；2. 把政府开支的重点从补贴转向经济效益高的领域和有利于改善对穷人服务的领域，如初等教育、医疗和基础设施投资等；3. 开展税制改革，扩大税基和降低边际税率；4. 实施利率市场化；5. 采用一种具有竞争力的汇率制度；6. 实施贸易自由化，开放市场；7. 放松对外国直接投资的限制；8. 对国有企业实施私有化；9. 放松政府的管制；10. 保护私人财产权。"华盛顿共识"倡导新自由主义改革，是以市场经济为导向的一系列理论。"华盛顿共识"的核心为三"化"：自由化、私有化和国际化。"华盛顿共识"被称为"新自由主义的政策宣言"。

实际上，早在 20 世纪 70 年代初，新自由主义理论就已传入拉美，但传播范围仅限于智利、阿根廷、乌拉圭等少数国家。70 年代，新自由主义在阿根廷和乌拉圭的试验没有成功，但在智利取得了一定的成效，也付出了高昂的代价。在"华盛顿共识"出台之前，自从 80 年代墨西哥债务危机爆发以来，国际货币基金组织、世界银行等国际金融机构就已给拉美国家开出了新自由主义药方。自 80 年代中期开始，新自由主义理论在整个拉美地区迅速传播和扩散。摆在拉美政府面前的是两条路，一条是接受国际贷款机构的条件，进行新自由主义改革，以求得资金支援；另一条是坚持 50 年代至 70 年代联合国拉美经济委员会所倡导的进口替代政策，发展民族工业。当时，不少拉美国家的总统，如智利皮诺切特、墨西哥的萨利纳斯和委内瑞拉的卡洛斯·安德烈斯·佩雷斯总统等，都拥护并实践新自由主义改革。由于国内经济状况的恶化和意识形态的影响，新自由主义改革在拉美已经成为不可抵挡的趋势。

新自由主义在拉美一些国家的实施恶化了这些国家的社会形势。新自由主义改革并没能解决困扰拉美大陆的落后、贫困和社会不公正、社会边缘化和社会排斥等问题，反而加剧了拉美的贫困化。1980 年，拉美有 40.5% 的人口（1.36 亿）生活在贫困线以下，到 1990 年增加到 48.3%（2 亿人口）。① 因此，拉美的左翼政党和组织持续不断地举行抗议活动，反对美国倡导的新自由主义改革，认为这是美国霸权主义的一种表现。因此，在巴西召开的第一届圣保罗论坛会议的一项重要议题就是讨论新自由主义改革在拉美的影响，谴责新自由主义给拉美带来的负面影响，并且支持古巴革命和尼加拉瓜桑地诺民族解放阵线的革命。

综上所述，在这种国际和区域背景下，成立圣保罗论坛，就注定了

---

① CEPAL, Panorama Social de América Latina 2000 - 2001, p. 38.

在相当一段时期内，这都将是一个与拉美右翼势力、资本主义以及霸权主义抵抗的组织。它反对资本主义全球化、反对新自由主义，倡导进行合法斗争，替代现行的不合理的国际秩序，争取民主的未来和全球善治，集中代表了两极分化的世界格局中弱势群体的呼声。

第一届圣保罗论坛所通过的《圣保罗宣言》指出："我们注意到，我们所有的左翼组织都认识到，公正、自由和主权的社会和社会主义只能出现和维持在人民意愿和历史的根基的基础之上。因此，我们共同决心要更新左翼和社会主义的思想，重申它的解放的性质，纠正错误的观念，克服一切官僚主义的表现和弥补真正社会民主和群众民主的缺陷。对我们来说，我们所向往的公正、自由和主权的社会和社会主义只能是最真正的民主和对人民来说最深刻的公正。"①

拉美左派政党和组织的协调机构圣保罗论坛成立已经近 30 年，圣保罗论坛的成立与发展促进了拉美左派的崛起和成长，也对拉美政治格局的变化起了重要作用。如今，它的影响越来越大，已成为拉美地区和世界最重要的左派政党和组织的论坛，圣保罗论坛一年一度的年会已成为拉美和世界左派政党的重要聚会。

第二节　圣保罗论坛的发展历程

圣保罗论坛的发展进程大致可分成三个阶段：

第一阶段（1990 年 7 月—1999 年 2 月），是初创阶段。从论坛创立起，至 1999 年 2 月查韦斯首次就任委内瑞拉总统。这一阶段论坛主要活动是抵制新自由主义，寻求替代方案。

第二阶段（1999 年 2 月—2010 年 8 月），是迅速发展阶段。从查韦斯 1999 年 2 月就任委内瑞拉总统后至 2010 年 8 月在阿根廷召开论坛第 16届会议，纪念论坛成立 20 周年，圣保罗论坛好几个成员党，巴西劳工党、智利社会党、玻利维亚争取社会主义运动、厄瓜多尔祖国主权联盟、

---

① Declaración de Sao Paulo, aprobada por el Encuentro de Partidos y Organizaciones Políticas de Izquierda de América Latina y el Caribe el 6 de julio de 1990. http：//www.forosaupaulo.org/.

乌拉圭的广泛阵线等左翼政党或组织在本国大选中先后赢得竞选上台执政。

第三阶段（2010年8月至今），是巩固阶段。最近5年，无论是执政的还是在野的拉美左翼政党组织都面临国际和本国右翼势力的挑战和进攻，如何应对这一挑战和进攻、巩固已经取得的进展，是圣保罗论坛进一步发展的关键。

下面简要介绍一下各届论坛会议的情况。

圣保罗论坛第1届会议，共有来自13个国家的48个左翼政党和组织出席。此前，1989年12月17日，卢拉作为巴西劳工党候选人在第二轮大选中落败，1990年2月25日，奥尔特加作为尼加拉瓜桑地诺民族解放阵线候选人在大选中落败。拉美多数国家的执政党都拥护新自由主义的政策，参加圣保罗论坛第1届会议的左翼政党除古巴共产党外，都是反对党或在野党，其影响力有限。第1届的圣保罗论坛会议讨论了世界和拉美地区经济、社会和政治发展等重大问题，和如何应对新自由主义的攻势。会议在关于拉美形势和前景等问题上达成基本共识。大多数与会的政党表示要在主要问题上协调力量，采取共同行动，并决定此后论坛会议一般每年举行一次。

第2届会议于1991年6月12日至15日在墨西哥首都墨西哥城举行，会议决定将一年一度的拉美左派党和组织的会议正式定名为"圣保罗论坛"。论坛决定设立工作小组，工作小组每年举行4次会议，负责成员间的沟通和联络以及历次大会基础文件的准备。与会各党认为东欧剧变对国际上争取社会主义的斗争不利，但是，各国共产党人尤其是拉美革命者不应放弃争取社会主义的旗帜。

第3届会议于1992年7月16日至19日在尼加拉瓜首都马那瓜举行，拉美69个政党组织的代表出席。会议分析了拉美地区的严峻形势、苏联解体对国际和拉美形势的影响以及拉美左翼政党、民主力量和人民应走的道路。自马那瓜第3届会议起，除拉美地区左派党和组织的代表外，论坛还邀请世界五大洲的共产党及其他左派党和组织的代表作为观察员与会。

第4届会议于1993年7月21日至24日在古巴首都哈瓦那举行，拉美及世界其他地区的 112 个政党组织的代表出席。大会批判了当时盛行于拉美的新自由主义，谴责美国对古巴的封锁，会议还就拉美共运状况及前途、拉美人民的斗争状况和政策进行了讨论。

第 5 届会议于 1995 年 5 月 25 日至 28 日在乌拉圭首都蒙得维的亚举行，拉美及世界其他地区近 30 个国家的 100 多个政党组织的代表出席。会议讨论了拉美的政治、经济和社会形势，地区一体化进程等问题。

第 6 届会议于 1996 年 7 月 26 日至 28 日在萨尔瓦多首都圣萨尔瓦多市举行，拉美及世界其他地区的 144 个政党组织的代表出席。会议重点讨论了全球化和地区一体化进程等问题。

第 7 届会议于 1997 年 7 月 31 日至 8 月 3 日在巴西的阿雷格里港举行，拉美及世界其他地区 20 国的 58 个政党组织的代表出席。会议的中心议题是"给新自由主义寻求一个人民的和民主的替代出路"，会议通过的"最后声明"严厉批判了新自由主义。会议还举行了纪念切·格瓦拉遇害 30 周年活动。

第 8 届会议于 1998 年 10 月 29 日至 11 月 1 日在墨西哥首都墨西哥城举行，拉美及世界其他地区 44 个政党组织的代表出席。会议的中心议题是"面向 21 世纪的拉美左翼"，对拉美面临的重大政治、经济和社会问题进行了讨论。

第 9 届会议于 2000 年 2 月 18 日至 21 日在尼加拉瓜首都马那瓜举行，拉美及欧洲、北美、亚洲、非洲 39 国的 90 多个政党组织的代表与会。会议除继续批判新自由主义外，着重探讨如何从本国和自身的实际出发建立替代发展模式。会议的声明指出，实践证明世界上占统治地位的社会模式——资本主义没有能力解决困扰拉美大陆的落后、贫困和社会不公正，财富的增长比以往任何时候都更加集中，社会边缘化和社会排斥愈加残酷等问题。

第 10 届会议于 2001 年 12 月 4 日至 7 日在古巴首都哈瓦那举行，来自拉美以及欧洲、北美、亚洲和大洋洲 86 个国家的 138 个政党和组织的 3000 名代表或观察员参加了这次会议。第 10 次会议将圣保罗论坛定性为"左派、反帝、反对新自由主义、反对一切殖民主义和新殖民主义、团结互助和参与制定'替代方案'的空间"。在近几次圣保罗论坛会议的文件中，均提出了"替代方案"、"替代模式"、"替代战略"、"替代社会"、"替代秩序"等概念，其战略目标是替代新自由主义。会议认为新自由主义在拉美已经失败，要加强拉美社会进步力量的团结，通过开展议会斗争和发动群众运动来抵制美洲自由贸易区的建立。

第 11 届会议于 2002 年 12 月 2 日至 4 日在危地马拉首都危地马拉城举行，来自拉美 22 国 33 个左翼政党和组织的 600 多名代表以及欧洲、亚洲和北美洲 11 个左翼党和组织近百名代表与会。会议通过的《最后声明》（以下简称《声明》）认为，目前的世界不平等、不公正，发达国家大肆掠夺和野蛮剥削发展中国家，应当推动建立一个公正合理的国际政治经济新秩序，并抵制美国倡导的美洲自由贸易区。《声明》批判美国实行单边主义政策，大搞军事霸权主义，严重威胁世界和平。《声明》指出，现阶段资本主义的主要特征是新自由主义。阿根廷、巴西和乌拉圭的经济危机是推行新自由主义的苦果。

第 12 届会议于 2005 年 7 月 1 日至 4 日再次在巴西圣保罗市举行，会议还专门就圣保罗论坛成立 15 周年举行了庆典。这次会议的特点是，圣保罗论坛的创始党之一巴西劳工党从 2003 年年初起，成为巴西的执政党，党的领导人卢拉成为巴西总统。圣保罗论坛的创始人之一、巴西劳工党领袖、巴西总统卢拉参加了庆典。参加会议和庆典的有来自拉美 16 国的 36 个政党和组织以及欧洲和亚洲等其他地区共 30 多个国家的 150 个左翼政党和组织的 364 名代表。会议的主题是"拉丁美洲人民和国家的一体化"，会议经过充分讨论，通过了"圣保罗宣言"，宣言回顾和总结了论坛成立 15 年来走过的历程，分析了当前拉美的形势。宣言指出，15 年前，国际形势恶化，美国成为独霸世界的强国，当时拉美除古巴外，没有一个拉美国家的左翼掌握政权。而今天，拉美政治形势发生了重大变化，巴西、委内瑞拉、乌拉圭等国的左派已掌握政权。

第 13 届会议于 2007 年 1 月 13 日至 16 日在萨尔瓦多首都圣萨尔瓦多市举行，拉美及世界其他地区 58 个政党和组织的代表出席。大会就拉美左翼政党在部分拉美国家执政后所面临的挑战、地区一体化、安全形势及群众运动等问题进行了讨论，认为拉美人民正在为彻底打败新自由主义和建立新制度打下基础。

第 14 届会议于 2008 年 5 月 23 日至 25 日在乌拉圭首都蒙得维的亚举行，来自拉美及世界其他地区 33 个国家的 844 名代表与会，会议通过了《最后声明》，提出了拉美左派的目标和战略，以及所面临的危险。与会代表为拉美左翼力量和社会运动的不断发展感到高兴，指出左翼政党已在 13 个拉美国家掌权。声明确认各国的左翼力量可根据本国情况，确立实现革命计划的不同道路，为发展、巩固主权和人民的进步做出贡献。声明提醒美国把在哥伦比亚的军事基地作为桥头堡的企图。

第 15 届会议于 2009 年 8 月 20 日至 23 日在墨西哥首都墨西哥城举行，拉美及其他地区 32 个国家的 63 个政党和组织的代表出席。会议讨论了拉美左派在国际金融危机面前的前景、反对美国利用哥伦比亚的军事基地和洪都拉斯的政变问题。会议认为，拉美应加深变革，拉美左翼政府和政党应加强团结和合作，以建立国际经济新秩序。

第 16 届会议于 2010 年 8 月 17 日至 20 日在阿根廷首都布宜诺斯艾利斯举行。来自拉美及其他地区 33 个国家的 54 个左翼政党和组织的 600 名代表与会。这一年的 7 月是圣保罗论坛成立 20 周年。这次会议的主要议题是"巩固拉美民众主义、进步和左派政党的团结，深化变革，巩固一体化，击退右翼的进攻"。阿根廷总统克里斯蒂娜会见了与会代表。8 月 20 日，阿根廷前总统、阿正义党主席和南美洲国家联盟秘书长基什内尔在会议闭幕式上发表讲话，他呼吁拉美国家推动收入分配改革，稳步提高劳工收入水平，缩小贫富差距并推动社会公正。他强调，拉美国家需要对不合理的发展模式进行反思，调整经济和社会政策，推动社会公正。

会议通过的《最后声明》充分肯定了圣保罗论坛成立 20 年来所取得的巨大成绩和进展，总结了论坛的经验和拉美左派政党和组织当前所面临的主要任务和挑战。声明指出，这 20 年，拉美政局发生了深刻的变化，特别是 1998 年以来，拉美左翼政党纷纷上台执政。1990 年圣保罗论坛成立时，拉美只有古巴一个国家由左派党（即古巴共产党）执政，而今天，左派政党已在委内瑞拉、巴西、阿根廷、玻利维亚、厄瓜多尔、乌拉圭、尼加拉瓜、萨尔瓦多等十多个拉美国家执政。圣保罗论坛已成为拉美左派党和组织"团结、声援、交流和合作的空间，成为拉美地区新的政治舞台"。声明肯定了拉美左派政府为扩大人民群众的民主权利，提高民众的生活质量和为建立和加强拉美一体化组织如美洲玻利瓦尔联盟、南美洲国家联盟和拉美和加勒比共同体等所做的努力。

声明指出，拉美地区的变化是在新自由主义资本主义发生危机、美国霸权日益衰落的背景下发生的。在拉美地区，国家、民族利益、团结、一体化和社会主义已取代了资本主义的市场经济模式，多元化和多极化已取代了帝国主义的单边主义。拉美进步的、民众主义的社会运动，左派政党、组织、议员，左派掌权的地方政府、州政府和中央政府都积极参与了这些变化。如果没有它们的行动，拉丁美洲会像其他地区一样，新自由主义危机会给保守主义开辟道路。

声明指出，圣保罗论坛1990年成立时，当时新自由主义处在上升时期，欧洲的社会主义发生深刻的危机，而美国的单边主义盛行。20年来，拉美的左派政党和组织进行了抵抗和斗争，提出了建议，捍卫了自己的思想，建立了革新的政府，战胜了那些鼓吹唯一的思想和历史终结的人。声明指出，拉美国家内部的保守势力以及他们的国外盟友不愿意接受这一现实，他们千方百计企图阻挠和改变左派的进程。为此，他们动用各种手段，包括媒体宣传、选举和公决、策动政变、进行经济封锁和施加军事压力等。

声明指出，拉美右派和美国正在向拉美左派和进步力量发动反攻，为了打败右翼和帝国主义的进攻和继续前进，拉美左派和进步政党和组织今后的重要任务是：加强进步的、民众的和左翼政党之间的团结；巩固已有的成就，不给右派任何活动的空间；深化已由左翼执政国家的变革；支持那些尚未执政的左翼政党；打败右翼的进攻；加快一体化的进程；促使进步和左翼力量执政的政府开始实施拉美和加勒比新发展模式。声明号召拉美左派政党和组织加强团结，选择一条变革的道路，建立新的经济社会发展模式和新的执政方式，反击新自由主义资本主义和捍卫社会主义。第16次会议共通过了38项声明或决议，其中一项决议表示声援古巴革命，再次要求美国结束对古巴的经济、金融和贸易封锁，另一项决议支持阿根廷收复马尔维纳斯群岛的主权的斗争。

第17届会议于2011年5月17日至21日在尼加拉瓜首都马那瓜举行，来自拉美和加勒比21个国家的48个政党和组织的640名代表，和来自亚洲、非洲和欧洲 15 个国家的 29 个政党的 33 名特邀代表与会。尼加拉瓜总统奥尔特加出席了开幕式并讲话。会议通过了《基本文件》和《最后声明》。《基本文件》指出，当前圣保罗论坛的各政党面临以下挑战：1. 保持已经取得的空间，特别是已经执掌的政权；2. 继续为打败右派势力而斗争；3. 深化左派执政国家的改革；4. 加快拉美地区内部的团结与一体化进程；5. 打败帝国主义和右派的反攻；6. 支持社会斗争；7. 政治和和平解决洪都拉斯和哥伦比亚问题；8. 扩大对新自由主义和资本主义替代方案的讨论；9. 使圣保罗论坛的组织运转发生质的跨越；10. 扩大拉美和加勒比地区左派之间的对话、一体化、合作和行动的团结；11. 增强拉美和加勒比地区左派理论分析、战略纲领和策略的制定和解决特殊问题的能力，要对中心问题和最突出的问题采取建议的态度。文件强调，必须遵循两个基本原则：团结的精神和尊重各政党之间的不同意见和看法。文件分析了当前形势，特别是拉美和加勒比形势，指出拉美左派面临的挑战是：1. 文化、思想、理论、教育、通信方面的挑战；2. 社会斗争方面的挑战；3. 选举斗争的挑战；4. 议会行动方面的挑战；5. 政府层面上的挑战；6. 处在反对党地位的政党反对右翼的、新自由主义的政府的挑战；7. 一体化进程的挑战；8. 战略辩论的挑战。文件还提到圣保罗论坛的作用和必要的组织变化，指出圣保罗论坛的运转必须有质的提高，才能扩大拉美和加勒比地区左派之间的对话、一体化、合作和行动的团结；才能增强拉美和加勒比地区左派理论分析、战略纲领和策略的制定和解决特殊问题的能力。

《最后声明》分析了国际形势和拉美形势，在列举一年来拉美左派执政的政府和左派政党、组织所取得的进展之后，声明强调拉美左派所面临的帝国主义、拉美右派进行反攻的危险。声明号召拉美左派力量应该加强团结，只有加强团结，才能取得斗争的胜利，而圣保罗论坛正是拉美为正义、自由、繁荣和社会主义未来而斗争的进步的革命力量定期举行会晤的空间。

第 18 届会议于 2012 年 7 月 4 日至 6 日在委内瑞拉首都加拉加斯举行。参加这次论坛的有来自世界五大洲 50 多个国家的 100 多个政党组织的 800 多名代表。这次会议的主题是"拉美地区政治、经济一体化的挑战"，会议的口号是"世界各国人民团结起来反对新自由主义和争取和平"。会议分成 14 个专题小组分别讨论了防务安全、非洲黑人后裔、信息民主化、环保、气候变化、移民、社会运动、原住民、粮食安全、扫毒等问题，会议期间还召开了青年、妇女会议。在 4 日的开幕式上，论坛执行秘书、巴西劳工党领导成员沃尔特·波马尔指出，这次会议不仅是拉美左派的集会，而且是世界左派的集会。古巴共产党中央书记处书记、党中央国际部长巴拉格尔和巴西劳工党主席法尔康也在开幕式上讲话。巴拉格尔强调，社会主义是替代新自由主义的唯一选择。在会上，播放了巴西前总统、圣保罗论坛创始人卢拉向会议致辞的录像。9 天前刚做完手术的委内瑞拉总统查韦斯参加了 7 月 6 日的闭幕式并发表了讲话，在讲话中，查韦斯号召世界左派政党、组织和社会运动继续从民主左派角度改变世界。他强调，委内瑞拉革命的胜利是与拉美各革命政府的支持、与美洲玻利瓦尔联盟和南美洲国家联盟的支持分不开的。他说，他提出的 2013—2019 年委内瑞拉的国家计划（即竞选纲领）的目标是确保委内瑞拉向社会主义过渡。查韦斯强调拉美团结起来开展反帝斗争，巩固替代资本主义的制度，走上社会主义的道路。

会议通过了《加拉加斯声明》和《世界各国人民团结起来支持委内瑞拉》的号召书等文件。《声明》共 41 点，声明强调，这次会议是在资本主义发生严重的结构性危机的背景下举行的，目前世界经济危机还远没有克服，拉美和加勒比地区也难以幸免；由于拉美进步力量和左派力量掌权的国家的努力在一定程度上克服了"新自由主义的漫漫长夜"。声明指出，帝国主义和拉美右派正以各种方式反对拉美进步力量和左派力量的增长；在拉美一些国家，右翼利用他们掌控的媒体和传媒公司反对执政的左派政府，制造不稳定，挑战民主及其机制。声明指出，近年来，拉美进步力量在巴西、尼加拉瓜、阿根廷、多米尼加共和国等国的大选中获胜；声明肯定美洲玻利瓦尔联盟、安第斯共同体、南美洲联盟等一体化组织所取得的进展，欢迎拉美和加勒比国家共同体的成立；声明指出，帝国主义企图推动太平洋联盟来削弱拉美和南美洲的一体化；声明支持波多黎各争取独立的斗争，反对美国对古巴的封锁；声援海地人民，支持哥伦比亚和平进程，声援危地马拉左翼广泛阵线，声援洪都拉斯人民的斗争，号召进步和左翼力量支持委内瑞拉的民主选举，反对右派制造不稳定局面的企图；声明号召拉美各国人民和进步力量和左派力量反对新自由主义和战争，建立一个和平、民主和社会正义的世界。声明最后指出："另一个世界是可能的，我们正在建设一个社会主义的世界。"

第19届会议于2013年7月31日至8月4日在巴西圣保罗市举行，这次会议的主题是"深化变革、加快一体化"。来自拉美及世界其他地区30多个国家的500多名左翼政党代表与会。巴西前总统卢拉、委内瑞拉总统马杜罗和玻利维亚总统莫拉莱斯出席了会议。巴西总统罗塞夫致欢迎词。论坛召开了青年、妇女、非洲后裔、议员和地方官员等会议，举行了7个研讨会，讨论了拉美与非洲、拉美与金砖国家、中东与北非、美国、欧洲、进步左翼政府、查韦斯对拉美变革的贡献等问题。论坛分成21个小组分别讨论以下问题：思维健康与毒品、争取互联网民主与社会网络、争取和平反对军国主义、社会运动与人民参与、社会政策、选举进程、原住民、自然资源、食品安全、防务、文艺工作者、拉美团结与一体化、殖民主义与自决权、信息与通信、经济发展、国家民主与人民参与、环保与气候变化、移民、LGBT①运动、工会运动、安全与毒品走私等。

会议通过的《最后声明》②指出，当前资本主义陷入深刻危机，拉美国家也受到危机的影响。但拉美的变革为克服危机提出了希望和替代方案。拉美的进步政府反对新自由主义潮流，采取措施应对经济危机，使千万民众摆脱贫困。今天拉美不仅经历着一个变革的时代，而且经历着时代的变革，拉美国家的社会本身的结构在发生变革。声明强调为应对国际形势严峻的挑战，必须保持思想和行动的团结一致，这是取得民主变革进展和战胜帝国主义和右派进攻的保障。拉美的团结和一体化的加强，为拉美各国的发展创造了有利条件。但世界变革的进程的道路还没有巩固，道路是漫长的。拉美应该深化变革，促进地区的稳定，捍卫民

① LGBT是女同性恋者（Lesbians）、男同性恋者（Gays）、双性恋者（Bisexuals）与跨性别者（Transgender）的英文首字母缩略字。20世纪90年代，由于"同性恋社群"一词无法完整体现相关群体，"LGBT"一词便应运而生并逐渐普及。

② http://forodesaopaulo.org/category/encuentros-anteriores/page/2/.

族主权和独立，强调发展、增长、公平分配、扶贫和减少不平等。面临制度的危机，拉美和加勒比地区左翼政党和政府应该提出替代方案。声明指出，尽管美国的力量在逐步削弱，但是，美国仍继续维持它在世界的军事、政治和经济霸权。美国还通过它的间谍网和互联网对他国政府和官员进行监视，以实现其军事战略和窃取经济情报。声明谴责美国干涉他国的内政。声明要求美国取消对古巴的封锁，将古巴排除出支持恐怖主义国家的名单，反对美国支持洪都拉斯和巴拉圭的政变；支持哥伦比亚政府与游击队在古巴的对话，促进拉美的一体化进程，反对跨太平洋经济伙伴关系协定和跨大西洋贸易与投资伙伴协定，反对太平洋联盟，支持金砖国家的倡议，揭露巴西右翼破坏罗塞夫政府的阴谋，肯定巴西劳工党执政10年来的成绩。声援玻利维亚总统，谴责欧洲4国政府因怀疑斯诺登乘坐莫拉莱斯总统专机，因而扣留专机、侵犯玻利维亚主权、违反国际法的行为。支持马杜罗政府继承查韦斯的遗志，反对委内瑞拉和国际右翼的旨在制造委内瑞拉局势不稳的行动。在思想方面，认为对论坛的成员党来说，制定一个消除对妇女的一切歧视和暴力的政策、战略和计划是一个挑战，实现真正的男女平等，这是建设一个真正的社会主义社会的必要条件。强调履行对民主、人民动员、国际主义和反帝、社会主义的承诺。

第20届会议于2014年8月25日至29日在玻利维亚拉巴斯市举行，会议的主题是"消除贫困，击败帝国主义的反攻，争取拉美的美好生活、发展和一体化"。会议由玻利维亚争取社会主义运动主办。来自拉美和其他地区的70个左翼政党和组织近1000名代表与会。论坛召开了青年、妇女、非洲后裔、议员和地方官员等会议，分成13个小组，分别讨论以下问题：1. 和平大陆：独立、非殖民化、帝国主义的反攻；2. 社会运动、社会斗争、革命与变革；3. 文化工作、多元文化、社会变革；4. 拉美和加勒比地区的团结：一体化和建设多极世界；5. 反对家长作风和性别歧视；6. 防务、安全、反对贩毒和有组织犯罪；7. 资本主义危机、经济、分配、能源、粮食安全；8. 国家、国家的替代、民主、参与人民政权；9. 大地母亲、水、自然资源、气候变化；10. 移民和边界问题；11. 信息民主化、通信、社会网络；12. 资本主义金融和侵略、进步与革命战略、政治计划；13. 左翼的选举战略。

　　玻利维亚副总统阿尔瓦洛·加西亚在会议开幕式上发表主旨演讲①，他说，今天，我们可以说在拉美已经出现了一个后新自由主义的模式。他认为，历史并没有终结，历史在继续；世界变了样。拉美和世界取得了五项成就，提出了五项任务。第一项成就是把民主作为革命的手段。第二项成就是从双重角度来看待治理能力和合法性，不仅仅是通过选举、议会、行政机构的机制，而且要有民众的参与和社会的动员。第三项成就是新自由主义的失败。第四项成就是建立了一套新的思想。第五项成就是国际主义得到加强和地区一体化取得进展。五项任务：第一项任务是捍卫和扩大已经取得的成果。第二项任务是扩大经济的成就，稳定发展模式。第三项任务是加强社群和社会主义的倾向。第四项任务是具备克服紧张局势的能力。第五项任务是使经济（技术生产）一体化取得进展。玻利维亚外长戴维·乔克万卡在会议闭幕式上致辞，他强调，拉美左派应该高举团结的旗帜，捍卫人权、生命、团结，恢复民族特征和自然资源是所有拉美和加勒比地区人民的义务。

　　会议的《基本文件》② 指出，这次会议是在资本主义体系的危机加深、美国霸权统治相对削弱、新的权力中心取得发展的形势下召开的。拉美一些国家采取了不同于资本主义和新自由主义的替代模式，取得了一定的经济发展，拉美左派政府的社会政策也与美欧国家不同。帝国主义和右翼发动全球性进攻，左翼政党和政府应该提高警惕，防止美国的一系列旨在推翻进步政府的阴谋。帝国主义和右翼势力对拉美左翼政府发动经济战，进行国际制裁、封锁、破坏活动，挑起经济战和制造舆论诋毁左翼政府。美国驻拉美各国的大使馆成为美国指挥拉美右翼势力反对左翼政府行动的指挥部，美国在拉美大学生和中产阶级中间寻找和组织"突击力量"。美国国务院利用公共外交煽动拉美民众进行抗议。国际形势和美国及拉美右翼的反攻，要求拉美左翼政党和政府加快拉美一体

---

　　①　http：//forodesaopaulo. org/discurso-inaugural-de-alvaro-garcia-linera-en-el-xx-encuentro-del-foro-de-sao-paulo/.

　　②　http：//www. alainet. org/es/active/76713.

化进程。必须加强左翼执政国家的经济、工业化、提高生产率、巩固地区经济一体化，应对右翼的企图分化瓦解和推翻左翼的进攻，左翼力量必须加强团结、协调，统一观点、确定政策和努力协调政治斗争，对付右翼势力的进攻，这是进步、民主和左翼力量的迫切需要。圣保罗论坛是拉美不同左翼民主交换思想和制定方针的空间和平台，是一所左派的大学校。

会议的《最后声明》①支持玻利维亚政府、支持争取社会主义运动和莫拉莱斯总统，祝贺玻利维亚人民在收复自然资源，实践美好生活、社群社会主义方面所取得的革命理论和实际的成就。声明指出，目前拉美有两个重要的政治因素，一是拉美左派和进步力量继续胜利前进。萨尔瓦多"法拉本多·马蒂"民族解放阵线候选人塞伦在大选中获胜，哥斯达黎加和洪都拉斯左派在大选中取得进展。智利左翼联盟"新多数"候选人巴切莱特再次当选并就任智利总统。二是必须提醒拉美左翼政党和政府，帝国主义和右派保守势力企图发动反攻，通过舆论、经济、政治、社会和情报战略以及民众抗议等"非常规战争"方式或直接军事干预等方式，推翻左翼和进步政府。

第21届会议于2015年7月29日至8月1日在墨西哥首都墨西哥城举行，会议由墨西哥左翼政党民主革命党和劳工党主办，会议主题是"平等、公正、社会正义、持续发展和主权——拉美变革的标志"。来自26个国家105个政党的200多位代表与会，中国共产党也派代表与会。会议分别召开了青年、妇女、非洲裔、议员、媒体、地方官员等会议。

全会通过了《最后声明》②，声明指出，这届论坛会议召开之际，正值论坛成立25周年。论坛成立时，在论坛成员党中，只有古巴共产党一个党执政，而25年后的今天，左派已在阿根廷、玻利维亚、巴西、智利、厄瓜多尔、萨尔瓦多、尼加拉瓜、乌拉圭和委内瑞拉等国执政。此外，左派政党还在各国数百个地方政府执政。历史证明，由劳工党领袖、

① http：//www.rebelion.org/noticia.php？id＝189190.

② http：//forodesaopaulo.org/declaracion-final-del-xxi-encuentro-del-foro-de-sao-paulo-en-la-ciudad-de-mexico-df/.

巴西前总统卢拉和古巴革命领袖卡斯特罗共同倡议成立的圣保罗论坛取得了显著的进展。拉美左翼力量的不容置疑的发展说明论坛成立的历史意义。声明认为，今天，拉美已经不仅生活在变革的时代，而且经历着时代的变革。

声明要求拉美左派政党和政府加强各国人民之间的团结互助、合作发展和互补，在社会正义、民主和人民参与等原则的基础上深化地区一体化。声明指出，目前帝国主义和各国寡头正在对左翼发动进攻，企图恢复右翼保守政权。因此，加强拉美左翼的团结具有特别重要的意义。在这一形势下，左派党应该加强与社会运动的联系。圣保罗论坛承认并尊重印第安民族为建立另一个可能的世界和自己的、各种的替代模式而斗争。声明认为要建立一个真正公正和平等的社会，必须有妇女的参与。应消除性别歧视，使妇女获得彻底解放。声明支持波多黎各、马提尼克、瓜德鲁普、阿鲁巴、博内尔、库拉索等拉美和加勒比未独立地区的独立，支持阿根廷收复马岛主权，支持通过给玻利维亚出海口解决玻利维亚与智利的分歧。声明支持古巴"更新"经济社会模式、巩固繁荣和持续的社会主义，认为这无论对古巴还是对整个拉美加勒比地区都具有重大战略意义。声明支持玻利维亚莫拉莱斯政府，将社会主义与印第安民族的解放计划结合。声明要求拉美左派为环保、保护自然资源、海洋、森林、水资源、油气、生态多样性和土地母亲的权利而斗争。

声明欢迎罗马教宗在访问厄瓜多尔、玻利维亚和巴拉圭期间所发出呼吁，要求拉美社会运动为土地、住房和有尊严的劳动而斗争；谴责墨西哥政府对社会运动、特别对教师运动的镇压；支持智利巴切莱特政府的结构改革和制定新宪法。声明批评墨西哥近 30 年经济停滞，危机四伏，腐败盛行，通货膨胀加剧，每天都处在民众不安、罪犯逍遥法外之中。声明希望墨西哥左派能加强团结，为墨西哥人民找到一条出路。声明反对奥巴马政府宣布委内瑞拉是美国安全威胁的政令，支持委美对话，无条件支持委内瑞拉统一社会主义党和爱国阵线，相信委内瑞拉人民一定会取得 12 月 6 日国会选举的胜利。声明声援巴西左派和罗塞夫合法政府，反对巴西右派的政变企图；支持和声援厄瓜多尔科雷亚政府反对右翼的软政变；声援阿根廷抵御秃鹫基金对阿根廷政府的攻击。声明指责太平洋联盟和跨太平洋战略经济伙伴关系协议企图分裂拉美的经济、贸易、政治和文化的一体化，是对美国和西方大国的屈从；强调金砖国家和金砖银行、上海合作组织、中国—拉共体论坛、金砖国家与南美洲国家联盟峰会、77 国集团加中国等会议的重要性；支持拉共体第二届峰会宣布拉美加勒比为和平区和拉共体为拉美加勒比一体化所做的努力。

声明强调要加强南美洲国家联盟、拉共体、美洲玻利瓦尔联盟、加勒比石油组织、加勒比共同体等一体化组织；欢迎 2015 年 4 月在巴拿马举行的第 7 届美洲峰会的成果，强调古巴首次参加美洲峰会的意义和在峰会上拉美国家一致谴责美国对委内瑞拉的法令；支持南方共同市场吸收玻利维亚和厄瓜多尔为正式成员国，支持南共市的一体化进展；支持哥伦比亚游击队与政府的对话。声明要求拉美左派要开辟自己的道路，推动拉美左派政党和组织与印第安人、非洲裔居民的协调，共同参与拉美加勒比一体化的进程，只有一体化进程的发展才能保障拉美国家的自主权和主权，只要拉美人民举起一体化的旗帜，这一进程就会不可阻挡。

圣保罗论坛创立以来的 25 年，是拉美的整体政局发生重大变化的 25 年。第一届圣保罗论坛出席了 13 个国家的 48 个政党和组织，其中只有古巴一个国家由左派党（即古巴共产党）执政。1989 年卢拉为首的巴西劳工党在大选中落败，尼加拉瓜桑地诺民族解放阵线在选举中落败，各国执政党都是拥护新自由主义改革的亲美资本主义政府，与会的政党作为反对党，影响力十分有限。第一届的圣保罗论坛只能说是政党间的"非正式"交流。而在这 25 年里，新自由改革在拉美一些国家的试验宣告失败，拉美左翼政党纷纷通过民选合法地走上政治舞台，成为执政党。圣保罗论坛不仅已成为拉美左派党和组织团结、声援、交流和合作的空间，也因此成为拉美地区新的主流政治舞台。毫无疑问，圣保罗论坛的创建和发展，推动了拉美形势向积极的方向发展。

因此，可以说，随着左翼政党执政，圣保罗论坛已成为拉美国家政要讨论所有地区事务的平台。这意味着拉美左翼进入新的历史阶段，同时也意味着圣保罗论坛进入新阶段，开始承担新的历史任务。

资料 1　　　　　　　　　　　　　圣保罗论坛发展历程

	时间	地点	与会政党
第 1 届	1990 年 7 月	巴西圣保罗市	13 个国家 48 个政党
第 2 届	1991 年 6 月	墨西哥墨西哥城	22 个国家 68 个政党和组织
第 3 届	1992 年 7 月	尼加拉瓜马那瓜	69 个政党和组织
第 4 届	1993 年 7 月	古巴哈瓦那	112 个政党和组织
第 5 届	1995 年 5 月	乌拉圭蒙得维的亚	拉美近 30 个国家的 100 多个政党和组织
第 6 届	1996 年 7 月	萨尔瓦多圣萨尔瓦多市	144 个政党和组织
第 7 届	1997 年 7 月	巴西阿雷格里港	58 个政党和组织
第 8 届	1998 年 10 月	墨西哥墨西哥城	44 个政党和组织
第 9 届	2000 年 2 月	尼加拉瓜马那瓜	拉美及欧洲、亚洲、北美、非洲的 39 个国家的 90 多个政党和组织
第 10 届	2001 年 12 月	古巴哈瓦那	86 个国家的 138 个政党和组织
第 11 届	2002 年 12 月	危地马拉危地马拉城	拉美 22 个国家的 33 个左翼政党和欧洲、亚洲、北美的 11 个政党
第 12 届	2005 年 7 月	巴西圣保罗市	拉美 16 个国家的 36 个左翼政党和组织，欧洲、亚洲、北美和非洲的 150 个政党和组织的代表
第 13 届	2007 年 1 月	萨尔瓦多圣萨尔瓦多市	拉美及世界其他地区 58 个政党和组织
第 14 届	2008 年 5 月	乌拉圭蒙得维的亚	世界 33 个国家的 844 名代表
第 15 届	2009 年 8 月	墨西哥墨西哥城	拉美及世界其他地区 32 个国家的 63 个政党和组织
第 16 届	2010 年 8 月	阿根廷布宜诺斯艾利斯	来自 33 个国家的 54 个左翼政党和组织的 600 名代表与会
第 17 届	2011 年 5 月	尼加拉瓜马那瓜	拉美和加勒比 21 个国家的 48 个政党和组织的 640 名代表，和来自亚洲、非洲和欧洲 15 个国家、29 个政党的 33 名特邀代表
第 18 届	2012 年 7 月	委内瑞拉加拉加斯	来自世界 5 大洲 50 多个国家、100 多个政党组织的 800 多名代表
第 19 届	2013 年 7—8 月	巴西圣保罗市	来自 30 多个国家左翼政党组织的 500 多名代表

续表

	时间	地点	与会政党
第20届	2014年8月	玻利维亚拉巴斯市	来自拉美和其他地区的70个左翼政党和组织近1000名代表
第21届	2015年7月底至8月初	墨西哥墨西哥城	来自26个国家105个政党的200多位代表

资料来源：徐世澄：《圣保罗论坛20周年与拉美左翼崛起》，《当代世界社会主义问题》，2011年第1期（总第107期）。

https：//es. wikipedia. org/w/index. php？title＝Foro＿de＿São＿Paulo&oldid＝82931273.

http：//forodesaopaulo. org/programacion-general-del-xxi-encuentro-del-foro-de-sao-paulo/.

资料2　　　　　　　　圣保罗论坛成员党（按国家分）

阿根廷

1. 大阵线（Frente Grande）

2. 国家与人民横向阵线（Frente Transversal Nacional y Popular ）

3. 埃维塔运动（Movimiento Evita）

4. 南方自由人运动（Movimiento Libres del Sur）

5. 阿根廷共产党（Partido Comunista）

6. 共产党—特别大会（Partido Comunista‐Congreso Extraordinario）

7. 人文主义党（Partido Humanista）

8. 不妥协党（Partido Intransigente）

9. 工人革命党（波萨达派）（Partido Obrero Revolucionario-Posadista）

10. 社会主义党（Partido Socialista）

11. 团结党（Partido Solidario）

12. 争取社会主义成员联盟（Unión de Militantes por el Socialismo）

阿鲁巴

民主网络党（Partido Red Democrática）

玻利维亚

1. 争取社会主义运动（Movimiento al Sociaslismo）（执政党）

2. 自由玻利维亚运动（Movimiento Bolivia Libre）

3. 玻利维亚共产党（Partido Comunista de Bolivia）

巴西

1. 民主工党（Partido Democrático Trabalhista）

2. 巴西共产党（Partido Comunista del Brasil）

3. 巴西的共产党（Partido Comunista Brasileiro）

4. 自由祖国党（Partido Patria Libre）

5. 社会主义人民党（Partido Popular Socialista）

6. 巴西社会主义党（Partido Socialista Brasileiro）

7. 劳工党（Partido de los Trabajadores）（执政党）

智利

1. 基督教左翼（Izquierda Cristiana）

2. 社会广泛运动（Movimiento Amplio Social）

3. 左派革命运动 Movimiento de Izquierda Revolucionaria）

4. 共产党（Partido Comunista）

5. 人文主义党（Partido Humanista）

6. 社会党（Partido Socialista）（执政党）

哥伦比亚

1. 爱国进军（Marcha Patriótica）

2. 哥伦比亚共产党（Partido Comunista Colombiano）

3. 民主变革中心（Polo Democrático Alternativo）

4. 为社会主义而存在（Presentes por el Socialismo）

哥斯达黎加

1. 广泛战线党（Partido Frente Amplio ）

2. 人民先锋党—共产党（Partido Vanguardia Popular - Partido Comunista）

古巴

古巴共产党（Partido Comunista de Cuba）（执政党）

库拉索

人民主权党（Partido Pueblo Soberano）

厄瓜多尔

1. "帕恰库蒂克"多民族团结运动—新国家（Movimiento de Unidad Plurinacional Pachakutik - Nuevo País）

2. 主权国家联盟（Movimiento Alianza PAIS）（执政党）

3. 人民民主运动（Movimiento Popular Democrático）

4. 厄瓜多尔共产党（Partido Comunista del Ecuador）

5. 厄瓜多尔共产党（马列）（Partido Comunista Marxista - Leninista del Ecuador）

6. 社会主义党—广泛战线（Partido Socialista - Frente Amplio）

萨尔瓦多

"法拉本多·马蒂"民族解放阵线（Frente Farabundo Martí para la Liberación Nacional）（执政党）

危地马拉

1. 新国家联盟（Alianza Nueva Nación）

2. "比那切"① 政治运动（Movimiento Político Winaq）

3. 危地马拉全国革命联盟（Unidad Revolucionaria Nacional Guatemalteca）

海地

人民斗争组织（Organización del Pueblo en Lucha）

洪都拉斯

1. 人民抵抗全国战线（Frente Nacional de Resistencia Popular）

2. 自由与重建党（Partido Libertad y Refundación－LIBRE）

马提尼克

1. 争取独立和社会主义共产党（Partido Comunista por la Independencia y el Socialismo）

2. 人民委员会全国理事会（Consejo Nacional de Comités Populares）

墨西哥

1. 墨西哥共产党人党（Partido de los Comunistas Mexicanos）

2. 墨西哥共产党（Partido Comunista de México）

3. 民主革命党（Partido de la Revolución Democrática）

4. 劳动党（ Partido del Trabajo ）

尼加拉瓜

桑地诺民族解放阵线（Frente Sandinista de Liberación Nacional）（执政党）

巴拿马

1. 巴拿马人民党（Partido del Pueblo）

2. 民主革命党（Partido Revolucionario Democrático）

巴拉圭

1. 广泛阵线（Frente Guasú②）

2. 巴拉圭共产党（Partido Comunista Paraguayo）

3. 社会主义人民汇合党（Partido Convergencia Popular Socialista）

4. 人民爱国运动党（Partido del Movimiento Patriótico Popular）

5. 争取社会主义运动党（Partido del Movimiento al Socialismo）

---

① 在印第安语中，"比那切"（Winaq）是"好兄弟"的意思。
② 在印第安瓜拉尼语中，Guasú 是"广泛"和"大"的意思。

6. 国家团结党（Partido País Solidario）

7. 公民参与党（Partido de la Participacion Ciudadana）

8. "特科霍哈"① 人民党（Partido Popular Tekojoja）

秘鲁

1. 秘鲁共产党—红色祖国（Partido Comunista del Perú – Patria Roja）

2. 秘鲁共产党（Partido Comunista Peruano）

3. 秘鲁民族主义党（Partido Nacionalista del Perú）（执政党）

4. 秘鲁人民党（Partido Nacionalista del Perú）

5. 秘鲁社会主义党（Partido Socialista del Perú）

波多黎各

1. 社会主义阵线（Frente Socialista）

2. "奥斯托斯"② 民族独立运动（Movimiento Independentista Nacional Hostosiano ）

3. 波多黎各民族主义党（Partido Nacionalista de Puerto Rico ）

多米尼加共和国

1. 民主联盟（Alianza por la Democracia）

2. 革命力量（Fuerza de la Revolución）

3. 团结左翼运动（Movimiento Izquierda Unida）

4. "大家的祖国"运动（Movimiento Patria Para Todos）

5. 革命替代党（Partido Alternativa Revolucionaria）

6. 劳工共产主义党（Partido Comunista del Trabajo）

7. 多米尼加解放党（Partido de la Liberación Dominicana）（执政党）

8. 多米尼加劳动党（Partido de los Trabajadores Dominicanos）

9. 多米尼加革命党（Partido Revolucionario Dominicano）

特立尼达和多巴哥

社会公正运动（Movimiento por la Justicia Social）

乌拉圭

1. 乌拉圭大会（Asamblea Uruguay）

2. 广泛阵线承诺（Compromiso Frenteamplista）

3. 广泛阵线（Frente Amplio）（执政党）

4. 3月26日运动（Movimiento 26 de marzo）

---

① 在印第安瓜拉尼语中，"特科霍哈"（Tekojoja）是印第安村社的名称。

② 欧亨尼奥·马里亚·德奥斯托斯（Eugenio María de Hostos, 1839 – 1903），波多黎各独立运动先驱。

5. "图帕克阿马鲁斯"民族解放运动（Movimiento de Liberación Nacional Tupamaros）

6. 人民参与运动（Movimiento de Participación Popular）

7. 人民广泛阵线运动（Movimiento Popular Frenteamplista）

8. 乌拉圭共产党（Partido Comunista del Uruguay）

9. 革命工人党（托派—波萨达派）（Partido Obrero Revolucionario Troskista – Posadista）

10. 争取人民胜利党（Partido por la Victoria del Pueblo）

11. 劳工社会主义党（Partido Socialista de los Trabajadores）

12. 乌拉圭社会主义党（Partido Socialista del Uruguay）

13. 阿尔蒂加斯派（Vertiente Artiguista）

委内瑞拉

1. 社会主义联盟党（Liga Socialista）

2. 人民选举运动（Movimiento Electoral del Pueblo）

3. 委内瑞拉共产党（Partido Comunista de Venezuela）

4. 委内瑞拉统一社会主义党（Partido Socialista Unificado de Venezuela）（执政党）

5. 大家的祖国党（Patria para Todos）

资料来源：圣保罗论坛官网，http：//forodesaopaulo.org/partidos/。

　　在圣保罗论坛成员党中，目前正在执政的有 11 个政党：玻利维亚争取社会主义运动、巴西劳工党、智利社会党、古巴共产党、厄瓜多尔主权国家联盟、萨尔瓦多"法拉本多·马蒂"民族解放阵线、尼加拉瓜桑地诺民族解放阵线、秘鲁民族主义党、多米尼加解放党、乌拉圭广泛阵线和委内瑞拉统一社会主义党等。

　　一些圣保罗论坛中的成员党虽目前被反对党击败，但曾在 20 世纪 90 年代登上执政地位，如海地人民斗争组织（1995—2000 年为执政党），巴拿马民主革命党（1994—1999 年为执政党），秘鲁人民党（即阿普拉党，2006—2011 年为执政党）。

　　圣保罗论坛无正式的领导机构。自从论坛第 1 届会议之后，论坛成立了执行秘书处和负责起草各届会议基础文件的工作小组。工作组每年召开 2 次至 3 次会议，工作组由 17 个政党和组织的代表组成。后来，论坛又成立了几个地区秘书处，以及妇女、青年、印第安人、非洲裔居民、议员、地方官员等分组论坛。1997 年在巴西举行的论坛第 7 届会议在

《最后声明》中指出，"论坛将成立成员之间协调和讨论的永久性机制"。在每届会议结束时，各个分组会议的讨论成果都在《最后声明》中得到反映。

现任论坛的执行秘书是巴西劳工党全国领导成员、国际关系书记莫妮卡·巴伦特（Mónica Valente）。

第三节　圣保罗论坛主张促进拉美一体化

促进拉美地区的一体化是论坛成立 25 年来的一贯主张。在 1990 年首届论坛的声明中，就提到了拉美一体化是拉美各国的一个合作模式，目的是对抗帝国主义。1992 年在尼加拉瓜举行的论坛第 3 届会议的《最后声明》中专门论述了拉美的一体化问题，声明指出：美国提出"美洲倡议"，倡议建立美洲自由贸易区的目的是保护外国资本的既得利益，这是与拉美民主进程相违背的，因为美洲倡议和美洲自由贸易协定将给跨国公司以决定与拉美人民生活息息相关的教育、医疗等权利。声明认为，拉美一体化应由能代表拉美社会各阶层利益的工人、农民、失业者的组织，和妇女、宗教、印第安民族团体和中小企业界参与，这些组织是拉美一体化的主导力量。声明要求拉美左翼政党必须与民众团体和公民社会保持紧密联系，只有这样，才能战胜右翼执政党。

1993 年在哈瓦那举行的第 4 届论坛上，首次提出"拉美和加勒比国家共同体"（Comunidad Latinoamericana y Caribena de Naciones）的概念，认为拉美一体化进程应该在拉美和加勒比地区内部进行，一体化是一个政治和经济过程，将拉美和加勒比各国连接成为一个政治共同体，实现经济互补。独立、发展、民主化和一体化不应该是相互孤立或有先后次序的过程，而应该是一个相互融合、相互作用的过程。

1995 年 5 月，论坛第 5 届会议在乌拉圭蒙得维的亚召开。此前，1994 年 12 月，在美国总统克林顿的倡议下，美洲国家（不包括古巴）在美国迈阿密举行了第一次美洲国家首脑会议，会议宣布要在 2005 年建立一个拥有 8.5 亿人口、13 万亿美元国内生产总值的世界最大的自由贸易区——美洲自由贸易区。论坛第 5 届会议通过的《最后声明》认为，美国倡导的新自由主义模式下的美洲自由贸易区将会导致拉美民主进程停滞，牺牲大部分人的政治参与和经济参与的权利。论坛的声明再次重申拉美一体化不应该仅仅是贸易和投资一体化，一体化还应该体现在教育、医疗、环境、社会政策方面，来建立和保护拉美文化认同。正是在论坛这届会议上，决定设立拉美主权和一体化议员分组会议，而议员会议从1998年开始，则成为论坛的常设性机构之一。

1998年在墨西哥城举行的论坛第8届会议通过的《最后声明》，首次对拉美一体化提出详细的建议。该决议指出，在经济层面，一体化应该反对金融投机和保护主义。但是一体化最关心的问题应该是政治和社会问题，而不是经济问题。首要任务是促进人权、成立区域基金、减少不平等、保护环境和公民社会组织之间的一体化。拉美一体化不仅仅是一个自由贸易区，而是一个与贫困作斗争的空间，在这个空间内，区域性强国有义务帮助弱国。

从1999年2月第五共和国运动①领导人查韦斯在委内瑞拉就任总统起，拉美左翼政党陆续上台成为执政党。在拉美左翼政府上台后，拉美一体化的进程获得实质性进展，拉美一体化成为圣保罗论坛每次会议的主要议题之一。在查韦斯总统的推动下，2001年哈瓦那召开的论坛第10届会议的《最后声明》提议成立一个代表拉美国家利益的银行，并在能源领域协调一体化方案。

2005年在圣保罗召开的论坛第12届会议，宣布成立区域发展基金和建立一条连接南美大部分国家的天然气管道。而这次会议结束两天后，委内瑞拉就被批准加入南方共同市场②。论坛第12届会议的《最终声明》指出，南方共同市场对拉美国家来说，是具有战略性意义的，应该深化并发展它，因为它不仅仅是一个自由贸易区。

2012年在委内瑞拉加拉加斯召开的论坛第18届会议的主题是"拉美

---

①　2008年3月，查韦斯创建的"第五共和国运动"与其他一些左翼政党和组织合并成立委内瑞拉统一社会主义党。

②　根据南方共同市场条例规定，有关新成员国加入的决议，必须要经过成员国国会的批准。由于巴拉圭国会迟迟不批准委内瑞拉加入南方共同市场的决议，因此，直到2012年8月，委内瑞拉才正式成为南方共同市场的成员国。

地区政治、经济一体化的挑战"，会议将一体化提升到一个新的高度。会议通过的声明肯定南方共同市场、美洲玻利瓦尔联盟、南美洲国家联盟等一体化组织所取得的进展，欢迎拉美和加勒比共同体的成立，并谴责帝国主义企图利用太平洋联盟①来削弱拉美和南美洲的一体化。

　　2013 年在圣保罗召开的论坛第 19 届会议通过的声明，重申了对太平洋联盟分裂势力的指责，认为太平洋联盟阻碍了拉美一体化的进程，在南方共同市场和南美洲国家联盟内制造分裂。科雷亚在会上指责太平洋联盟的成员国，他指出："我们非常喜欢哥伦比亚、秘鲁、墨西哥、智利，但是我们面临着世界两大分裂阵营：一个是新自由主义，自由贸易；另一个阵营是社会主义，确保每个公民的权利，这也是一个自由的世界，但是并不是贸易自由，而是没有饥饿没有贫穷。"②

　　2014 年在玻利维亚拉巴斯召开的论坛第 20 届会议再次将一体化纳入议程。会议通过的《最后声明》认为，是拉美的进步势力使美国倡导的美洲自由贸易区（ALCA）的计划在 2005 年阿根廷召开的第 4 届美洲峰会上宣告流产。由于巴拉圭总统费尔南多·卢戈被议会采取非正常手段罢黜，南共市决定暂停巴拉圭的成员国资格，任南方共同市场轮值主席国的委内瑞拉表示，将会付出巨大努力让巴拉圭重返南共市。委内瑞拉社会主义统一党成员罗德里格·卡贝撒斯（Rodrigo Cabezas）在会上表示："使巴拉圭重返南共市，是委内瑞拉政府的政治承诺和决定，这不是由意识形态决定的，因为拉美一体化不是左派一体化，不是右派一体化，也不是中派一体化，这是一个拉美共同的事实。"③

　　综上所述，促进拉美一体化一直是圣保罗论坛关切的首要议题，圣

---

　　①　太平洋联盟是拉美地区的一个新兴经济一体化组织，于 2011 年 4 月在秘鲁成立。2012 年 6 月 6 日正式签署太平洋联盟框架协议。成员国有智利、秘鲁、墨西哥和哥伦比亚 4 国。该联盟建立的目的是进一步加强该地区一体化进程，大力推动成员国彼此间在货物、服务、资金和人员的自由流动。

　　②　http：//www. elsalvador. com/mwedh/nota/nota ＿ completa. asp？ idCat ＝ 47673&idArt ＝ 8085345.

　　③　EFE，La izquierda latinoamericana se cita en Sao Paulo para debatir sus rumbos，http：// latino. foxnews. com/latino/espanol/2013/07/31/la-izquierda-latinoamericana-se-cita-en-sao-paulo-para-debatir-sus-rumbos/.

保罗论坛认为，首先，一体化必须是拉美国家之间的一体化，拉美国家应坚决抵制拉美国家之外的国家如美国的干涉和参与。其次，论坛认为拉美一体化不仅仅是要建立一个自由贸易区和商品、人员自由流动的区域，更重要的是政治方面的一体化，拉美一体化首先应该从政治领域开始，成为具有相同政治抱负的政治联盟，抵御资本主义和帝国主义的分裂。在经济社会领域，降低贫困率、促进社会公平则是拉美一体化首要目标，而不是单纯地发展经济。因此，圣保罗论坛在每届的会议最终声明中，特别强调各国与会政党在政治和政策领域的相同立场。圣保罗论坛在政治领域对拉美成员国的支持是拉美政治一体化的基础。

第四节　圣保罗论坛的特点

一　圣保罗论坛成员构成广泛

圣保罗论坛成立到如今，其成员不断增加，在这些政党和组织中，既有信仰马克思主义的共产党如古巴共产党、阿根廷共产党、玻利维亚共产党、巴西共产党等，也有不少拉美左翼民族主义政党，如巴西劳工党、墨西哥民主革命党、尼加拉瓜桑地诺民族解放阵线、乌拉圭广泛阵线等，还有成立时间不长的新左翼政党，如委内瑞拉统一社会主义党、厄瓜多尔主权国家联盟党、玻利维亚争取社会主义运动等，以及一些由前游击队演变而成的合法政党如危地马拉全国革命联盟、萨尔瓦多"法拉本多·马蒂"民族解放阵线，等等。虽然圣保罗论坛是左翼政府政党，但是拉美左翼政党的执政纲领、民族抱负均不相同，一些左翼政党信仰形形色色的社会主义，如有的信仰马克思主义科学社会主义，有的主张民主社会主义、基督教社会主义、托洛茨基主义、秘鲁马里亚特吉社会主义、圭亚那合作社会主义、21世纪社会主义、社群社会主义和劳工社会主义等。不仅不同流派的各种社会主义思潮之间差异性较大，而且同一流派的社会主义思潮在不同国家之间也有很大差异。但是圣保罗论坛能够在政治多元化的基础上获得发展，并形成一些基本的政治共识，显示了它的生命力。正是这种求同存异的生命力，促进了拉美左翼之间的团结，帮助拉美左翼政党通过合法斗争赢得选举，也使得论坛在全球形势不断变化的背景下，仍然一年一度开得相当热烈。

二　圣保罗论坛已经超越拉美的区域界限

自 1992 年论坛第 3 届会议起，论坛除邀请拉美地区左派政党和组织的代表外，还邀请其他地区的共产党及左派政党和组织的代表作为观察员与会，中国共产党也派代表参加历届论坛的会议。圣保罗论坛已经超越拉美的区域界限，成为世界左翼组织的重要力量。[1]

参与圣保罗论坛的拉美左派政党和组织，从发展中国家的立场出发，关注拉美和全球性问题，反对资本主义全球化和新自由主义，并表达对建立世界新秩序的合理主张和美好设想。

另外，会议的议程中除了拉美地区事务之外，也包含了世界重要事件的讨论。圣保罗论坛每届会议都对世界局势和全球性问题提出新的看法，并重申其一贯立场和主张。比如，2002 年第 11 届会议的《最后声明》批评了拉美一些国家政府所奉行的新自由主义经济政策，反对美国倡议建立的美洲自由贸易区和哥伦比亚计划，谴责美国的单边主义将世界推向战争的边缘，反对美国在中东地区的战争政策，批评国际货币基金组织和世界银行对阿根廷经济危机见死不救的冷漠态度，对古巴革命表示声援，对拉美左派在巴西等国大选中所取得的胜利和委内瑞拉查韦斯政权的巩固表示祝贺。声明重申了拉美左派政党和组织反对帝国主义的决心以及建立国际新秩序的愿望，并提出近期的斗争目标是争取和平与民主，寻求一种替代拉美一体化的模式。2014 年在玻利维亚召开的圣保罗论坛第 20 届会议的《最后声明》谴责美国和以美国为首的北约对伊拉克和利比亚的攻击，认为正是美国的中东政策导致了"伊斯兰国"等原教旨主义思潮和团体的复兴。此外，《声明》还对乌克兰危机做了评论，认为美国和欧盟联合新纳粹分子为了孤立俄罗斯，推翻原乌克兰政府，重塑美国霸权，设计新的世界地缘政治格局，而导致这些冲突的

---

① 据新华社报道，应巴西劳工党和乌拉圭广泛阵线邀请，中共中央党史研究室副主任张启华作为中共代表，于 2008 年 5 月 18 日凌晨离京出席巴西劳工党举办的国际研讨会并赴乌拉圭出席圣保罗论坛第十四次会议。http://news.xinhuanet.com/newscenter/2008-05/18/content_8196850.htm.

发生。

三 圣保罗论坛的基调渐趋缓和

参加圣保罗论坛第一届会议的拉美 48 个政党承认，由于拉美各国的政治、社会、文化等国情不同，各国通往社会主义的道路将不尽相同，但是，社会主义必将是地区唯一的出路。由此可见，论坛在成立初期，就明确提出了反帝国主义、反资本主义、反对新自由主义和实现社会主义的目标，但承认各左派政党的具体政策会不尽相同。

随着拉美左翼政党陆续上台执政，由于各国国情不同，左翼政党执政纲领也有所不同。另外，目前圣保罗论坛由一百多个成员党组成，各政党的纲领主张也不尽相同。不少国内外学者将拉美左翼政党分成激进左翼和温和左翼两大派，实际上，除委内瑞拉、玻利维亚、厄瓜多尔等少数执政党外，拉美多数执政的左翼政党的执政理念逐渐趋于务实和温和。圣保罗论坛在最初几次会议的文件中，曾明确提出实现社会主义的口号，但随后，为了谋求基本的政治共识，论坛所通过文件的基调渐趋缓和，已不像初期那样激进。在会议的基本文件中，很少提及社会主义，即使提及社会主义，也没有把实现社会主义作为基本口号或方针，而更多的是"替代"新自由主义，实现"公正""平等""主权""民主"和"进步"等口号。拉美各左派政党的主张不尽相同，但在寻求替代模式的过程中，大部分左派政党正在不断探索社会主义。发展拉美左翼政治力量、制订战略计划、积蓄力量、取得国家政权是圣保罗论坛为拉美左翼进步力量提出的主要战略建议。圣保罗论坛能够在政治和意识形态极端多元化的基础上获得发展，并形成一些基本的政治共识，显示了它的生命力。通过合法斗争赢得选举、在本地区推行替代新自由主义的政策、改善社会分配结构，是论坛所关注和追求的主要斗争目标。参与合法政治和选举已成为论坛成员党的主要从政方式。

圣保罗论坛拒绝将拉美左派分类，2011 年论坛第 17 届会议通过的声明认为，将左翼政府分类是"右派势力通过左派之间相互对立，来削弱拉美左派势力"。

第五节　圣保罗论坛的意义

圣保罗论坛成立 25 年来，它的影响越来越大，已成为拉美地区和世界最重要的左翼政党和组织的论坛，圣保罗论坛一年一度的年会已成为拉美和世界左派政党的重要聚会。圣保罗论坛的成立与发展对拉美左派的崛起起到重要的推动作用，使拉美的政治格局发生了重大变化，左派和进步力量已在拉美不少主要国家掌权，成为不少主要国家的执政党。圣保罗论坛第 7 届会议的《最后声明》强调，"在所有国家中，都需要左派成为政府的有效选择，超越反对派角色，成为有条件左右国家命运的力量，拥有切实可行的、有内在联系和实效的方案，以便实现自己的目标"。圣保罗论坛的成立与发展，有力地促进了拉美左翼力量的协调和发展，促使拉美左翼政党通过合法斗争赢得选举。

圣保罗论坛有效地加强了拉美左翼政党和组织之间的团结。应该看到，参加圣保罗论坛的拉美左派政党和组织在一些问题上的看法和主张不尽相同，论坛很难完全统一成员党的立场和观点。一些激进的左派政党和组织希望论坛成为类似第三国际或社会党国际那样的组织，有比较严密的组织机构和比较明确的政治纲领，而另一些政党和组织主张保持目前这样比较松散的协调机制。圣保罗论坛强调论坛的多元化和多样性的特点，强调开展对问题的讨论和辩论，但不要互相伤害；可以有不同意见和分歧，但不要搞分裂；互相之间可以争论，但仍是同志；各兄弟党之间可以在论坛会议上交流各自的经验并协调行动，互相声援。寻求替代新自由主义的方案是圣保罗论坛的战略目标和成员党的基本政治共识。论坛每届会议结束时发表的《最后声明》反映成员党和组织对拉美事务和国际事务的共同观点和立场，是统一的行动指南和纲领，这有效地实践了求同存异的原则。圣保罗论坛凝聚拉美左翼政党的作用不容小视。在圣保罗论坛历次大会的文件中，都多次出现"替代模式""替代秩序""替代社会""替代战略""替代方案"等概念，实质上就是替代新自由主义。

应该指出，圣保罗论坛毕竟只是一个拉美左派政党和组织的协调和磋商机构，其影响力和作用是有限的。曾参与创建圣保罗论坛的古巴党中央国际部拉美局前负责人罗贝托·雷加拉多认为，"圣保罗论坛既不领导拉美左派，也不领导拉美革命"[①]。拉美各国的发展和变革主要取决于本国的左派政党和组织根据本国的具体情况来制定适当的方针和政策。

本章参考文献

徐世澄：《近年圣保罗论坛与拉美左派的巩固和发展》，载于《马克思主义研究》
    2012 年第 11 期。

徐世澄：《圣保罗论坛 20 周年与拉美左翼崛起》，载于《当代世界社会主义问题》
    2011 年第 3 期。

贺钦：《拉美左派力量和公民运动的前沿——圣保罗论坛和世界社会论坛的特点及其
    意义》，载于《拉丁美洲研究》2006 年第 6 期。

圣保罗论坛各届最终声明，参见圣保罗论坛官网 http：//forodesaopaulo. org/。

Roberto Regalado, Encuentros y desencuentros de la izquierda latinoamericana Una mira-
    da desde el Foro de Sao Paulo, Ocean Sur, La Habana, Cuba, 2008.

Roberto Regalado, La Izquierda en el gobierno, Ocean Sur, La Habana, Cuba, 2012.

---

① Roberto Regalado, La Izquierda en el gobierno, Ocean Sur, La Habana, Cuba, 2012,
p. 188.

第 四 章

巴西劳工党与世界社会论坛

世界社会论坛（World Social Forum，WSF）是 20 世纪八九十年代伴随着全球化进程带来的负面效果而产生的一场新兴的反全球化运动。该论坛提出"另一个世界是可能的"口号，在成立初期，试图与达沃斯世界经济论坛相对立，提出一种可替代新自由主义的全球发展模式。该论坛以其"开放空间"、松散的领导和组织模式为特征，汇聚了成千上万以反全球化为目标的社会活动分子、非政府组织、公民社会以及社会运动等，因此有"运动中的运动"的称号。

巴西劳工党对世界社会论坛的诞生及其指导思想产生重要影响。自 2001 年在巴西的阿雷格里港举办第一届世界社会论坛以来，劳工党曾多次在巴西主办世界社会论坛。在巴西举行的每届论坛，劳工党一般都密切结合当年的国际形势，在"另一个世界是可能的"论坛主旨之下，较好地把握世界社会论坛的大方向。

第一节　世界社会论坛成立的历史背景与评价

20 世纪八九十年代，随着全球化进程的推进，其消极影响与负面效应也日益彰显，一场新兴的反全球化运动勃然兴起。其中人数最多、规模最大、最具全球影响力的当属世界社会论坛。该论坛汇聚了成千上万以反全球化为目标的社会活动分子、非政府组织、公民社会以及社会运动等，因此有"运动中的运动"的称号。

在当时的国际背景下，世界社会论坛是对如世界贸易组织、国际货币基金组织和世界银行等统治世界经济秩序的传统组织不断增长的反抗。同时也是出于同世界经济论坛同样思路，因而建立了世界社会论坛。它与世界经济论坛的最大区别是更加开放，与会代表不论持何思想、来自何阶层，都可以自由讨论与全球化有关的问题，探讨另一种替代发展模式。

一　世界社会论坛成立的背景与评价

荷兰学者彼得·沃特曼认为以下几个因素促成了论坛的成立：在联合国一系列会议外围召开的非政府组织论坛；墨西哥萨帕塔运动①所产生的国际影响力；围绕推动资本主义全球化的几个国际高峰会议所展开的反新自由主义的抗议活动，在 1999 年的"西雅图之战"② 中达到顶峰；巴西持续的抗议活动所带来的社会动员，以及该国新老左派政治运动、劳工运动、城市和农村运动所形成的多元化模式。③ 而选择巴西阿雷格里港的原因是当时巴西劳工党掌权的阿雷格里港市政府在公共管理与反对自由主义方面具有闻名世界的经验。

澳大利亚学者罗兰·布雷克尔指出："全球抗议运动是否具有政治意义，并不在于它是否反对现存政策，而在于它在创建一个更美好的世界方面是否做出了贡献。"④ 这一点，逐渐被反全球化运动内部一些有识之士所认识，在对抗议示威活动进行了严肃而理性的反思之后，不少人认

---

① 1994 年 1 月 1 日，在北美自由贸易协定生效当天，在墨西哥南部恰帕斯州，爆发了以维护当地印第安人利益为目标的萨帕塔运动，其军队称为萨帕塔民族解放军（Ejército Zapatista de Liberación Nacional, EZLN）。运动取名萨帕塔，萨帕塔全名埃米里亚诺·萨帕塔（Emiliano Zapata, 1879 - 1919），是墨西哥 1910—1917 年革命的领导人之一，是印第安农民游击队的领导人。萨帕塔运动被认为是第一个后现代主义革命。

② 1999 年 11 月 29 日至 12 月 3 日在美国西雅图召开世界贸易组织第三次部长级会议期间，来自全球 700 多个非政府组织、5 万多名反全球化人士举行了声势浩大的反全球化示威抗议，即"西雅图之战"，这次大规模抗议活动被认为是反全球化运动开始的标志。抗议者并不仅仅是反对世界贸易组织或西雅图会议本身，更主要的是反对由资本主义贸易模式下经济全球化给人类带来的灾难。应该说，此次大规模抗议活动是当年秋季在西方国家爆发的大规模抗议资本主义活动的延续。

③ Peter Waterman, "The Call of Social Movement", *Antipode*, 34 (4), Sep 2002.

④ Roland Bleiker, "Activism after Seattle: Dilemmas of the Anti-globalization Movement", *Pacifica Review*, 14 (3), October 2002.

为，应该在对当前全球化体制进行揭露与反思的基础上，提出对当前全球化的一种全新的替代方案。要做到这一点，就必须在反全球化运动的形式上有所突破，这样，以召开国际论坛方式来声讨全球化后果、探寻全球化的替代方案，就成为一种现实而迫切的需要。

世界社会论坛的成功建立与迅速发展标志着世界社会运动进入了一个新的发展阶段。巴西左翼学者埃米尔·萨德尔认为，"世界社会论坛是一个里程碑，它表示以往分散的、防御性的抵抗已经开始进入积聚力量，形成国际政治、社会和文化运动的联合，从而对抗新自由主义的新阶段"①。此外，从当时的世界反全球化抗议示威局势来看，世界社会论坛的诞生，是反全球化抗议示威浪潮发展到一定历史阶段的产物。

世界社会论坛的创办为形形色色的社会运动提供了一个交流经验的平台。世界社会论坛将那些以人本思想为中心的人聚集在一起，与达沃斯世界经济论坛相对，刻意表现出对达沃斯世界经济论坛一味追求商业驱动模式的替代。② 因此有学者指出，世界社会论坛可以作为另一种权利模式的替代，通过其社会组织，促进一种"基于社会公平的、进步的、民主的、解放的议程"，一种重新定义发展模式的议程，一种将社会公正与环境公正联系起来的议程，而这种情形只有在公民社会才会出现。③

后来的《原则宪章》④ 第一条如此阐释当时的世界社会论坛：世界社会论坛是一个开放的空间，在其中进行反思、开展民主思想辩论，提出建议，为采取有效行动自由交换经验和互相联系，由反对新自由主义、提倡民间社会的团体和运动，以及反对统治世界的资本和任何形式的帝

① Alesksandr Buzgalin, "The Specter of Anti-globalism", *Russian Politics and Law*, 2003, 41 (5)。转引自刘金源《世界社会论坛反全球化运动的新形式》，载于《国际论坛》2005 年第 6 期，第 35 页。

② World Social Forum, "What the World Social Forum is?", 2002. http：//www. Forumsocialmundial. org. br/main. php? id_ menu =19&cd_ language =2.

③ Fabiana Frayssinet, "World Social Forum：Brazil-Another Power is Possible", *Global Information Network* [New York], Jan 25, 2010.

④ 世界社会论坛宪章于 2001 年 4 月 9 日由论坛组织委员会成员组织在圣保罗通过和颁布，2001 年 6 月 10 日经论坛国际理事会修改后通过。WWW. generoycomercio. org/Carta_ de_ Principios_ FSM. doc.

国主义，致力于建设一个全球社会，直接导向人类之间以及人类与地球之间富有成效的关系。宪章第八条将论坛定义为："多元、多样，非宗教、非政府与非党派的空间。"①

根据论坛的《原则宪章》，世界社会论坛是开放的、多元的和多样的；它是一个全球的进程；它提议建立一个替代的世界，论坛的口号是"另一个世界是可能的"，它反对日裔美国学者福山和新自由主义学者提出的"历史终结论"；它是参与性的；它起连接社会运动的作用。②

世界社会论坛成立后迅速成为世界范围内规模巨大、影响深远的国际社会运动，世界社会论坛本身所取得的建设成果是过去几十年甚至几个世纪最重要的进步。

世界社会论坛吸纳了从改良派到革命者等范围的广泛参与者。从简单的对抗，示威游行形式，进入一个更偏向积极的运动。马克里奇评论道，"世界社会论坛是一个很好的市场，一个充满世界各地商品、服务、思想的汇集之地，它们混合、匹配以产生世界上从未有过的最有力量的、和平的政治聚会"③。

葡萄牙著名学者、世界社会论坛的积极参与者博阿本图拉·德索萨·桑托斯对世界社会论坛评价很高，认为世界社会论坛作为一个组织，在今天代表反霸权全球化最一贯的表现，代表一个新左派——一个真正全球左派的崛起；世界社会论坛是一个新的社会和政治现象；它是反对新自由主义全球化和资本主义的工具；论坛主张的是不同左派的政策；西方的模式处于危机之中，需要改变西方的模式，提出新的、替代的模式；尽管论坛本身有局限性和受到内部和外部的批评，但论坛是来自世界各地的、参与各种斗争的各种社会运动和组织可信的公开的全球空间，

---

① Anne Marie Speyer, "The World Social Forum: Overview of an ongoing Process", *Convergence*, Volume ⅩⅩⅩⅥ, 2003 (3–4), p. 22.

② Jordi Calvo Rufanges, El Foro Social Mundial: qué es y como se hace, http://www.comitesromero.org/jornadas/lleida2008/documentos/viernes4juliodocumentos/elfsmqueesycomose-hacejordi%20calvorufanges.pdf.

③ M. Ritchie, "The World Social Forum: Looking back, looking forward", 2002. WWW. tradeobservatory.org/library.

是进行进步的社会变革力量的源泉；世界社会论坛代表 20 世纪末 21 世纪初左派的时代精神；毫无疑问，世界社会论坛是 20 世纪 80 年代初新自由主义泛滥以来第一个伟大的国际进步运动，它的未来取决于世界社会运动和组织如何评估它的战略和结论，如何扩大和深化反霸和反新自由主义全球化的斗争。桑托斯认为，论坛应该继续下去。①

二 世界社会论坛成立以来的重要活动情况

世界社会论坛有着不同于传统国际组织机制与国际运动的独特的组织和机构形式，不举行开幕式、闭幕式，不设主会场，不形成最后统一文件。论坛组织机构包括组委会、国际理事会和秘书处。其中，秘书处是论坛办事机构；国际理事会内设方法、通信、资金、战略、结果和拓展 6 个委员会各司其职，并设联络小组负责日常工作。

论坛曾经在不同国家举行，许多国家每年或每两年举办自己的社会论坛。世界社会论坛《原则宪章》明确指出，政党和军事组织将不被邀请参加论坛，凡接受《宪章》的政府官员和司法机构成员可以个人身份受邀与会。作为国家机构的边界之外的公开会议，论坛创建了一个独立的空间，参与者可以分享、辩论、交流对建设一个更美好的世界的观点和建议。

2000 年 6 月，世界各地的非政府组织代表在日内瓦举行，会议决定在世界经济论坛举行的同时召开世界社会论坛。世界社会论坛概念化始于 2001 年，作为为构建市民社会而反对军国主义、反对自由主义的战略会议，军事组织和政党都被明确排除在外。因为世界社会论坛的初始目的并不倾向于成为一种代表世界市民社会的实体，或者集团和组织。

2001 年 1 月 25 日在巴西的阿雷格里港召开了首次世界社会论坛，来自世界各大洲的 1.8 万人与会。这次世界社会论坛组委会特别提出以下建议：第一，每年组织一次世界社会论坛；第二，与世界经济论坛同期召开；第三，在阿雷格里组织 2002 年世界社会论坛，并且鼓励其他国家同

① Boaventura de Sousa Santos, "El Foro Social Mundial y la Izquierda Global", El Viejo Topo, WWW. rebelion. org/docs/62045. pdf.

期举行类似活动；第四，成立世界社会论坛国际委员会；等等。

2002 年 1 月 31 日，在第 32 届世界经济论坛年会开幕同日，第二届世界社会论坛在阿雷格里港召开，来自世界 10 多个国家的 1.5 万名代表出席了这次会议。第二次世界社会论坛主要讨论了四个议题，即财富生产和社会再生产、财富的获得和可持续性、民主社会和公共领域的确立、政府权力和新社会道德问题。

世界社会论坛前三届都在巴西的阿雷格里港举行，此时依然局限在一个拉美地区论坛。2004 年，第四届世界社会论坛安排在印度孟买举行，吸引了全球 132 个国家，2660 多个大小不同组织共 8 万多名代表参加，加上印度本国参与者，总人数超过 10 万。这是世界社会论坛第一次在巴西以外的国家举办，第一次跨越拉美地区具有了一定全球性色彩。

第五届回到其发源地阿雷格里港，参加人数增加到 15.5 万人。在这届论坛上，迈出了开放性潜在的关键一步，给予个人与组织代表同样的地位与权利。

第六届更是突破性地将论坛分设为亚非拉三个会场，非洲论坛于 2006 年 1 月 19—23 日在马里的巴马科举行，参加人数 1.5 万至 2 万人，80 多名反全球化知识分子与政治激进主义者在会议发表了《巴马科倡议》，系统阐述了对未来"另一个世界"的构想。拉美论坛于 2006 年 1 月 24—29 日在委内瑞拉首都加拉加斯举行，参加人数 8 万多人。亚洲论坛于 2006 年 3 月 24—29 日在巴基斯坦城市卡拉奇召开，参加人数 3 万人。三个分论坛分别聚焦各自地区的独特问题，在世界社会论坛批判新自由主义与全球化进程，反对殖民主义、霸权主义、资本主义精神指导下，阐述对"另一个世界"的理解和计划。

第七届世界社会论坛于 2007 年 1 月在肯尼亚首都内罗毕举行。议题包括艾滋病、种族歧视、自由贸易、妇女儿童权益、减债和消除贫困等，这是论坛首次完全设在非洲国家。

第八届世界社会论坛并未在同一个地方举行，而是由全球上千个地方团体在世界各地举行，举行的时间在 2008 年 1 月 26 日前后几天，本届世界社会论坛也被称为"呼吁全球行动"（Global Call for Action）。

面对全球性经济危机、气候环境变化以及土著居民面临生存威胁等问题，第九届世界社会论坛于 2009 年 1 月 27 日至 2 月 1 日在巴西贝伦举行，在"另一个世界是可能的"主题下，共涉及 12 个议题、2000 多场讨论会和活动。论坛围绕金融危机和环境保护这两大备受瞩目的议题，对资本主义制度及全球化进行抨击，从不同角度阐述新自由主义对世界经济、政治、文化和环境的影响与危害，认为新自由主义是引发当今世界金融、经济、能源和环境危机的根源。呼吁关注亚马逊环境，资源和土著人文化、生活等问题，建立有别于资本主义的新发展模式。

2010 年 1 月 25 日至 29 日，第十届世界社会论坛在论坛的发源地巴西阿雷格里港等全世界各地区 35 个分会场分散举行活动，纪念论坛成立十周年。在阿雷格里港，召开了"十年之后：建设另一个世界的挑战和建议"的国际研讨会，回顾世界社会论坛成立 10 年来所做的工作、发挥的作用、经验教训以及展望论坛未来的发展。在美国底特律召开的分会场，有 1.8 万人参加。

2011 年 2 月 6 日至 11 日，第十一届世界社会论坛在非洲塞内加尔首都达喀尔举行，来自全世界 132 个国家的 7.5 万人参加。玻利维亚总统莫拉莱斯与会并讲了话。

2012 年 1 月 24 日至 29 日，第十二届世界社会论坛又回到巴西阿雷格里港举行，主题是"资本主义危机、社会主义和环保"。

2013 年 3 月 26 日至 31 日，第十三届世界社会论坛在非洲突尼斯首都突尼斯市举行，主题是"尊严"。

2015 年 3 月 24 日至 28 日，第十四届世界社会论坛再次在突尼斯市举行，其主题是"尊严与权利"。至 2015 年，世界社会论坛已经举行了十四届。

2016 年，第十五届世界社会论坛将在加拿大蒙特尔尔举行。

第二节　世界社会论坛的特点、主张与理念

一　世界社会论坛的主要特点

（一）世界社会论坛具有独特的结构特色

它没有核心领导，没有权力的空间，没有等级与报告结构。此种独

特的结构形式是因独特的历史因素与社会背景之下，诞生了初始的松散的组织特征与宏伟而略显空洞的主旨，至今传统延续而没有太大变化，而此种组织结构形式也无可避免地遭到了来自各方的广泛批判，认为世界社会论坛团队并未建立程序采纳舆论的倡议。

（二）世界社会论坛的最典型的特征之一是其自我组织化

成千上万的组织把各种事务组织在一起，赋予了论坛丰富的内涵。在许多方面，论坛的自组织活动压倒了其较集中组织的活动，如开闭幕。参与者的自组织化和网络化进程，对决定该论坛的活动方式至关重要，参与论坛的自发行动者在此种方式中发展了他们的内部联系，也发展了其自身所建立的政治文化。此种自我组织进程的出现，事实上是一种转型政治，形成了对各种政治的深刻挑战，包括激进派自身。所有参与者所感受到的"参与感"是世界社会论坛进程中所有实践的一种显著特点。

（三）世界社会论坛既是一种开放空间又是一种运动

论坛采用了"开放空间"这个概念作为其主要的运作模式。世界社会论坛"开放空间"的内涵首先体现在参加者由各种各样的人和运动组成，此种开放性和多样性是世界社会论坛最大的创新。在多元联系的语境下，互相对立的团体——环保主义者和工会、宗教团体和无政府主义者——突然走到了一起。从一个稍稍不同的角度来看，这些运动的功能近似于一个公共领域，它们允许在公开交往的共同语境中，使差异得到完全的表达。①

"开放空间"概念具有高度的首创性，而论坛的组织者和参与者对此也有许多争论。世界社会论坛的许多创始人以一种自由主义的方式来阐释"开放空间"的观念，认为世界社会论坛不明确地支持任何特定政治立场或特定斗争，但是它的组成团体有这样做的自由。

其他的人则认为"开放空间"这个概念应该以一种党派性的形式来解释，即明确地赞同某些观点而不是其他观点，又公开支持那些重大的

---

① ［美］米歇尔·哈特：《今天的万隆会议——哈特评世界社会论坛》，载于《国外理论动态》2002年第9期，第21页。

全球性斗争。① 多数的世界社会论坛参与者会认为世界社会论坛并非是一个决策体，而是一个公开商议的空间。很多世界社会论坛的参与者试图把它看作一个场地，而不是一种运动。而在一些学者看来，世界社会论坛不是一个集团或者运动，相反它宣称只是一个开放空间，供开展对反对新自由主义的全球化、资本主义和帝国主义的讨论和组织联网。以其社会运动的特色，而非只是一种"开放空间"。②

不同的观点反映了不同参与者与评论者不同的诉求与理念差别，但无可否认，世界社会论坛公民社会运动与开放空间两个基本属性是客观存在的。

（四）世界社会论坛开辟了多个区域分论坛和多个城市板块

世界社会论坛的区域版各种各样，其中最重要的是欧洲社会论坛和非洲社会论坛；在世界各地的许多城市，地方性社会论坛都在举行并被制度化。

解决距离问题的方法第一种是专注于本地问题的解决，将世界社会论坛分化为地区版本，如亚洲社会论坛（地区专题）、布里斯班社会论坛（城市专题）等。第二种是多中心，如 2006 年将论坛在几个城市召开，非洲论坛在马里的巴马科举行，拉美论坛在委内瑞拉首都加拉加斯举行，亚洲论坛在巴基斯坦城市卡拉奇举行。第十届世界社会论坛采用分散举办的方式，除了阿雷格里港之外，论坛分别在巴西北部城市萨尔瓦多市、非洲贝宁、西班牙马德里和巴塞罗那举办活动。

二　世界社会论坛的主张与理念

从目前来看，以跨地域团结的方式解决全球人类面对的共同问题——战争和暴力，首先需要一个理性的、协商的、辩论的全球公共场域的出现。世界社会论坛无疑从实践上搭建了这样一个平台，并且这里不需要财富支持作为入场券，无论是北方国家还是南方国家的非政府组

---

① 邹之坤：《处于十字路口的世界社会论坛》，载于《国外理论动态》2007 年第 9 期，第 12 页。

② Timothy Kerswell, "Globalizing the social movements? Labour and the World Social Forum", *Theory in Action*, July 2012, 5 (3), p. 76.

织、社会运动，无论是改良主义还是革命主义，只要关切人类的现实及未来问题就可以成为它的会员并展开辩论。世界社会论坛至今已经在人权、环境、发展、核扩散、艾滋病、劳动标准、反种族仇杀、反性别歧视等主题方面展开了积极有效的探讨。①

世界社会论坛的理念是：打造一方开展对话、倾听建议、进行辩论、促进团结和制定战略的空间，但同时不强求所有参与者持共同立场，所以每年闭幕都不发表宣言。世界社会论坛用其激进而独特的方式阐释了其所提倡的一些理念和价值观，例如：通过反对资本主义与任何形式的帝国主义的主宰世界的组织与社会运动，寻求建立一个以人为中心的恒久社会。保证全球化可以代表人类普遍权益，以及所有国家与环境下的所有公民，无论男女。建立在民主世界体系与机制下，提供社会公平、平等以及人民的主权。世界社会论坛是一种寻求和建立替代的永久进程，等等。

作为21世纪以来世界社会运动的一支新军，世界社会论坛可以或应该避开同质化，坚持自主性和多样性，容纳异质的政治，对大多数人反对的战争、暴力、贫困以及经济不公平的解决之道提出不同的答案。世界社会论坛以遵守多元化为其基本原则，对所有有志于改变世界的人开放，无歧视，尊重人们的选择、文化与节奏，但反对以暴力形式实现改变的目的。

世界社会论坛非常急切地想看到世界各地的民选政府改善社会不平等。打开了寻求解决世界问题的新思路途径。它既不是一种运动也不是一种实体，没有人能够声称可以代表它。它只是一个会议场所，其中各类市民组织齐聚一堂，相互学习，相互交流，超越障碍，建立新的联盟，发起新倡议。②

该论坛不仅是自我意识、清晰表达的运动，同样更是一种信念，一种自发组织产生的个例（虽然其中缺乏更深刻的组织形式）。世界

---

① 蒲文胜：《全球公民社会的生存择向》，载于《理论探讨》2010年第3期，第57—58页。

② Chico Whitaker, "The World Social Forum: What is it really about?", Organization for Economic Cooperation and Development, *The OECD Observer*, Mar 2005, p. 248.

社会论坛是促使"另一种世界是可能的"这种有序架构产生的良好的模板。世界社会论坛聚焦于促进相互教育，建立关系网络，并尝试对现有的自由主义世界秩序提出替代解决方案，创建了一种创新的空间体系。[①]

著名政治学家沃勒斯坦认为，世界社会论坛旨在汇集所有既存的党派类型——老左派，新运动，人权机构，和其他人不容易归类的——囊括了在地方、区域、国家和跨国潮流内部严格组织的集团。参与的基础是共同目标——对新自由主义带来的社会弊病的斗争——和对彼此当务之急的共同尊重。重要的是，世界社会论坛旨在将南北方运动汇集在一个统一框架内。[②]

从政治意义上来讲，世界社会论坛的首要意义在于其所代表，以及其试图探索与开拓的政治文化。世界社会论坛提供了一种丰富的景象，点燃了全世界人民与组织的想象力，以一种"开放空间"的理念，为挑战帝国主义与提倡多样性与多元化而"孕育"运动。[③]

世界社会论坛的过程涉及两个主要的政治问题。其一，"最好"的方法是什么，使另外一个世界可能吗？其二，不同的政治途径可以在论坛进程的主题下共融吗？激进政治能作为一个整体吗？总之，政治空间和运动的可以调和成一种有效的政治吗？[④] 典型的左派思想和观点掩盖所有的复杂性，辩论的焦点是是否使用传统的手段，同样，世界社会论坛的这个难题与长期的政治分歧和激进政治紧张关系共存。[⑤]

① Jai Sen, "The World Social Forum as an emergent learning process", *Futures* 39, 2007, pp. 513 – 520.

② I. Wallerstein, "New Revolts Against the System", *New Left Review*, 2002 (18), pp. 36 – 37.

③ Jai Sen, "The World Social Forum as an emergent learning process", *Futures*, 2007 (39), p. 507.

④ Giorel Curran, "Making Another World Possible? The Politics of the World Social Forum", *Social Alternatives*, First Quarter, 26 (1), 2007, p. 11.

⑤ Giorel Curran, 21*st Century Dissent: Anarchism, Anti-Globalization and Environmentalism*, London: Palgrave Macmillan, 2006.

第三节　巴西劳工党在世界社会论坛
建立与发展中的作用

巴西劳工党创建于1980年，是在反对军政府独裁统治、要求政治民主、反对新自由主义政策、反对国际垄断资本对本国经济的渗透、维护劳动者权益和维护民族经济利益的斗争中发展壮大起来的政党。[①] 其纲领与立场，为在其领导下成立的世界社会论坛的左派特色打下了深深的烙印。

一　巴西劳工党创立世界社会论坛的背景分析

从巴西劳工党创立世界社会论坛的历史背景看，20世纪末世界经济、政治形势发生了巨大变化。在新的竞争环境中，巴西国内各种政治力量一方面主动或被动地接受全球性变化并力图利用新的机遇，另一方面也对这种变化的后果及其不确定性以及对个人、集团和国家的影响感到担忧。这种状况要求各个政党调整战略，既要争取从全球化趋势中获益，又要避免其负面影响，从而使自己立于不败之地。在此背景下，劳工党的政治运作和组织方式都做出了相应的调整。巴西劳工党成立后不久，国际政治形势发生了重大变化。冷战末期，世界各国左翼力量的发展普遍步入低谷。

在巴西国内，劳工党成立以后也长期处于保守政治势力的围攻之中。但巴西劳工党仍在巴西政坛上逐步崛起并发展壮大，其影响已遍及全国并超出国界。劳工党的发展壮大与其政治上和组织上的不断变革、调整密切相关。

巴西劳工党创立世界社会论坛的初衷与其反对新自由主义及其思想指导下的全球化有着直接关系。美国学者沃勒斯坦认为，世界社会论坛直接源于三件大事：1999年11月的"西雅图之战"，表明大规模民众抗

---

① 徐世澄：《巴西劳工党政府应对社会矛盾的主要做法》，载于《拉丁美洲研究》2005年第6期，第10—11页。

议活动浮出水面并取得一定成效；2000 年 1 月，大约 50 名反全球化人士组织"在达沃斯反对达沃斯"的活动；巴西民众运动与法国非政府组织联合，试图把民众的抗议活动与学者的理性分析结合起来。①

在此背景下，巴西的左派领导人逐渐发现了反对新自由主义的新思路。2000 年，达沃斯世界经济论坛召开后不久，巴西的民众运动领导人弗朗西斯科·怀塔克（Francisco "Chico" Whitaker Ferreira，1931 -　）和欧戴德·格拉究（Oded Grajew）向法国阿塔克组织主席伯纳德·卡森（BernardCassen，1937 -　）提议，联合组织一个由世界各国的社会组织参加的世界性会议：把民众的抗议活动与知识理性的分析结合起来②。

他们讨论形成了关于论坛的三个核心思想：

第一，论坛的名字应当是"世界社会论坛"，以示社会关怀。该名字从其对手世界经济论坛的名字中改变了一个关键字，突出二者关注点的不同，也突出了其与世界经济论坛的对比和替代关系。

第二，它应与世界经济论坛同期举行，以突出与其对立面并吸引媒体关注。

第三，论坛应在南方国家举行，尤其是在社会组织较为强大的地方，以引起共鸣。由于达沃斯寒冷的气候以及瑞士当局严密的治安防范措施，一些人认为，在达沃斯召开反全球化国际聚会比较困难，必须考虑在别的地点举办。③ 后来具体定在巴西的阿雷格里港，不仅因为这里是巴西劳工党的重要基地，还因为该市政府采取了民主化的"替代了资本主义方案"的预算政策。

在这三点核心思想指导之下，世界社会论坛的框架显现出来。经过精心组织和准备，2001 年 1 月 25 日在巴西的阿雷格里港召开了首次世界社会论坛。此后的四届世界社会论坛有三届都在该地举办，充分显现出

---

① Immanuel Wallerstein, "The Rising Strength of the World Social Forum", *Dialogue and Universalism*, 14（3 - 4），2004.

② 刘金源：《运动中的运动——发展中的世界社会论坛》，载于《国际政治》2006 年第 9 期，第 153 页。

③ 刘金源、李义中、黄光耀：《全球化进程中的反全球化运动》，重庆出版社 2006 年版，第 131 页。

巴西劳工党的创始地位和在该论坛机制、进程中的重要地位。

世界社会论坛从一开始就已经表现为一种全球进程，具有全球视野。为融入国际社会进程，2001 年 6 月 9 日，世界社会论坛国际委员会在巴西成立。通过整合主题网络或组织，积累基本知识与经验，以形成对全球化的替代。来自世界许多国家的劳工组织、农业工人组织、社会组织、非政府组织等的代表出席了这次大会。论坛国际委员会宣称举办世界社会论坛的目的是"通过集思广益，在世界范围形成一个替代新自由主义、倡导新社会秩序的运动"。国际委员会的成立，加强了反全球化组织之间的国际联系，扩大了论坛的影响。

从世界社会论坛的筹备到初创，到机制的进一步完善、影响的不断扩大，巴西劳工党在其中起着重要的引领作用，而世界社会论坛进程中也深深烙刻着巴西劳工党的政党理念和国际交流原则。

二　巴西劳工党在世界社会论坛发展中的作用与影响

巴西劳工党对世界社会论坛的出现与其作为一种政治思想产生了很大影响，也在该地区对该论坛具有主导影响作用。[1] 作为拉美地区著名的左派政党，巴西劳工党具有更多的批判性，更少地涉入对现状的保护，而且正是由于这个原因，形成了对世界左派最具有决定性的战略重新构图。左派们正在引领反抗和进行根本性的战斗，并对替代方案建设深入进行辩论。

拉美左派随着世界左派运动的跌宕起伏，在经历了创办圣保罗论坛之初的困惑到参与世界社会论坛的执着后，也逐渐走出了低谷，并确立了全球化时代"新左派"的自我定位。作为传统的左派政党，巴西劳工党代表了巴西广大劳工和民众的利益，政治上积极倡导民主化运动，反对新自由主义。2002 年，巴西劳工党领袖卢拉当选巴西总统，劳工党从主要反对党一跃成为巴西执政党。[2]

---

[1]　Jai Sen, "The World Social Forum as an emergent learning process", *Futures* 39, 2007, p. 518.

[2]　贺钦：《拉美左派力量和公民运动的前沿——圣保罗论坛和世界社会论坛的特点及其意义》，载于《拉丁美洲研究》2005 年第 3 期，第 51 页。

劳工党是"开放型"政党，在组织领域的表现是由众多组织、集团联合组成，或者说，劳工党内部存在包括从中间派到激进左派在内的多种派别。此种党派结构特点也使其所创始的世界社会论坛具有"开放空间"的特色产生较大影响。

作为一种政治现象，世界社会论坛的新颖性归因于领导和层次结构组织缺位、对网络空间的重视、参与式民主的理想及其灵活性和参与实践的意愿。[1] 其新颖性与左翼传统思想共存，或者普适地与无论是西方、南方还是东方版本的反霸权思想共存。

第四节　巴西劳工党与世界社会论坛 发展中的局限性及问题

巴西劳工党在创立世界社会论坛的同时，其内部独特的元素、特点、缺陷也扎根在了世界社会论坛独特的结构之中。经过十余年的发展，这些结构性问题日渐深入，至少在目前的情况下（很可能在一定的时间内依然如此），世界社会论坛的局限性以及结构矛盾很难抑制或克服，必须在循序渐进的进程中设想与管理，详尽分析促进与限制其潜在的独特元素。

一　世界社会论坛的局限性

肇始于其思想理念和初始设计缺陷中的结构性局限主要有以下三点：

（一）世界社会论坛在单一与多元意象上存在矛盾

从第一届世界社会论坛"另一个世界是可能的"为主题，历届世界社会论坛主题都涉及对现行国际秩序的另一种替代方案的探讨。然而事实上，世界社会论坛在国际政治经济新秩序中扮演的角色不是建构，而是解构，更多的是批判而非提出有建设性和可操作性意义的观点与方案。

从实际效果来看，世界社会论坛建立十余年来没有在国际政治经济

---

[1]　B. de Sousa Santos, "The World Social Forum and the Future, The Future of the World Social Forum", *Development*, 48 (2), 15 – 22.

领域中发挥解决问题的作用，更多情况下只是对问题的解决思路提出自己的见解，这与该论坛的松散的组织形式和效能密切相关。因此，世界社会论坛独特而单一的意象难免会与新自由主义背后的"没有可替代"所相似。

（二）保证论坛原则与根基的《原则宪章》的内在矛盾

保证《原则宪章》的遵守，对于世界社会论坛来说是个巨大的进步。通过市民社会的新的政治行为体崛起，作为一种感觉社会运动和不同形式的实体，通过此种途径来表达自己的意愿。

然而《原则宪章》本身就有一定的局限性：宪章在可接受的范围、原则以及全球会议的运作上的一些条款都不明晰。论坛的原则宪章在宣称开放性、包容性的同时，又带有一定排外性，宪章有一些排外条款，如"任何党派代表或军事组织均不得参与论坛"①。

（三）"开放空间"所带来的结构性问题

在初创阶段，世界社会论坛组织者巴西劳工党需面对为跨国辩论设立一个运动以及空间的老难题，如文化问题、语言问题、优先权和国家环境问题等，对于其自身组织和领导能力都形成了巨大的挑战。

因此"开放空间"具有一定的独创性的反面，是该组织形式的局限性：由于如此复杂的内部多样性，论坛给人的印象是分割成了许多零碎的小论坛。还有，论坛的某些部分并不完全开放，这一方面是因为语言上的困难，另一方面是因为参与者趋向于参加与他们性质相同或思想相近的群体所组织的活动。② 再者，"开放空间"有时表现出一定的封闭性，经过一次初步的、难以令人满意的讨论之后，世界社会论坛一直不愿意接受人们数次具体提出的建议，和世界经济论坛进行公开辩论。它一直认为这样的讨论没有多少意义，反而会冲淡和削弱它作为一个世界性组

---

① 刘金源：《世界社会论坛反全球化运动的新形式》，载于《国际论坛》2005 年第 6 期，第 34 页。

② ［法］艾丽丝·费荣：《世界社会论坛：自由和民主辩论的场所?》，载于《国际社会科学杂志》（中文版）2005 年第 4 期，第 175 页。

织的力量和影响。①

二　世界社会论坛存在的问题

除上述结构性局限以外，巴西劳工党在世界社会论坛的组织与活动中还面临着一系列的问题。如组织问题、路线与前景之争、财务问题以及来自其他组织的挑战等。具体如下：

（一）内部组织与代表问题

从内部组织角度来看，运动的内部民主，特别是论坛组织机制透明度的问题似乎成为讨论的中心。米歇尔·艾伯特认为，论坛由于其规模已变得缺乏管理，他同时公开指责论坛缺少责任制、透明度和内部民主（太多的决定未经公开讨论就做出了，而且没有通知所针对的人）②。

从代表性的程度来看，论坛同样被打上巴西的烙印，无论从地理形式还是参与形式上。地理上，大部分的世界社会论坛都是在巴西举办，四次在阿雷格里港，一次（2009 年）在贝伦。巴西的组织在世界社会论坛的国际委员会中还过度地占据了代表的地位。

（二）发展方向与路线问题

随着论坛进程不断深入，世界社会论坛是坚持原来的开放空间还是将论坛变化成具有政治力量的普通进程，是一个非常棘手的问题。巴西劳工党为代表的领导层（国际理事会与国际秘书处）倾向于采取行动将其从一个符号性的政治行动者变为一个重要的实实在在的政治行动者，该理念自论坛建立之初就一直存在。

然而矛盾在于，在松散的进程中，参与者自发、自组织的行为（论坛组织者信奉的行为）与组织者内部决策的集中和不透明呈现强烈的反差。路线与理念之争，立场与经验不同，党派与政治见解不同，使该论坛在很多不同问题上有着不同的派别分歧。有些人认为，世界社会论坛已经完成了它的历史使命，应该停止活动，如果继续存在下去，将成为

---

① 伊曼纽埃尔·沃勒斯坦：《开放空间的困境：世界社会论坛的前途如何？》，载于《国外理论动态》2005 年第 4 期，第 169 页。

② ［法］艾丽丝·费荣：《世界社会论坛：自由和民主辩论的场所？》，载于《国际社会科学杂志》（中文版）2005 年第 4 期，第 175 页。

斗争的障碍。也有人批评说，论坛没有把重点放在真正的全球政治斗争上，论坛一年一度的会议成为社会影响很有限的联欢节。有人认为，如果没有一个行动的日程，论坛只是一个思想的论坛。① 比如在论坛的未来发展方向、资金来源以及是否吸收政治精英参加的问题上，观点和策略上的分歧，有使论坛陷入分裂的风险。

（三）缺乏核心组织愿景

世界社会论坛在国际事务中帮助有效解决全球政治问题，至今尚未有明确的成果；相反只有口号，声称为不同的社会运动提供开放空间能够促进未来的福祉。论坛的基本困难最终来源于协调与动员全球市民社会以建立一个更加公正的世界所带来的巨大挑战。

巴西劳工党主导下的世界社会论坛，尚未有一个明确的核心组织与发展愿景，更多首先表现为一种政治理念，其组织者和领导者为其阐述了其政治学的词汇、语法与文化，这一政治文化上不能准确反映出正在涌现出的各种现象。

（四）财务问题

世界社会论坛在现行经济体制和所需变革中的观点有很大的差别，当涉及募集资金也没有明显表现出与其他非政府组织有很大的反差。② 世界社会论坛与其他社会运动组织一样，都面临着财务的困扰，尽管世界社会论坛极力协调不同层次的活动，但其毕竟受到组织框架、成本与负债的约束。在该问题上，处于本国执政党地位的巴西劳工党也由于本党的自我利益、国内财政体制束缚等而无能为力。

（五）来自其他组织的合法性挑战

世界社会论坛还遭到世界其他组织的非议与挑战，如挑战其在反全球化与开放空间的合法性。有些组织在论坛举行会议时赶来，自发召开会议并以自己的名义通过决议，规划特定的政治活动，而国际媒体难以把它们和世界社会论坛本身加以区分。这就挑战了论坛的原则——它一

---

① Boaventura de Sousa Santos, "El Foro Social Mundial y la Izquierda Global", El Viejo Topo, WWW. rebelion. org/docs/62045. pdf.

② Kleber Ghimre, " Introduction: Financial Independence Among NGOs and Social Movements", *Development*, 49 (2), 2006, pp. 4 – 10.

向是以没有政治立场也不采取政治行动自称的。迄今这个矛盾一直未能解决。

第五节　回顾与展望

自 2001 年在巴西的阿雷格里港举办第一届世界社会论坛,迄今已十四届。世界社会论坛有着不同于传统国际组织机制与国际运动的独特的组织和机构形式,不举行开幕式、闭幕式,不设主会场,不形成最后统一文件。

世界社会论坛在成立之初反对经济全球化,反对"新自由主义的过分做法导致的灾难、不平等和不公正现象"。随着国际形势的变化,2003 年 1 月举行的第 3 届世界社会论坛年会认为,世界社会论坛不应成为与世界经济论坛相对立的会议。

世界社会论坛作为世界性的反全球化的运动组织,其参与者包括各个阶层的人,但主要还是来自第三世界的反全球化力量。在"另一个世界是可能的"这面旗帜下,论坛吸引了学者、女权主义者、印第安土著居民、马克思主义者、劳工、农民、学生、无政府主义者、反战主义者、同性恋者、环保主义者等。

值得一提的是,在参加世界社会论坛的人物中,也不乏不少国家的政要,如巴西总统卢拉、委内瑞拉总统查韦斯、玻利维亚总统莫拉莱斯、厄瓜多尔总统科雷亚、葡萄牙前总统苏亚雷斯、法国 3 位总统候选人以及 6 位内阁部长、克林顿政府顾问斯蒂格利茨等。由此足可以看出参加世界社会论坛的成员的规格有时是很高的,而且由于这些重要人物的参与,它吸引越来越多的人参与,对世界政治经济的发展和新的世界秩序的形成必将形成推动作用,使新自由主义的发展理论和模式受到越来越多人的质疑和批判。

如今,世界社会论坛更关注推动全球的社会发展,它与世界经济论坛最大的区别是它更加开放,与会代表不管持何种立场与观点,来自哪个国家和阶层,都可以自由地讨论与当今全球化相关的任何问题。世界社会论坛的议题非常广泛,主要包括维护世界和平、反对霸权主义、消除贫困、普及教育、保护弱势阶层权益、经济社会发展模式以及第三世界国家债务、发展中国家科技落后和企业私有化等当今世界特别是发展中国家所面临的重大问题等。世界社会论坛的成功建立与迅速发展标志着世界社会运动进入了一个新的发展阶段。

世界社会论坛的创始者巴西劳工党是一个在反对军政府独裁统治、要求政治民主、反对新自由主义政策、反对国际垄断资本对本国经济的渗透、维护劳动者权益和维护民族经济利益的斗争中发展壮大起来的政党。其纲领与立场，对在其领导下成立的世界社会论坛的左派特色打下了深深的烙印。巴西劳工党对世界社会论坛的出现与其作为一种政治思想产生了很大影响，也在该地区对该论坛具有主导影响作用。

展望未来，世界社会论坛需要在巴西劳工党等主要领导者的带领下，实现进一步的融合与整合。正如查韦斯在 2006 年第六届世界社会论坛上的发言中所指出的那样，除了致力于权力这个问题之外别无选择："我们必须有一个'反权力'的策略，我们的这些社会运动和政治运动必须能够进入到地方、国家和区域层次的权力空间。"①

本章参考文献

Anne Marie Speyer, "The World Social Forum: Overview of an ongoing Process", *Convergence*, Volume XXXVI, 2003 (3–4).

B. de Sousa Santos, "The World Social Forum and the Future, The Future of the World Social Forum", *Development*, 48 (2).

Chico Whitaker, "The World Social Forum: What is it really about?", Organization for Economic Cooperation and Development, *The OECD Observer*, Mar 2005.

Fabiana Frayssinet, "World Social Forum: Brazil-Another Power is Possible", *Global Information Network* [New York], 25 Jan 2010.

Giorel Curran, 21*st Century Dissent: Anarchism, Anti-Globalization and Environmentalism*, London: Palgrave Macmillan, 2006.

Giorel Curran, "Making Another World Possible? The Politics of the World Social Fo-

---

① 邹之坤:《处于十字路口的世界社会论坛》，载于《国外理论动态》2007 年第 9 期，第 86 页。

rum", *Social Alternatives*, First Quarter, 26（1）, 2007.

Jordi Calvo Rufanges, El Foro Social Mundial: qué es y como se hace, http: //www. comitesromero. org/jornadas/lleida2008/documentos/viernes4juliodocumentos/elfsmqueesy comosehacejordi% 20calvorufanges. pdf.

Boaventura de Sousa Santos, "El Foro Social Mundial y la Izquierda Global", El Viejo Topo, WWW. rebelion. org/docs/62045. pdf.

Immanuel Wallerstein, "New Revolts Against the System", *New Left Review*, 2002（18）.

Immanuel Wallerstein, "The Rising Strength of the World Social Forum", *Dialogue and Universalism*, 14（3/4）, 2004.

Jai Sen, The World Social Forum as an emergent learning process", *Futures* 39, 2007.

Jai Sen, "The World Social Forum as an emergent learning process", *Futures*, 2007（39）.

Kleber Ghimre, "Introduction: Financial Independence Among NGOs and Social Movements", *Development*, 49（2）, 2006.

Mark Ritchie, "The World Social Forum: Looking back, looking forward", 2002. WWW. tradeobservatory. org/library.

Peter Waterman, "The Call of Social Movement", *Antipode*, 34（4）, Sep 2002.

Roland Bleiker, "Activism after Seattle: Dilemmas of the Anti-globalization Movement", *Pacifica Review*, 14（3）, October 2002.

World Social Forum, "What the World Social Forum is?", 2002. http: //www. Forumsocialmundial. org. br/main. php? id_ menu = 19&cd_ language = 2.

Timothy Kerswell, "Globalizing the social movements? Labour and the World Social Forum", *Theory in Action*, July 2012 , 5（3）.

［法］艾丽丝·费荣:《世界社会论坛:自由和民主辩论的场所?》,载于《国际社会科学杂志》（中文版）2005 年第 4 期。

贺钦:《拉美左派力量和公民运动的前沿——圣保罗论坛和世界社会论坛的特点及其意义》,载于《拉丁美洲研究》2005 年第 3 期。

刘金源:《世界社会论坛反全球化运动的新形式》,载于《国际论坛》2005 年第 6 期。

刘金源:《运动中的运动——发展中的世界社会论坛》,载于《国际政治》2006 年第 9 期。

刘金源、李义中、黄光耀:《全球化进程中的反全球化运动》,重庆出版社 2006 年版。

［美］米歇尔·哈特:《今天的万隆会议——哈特评世界社会论坛》,载于《国外理论动态》2002 年第 9 期。

蒲文胜:《全球公民社会的生存择向》,载于《理论探讨》2010 年第 3 期。

徐世澄:《巴西劳工党政府应对社会矛盾的主要做法》,载于《拉丁美洲研究》2005 年第 6 期。

［美］伊曼纽埃尔·沃勒斯坦:《开放空间的困境:世界社会论坛的前途如何?》,载于《国外理论动态》2005 年第 4 期。

邹之坤:《处于十字路口的世界社会论坛》,载于《国外理论动态》2007 年第 9 期。

第 五 章

古巴社会主义的发展与经济社会模式的"更新"

在现存五个被公认是社会主义国家（中国、朝鲜、越南、老挝和古巴）中，古巴是唯一不在亚洲、地处西半球美洲、在美国"鼻子底下"的社会主义国家。古巴社会主义的存在和发展对世界社会主义运动具有特殊的意义。2014 年 7 月 22 日，中国国家主席习近平在访问古巴期间，对古巴国务委员会主席和古巴共产党中央委员会第一书记劳尔·卡斯特罗表示，"中方坚定支持古巴走社会主义道路，将一如既往支持古巴人民维护国家主权的正义斗争，支持古巴进行经济社会政策调整"，"中古志同道合，始终坚持共同理想信念，在建设社会主义道路上同舟共济、休戚与共"，"我们要坚定不移深化肝胆相照的友谊，坚定不移开展互利双赢的合作，坚定不移做改革发展的伙伴"。[①]

第一节 走上社会主义道路

1959 年 1 月 1 日，古巴人民在菲德尔·卡斯特罗（Fidel Castro，1926 - 2016，以下简称卡斯特罗）的领导下，推翻了巴蒂斯塔独裁政府，取得古巴革命的全国胜利。古巴革命胜利后，卡斯特罗并没有立即宣布古巴是社会主义国家，而是领导革命政府先进行了一系列的民主改革。

---

① 《人民日报》2014 年 7 月 24 日第 1 版。

一　进行民主改革

在政治方面，1959 年 2 月 7 日，古巴革命政府颁布了《1959 年根本法》，废除了旧的宪法，以确保政治主权、经济独立，以建立真正的人民民主和社会公正；解散了旧的国会、原有的独裁政权的统治机构和行政机构；取缔一切反动政党；解散特务机关，废除旧的法庭，建立革命法庭，镇压反革命分子，没收反动分子的财产；解散旧军队，由起义军承担起武装力量的职责；驱逐了美国军事代表团。

在经济和社会方面，改变了旧的经济制度，建立新的生产关系，实行土地改革。1959 年 5 月 17 日，革命政府颁布了《土地改革法》，史称第一个土改法。土改法规定废除大庄园制度，对每个自然人或法人占有 30 卡瓦耶里亚（简称卡，1 卡等于 13.43 公顷，30 卡合 402 公顷）以上的土地予以征收。这次土改征收了本国大庄园主的土地，也将美国垄断资本在古巴所霸占全部土地收归国有。这次土改摧毁了大庄园制和外国垄断资本土地所有制，征收了 217 多万公顷的土地，使 10 万农户得到了土地，并使 40% 的土地成为国有。与中国等国土改不同的是，古巴政府把这次土改所征得的大部分土地，直接组成了国营人民农场和农牧业生产合作社。这次土改在古巴消灭了大庄园制和外国资本土地所有制。

革命政府对本国和外国企业实行国有化。1959 年 10 月，政府颁布法令，废除一切租借地，提高对外资企业的税收。1960 年 1 月 28 日，政府又颁布法令，宣布没收巴蒂斯塔分子的全部财产。同年 9 月，政府接管了所有私营烟厂。10 月，将 382 家本国私营企业和全部私营银行收归国有。1960 年 6 月至 9 月，政府先后接管了外国炼油厂、美国银行和部分美国企业。1960 年 7 月 6 日，美国取消对古巴糖采购定额的 95%。1960 年 10 月，古巴革命政府将价值约 15 亿美元的 400 多家美资企业全部收归国有。同年年底，美国取消了全部对古巴糖的采购定额，并停止对古巴的一切援助，对古巴实行贸易禁运。古巴的土改和国有化措施，触犯了美国在古巴的利益，1961 年 1 月 3 日，美国艾森豪威尔政府宣布同古巴断交。1961 年 4 月 4 日，刚就任不久的肯尼迪总统在与五角大楼和中央情报局官员联席会议上，批准了艾森豪威尔总统在任时制定的"十字军行动",即通过雇佣军武装入侵古巴的计划。

二 宣布古巴革命是一场社会主义革命

就在美国雇佣军入侵古巴的前一天,1961年4月16日,以卡斯特罗为首的古巴核心领导做出决定,将古巴革命从民族民主革命转变为社会主义革命。卡斯特罗在群众集会上庄严宣布,古巴革命"是一场贫苦人的、由贫苦人进行的、为了贫苦人的社会主义民主革命"①。同年5月1日,卡斯特罗宣布古巴是社会主义国家。4月17日,1500多名雇佣军在美国飞机和军舰掩护下,在吉隆滩登陆,对古巴进行武装侵略,企图颠覆和扼杀古巴革命。古巴人民在卡斯特罗亲自指挥下,经过72小时的激战,全歼入侵者,胜利地保卫了革命的成果。正是美国对古巴的敌视政策促使古巴走上社会主义的道路。

1963年10月4日,古巴革命政府颁布第二次土地改革法,规定征收超过5卡(67.15公顷)的全部私有土地。这次土改共征收了15000户富农的201.3万公顷的土地。经过两次土改,消灭了农村中的大庄园制和富农经济。土改后,国有土地(主要为国营农场和甘蔗农场)占全部土地的70%,小农和合作社的土地占30%。农村中出现了国营农场、农牧业生产合作社和个体小农三种土地占有形式。

1961年7月,古巴三个主要革命组织"七二六运动"、人民社会党(即老的共产党)和"三一三革命指导委员会"合并成"革命统一组织"。1962年5月,"革命统一组织"改名为"古巴社会主义革命统一党"。1965年10月3日,在"古巴社会主义革命统一党"的基础上建立古巴共产党,由卡斯特罗担任党的第一书记。

第二节 积极探索社会主义革命和
建设的道路(1961—1990)

古巴的社会主义建设事业并非一帆风顺。从外部来看,自20世纪60

---

① 《卡斯特罗言论集》第2册,人民出版社1963年版,第26页。

年代初起，美国以中断同古巴经贸关系和外交关系为手段，对古巴采取贸易禁运、经济封锁、军事威胁、外交孤立等敌视政策，企图阻止古巴的革命，千方百计地颠覆古巴革命政权。从内部来看，古巴在积极探索社会主义革命和建设新路子方面，既有成功的经验，也有失败的教训。

一　关于经济发展战略和经济体制的辩论（1964—1966）

在革命胜利后头几年，因急于改变依靠蔗糖生产和出口的单一经济结构，政府大幅度削减蔗糖生产，提出迅速实现农业多样化和工业化的目标。农业方面，1963 年比 1958 年减少了 25% 的甘蔗种植面积，使蔗糖产量从 1961 年的 677 万吨减少到 1963 年的 382 万吨。然而，甘蔗种植面积的减少，并没有促使农业多样化。另外，由于工业化指标定得过高，加上工业的原材料大多都得依靠进口，因此，不少工业发展指标没有完成。到 1965 年，古巴政府又改变发展战略，提出了集中力量发展糖业的新的经济发展战略。

1964—1966 年，古巴领导层内就经济发展战略和经济体制问题展开了一场辩论。以时任工业部长格瓦拉为代表的一方，主张实现反市场的预算拨款制，为企业无偿提供资金，而企业须将全部利润上缴国库。而以时任全国土改委员会主席的卡洛斯·拉斐尔·罗德里格斯为代表的另一方，主张实现苏联式的经济核算制，强调要发挥市场的作用，认为企业应实行自筹资金，具有一定的自主权。[①] 对这一场辩论，卡斯特罗起初采取中间的立场，后来又偏向格瓦拉一方。

1975 年 12 月，卡斯特罗在古共"一大"的中心报告中，承认这一选择背离了社会主义的正确道路。他说："革命初期，围绕这两种体制哪个更合适的问题，曾开展过讨论，但讨论没能深入下去，也没有做出任何决定。""结果，我们领导经济既没有实行社会主义国家已普遍实行的经济核算制，又放弃了曾一度开始试行的财政预算制，而是采用了一种新的经济簿记制度。在实行这一制度之前，取消了国营企业之间的商品形

---

① ［美］卡梅洛·梅萨－拉戈：《七十年代的古巴：注重实效与体制化》，商务印书馆 1980 年版，第 15 页。

式和购销关系，因为我们有些人认为这种关系的资本主义味道太浓。看起来我们好像在向共产主义的生产和分配方式日益靠近，实际上背离建设社会主义基础的正确道路愈来愈远。"①

二 "革命攻势"和为生产一千万吨糖的战斗（1966—1970）

为了加快社会主义改造的步伐，1968 年 3 月，古巴政府发动了"革命攻势"，其目的是要"消灭城市小资产阶级"，"反对帝国主义"和"培养社会主义新人"。政府共接管了 55636 家私人和个体小商店、小作坊，其中包括 11878 家食品店，3130 家肉铺，3198 家酒吧，8101 家餐馆、小吃店和咖啡店，6653 家洗衣店，3643 家理发店，1188 家修鞋铺，4544 家汽车修理铺、1598 家手工业作坊和 3345 家木工作坊②等，并将几乎所有的个体户和私人小企业、手工业作坊和商店都收归国有，消灭了城市中的私有制。与此同时，政府又扩大了免费的社会服务，除了教育、医疗全部免费以外，参观博物馆、观看体育比赛、职工和学生中午在单位食堂午餐等也全部免费。卡斯特罗甚至声称古巴正在建设共产主义，并称在共产主义所有制、觉悟的提高及平均分配方面都已走在苏联的前面。③ 后来，卡斯特罗在评价这场"革命攻势"时承认说："这一措施不一定就是这一时期社会主义建设的原则问题，而是我国由于处在帝国主义的严密的经济封锁的具体条件下，需要最有效地使用人力物力，再加上一部分城市资本家采取的消极政治行动阻碍了革命的发展。当然，这并不能使我国革命推脱掉由于对人力物力管理不善而造成的后果所应负的责任。"④ "从 1967 年起，免费政策的实行开始进入高潮，1968 年至

---

① ［古］菲德尔·卡斯特罗：《在古巴共产党第一、二、三次全国代表大会上的中心报告》，人民出版社 1990 年版，第 88—90 页。

② http://www.cubaencuentro.com/cuba/articulos/la-ofensiva-revolucionaria-de-1968-44-anos-despues-275328.

③ ［美］卡梅洛·梅萨－拉戈：《七十年代的古巴：注重实效与体制化》，商务印书馆 1980 年版，第 17 页。

④ ［古］菲德尔·卡斯特罗：《在古巴共产党第一、二、三次全国代表大会上的中心报告》，人民出版社 1990 年版，第 40 页。

1969 年达到顶峰。但在某些方面，实行免费是不妥当的。"①

1965 年，卡斯特罗提出要在 1970 年达到年产一千万吨糖的指标，强调要利用古巴种植甘蔗和生产蔗糖的有利条件和相对优势，"以糖为纲"，集中力量发展制糖业，以增加外汇收入，确保经济的持续发展。但由于指标定得过高，1970 年蔗糖产量虽然达到创历史纪录的 854 万吨，但未能实现原定一千万吨的指标，由于财力物力人力过于集中在制糖业，使国民经济其他部门生产下降，国民经济发展比例失衡，经济遭到严重破坏。后来，卡斯特罗在总结这一经验教训时承认自己犯了唯心主义的错误："国家把大部分力量集中在争取完成……蔗糖产量达到一千万吨的指标上。""这一目标没能实现，这个严重的问题给国民经济其他部门造成了严重失调。""我们在经济工作中无疑是犯了唯心主义的错误。我们有时看不到在现实中存在着我们必须遵循的客观经济规律。"②

三　进行苏联式的政治和经济改革（1970—1985）

20 世纪 70 年代，古巴参照苏联和其他社会主义国家的模式，进行了所谓"制度化"的政治和经济体制改革。

政治方面的主要改革措施有：（一）成立部长会议执行委员会和增设副主席。古巴部长会议原来只有 1 名副主席，即劳尔·卡斯特罗，改革后增加到 8 名，每名副主席主管若干个部委。1972 年 12 月，建立了部长会议执行委员会，由部长会议主席（总理）任执委会主席，成员还有 8 名部长会议副主席。（二）召开古共"一大"。古巴共产党虽于 1965 年 10 月正式成立，但成立后，一直没有召开党代会，也没有制定党纲和党章。1975 年 12 月古共召开"一大"，通过了社会主义宪法草案、第一个五年计划、新的经济领导和计划制度、古巴行政区的调整和党纲。（三）1976 年 2 月，通过全民投票通过了新宪法。（四）根据新宪法，1976 年

---

① 〔古〕菲德尔·卡斯特罗：《在古巴共产党第一、二、三次全国代表大会上的中心报告》，人民出版社 1990 年版，第 89 页。

② 同上书，第 40—41、87 页。

12 月召开了全国人民政权代表大会，选出了由 31 人组成的国务委员会，菲德尔·卡斯特罗当选为国务委员会主席和部长会议主席，成为国家元首兼政府首脑，取消了原总统职位。（五）颁布新的军衔制，使武装力量（军队）日益正规化、专业化和现代化。（六）恢复和加强工会、青年团、妇女、大学生、中学生、小农和保卫革命委员会等群众组织，充分发挥群众组织的积极作用。

在经济改革方面，建立了经济领导和计划体制。70 年代，古巴参照苏联和其他社会主义国家的模式，进行了经济体制的改革。主要的改革措施有：（一）逐步调整了国民经济结构，调低了糖业在国民经济中的比重；（二）加强宏观经济管理，执行由中央计划委员会制订的三年经济计划（1972—1975），1976 年起又开始执行五年计划；（三）恢复了预算制度，并陆续设立了国家财政、统计、价格等委员会，建立了全国财会体系，整顿了银行；（四）1972 年古巴加入了经济互助委员会，并同苏联签订了到 1980 年的长期经济协定，实现了同苏联、东欧国家的经济一体化；（五）古共"一大"正式批准实施新的经济领导和计划体制，逐渐完善和加强国家计划体制，加强中央计划委员会的职权，并注意发挥市场机制的作用；把企业作为基本核算单位，实行自筹资金制，使企业有较大的自主权；利用价值规律和其他经济杠杆来调节经济；（六）1977 年开始实行经济核算制，同年，允许职工从事第二职业；1978 年开始实行价格、税收和银行信贷等新制度；企业中普遍实行劳动定额，1979 年还实行集体奖励基金制。

1980 年 12 月，卡斯特罗在古共"二大"的中心报告中，肯定了 70 年代政治和经济体制改革的成绩："我们在国内还顺利地进行了一系列的体制和机构改革。""我们认为，建立这个体制的成效从一开始就在这方面或那方面表现了出来。"①

80 年代前半期，古巴全面推行经济领导和计划体制，放宽经济政策，如 1980 年开设农民自由市场，1981 年开设农副产品贸易市场和工艺品市

---

① ［古］菲德尔·卡斯特罗：《在古巴共产党第一、二、三次全国代表大会上的中心报告》，人民出版社 1990 年版，第 219—220、248 页。

场；允许发展个体经济；1980 年实行新的工资制度；同年，改革物价制度，减少物价补贴并取消一些免费的服务项目；1982 年 2 月，颁布了《外国投资法》，首次正式表示欢迎外资到古巴兴办合资企业，有限度地实行对外开放。

四 "纠偏进程"（1986—1990）

自 1985 年 3 月戈尔巴乔夫担任苏共中央总书记之后，苏联的内外政策发生了很大变化，戈尔巴乔夫在苏联开始推行"彻底改革""全面民主化""扩大公开性"，苏联的政治经济发展模式发生了重大的变化，当时古巴国内有两种意见，相当一部分人主张古巴应该跟随苏联的改革而改革，但另一部分人主张古巴再也不能遵循苏联的模式。

古巴领导人卡斯特罗坚决反对古巴模仿戈尔巴乔夫式的"改革"和"公开性"。在 1986 年 2 月古共"三大"召开后不久，同年 4 月 19 日，卡斯特罗在一次集会上，严厉批评在执行新经济政策中存在的一系列弊端和不良倾向，提出要在全国掀起一场"纠正错误和不良倾向进程"，即"纠偏进程"，号召展开"战略大反攻"。

卡斯特罗认为，由于实行新的经济体制，使古巴经济走上了邪路，正在向资本主义倒退，其主要表现是党的领导作用削弱；滥用价格等经济机制，导致产生资本主义倾向；农民自由市场和工艺品市场的开放和允许发展个体经济后，出现了一批"暴发户"，造成了贫富不均和非法致富的现象。因此，需要重新审视经济政策，纠正偏差，对不良倾向进行"革命的反击"。卡斯特罗甚至认为，古巴出现了新的资本家，形成了一个富人阶级，包括在农贸市场上高价出售农产品的中间商，在艺术品市场上高价出售画作的画家，倒卖艺术品的中间商，靠私车跑运输的卡车主等，卡斯特罗认为，这些人不是在搞社会主义，他们"起着当年美国雇佣军破坏革命的作用，是古巴的大敌"。卡斯特罗认为，"我们犯了两种错误：在一个阶段，犯了理想主义错误；在另一阶段，我们企图克服理想主义错误，却犯了经济主义和重商主义的错误"①。卡斯特罗强调，古巴不能照搬苏联、东欧的模式，"古巴环境特殊"，"它受帝国主义封锁、包围和入侵"，因此"不能抄袭别国的经验"，强调古巴建设社会主义需要"寻找一条新的道路"，古巴不会进行苏联式的改革。

因此，自 1985 年 5 月起，古巴政府采取了一系列"纠偏"措施，主要有：加强党的领导，批判资本主义倾向；加强中央计划体系宏观经济调控，恢复国家统购统销制度；限制向工人发放奖金，提高了部分劳动定额；宣布修改古巴住宅制度，禁止私人买卖房屋；关闭农贸和工艺品自由市场，严格限制个体经济；禁止私人出售手工艺品和艺术品；禁止私人行医；调低著作版权费等。②

1989 年 4 月，戈尔巴乔夫访问古巴，在古巴全国人民政权代表大会上发表讲话，强调苏联改革的意义。随后，卡斯特罗也在会上讲了话，强调古、苏两国的差异：古巴的面积只是苏联的 5%，人口只是苏联的 3.6%；每个国家应该根据自己的特点寻找自己的方式来完善社会主义，卡斯特罗甚至还影射说："如果某个社会主义国家想建设资本主义，我们应该尊重它建设资本主义的权利，我们不应该干涉它。"③

"纠偏进程"在政治上起到了稳定局势的作用，使古巴坚持了社会主义的大方向，没有进行苏联、东欧式的"改革"而改变国家的颜色。但在经济上没有带来预期的效果，1985—1989 年，古巴经济年均仅增长 0.4%，人均社会生产总值年均下降了 0.7%。到 1989 年 6 月，古巴积欠苏联的债务估计为 154.9 亿卢布（约合 258 亿美元）；1990 年欠西方国家的硬通货债务为 79 亿美元。这场"纠偏运动"一直持续到 80 年代末。

但是，总的来说，在苏联解体前，1959—1989 年 30 年间，古巴的社会主义经济建设和社会的发展还是取得了一定的成绩，古巴经济年均增

---

① Fidel Castro: Sobre el proceso de rectificación en Cuba 1986 - 1990, Editora Política, La Habana, p. 4.

② Fidel Castro: Por el camino correcto. Compilación de textos. Editora Política, La Habana, 1987, pp. 18 - 35.

③ http://www.cuba.cu/gobierno/discursos/1989/esp/f040489e.html.

长率为 4.3%，人均经济年均增长率为 2.8%。[①]

第三节　"特殊时期"的改革(1991—2006)

一　东欧剧变和苏联解体对古巴的影响

20 世纪 80 年代末东欧的剧变和 1991 年 12 月苏联的解体对古巴以致命的打击。在政治上，古巴失去了苏联这一重要的战略盟友。自 20 世纪 60 年代至 80 年代末，在冷战格局的大背景和在美国对古巴实行封锁敌视政策下，古巴不得不实行向苏联和社会主义国家"一边倒"的外交政策，在政治上与苏联结盟，加入"社会主义大家庭"。1976 年古巴宪法规定，古巴是世界社会主义大家庭的组成部分。然而，苏联解体后，俄罗斯不再是社会主义国家，原东欧社会主义国家也无一例外地全部改变了颜色，社会主义大家庭已不复存在，古巴失去了政治的依托。

在经济上，1972 年古巴加入经互会，与苏联和东欧社会主义国家实行经济一体化，古巴的生产完全按照经互会的分工来安排。苏东剧变，使古巴经济形势急剧恶化，陷入深刻危机，迫使古巴不得不进行改革。据古巴官方统计，1989 年，古巴 85% 的外贸是同苏联和东欧社会主义国家进行的，其中 80% 是同苏联进行的。1988—1989 年，在古巴的出口中，有 63% 的糖、73% 的镍、95% 的酸性水果和 100% 的电器零配件是向经互会市场出口的；在古巴的进口中，有 63% 的食品、86% 的原料、98% 的燃料、80% 的机器设备、72%—75% 的制成品来自经互会国家。[②]

苏联解体后，俄罗斯宣布停止对古巴的一切援助，撤走全部援古技术人员，终止与古巴以转账卢布作为结算货币的贸易方式，贸易关系仅限于以国际市场价格用石油交换古巴的糖，而糖和石油的交易额也大幅度下降。俄罗斯向古巴供应的石油大为减少，从 1989 年的 1200 万吨降至 1992 年的 600 万吨，使古巴能源短缺。石油的短缺，使古巴发电量显著

---

① Jose Luis Rodrguez：Cuba en la economia internacional：Nuevos mercados y desafios de los años noventa, Revista Estudios Internacionales (Chile), julio-Septiembre, 1993, p. 417.

② [古] 罗德里格斯：《国际经济急剧变化中的古巴经济》，载于《世界经济译丛》1999 年第 9 期。

下降，大批工厂被迫关闭或减产，大批农机闲置，客运货运大幅度减少，居民生活用电经常中断。由于燃料的短缺和缺少外汇进口化肥和除虫剂等原因，古巴主要出口产品蔗糖的产量和出口收入锐减。由于俄罗斯不再向古巴出口粮食，使古巴不得不一再降低居民的食品定量。据估计，苏联的解体使古巴遭受约40亿美元的直接经济损失。1990—1993年古巴国内生产总值累计下降34%，1990年经济增长率为 - 2.9%，1991年为 - 10.7%，1992年为 - 11.6%，1993年为 - 14.9%。俄罗斯还单方面宣布从古巴撤军，结束了自1967年以来的对古巴的军事保护，正在援建中的84个工程项目相继停止。苏（俄）古贸易从1989年的81亿美元下降到1992年的22亿美元。古巴对苏联的出口从1989年的61.41亿美元下降到1991年的18.29亿美元。① 由于东欧剧变，经互会于1991年6月28日正式宣布解散，古巴经济与苏联和东欧经济的一体化已不复存在，古巴同东欧国家的经贸关系几乎完全停止。

　　1990年1月28日，卡斯特罗在古巴工会"十六大"讲话中，首次提到，古巴将进入"和平时期的特殊阶段"。卡斯特罗说，苏联有可能会削减对古巴的燃料供应，会削减三分之一，削减一半，甚至会完全停止对古巴的燃料供应，古巴将被迫进入"和平时期的特殊阶段"。② 同年9月28日，卡斯特罗在古巴保卫革命委员会成立30周年大会上正式宣布，由于苏联和东欧的剧变，古巴进入"和平时期的特殊阶段"。③ 在这一时期，古巴的基本对策是：在坚持计划经济的前提下，调整经济计划和经济工作的重点。古巴采取一系列应急措施，实行生存战略，维持国家经济的基本运转和居民最基本食品的供应。同时，采取一些措施，使古巴尽快纳入世界经济体系的进程。为解决食品短缺，古巴制订了食品计划。为解决外汇短缺，古巴改变过去重点发展重工业的经济发展战略，把经济发展的重点放在创汇部门，特别是旅游、医疗器材和生物制品的医药产品的生产和出口。

---

① 转引自肖枫、王志先《古巴社会主义》，人民出版社2004年版，第79页。

② http://www.cuba.cu/gobierno/discursos/1990/esp/f280190e.html.

③ Ibid..

在这一严峻形势下，1991 年 10 月，古巴共产党召开"四大"，大会提出了"拯救祖国、革命和社会主义"的口号，提出"不放弃革命原则、不放弃人民政权、不放弃为人民造福"的"三原则"，同时要采取灵活政策，使古巴的"制度适应当今世界的现实"。古巴开始逐步调整政治和经济政策，根据国内外环境特点探索社会主义建设的新途径。卡斯特罗在开幕式讲话中提出了古巴对外开放的政策："我们正在广泛地实行开放，广泛地对外资实行开放。"① "四大"通过的关于国家经济发展的决议指出，由于同东欧国家的贸易中断以及与苏联贸易额的急剧下降，古巴不得不修改原定的计划，采取集中力量和财力，发展食品、生物工程、医疗器材和药品、旅游业、鼓励外资的战略。② 1993 年 7 月 26 日，卡斯特罗发表讲话，主张在旅游、石油勘探和生产等部门吸收外国资本，对外资开放，他强调"为了拯救祖国、革命和社会主义的成果，我们准备做一切必须做的事情"。③

二 有限的改革

古共"四大"后，古巴开始实行有限的改革和开放。主要措施有：

（一）修改和颁布新外资法

1992 年 2 月，古巴政府对 1982 年的外资法进行了修改，放宽了对外资的限制。同年 7 月，古巴全国人大又将有关合资企业的条文纳入修改后的宪法，规定合资企业是古巴经济中的一种所有制形式。1994 年 10 月，古巴宣布，将包括糖业在内的所有生产部门都向外资开放。1995 年 9 月，古巴政府颁布了新的《外国投资法》（第 77 号法），规定除防务、卫生和教育部门外，所有经济部门都向外资开放，重点是发展旅游、糖业、

---

① Fidel Castro: Independientes hasta siempre Discursos de inauguracion y en el acto de masas, Santiago de Cuba, IV Congreso del Partido Comunista de Cuba, 10 y 14 de octubre de 1991, Editora Politica, Cuba, 1991, p. 50.

② Resolución sobre el desarrollo económico del país, Este es el Congreso más democrático, Editora Política, La Habana, 1991, pp. 112 – 115.

③ Discurso de Fidel Castro en la clausura del Acto Central por el XX aniversario del asalto a los cuarteles Moncada y Carlos Manuel de Cespedes, el 26 de julio de 1993, http://www.cuba.cu/gobierno/discursos/1993/esp/f260793e.html.

镍矿、通信、石油勘探等行业，并明确外资投资三种形式为合资企业、联营企业和独资企业。

（二）宣布私人持有美元合法化（1993 年 8 月）

卡斯特罗于 1993 年 8 月 13 日签署第 140 号法令，允许古巴公民合法持有并使用外币，废除古巴刑法和民法中对公民持有和使用外汇进行处罚的相关条款。1994 年，古巴政府发行"可兑换比索"。允许美元合法流通一方面使古巴回笼了大量散落在民间的美元，激发了侨民汇款的热情；另一方面，也导致一部分没有美元收入民众的不满。"可兑换比索"的发行，使古巴国内实行货币双轨制，对经济发展产生了消极影响。

（三）允许在 157 种行业中建立个体户（1993 年 9 月）

80 年代初，古巴曾一度允许个体户存在，但后来由于开展"纠偏进程"，个体经济又受到限制，到 1993 年全国个体劳动者人数只有不到 4 万。1993 年 9 月，古巴宣布允许 117 种行业实行个体经营，随后又扩大到 157 种行业，主要集中在服务业和餐饮业，生产性行业没有开放；允许家人帮工，不允许雇工。1996 年个体劳动者增加到 20.9 万人。

（四）将原有国营农场或农业企业转为合作社性质的"合作生产基层组织"（1993 年 9 月）

1989 年古巴农村土地所有制的结构是：全民所有制的国营农场占 78%，农牧业合作社占 10%，小农、贷款和服务合作社占 12%。1993 年 9 月，古共政治局通过决议，将相当一部分国营农场转变为"合作生产基层组织"，"合作生产基层组织"规模比国营农场小，拥有生产、经营和核算的自主权，这在一定的程度上调动了农民的积极性。到 90 年代末，全国共有 1610 个"合作生产基层组织"。1998 年，农村土地所有制的结构变化如下：全民所有制的国营农场占 33%，"合作生产基层组织"占 41%，农牧业合作社占 9%，小农、贷款和服务合作社占 16%。[①]

（五）开放农牧业产品自由市场和工业品与手工业品自由市场（1994 年 10 月和 12 月）

80 年代初，古巴曾一度开放农贸市场和工业品与手工业品自由市场，

---

① Oficina Nacional de Estadísticas：Anuario Estadístico de Cuba 1999, p. 193.

但后来由于开展"纠偏进程",这两个市场被勒令关闭。重新开放后,到 1996 年全国农贸市场增加到 380 个。

1997 年 10 月,古巴共产党召开"五大","五大"制定的方针的要点是:坚持共产党领导和坚持社会主义;反击美国的经济制裁和政治及意识形态攻势;在不改变社会性质的前提下,继续稳步地调整经济政策,并尽可能减少由此带来的社会代价。

古共"五大"通过的中心文件明确指出:坚持社会主义和共产党领导,是维护国家独立、主权以及抵抗美国封锁、获得生存的保障;以马列主义、马蒂思想及菲德尔(卡斯特罗)思想为指导的古共,是国家稳定的捍卫者和中流砥柱,社会主义和共产党的领导,是古巴的唯一选择。"五大"通过的《经济决议》指出,"古巴的经济政策开始了一个新阶段,它应当包括经济结构方面,如多样化、振兴出口、发展食品基地、提高能源、物资和财政部门的经济效益等","提高效益是古巴经济政策的中心目标"。《经济决议》强调,"在经济指导中,计划将起主要作用,尽管在国家的调节下,已给市场机制打开了一个空间"[1]。

古共"五大"后,古巴又推出一些新的经济调整(改革)举措,如 1996 年 6 月,古巴宣布建立免税和工业园区,1997 年共开放了四个免税区:贝罗阿、瓦哈伊、西恩富戈斯和马列尔。1998 年年初古巴政府加大实施征税的力度,明确优惠项目,增加税收种类;同年 8 月,政府颁布了关于国有企业改革的第 187 号法令,开始进行国有企业管理体制的改革等。但是,总的来说,古共"五大"之后,古巴的经济政策调整(改革)的步子不大。美国学者、古巴问题专家梅萨 - 拉戈称 1997—2003 年为古巴改革停滞时期,而 2003—2006 年为改革倒退时期。[2] 2004 年 11 月 8 日,古巴政府决定终止美元的流通,禁止古巴所有的商业网点和服务机构流通美元,只能使用"可兑换比索",同时规定,美元兑换"可兑换比索"要征收 10% 的手续费,而兑换欧元等其他外币不征收手续费。禁止

---

① Granma, 7 de noviembre de 1997, p. 2.

② Carlos Mesa - Lago: Cuba en la era de Raúl Castro Reformas económico-sociales y sus efectos, editorial Colibrí, España, 2013, pp. 37, 41.

美元合法流通的主要原因是，2004 年美国强化对古巴的封锁，不允许古巴将美元存入国外银行。而四个免税区的试验由于不成功，后来也予以关闭。

应该肯定的是，90 年代以来，古巴所实行的有限的改革开放政策取得了一定的成效，主要表现在：（一）宏观经济恢复增长。1990 年至 1993 年 4 年古巴国内生产总值共计下降 34%，自 1994 年起，由于实行改革开放，古巴经济开始连续恢复增长，1994 年增长 0.7%，1995 年增长 2.5%，1996 年增长 7.8%，1997 年为 2.5%，1998 年为 1.2%，1999 年为 6.2%，2000 年为 5.6%，2001 年为 3%，2002 年为 1.1%，2003 年为 2.6%，2004 年增长 5%，2005 年增长 11.8%，2006 年增长 12.5%。（二）经济结构和外贸结构逐步多元化。古巴逐步改变了过去依赖蔗糖、镍和烟草等传统产品出口的经济结构，重点发展旅游、生物医药、技术服务等非传统产业。（三）所有制和分配方式多样化，合资、外资、个体所有制已初具规模。到 2002 年年底，合资和联营企业达 404 家，协议投资额 59.3 亿美元，实际利用外资 20 多亿美元。（四）对外经济关系趋向多元化。1999 年 2 月，查韦斯执政后，委内瑞拉逐渐成为古巴的第一大贸易伙伴，中国为第二大贸易伙伴。委内瑞拉在经济上，给古巴提供了巨大帮助。（五）古巴已从巨大的灾难中摆脱出来，它不仅经受住了美国的封锁和侵略的考验，而且也经受住了东欧剧变和苏联解体的严峻考验，古巴的经济逐步好转，政治社会基本稳定，人民的基本生活得到保障，古巴的国际环境不断改善。

2006 年上半年，古巴共产党召开了两次重要的会议，为古巴最高权力的交接做了一定的组织和思想准备。4 月 26 日，古共中央政治局在菲德尔·卡斯特罗主持下举行重要会议，① 会议主要议题是改进党的工作，适合形势需要。为加强党中央的领导，会议决定恢复被 1991 年古共"四大"取消了的中央书记处。此外，会议还决定党中央在原有 10 个部（中央组织部，中央干部政策部，中央基础工业部，中央消费和服务部，中央农业食品部，中央建筑、中央交通和通信部，中央经济部，中央国际

---

① http://granma.co.cu/2006/04/28/nacional/artic07.html.

关系部，中央意识形态部，中央教科文和体育部）的基础上，再增加中央文化部、中央卫生部、中央科学部，使目前古共中央共有 13 个部。古共中央这 13 个部，在党的政治、经济、社会和外交等各方面都起着领导作用。

随后，同年 7 月 1 日，古共中央召开（五届）五中全会。① 会议主要议题有：加强党的执政地位，选举新的中央书记处成员和增补新的中央委员；国防、国家发展、国际形势等问题。卡斯特罗在会上多次发表了重要讲话，他强调古巴革命正面临复杂的国际形势和自身的缺点的严重挑战。他指出，古巴共产党在斗争中起了决定性作用，取得了经验，但必须使党更加巩固。五中全会根据中央政治局的提议，决定恢复中央书记处。全会根据政治局的提议名单，选出了由 12 人组成的中央书记处。劳尔·卡斯特罗在全会上作了古巴武装力量部关于国防准备情况的报告，全会通过了这一报告。全会一致同意劳尔在全会上重申了他在同年 6 月 14 日一次重要讲话中提出的思想，即一旦卡斯特罗不在了，不是任何个人，只有党才能继承卡斯特罗的领导地位和作用。劳尔说："人民对革命的创始人和领袖寄予特别的信任，这种信任不是一种遗产，它不会转给在未来担任国家主要领导职务的人身上，只有（古巴）共产党，作为革命的先锋队和古巴人民在任何时候团结的可靠保证，才能成为人民寄予自己的领袖信任的当之无愧的接班人。"

古共政治局会议和古共五中会议这两次会议，在思想上和组织上加强了党的领导地位，对进一步巩固古共的执政地位有着重要的意义。

第四节　劳尔执政初期实施的改革措施（2006—2011）

一　劳尔暂时执政时期（2006—2008）古巴的形势

五中全会召开后不久，2006 年 7 月 31 日晚，卡斯特罗办公室主任代表卡斯特罗在古巴电视台和电台宣读了一份由卡斯特罗签名的《致古巴

---

① http：//www.bohemia.cubaweb.cu/2006/07/04/noticias/partido-se-fortalezca.html.

人民的声明》。声明宣布，因健康方面的原因，卡斯特罗将暂时移交自己的职权。声明说，卡斯特罗所担任的古共中央第一书记、古巴革命武装力量总司令、古巴国务委员会主席兼部长会议主席的职务将暂时移交给劳尔·卡斯特罗。而卡斯特罗在古巴国家公共卫生、教育、能源革命计划中担任的职务则将分别暂时移交给其他几位领导人。①

这是古巴革命胜利 47 年以来，卡斯特罗第一次将自己的职权移交给他人，古巴党和政府的日常工作已由以劳尔为核心的领导班子承担。劳尔临时接管古巴最高行政事务后，古巴的政治社会基本稳定，经济有一定的发展，外交工作打开了新的局面。

一年后，2007 年 7 月 26 日，劳尔·卡斯特罗在卡马圭市纪念攻打蒙卡达兵营 54 周年大会上发表重要讲话，② 劳尔的讲话引起了古巴国内外媒体和政界的广泛关注。在谈到形势时，劳尔说，"这一年的日子是很困难的，但其结果与敌人的期望恰恰相反。敌人期望古巴出现混乱，期望古巴社会主义垮台，美国重要官员甚至声称将乘机摧毁古巴革命，但实际情况恰恰相反"，"这一年，尽管我们感到悲伤，没有一项任务中止。国内秩序井然，工作努力，党和政府机构运转正常，对每个问题都由集体来寻找有效的解决办法。表现出成熟、坚持原则、团结和对卡斯特罗、对党和对人民的信任。没有任何一件与国家发展和人民生活相关的事没有负责任地去进行处理，并寻找解决的办法"。劳尔指出，目前古巴"面临极端的客观困难：工资不足以满足全部需要，没有履行'各尽所能，按劳分配'的社会主义原则；社会纪律松弛、自由放任等"。他指出，"古巴的特殊时期没有结束"。劳尔强调说，"我再一次提醒说，这一切不是立即能解决的"，他批评"有些人以困难为挡箭牌来对付批评，不采取

---

① Proclma del Comandante en jefe al pueblo de Cuba, http：//www. cuba. cu/gobierno/dis-cursos/2006/esp/f310706e. html.

② Discurso pronunciado por el Primer Vicepresidente de los Consejos de Estado y de Minis-tros, General de Ejército Raúl Castro Ruz, en el acto central con motivo del aniversario 54 del asal-to a los cuarteles Moncada y Carlos Manuel de Céspedes, en la Plaza de la Revolución Mayor Gen-eral Ignacio Agramonte Loynaz de la ciudad de Camagüey, el 26 de julio del 2007, http：//www. granma. cubaweb. cu/secciones/raul26/index. html.

必要的迅速和有效的行动，或缺乏敏感性和政治勇气"，"要进行批判性和创造性的劳动，不能因循守旧，我们从不认为我们所做的事情是十全十美的，而不去作检查。唯一不容置疑的是我们建设社会主义不可放弃的决心。必须承认近些年来取得的成绩，但是，应该明白我们的问题、不足、错误和官僚主义和怠惰的态度"。

劳尔在讲话中强调必须生产更多的产品，减少进口，特别是食品的进口，古巴国内的食品生产还远不能满足本国的需要。他提出应该进行必要的结构变革和观念的变革，进行有效的生产和服务；节省燃料是具有战略意义的任务。没有引人注目的解决办法，需要时间，需要认真和系统的劳动，巩固已取得的成果，无论这个成果多么小；要恢复工业生产，增加新的部门以减少进口，增加出口；要增加外国投资，只要它能提供资金、技术和市场，有利于国家的发展，不能再重复过去的错误，但要保持国家的作用和社会主义所有制占主导地位。

在谈到古美关系时，劳尔再次向美国伸出橄榄枝，但这次不是向布什现政府，而是向下届美国政府。劳尔说，"美国在2008年年底举行大选，布什政府将结束任期，布什错误和危险的政府的特点是如此落后的、原教旨主义的思想，不可能对任何事情做出理智的分析。美国新政府将做出决定，是保持对古巴荒谬的、非法的和失败的政策还是接受我们在格拉玛号登陆50周年时（即2006年12月2日劳尔的讲话中提出的）伸出的橄榄枝，即重申我们准备在平等的基础上讨论长期的分歧，世界上越来越复杂和危险的问题只有通过讨论才能解决。如果美国新政府终于放弃自恃强大的态度并决定文明地同我们对话，我们表示欢迎。否则，我们准备再继续对付其敌视政策50年"。

从2006年7月底至2008年2月底，劳尔暂时接管职权的19个月，古巴的政局基本稳定，经济取得发展（2006年增长11.8%，2007年为7.5%），外交取得进展，如古巴成功地主办了第14届不结盟运动首脑会议等。

但是，这一年半时间，古巴并没有出台重要改革措施，古巴的各种问题和矛盾突出。正如劳尔所说的，古巴面临极端的客观困难，古巴的特殊时期没有结束，应该进行必要的结构变革和观念的变革，生产更多的产品，减少进口，特别是食品的进口，增加外国投资，不能再重复过去的错误。

2008 年 1 月 20 日，古巴举行了直接选举，选举产生了包括卡斯特罗和劳尔均在内的 614 名新一届的人大代表。2 月 18 日，卡斯特罗给古巴人民写了一封辞职信，表示"我既不会寻求也不会接受国务委员会主席以及革命武装力量总司令这两个职务"。卡斯特罗在 2008 年 2 月 18 日写给全国人民的辞职信中，既说明了他准备辞职的主要原因，又表达了他将作为一名思想战线的战士继续为革命做贡献的决心。他在信中说："多年来，我一直担任国务委员会主席这一荣耀的职务。""占据一个需要经常走动和全力以赴的职位将违背我的良心，因为我目前的身体条件达不到这一要求。""我既不会寻求也不会接受国务委员会主席以及革命武装力量总司令这两个职务。""我并不向你们告别。我唯一的心愿就是作为一名思想的战士进行战斗。我还会继续在'菲德尔同志的思考'栏目下写文章。这将是可以拥有的又一个武器。"

2008 年 2 月 24 日，在古巴第七届人代会上，与会的 609 名人大代表一致选举劳尔为古巴国务委员会主席兼部长会议主席，随即劳尔正式就任并接替执政长达 49 年的卡斯特罗。

二　劳尔提出"更新"古巴经济模式的思想

自 2006 年 7 月底到古共"六大"召开前，劳尔·卡斯特罗先后发表了多次重要讲话[①]，论述了他对古巴经济变革的看法，提出要"更新"（actualizar）古巴的经济模式。2010 年 11 月 8 日，劳尔正式向全党、全国人民发出参加关于筹备古共"六大"的号召。劳尔说，古共政治局决定在 2011 年 4 月下半月吉隆滩战役胜利和宣布古巴革命社会主义性质50周年之际召开古共"六大"，"六大"将集中解决经济问题，并对"更新"古巴经济模式作出基本决定。同年 10 月 31 日，劳尔在古巴中央工会第 86 届全国理事会扩大的全会上说，"古巴不会抄袭任何其他国家

---

① 劳尔·卡斯特罗 2008 年以来的讲话的原文，请参阅 http://www.cuba.cu/gobierno/raul-discursos/index2.html.

（的模式），在'更新'古巴经济模式的进程中，绝不会放弃社会主义建设"。他强调古巴的做法是根据本国特点的"土生土长的产物"。

劳尔缘何要提出"更新"社会主义经济模式？其主要原因有以下几个方面：第一，是为了克服古巴所面临的严重的经济困难。受 2008 年爆发的国际金融危机影响，古巴经济困难加剧，2009 年古巴经济只增长了 1.4%，远低于原定的增长 6% 的指标。古巴主要出口产品镍在国际市场的价格大幅度下跌，而古巴需要大量进口的粮食和食品的价格大幅度上涨。到古巴旅游的人数减少，旅客在古巴的消费减少，古巴侨汇收入减少。由于出口外汇收入的减少，古巴不得不减少进口，造成市场供应短缺。此外，2008 年三次飓风给古巴造成 100 亿美元的损失（相当于 GDP 的 20%），美国的长期经济封锁加剧了古巴的经济困难。为了尽快克服经济的困难，古巴政府必须采取新的经济改革措施。

第二，出自调整经济发展模式的需要。苏东剧变前，古巴实施与苏联和东欧经济一体化的发展战略，根据经互会生产专业化"分工"，重点生产糖、镍和酸性水果。苏东剧变后，古巴调整经济发展战略，把经济发展的重点放在创汇部门，如发展旅游、医疗器材和生物制品的生产和出口。自 21 世纪初以来，随着与委内瑞拉经贸关系的加深，古巴又实施新的发展模式，重点发展劳务（医生、教员）的出口以换取所需的石油和其他产品。据官方统计，在 1999 年古巴的国内生产总值中，农业和矿业占 7.9%，制造业占 38.7%，服务业占 53.4%；到 2009 年，分别为 4.86%，13.45%，75.51%，服务业的过度增长影响到其他部门的生产，工业制成品、粮食和食品需要大量进口，本国农田有一半闲置，无人耕种。据官方公布，古巴全国劳动力有 500 多万，在国有部门有 400 多万，其中有 100 多万冗员，一些政府部门和国有企业机构臃肿，人浮于事，办事效率低下。

第三，改善人民生活的需要。古巴职工的平均月工资折合美元只有 20 美元左右，而除定量供应的商品外，购买其他商品必须用可兑换比索，对大部分没有外汇来源、仅靠工资收入的居民来说生活困难较大，古巴社会存在事实上的不平等。改变发展模式，如允许扩大个体户的经营活动，放松限制，这将是使一部分人增加收入、提高生活水平的途径。

古巴学者拉斐尔·埃尔南德斯认为，古巴的社会主义模式出现了六方面的危机：1. 制度本身的危机；2. 古巴政府采取的应急措施的局限性；3. 古巴社会不平等现象的加剧；4. 一部分古巴人对未来日益缺乏信心；5. 政治和经济管理过于集中，民众参与程度不够；6. 新的政治共识尚未形成。①

正因如此，劳尔在古共"六大"召开前，多次强调要把工作重点转移到经济工作上来，必须进行经济结构和观念的改革。劳尔有关经济变革和模式"更新"的要点归纳如下：

（一）强调经济工作、粮食生产是党和政府工作的重点。2008 年 4 月 28 日，劳尔在古共五届六中全会上说："芸豆和大炮一样重要，甚至更重要。""粮食生产是党的领导人的主要任务，因为这关系到国家安全问题。"2008 年 7 月 11 日，劳尔再次说："我曾说过，芸豆和大炮一样重要，后来，随着形势的恶化，我又说，芸豆比大炮更重要。"2010 年 4 月 4 日，劳尔在古巴共产主义青年联盟"九大"闭幕式上说："经济战是今天干部思想工作的主要任务和干部思想工作的中心，因为我们的社会制度能否持续和保存下去要靠经济战。"

（二）必须进行经济结构和观念的变革。2007 年 7 月 26 日，劳尔首次提出要"进行必要的结构变革和观念的变革"。2010 年 8 月 1 日，劳尔把分阶段逐步减少在国有部门工作的职工和扩大个体劳动者的数量称为"结构和概念的变革"。

（三）满足民众的需要是当前的"要务"。2008 年 7 月 11 日，劳尔在古巴人代会上的讲话中强调，"满足人民的基本需要是古巴当前的要务"。劳尔说："我重申，国家的要务为，在持续巩固国民经济及其生产基础之上，满足人民的基本需要，既有物质的也有精神的。否则，国家就不可能有发展。"

（四）社会主义不能搞平均主义，社会主义不能培养懒汉。2008 年 7 月 11 日，劳尔在古巴人代会上强调说："社会主义意味着社会正义和平

---

① 齐峰田：《古巴学者谈古巴当前的改革》，《拉美调研》，中国社会科学院拉丁美洲研究所，2010 年 9 月 30 日，第 12 期。

等，但是指权利平等和机遇平等，而不是收入平等。平等不是平均主义。平均主义实际上是一种剥削形式，是不好好劳动的人、特别是懒汉剥削好好劳动的人。"劳尔在会上还指出，古巴将允许一个人可以签订一个以上的劳动合同，允许兼职，允许他们拿几份工资。2010 年 8 月 1 日，劳尔强调应该改变"古巴是世界上唯一不劳动也可以生活下去的国家"的概念。

2010 年 12 月 18 日，劳尔在人代会上说："干部和所有的同胞必须改变思想以适应新的局面。要改变多年来，由于在社会公正领域里过分地包办主义、理想主义和平均主义造成的在广大民众中扎根很深的对社会主义的错误的、站不住脚的观念。""许多古巴人把社会主义与免费和补贴相混淆，将平等与平均主义相混淆，不少人把购货本看作是一个社会成就，认为任何时候都不应该取消它。"

（五）"完善"和"更新"社会主义模式。2009 年 8 月 1 日，劳尔在第 7 届古巴全国人大第 3 次会议上说："大家选我当主席不是为了在古巴复辟资本主义，也不是为了出卖革命，是为了捍卫、维护和继续完善社会主义，而不是摧毁社会主义。"

2010 年 10 月 31 日，劳尔在古巴中央工会第 86 届全国理事会扩大的全会的闭幕式上说，"古巴不抄袭任何其他国家（的模式），在更新古巴经济模式的进程中，绝不会放弃社会主义建设"，他强调古巴的做法是根据本国特点的"土生土长的产物"，"古巴绝不会放弃社会主义建设"。

2010 年 12 月 18 日，劳尔在人代会上说："我们正在采取的措施和所做的修改都是更新经济模式所必需的，是旨在维护和巩固社会主义，使社会主义不可取代。""社会主义建设应该根据各国的特点来进行。这一历史的教训我们已经很好地吸取。我们不会照抄任何国家，过去我们照抄给我们带来了不少问题，很多时候是因为我们照抄照搬得不好，尽管我们并不是不了解别人的经验，我们学习别人的经验，包括学习资本主义国家的好的经验。"

（六）发展农业生产的重要性。2007 年 7 月 26 日，劳尔提出"急需回到土地"的口号，因为古巴有一半以上的可耕地闲置着。2009 年 7 月 26 日，劳尔在古巴奥尔金省纪念攻打蒙卡达兵营 56 周年集会上说："哪里有土地，古巴人就应该去哪里，我们要看看我们会不会干活，会不会生产，不能光喊'誓死保卫祖国，我们必胜！和'打倒帝国主义！'的口号，我们受到封锁的打击……但土地在那里，等着我们用汗珠去浇灌！"劳尔强调，"生产粮食是牵涉到国家安全问题"。

（七）政府必须提高工作效率。2008年2月24日，劳尔在就职演说中说，需要一个更紧凑、胜任的体系，中央政府所辖的机构数目将更少、功能划分更合理。劳尔说，这能明显削减大量的会议、协调工作和各种规章制度，能够更好地"利用我们的干部"，集中关键的经济活动。"总之，我们的政府工作必须更有效率。""这不是简单地任命几个领导人的问题，而是要确定应进行什么样的变革。"

（八）继续完善公正的社会制度，制定新的社会保障法。2008年4月28日，劳尔在古共五届六中全会讲话中说，古巴将继续完善公正的社会制度。2008年7月11日，劳尔在全国人大会议上说，新社会保障法将把职工退休年龄推迟5年。劳尔解释说，新社会保障法推迟退休年龄符合古巴人口的实际情况。一是因为古巴人均寿命的增加，二是因为出生率持续下降，三是由于古巴劳动力明显减少。新社会保障法已于2008年年底由古巴全国人大通过。

（九）承认并纠正错误，吸取经验教训。2010年12月18日，劳尔说："我们清楚我们所犯的错误，我们现在讨论的《纲要》标志着纠正错误和必须得更新我们经济模式道路的开始。""要么我们纠正错误，不然我们就会从悬崖上掉下去。""我们所分析过的问题和所批评过的错误决不能重犯，这牵涉到革命的命运。如果我们老老实实和深刻地分析我们所犯过的错误，它们将变成经验和教训，使我们去克服，不再重犯。"

三 劳尔正式执政后至古共"六大"古巴的改革

2008年2月底劳尔正式执政后至2011年4月古共"六大"召开前，古巴党和政府采取了一系列政治、经济改革措施，以改变古巴的发展模式。主要有：

在政治上，劳尔对政府进行大幅度改组，巩固了自己的执政地位。自菲德尔·卡斯特罗2006年7月底因病将主要权力暂时移交给劳尔以来，劳尔曾几次更换政府成员。如 2006 年 8 月 31 日，任命拉米洛·巴尔德斯·梅嫩德斯为邮电和通信部长。2008 年 2 月 24 日，劳尔正式就任国务委员会主席兼部长会议主席，他在第 7 届古巴全国人大宣誓就任时，宣布将精简并重新整合古巴现政府。2009 年 3 月 2 日，古巴国务委员会发表《官方公报》，对古巴部长会议（政府）进行了大规模的改组。这次改组解除了 2 名部长会议副主席的职务，替换了外交部等 11 名部长，更换了国务委员会秘书和部长会议秘书。《公报》称此举是为了"精兵简政"，提高政府效率。《公报》宣称解除了何塞·路易斯·罗德里格斯·加西亚部长会议副主席兼经济和计划部部长的职务；任命马里诺·阿尔韦托·穆里洛·豪尔赫为部长会议副主席兼经济和计划部部长；解除了奥托·里维洛·托雷斯部长会议副主席的职务；解除了费利佩·佩雷斯·罗克外交部部长的职务，任命外交部副部长布鲁诺·罗德里格斯·帕里利亚为外交部部长；将外贸部与外国投资和经济合作部合并成外贸和外国投资部，任命罗德里戈·马尔米埃卡·迪亚斯为外贸和外国投资部部长；将食品工业部和渔业部合并成食品工业部。

《公报》发布后的第二天，2008 年 3 月 4 日，古巴媒体发表了卡斯特罗的一篇题为《部长会议有益的变动》的思考文章，卡斯特罗在文中气愤地指责一些媒体的传言，说"卡斯特罗的人"被"劳尔的人"所取代。他说，"大部分被更替的人，并非是我所建议的"，"而刚被任命的新部长曾征求过我的意见"；"没有对某些干部采取任何不公正的做法"，"被媒体提及的被解除职务的两个人中间的任何人都没有提出任何反对意见。决不是因为他们缺乏个人价值，是由于别的原因。权力的诱惑唤起了他们的野心，使他们扮演了不光彩的角色，而他们从未作出过任何牺牲，外部敌人对他们寄予幻想"。虽然卡斯特罗在文中没有点名，但外界人士几乎肯定他指的是原外长罗克和国务委员会副主席卡洛斯·拉赫。3 月 5 日，古巴媒体又公布了拉赫和罗克 3 月 3 日写给劳尔的辞职信，在拉赫给劳尔的信中，拉赫要求辞去古共中央委员、古共中央政治局委员、人大代表、国务委员会委员和国务委员会副主席的职务，表示承认所犯的错误并承担责任，认为在古共政治局召开的会上所做的分析是正确和深刻的，并表示："您可相信，对我来说，我的新的工作岗位对我来说将是我为革命继续服务的机会，我将永远像直至今天一样，忠于党、忠于菲德尔和您。"罗克在信中说："根据我以邀请者身份参加的古共中央政治局会议（注：罗克不是政治局委员）讨论的情况，我决定辞去国务委员会委员、人大代表和古共中央委员的职务。会议对我的错误做了深刻的分析，我完全承认我所犯的错误，我为我的错误承担完全的责任。""我将忠诚并谦虚地捍卫革命，我现在和将来将永远完全忠于革命的原则和理想。我重申忠于党、忠于菲德尔和忠于您。"这次改组加强了劳尔的执政地位，加强了军人在政府中的力量和作用，充实了经济班子的力量。美国迈阿密大学古巴研究所所长海梅·苏奇利克基认为，这次改组有三个特点：劳尔化、军事化和经济化；有三个重要的方面：劳尔政权的巩固、社会的军事化和寻求古巴经济更好的生产率。[1] 通过改组，得到劳尔信任的人和越来越多的军人被安排在关键的职位上，其影响力越来越大。改组后的古巴国务委员会和部长会议副主席中有 4 名将军、2 名"革命司令"和 1 名前上校。一般认为，这次人事变动更多的是出于解决古巴国内经济问题的目的。这次改组几乎更换了经济班子所有的负责人，牵涉经济和计划、财政和价格、外贸、国内贸易、外国投资、食品工业、冶金机械等部，牵涉三分之一的部长。[2] 有评论认为，这次改组使劳尔的权力得到巩固。有分析家认为，通过改组，古巴政府实现了"去菲德尔化"[3]，政府中军人和党的干部力量加强。泛美对话组织主席哈金认为，这一改组"突出了劳尔的权威"，在政府中给军人更大的空间，使劳尔处在亲信的包围中。[4] 多数评论认为，通过这次政府改组，在经济方面，劳尔将继续进行适度的经济改革，并将经济改革的重点放在厉行节约，严肃财政和劳动纪律，促进生产特别是农业生产；在政治方面，将强调集体领导，发挥政治局和政治委员会的作用，选拔和培养人才，为古共

---

① Diario Las Americas，2009 - 03 - 04.

② http：//www. elnuevoherald. com/167/story/399039 - p3. html.

③ http：//www. heraldo. es/index. php/mod. noticias/mem. detalle/idnoticia. 41455/relcategoria. 306.

④ http：//www. heraldo. es/index. php/mod. noticias/mem. detalle/idnoticia. 41455/relcategoria. 306.

"六大"的召开做思想、物质和组织等各方面的准备。

在经济上，劳尔在 2008 年 2 月 24 日的就职演说中承诺要"逐步取消一些过时的简单的限制，今后还将取消另外一些复杂的限制和规定"。政府放宽对商品流通和外汇交易的限制，改革工资制度，增加职工工资，取消最高工资额的限制，允许职工和大学生兼职。同年 4 月 14 日，政府宣布允许向持有"可兑换比索"的古巴普通民众销售手机、电脑、DVD播放机、彩电等商品；允许古巴本国公民凭"可兑换比索"入住涉外旅游酒店。2008 年 7 月，通过第 259 号法令，将闲置的土地承包给合作社或个体农民，个人可承包 13.42—40.26 公顷的土地，承包期为 10 年，到期后可延长，而拥有法人代表的合作社和农场承包闲置的土地的面积没有上限，承包期为 25 年，到期后可延长；大力发展市郊农业；削减不必要的公共事业补贴，逐步关闭免费的职工食堂；取消凭本低价供应的芸豆、土豆、香烟等商品；将原国有理发店和美容店等承包给原职工；将投资建设高尔夫球场的外国投资者土地租用期限从 50 年增加到 99 年等。此外古巴还努力精简政府机构，发挥各部的职能，监督各部门正确履行职责，削减国家补助和免费项目，减少政府开支。

2010 年，古巴出台一系列改革经济模式的举措：8 月 1 日，劳尔宣布古巴将分阶段逐步减少在国有部门工作的职工，扩大个体劳动者的数量，并称这是"结构和概念的变革"。9 月 13 日，古巴政府决定，到 2011 年3 月底，古巴国营部门完成精减 50 万人的计划，其中约 25 万人将从事个体劳动，3 年内裁员 100 万，占全部国营部门职工的 1/5。自 2011 年 1 月4 日起，古巴国有部门开始正式裁员，裁员从糖业部、农业部、建设部、公共卫生部等 4 个部和旅游业开始，然后向其他部门扩展。但到 2011 年3 月，古共"六大"召开前夕，并没有达到原裁员的指标，劳尔不得不下令延长实施的期限。2010 年 9 月 24 日，古巴公布了向个体户开放的178 项经济活动，放宽了对个体工商户的限制。根据新的规定，在 178 项允许个体户从事的经济活动中，有 29 项是新开放的，有 83 项允许雇佣劳动力。10 月初，古巴政府开始启动个体户注册登记。10 月 25 日，古巴正式公布了有关个体户纳税的具体规定。到 2010 年年底，有 75061 人领取了私人经营许可证，另有 8342 份私人经营许可证在审批之中。

第五节 古共"六大"以来古巴模式的 "更新"(2011—)

一 古共"六大"的召开及其意义

2011 年 4 月 16 日至 19 日,古巴共产党在时隔 14 年之后成功地召开了党的第六次代表大会。古共"六大"通过了《党和革命的经济与社会政策的纲要》(简称《纲要》)这一纲领性文件,选举产生了以劳尔为第一书记的新的中央委员会,劳尔正式接替卡斯特罗在党内的最高职务。古共"六大"召开以来,古巴采取了一系列新的被称为"更新"经济和社会发展模式的改革措施。这一阶段古巴的改革,不只是在某一方面或几方面的改革,而是对古巴的经济社会模式进行全面的、结构性的改革。

古共"六大"主要议题是讨论古巴社会主义经济和社会模式的"更新"。劳尔在"六大"开幕式上代表古共中央作了中心报告。大会通过了《党和革命的经济和社会政策的纲要》(简称《纲要》),就更新古巴模式的方针政策,统一了思想,达成了共识。

劳尔中心报告的要点①如下:(一)经济和社会模式更新的目的是为了继续实现和完善社会主义,社会主义是不可逆转的;(二)模式的更新是为了发展经济,改善人民的生活水平,弘扬社会主义的道德和政治价值;(三)凭购货本低价计划供应日用必需品的制度已成为政府财政难以承受的沉重负担,它是平均主义的表现,与"各尽所能,按劳分配"的社会主义的分配原则相矛盾,起着消极的作用,因此,必须予以取消,但不会马上取消;(四)在社会主义的古巴,不会实施国际货币基金组织等主张的"休克疗法",政府绝不会抛弃任何无依无靠的人;(五)已经开始的精减国有部门冗员的工作将继续进行,但不能操之过急,也不要停顿;(六)非公有部门的扩大是受有关法律保护的一种就业的出路,应该得到各级领导的支持,同时,也要求个体户必须严格遵守法律,履行

---

① 劳尔的中心报告、闭幕词和古共"六大"的其他文件请参见古巴共产党网站:http://www.pcc.cu/。

包括缴纳税收在内的义务，扩大非国有部门经济并不意味着所有制的私有化；（七）古巴政府将继续保证全体居民享受免费医疗和免费教育；（八）古巴仍将以计划经济为主，但应考虑市场的趋向；（九）今后党和国家主要领导人任期最多为两届，每届任期五年。

古共"六大"通过的《纲要》共 313 条。①《纲要》涵盖了经济社会的各个方面，包括经济管理模式、宏观经济、对外经济、投资、科技创新、社会、农工、工业和能源、旅游、运输、建筑住房和水力资源、贸易政策等。其要点是：（一）古巴将继续以计划经济为主，同时也考虑市场的趋向；（二）社会主义国有企业是所有制的主要形式，此外，承认并鼓励合资企业、合作社、土地承包、租赁、个体劳动者等其他所有制形式，使所有制多样化；（三）将继续保持免费医疗、免费教育等革命的成果，但将减少过度的社会开支和不必要的政府补贴；（四）将逐步取消低价定量供应日用必需品的购货本；（五）政府将调整就业结构，减少国有部门的冗员，扩大个体劳动者的活动范围；（六）将继续吸引外资；（七）将重新安排其所欠外债的偿还期，严格履行其承诺以改善诚信；（八）逐步取消货币双轨制；（九）放松对买卖房子的限制，以解决严重的住房不足的问题；（十）将给农业以更大的自主权以减少对进口的依赖，并增加和巩固商品和劳务的出口。

从劳尔的中心报告和《纲要》的主要内容来看，古巴将坚持社会主义，坚持共产党的领导；将坚持社会主义计划经济，而不是市场经济，但将考虑市场的因素；将继续实行全民免费医疗和全民免费教育；将重视发展农业，进一步吸收外资，扩大个体户，削减政府的补贴等。

古共"六大"在政治方面，确立了以劳尔·卡斯特罗为第一书记的新的党中央领导班子，宣布实行党和国家最高领导人的任期制，取消了事实上的终身制；健全了党的集体领导制度和党内的民主集中制。在经济和社会方面，就"更新"经济和社会模式的方针政策，统一了思想，达成了共识。古巴共产党是古巴社会主义革命和建设事业的核心力量，古共"六大"是一次承前启后、继往开来的、具有重大历史意义的大会，

---

① 《纲要》草案的原文全文请参见古巴《格拉玛报》网站：http：//www.granma.cubaweb.cu/。

它将对古巴社会主义事业持续发展产生重大和深远的影响，劳尔在"六大"的重要讲话和"六大"通过的《纲要》，为古巴未来的经济变革确定了方向。

二　古共第一次全国代表会议

2012 年 1 月 28—29 日，古共召开了第一次全国代表会议，主要讨论党的工作和建设，并重点解决思想观念的转变。会议通过了《古巴共产党工作目标》①（共 100 项）和《第一次全国代表会议关于党工作目标的决议》②。

会议通过的《古巴共产党工作目标》内容包括党的基础、序言、第一至第四章。在"党的基础"部分指出，古巴共产党是古巴社会和国家的最高领导力量，是革命的合法成果，是有组织的先锋队。古共是马克思主义、列宁主义的党，是马蒂思想的党，是古巴唯一的政党，其主要使命是团结所有的爱国者建设社会主义，保卫革命的成果，并为在古巴和全人类实现公正的理想而继续斗争。

《工作目标》明确要求各级党组织要把贯彻落实六大通过的《纲要》、完成经济计划和政府的预算作为工作的重点。

《工作目标》取消了事实上的终身制。第三章党的干部政策中，明确规定党政主要职务的任期为两届，每届五年，明确宣布实行党和国家最高领导人的任期制。

《工作目标》强调要加强政治思想工作，加强对非国有经济部门工作的人的政治思想工作，与对个体户的偏见作斗争；革新在青年中的政治思想工作；要应对敌人企图破坏革命思想、煽动自私自利、诋毁古巴民族价值、民族认同和民族文化的直接或间接的破坏活动；反对肤色、性别、宗教信仰、性取向、籍贯等的偏见与歧视；要加强革命的文化政策，恢复传统文化；深入传播何塞·马蒂的思想和著作。继续发展和运用马

---

① 《古巴共产党工作目标》的原文，请参见：http：//www. cubadebate. cu/especiales/2012/02/01/objetivos-de-trabajo-del-pcc.

② 《第一次全国代表会议关于党工作目标的决议》的原文，请参见：http：//www. granma. cubaweb. cu/2012/01/30/nacional/artic08. html。

列主义学说，使马列主义学说的教学与时俱进；要通过各种传媒以多种形式反映古巴的现实；客观地、系统地、透明地宣传党的政策及所遇到的问题、困难和不足。

《工作目标》确认党的生活的原则，特别是民主集中制和集体领导的原则是保持与群众密不可分关系和行动一致的保证。规定党应定期（五年一次）召开党的代表大会，中央委员会每年至少召开两次全会，这健全了党的集体领导制度和党内的民主集中制，定期召开工作会议。此后，古共中央的全会和古共政治局与部长会议联合召开的部长会议扩大会议确实已定期正常召开。

《工作目标》强调，要从基层提拔与群众有密切联系的、具有实际工作经验的干部；应逐步、持续地提拔妇女、黑人、混血种人和青年的干部；明确党政主要职务的任期为两届，每届五年；要制定干部轮换战略；加强党校系统对干部的培养，制定干部提拔战略，提拔到高级领导岗位应该是逐步的，应根据其实绩。这次会议并没有增选新的中央委员，会议授权"六大"选出的中央委员会在其任期内增补20%的中央委员。

劳尔在闭幕式上发表了重要讲话，讲话的要点是：

第一，坚持一党制。劳尔说："古巴共产党是古巴社会和国家的最高领导力量，是革命的合法成果，是有组织的先锋队，党与人民一起，确保革命的历史进程。我们将永远不会放弃这一条。""放弃一党制意味着使帝国主义在古巴的一个或多个政党的合法化，从而牺牲古巴人民团结的战略武器。"劳尔说："我并不忽视任何其他国家实行的多党制，我严格尊重联合国宪章规定的自决权和不干涉他国内政的原则。但是，根据古巴为独立和民族主权长期斗争的经验，面临蛊惑人心和政治商品化，我们捍卫一党制。"

第二，对待所犯错误的应有态度。劳尔说："唯一可能导致革命和社会主义失败的是我们不能改正自1959年1月1日以来所犯的错误，以及我们未来可能犯的错误。没有一场革命是不犯错误的，因为革命是人们和人民所进行的事业，而人是不完美的。除此之外，还会遇到新的、巨大的挑战。因此，没有必要为错误而感到羞耻。比羞耻更为严重的是没有勇气分析错误，并吸取教训和及时纠正错误。""老一代革命者能够领导纠正自己所犯的错误。我有义务强调，我们不应抱有幻想，以为这次会议或六大通过的决议是解决我们所有问题的神秘魔方。"

第三，党的干部政策。劳尔说："我们不必等待宪法的修改就可以开始逐步执行党政领导职务最多连任两届、每届五年的决定。修宪可以由人代会进行，不必举行公投。同样，党章和党的主要文件也应进行修改。"

第四，反腐斗争。劳尔强调："在目前阶段，腐败已成为革命的主要敌人之一，它要比美国政府和它在古巴国内外的盟友花费上百万美元的颠覆和干涉计划更为有害。我们一定能够赢得这场反腐斗争，首先要毫不犹豫地阻止它，然后再消灭它。2011年12月召开的古共（六届）三中全会决定，只要是腐败分子，无论他担任什么职务，一律开除出党。而此前，只有对犯叛国罪和严重罪行的党员才将他们开除出党。"

第五，党政分开。劳尔说："党应该有能力领导国家和政府，监督其运转和对其方针的执行情况，鼓励、推动、协助政府机构更好地工作，而不是取代它。党要做好政治思想工作，但政治思想工作不是空喊口号。"

第六，对外政策。劳尔强调："必须揭露美国政府及一贯参与颠覆古巴的某些国家，它们利用西方报刊并在古巴国内雇佣分子的协助下，进行粗暴的反古运动，它们企图为敌视和封锁古巴的政策辩解，制造第五纵队，企图剥夺我国的独立和民族主权。但是，反古运动不会伤害革命和人民的一根毫毛，人民将继续完善社会主义。"

这次会议的重要意义是明确了古共今后的工作方向和目标，强调完善党的建设和党的工作的重要性，从党的领导、组织和思想上确保古共六大通过的"更新"经济模式的方针、路线和政策的贯彻和执行。会议强调古共是古巴革命和人民有组织的先锋队，是古巴革命和社会主义继续的保证；强调古巴不搞多党制；强调要转变思想观念，克服教条主义和过时的思想观念；强调要开展反腐斗争；强调党政职能的分工；强调要逐步从基层提拔优秀的干部，特别要重视提拔妇女、黑人、混血种人和青年干部；会议决定党和政府主要领导人实行任期制，任期最多不超过两届，每届五年，这意味着古巴将结束事实上的领导干部终身制；针对目前古巴高层领导干部的老龄化问题，会议决定在本届中央委员会任期内（还有四年多时间）最多可增补 20% 的中央委员（现有 115 名，即23 名），以增加中央领导层的新鲜血液，确保古巴社会主义革命事业后继有人；会议还决定，今后古巴将修改宪法、党章等重要法规的有关条例。

正如劳尔·卡斯特罗在古共第一次全国代表会议闭幕式上所说的，古巴共产党在不到一年时间里召开的两次会议，无论对于古巴革命和社会主义的现在还是将来都具有重要的历史意义。通过这两次会议，古巴明确了经济模式"更新"的方针、路线和政策，明确了党的工作的目标。尽管目前古巴在"更新"经济模式方面仍面临不少困难和挑战，但是，我们相信，在古巴共产党的正确领导下，古巴人民一定会在社会主义革命和建设的道路上不断前进。

为落实这一目标，2012 年 12 月 11 日，古共召开六届五中全会，劳尔在会上说："在干部政策方面，古共迈出了积极的步伐，但仍需要做出巨大的努力，时间很紧迫。在选拔干部时，必须打破思想的束缚，培养年轻的领导人。古巴拥有优秀的青年，我们应该引导他们，将革命多年的经验传授给他们。"全会一致同意劳尔的提议，将现外长、中央委员布鲁诺·罗德里格斯提升为政治局委员。2013 年 2 月 24 日上午，古共中央召开六届六中全会，会上，劳尔提出了古共中央有关古巴新的国务委员会成员组成的建议，全会通过了提名的建议，提交全国人大讨论通过。在介绍提名 53 岁的米格尔·迪亚斯－卡内尔（Miguel Díaz-Canel Bermúdez, 1960 – ）担任国务委员会第一副主席以及其他新的成员时，劳尔说："这是老一代开始逐步、有序地让权给新人的第一步，在未来五年中，将逐步这么做。这是根据古共六大和第一次党的代表会议的决议中有关干部政策的部分去贯彻落实的。劳尔赞扬了党中央第二书记布图拉和科洛梅上将两位老同志主动让贤的高风亮节（布图拉不再担任国务委员会和部长会议第一副主席，而改任为国务委员会和部长会议副主席，科洛梅不再担任国务委员会副主席）。当天下午，古巴召开第八届全国人大成立会议，会上，劳尔再次当选为古巴国务委员会和部长会议主席。劳尔在人大会议闭幕的讲话中明确表示自己将在五年后退休。大会同时选出新的国务委员会，米格尔·迪亚斯－卡内尔当选为国务委员会和部长会议第一副主席。新一届古巴国务委员会 31 名成员平均年龄为 57 岁，其中有 17 位新委员，占 54.84%，这表明古巴领导层新老交替的步伐在加快。

2013 年 7 月 2 日，古共中央召开六届七中全会，全会决定对中央委员会的组成进行较大幅度的调整，有 5 名中委被解职，其中包括"六大"选出的中央政治局委员和中委、原古巴全国人大主席阿拉尔孔，原国务委员会秘书、科技部部长米耶尔，原中央书记处书记米萨埃尔等。与此同时，全会决定新增加 11 名中央委员，其中有 7 名是现任的 7 个省的省委第一书记，还有 4 人分别是新当选的共青盟第一书记克雷斯波、小农协会主席冈萨雷斯、保卫革命委员会全国协调员米兰达和驻委内瑞拉大使波朗科。劳尔在全会上说，这一变动是正常的。他说，根据 2012 年 1 月召开的古共第一次全党的代表会议，当中央委员由于工作变动，被认为没有理由再继续当中央委员时，应该辞去中央委员，这并不意味着他们犯了什么错误或有什么可指责的行为。

古共第一次全国代表会议强调党政分开和政企分开。劳尔在古共第一次全国代表会议上说："党应该有能力领导国家和政府，监督其运转和对其方针的执行情况，鼓励、推动、协助政府机构更好地工作，而不是取代它。党要做好政治思想工作，但政治思想工作不是空喊口号。"

古共第一次全国代表会议强调进行反腐斗争。2012 年 1 月 29 日，劳尔在古共第一次全国代表会议闭幕式讲话中强调："在目前阶段，腐败已成为革命的主要敌人之一，它要比美国政府和它在古巴国内外的盟友花费上百万美元的颠覆和干涉计划更为有害。我们一定能够赢得这场反腐斗争，首先要毫不犹豫地阻止它，然后再消灭它。"

古共"六大"和古共第一次全国代表会议表明，古巴共产党能根据形势变化，审时度势，采取了一系列战略举措，在不断自我"更新"中保持党的生命力。古巴共产党坚持共产主义的理想，坚持走社会主义道路，坚持马列主义和马蒂思想；不断在政治思想、组织、作风和道德等方面加强自身的建设，从而提高了党的威信，不断巩固和加强党的执政地位，增强了党的凝聚力，使党成为古巴人民强有力的先锋队，使古巴的社会主义事业在政治、经济、军事、社会、外交等各方面取得显著成就，并得以不断巩固和发展。应该看到，古共作为古巴唯一的政党和执政党，担负着领导古巴人民"更新"经济社会模式、建设社会主义的艰巨任务。目前，古巴党面临不少问题，如怎样深化经济改革；如何打破美国的封锁、改善外部环境、获取更多的外资；如何改善居民的物资供应，提高人民的生活水平；如何同贪污腐败、偷盗等不良行为作坚决和有效的斗争等。

三　古共"六大"召开以来古巴模式的变化

古共"六大"召开后4年的时间里，古巴在更新社会主义经济社会模式方面已发生以下显著变化。主要变化有：

（一）趋势性的变化。更新模式已经成为古巴举国上下的共识，已经成为不可逆转的趋势。无论是古巴领导人，还是古巴党内外群众，都普遍认识到，更新现有的古巴经济和社会模式是巩固和完善古巴社会主义必不可少的。目前古巴国内主要的分歧和争论的焦点是更新模式的速度问题。一部分人主张应该加快更新模式的速度，认为目前更新的速度太慢。而另一部分人主张速度不宜过快。而劳尔在多次会议上强调，更新"不能过急，但也不能停顿"。

（二）观念的变化。古巴领导人和民众的观念已经发生了质的变化，并普遍认识到：

1. 经济工作是党和政府工作的重点。古共"六大"的中心议题是经济工作和经济模式的"更新"。从实际情况来看，"六大"以来，古巴党和政府的工作重点确实已经转移到经济工作上来。

2. 强调效率优先。劳尔在一次部长会议上强调，"需要一个更紧凑、胜任的体系，中央政府所辖的机构数目将更少、功能划分更合理"。劳尔说，这能明显削减大量的会议、协调工作和各种规章制度，能够更好地"利用我们的干部"，集中关键的经济活动。"总之，我们的政府工作必须更有效率。"

3. 强调克服收入、工资的平均主义，应该实行"多劳多得""按劳取酬"。过去古巴在工资收入、物资分配方面平均主义比较普遍，近几年来，古巴已着手改变在工资和外资分配的平均主义现象。

4. 承认市场经济的因素，开始重视经济规律。

5. 逐渐改变对外资的看法。过去认为，吸收外资是不得已的需要，现在认识到外资的重要性。2014年3月29日，劳尔主席在全国人大特别会议讨论通过新外资法时的讲话中承认，古巴经济增长缓慢的主要原因之一是缺乏资金、投资不足。他强调说："外国直接投资对于推动国家社会和经济发展十分重要。"在同一个会议上，主管经济的部长会议副主席穆里略和外贸与外国投资部部长马尔米耶卡也指出，古巴需要引进更多的外资，才能推进现行社会经济模式，实现经济繁荣和可持续发展，古巴每年需要吸引20亿至25亿美元的外资，才能实现5%—7%的经济增长率。

6. 过去认为社会主义应该是100%的公有制，现在认识到应该允许非公有制、合作社、社会所有制、合资和外资同时存在。

（三）法制上的变化。古共"六大"以来，古巴高层领导十分重视修改或制定新的与更新模式有关的法律法规。近几年，古巴全国人大制定了新的税收法、移民法、社保法、个体劳动者法、劳工法、开发特区法、新外资法等。如2013年1月1日开始实施的新的税收法规定，古巴的税收包括遗产税、环境税、消费税、交通税、农场土地税、多种许可费用等19项，这项新税法主要针对个体户和小型企业主以及农场主。根据规定，年收入达到1万古巴比索，约合400美元的人，将会被征收15%的所得税，而年收入达到5万古巴比索，约合2000美元的古巴人，将会被征收50%的所得税。又如，2013年1月14日，古巴新移民法正式生效。根据新移民法，古巴公民只需出示有效护照及相关目的国的签证即可出境。而此前，根据1976年的移民法，古巴实行严格的出国限制制度，公民在获得外国签证后必须到内政部办理手续烦琐的"白色出境许可"方能获准出国旅行、探亲或留学等。2013年9月，古巴国务委员会通过了《马列尔开发特区法》即第313号法令，该法令于同年11月1日正式生效。同年12月20日，古巴全国人民政权代表大会通过了新的《劳工法》。2014年3月29日，古巴全国人大一致通过了新的《外国投资法》，新外资法已于同年6月28日正式生效。新外资法进一步放宽了外商投资条件，新法规定，除教育、医疗、军事领域外，外资被允许在古巴的各行各业进行投资，均受到古巴法律的保护。新法还对外国投资者以享受税务减免的优惠待遇，外商在前 8 年时间内享受免缴利润税的待遇，并无须再支付劳工税和收入税。8 年后，利润税约为 15%，这一税率也只是现行正常税率（30%）的一半。如 8 年后外商将前 8 年内所赚取的收入用于在古巴再投资，将继续享受全额免税优惠。但该条款不适用于自然资源开采领域。新法还为外国投资者提供免征用（即不会将其企业国有化）的法律保障。新法鼓励外资投资农业、基础设施、制糖业、食品加工、镍矿开发和建筑业等。新法规定外国投资需遵守保护和合理利用古巴人文和自然资源、尊重古巴主权和独立的原则。新法允许在海外的古巴侨民回国投资。

（四）体制上的变化。古巴取消了原来的事实上党政最高领导职务终身制，并开始干部的年轻化。劳尔在古共"六大"中心报告中建议，今后古巴党和国家主要领导人任期最多为两届，每届任期为五年。在古共第一次全国代表会议通过的《工作目标》第三章党的干部政策中，明确规定党政主要职务的任期为两届，每届五年。

鉴于古巴党政高层领导干部年龄老化渐趋严重，劳尔多次提出，干部年轻化问题急需提到议事日程上。虽然古共"六大"选举产生的 115 名新的中央委员会中，大多数为中青年，但由 15 人组成的新的中央政治局平均年龄高达 68 岁，其中有 12 人为原政治局委员，新当选的只有 3 人。新的政治局委员中，60 岁以下的只有 3 人。2013 年 2 月 24 日上午，古共中央召开六届六中全会，会上，劳尔提出了古共中央有关古巴新的国务委员会成员组成的建议，全会通过了提名的建议，提交全国人大讨论通过。在当天下午召开的第八届全国人大成立会议上，劳尔再次当选为古巴国务委员会和部长会议主席，中央全会提名的政治局委员中央政治局委员米格尔·迪亚斯-卡内尔当选为国务委员会和部长会议第一副主席。劳尔在人大会议闭幕的讲话中明确表示自己将在五年后退休。大会同时选出新的国务委员会，新一届古巴国务委员会 31 名成员平均年龄为 57 岁，其中有 17 位新委员，占 54.84%，这表明古巴领导层新老交替的步伐在加快。

（五）经济政策方面的变化。古巴的所有制已经开始多样化。自 2010

年 10 月起，古巴逐渐放宽个体经济的经营活动范围，经营活动从 178 项增加到目前的 200 多项，一开始不允许雇佣工人，现在已允许雇工；个体户从 2010 年 10 月的 15.7 万户增加到 2015 年 5 月的 504613 户。① 古巴正在进行国企改革，国有企业的自主经营权增加，允许国有企业可留下 50% 的利润和部分折旧费。2013 年 2 月 21 日，古巴政府颁布新的法规，古巴银行可向居民个人提供建造或修理自住房的贷款。同年 11 月中旬，政府颁布法令，允许一部分国有企业向国内出售其剩余产品；11 月 22 日，劳尔宣布古巴政府将开始逐步取消货币双轨制，并强调这是古巴更新经济模式的"重头戏"。

古巴政府还着手精简国家机构，大规模减少国有部门的冗员。2012 年 10 月，将轻工业部与钢铁机械工业部合并为工业部。同年 11 月，设立能源和矿业部，取代原基础工业部。2013 年 2 月，撤销原民用航空委员会，将它并入交通部。从 2009 年起到 2014 年 2 月，国有部门已减少冗员 596500 人。2014 年 7 月，劳尔在全国人代会例会上宣布，将撤销国家粮食采购与经销公司，自 2014 年至 2015 年年底，政府将分三阶段对国有预算和企业系统的职员和结构组成进行调整，撤并机构从而减少中央和地方农业部门 41% 的行政人员，将减少 6441 名冗员，每年可为国家节约 44 万欧元资金。政府将给予农业公司更大的经营灵活性。

此外，政府还采取将闲置农业用地承包给农民，截至 2014 年 2 月，已将 150 万公顷土地承包给 17.2 万户农民。政府允许农民将农产品直接卖给旅游饭店，建立非农牧业合作社，允许居民进行汽车和住房买卖，允许居民出租住房，允许原国有理发店、美容店、饭店、出租车、公共厕所承包给个人经营等一系列更新模式的措施。

（六）社会的变化。除"五一"节等重大节日外，古巴现在很少举行大规模的群众集会、游行、示威。正如劳尔所说的，"空喊口号的时代已经过去了"。由于个体户大量出现，以及古巴相当一部分居民拥有侨汇收入或其他外汇收入，而大部分居民没有外汇收入，因此古巴社会已出现

① http://www.cubadebate.cu/noticias/2015/06/14/mas-de-medio-millon-de-trabajadores-estan-vinculados-al-sector-no-estatal-cubano/#.VX6CKtJAWQI.

分化，收入不平等现象正在增加，出现了富裕阶层和中产阶层。

（七）外交政策的变化。古巴外交政策的最大变化是古巴与美国之间恢复了外交关系。2014 年 12 月 17 日，劳尔·卡斯特罗主席和美国总统奥巴马同时在各自首都宣布启动古美关系正常化进程。劳尔在电视讲话中说，他与奥巴马直接通了电话，两国将以国际法和联合国宪章为依据，共同采取措施，改善双边关系，推进双边关系向正常化发展。经过两国代表的谈判，2015 年在 4 月 10 日至 11 日于巴拿马举行的第 7 届美洲峰会期间，劳尔和奥巴马举行了首次正式会谈。7 月 1 日，古巴、美国同时宣布，两国已就恢复外交关系达成协议，决定于本月 20 日重开使馆。古巴政府在 7 月 1 日发表的声明中明确提出，"古美恢复外交关系、重开使馆，是两国关系正常化的第一阶段"。美国还必须解除对古巴的经济、贸易和金融制裁，归还非法占据的关塔那摩海军基地，停止反古广播及电视宣传，停止一切对古巴的颠覆行为，对古巴人民遭受的损失作出补偿。自 7 月 20 日零时起，古巴与美国正式恢复外交关系，两国在对方的照管利益办事处升级为大使馆。

四　古巴模式"更新"的特点

古巴模式的"更新"具有以下特点：

（一）古巴更新模式的目的是巩固和完善社会主义。古巴领导人强调，更新模式的目的是为了完善社会主义，而不是复辟资本主义。劳尔明确提出，要在古巴建立"繁荣和持续的社会主义"。古巴部长会议副主席、古共中央政治局委员、贯彻落实《纲要》的常设委员会主席马里诺·穆里略强调，"在古巴没有发生向资本主义的变化，没有发生所有制的变化"，古巴政府"执行和捍卫社会主义的原则"。

（二）古巴模式的更新是自上而下和自下而上相结合。首先，由古共党中央和政府提出方针政策路线，然后，广泛征求民众意见。如古共"六大"讨论通过的《纲要》草案，在"六大"召开前的 2010 年 11 月就已公布，由全党和全民参与讨论和提出意见、建议，在 2011 年 4 月"六大"召开前的 5 个多月时间里，共有 800 多万党员和群众参与讨论。然后，在"六大"上，再由与会的党代表讨论通过。

（三）渐进性。古巴模式的更新进程是由古巴党和政府统筹安排，渐进、稳妥、有序、先易后难地进行。2013 年 4 月 4 日，劳尔在古巴全国人大会议上表示，古巴所面临的问题的"严重性和复杂性决定了问题的解决不可能一蹴而就"，劳尔敦促古巴人民"抵制那些坚持要求古巴加快改革步伐的压力"，同时称，古巴目前正处于推动经济改革的"较为有利的时刻"。

（四）美国因素对古巴更新模式的制约。古巴更新经济社会模式是在受到美国半个多世纪经济封锁的条件下进行的，因此，所遇到的困难比较大。尽管古巴和美国已经于 2015 年 7 月 20 日复交，但是，美国并没有取消对古巴的经济、贸易和金融的封锁。

（五）古巴更新模式有着良好的社会基础。古巴革命胜利后，一直实行全面免费医疗、免费教育，社会保障体系的覆盖面很广。因此，古巴更新模式有良好的社会基础。

（六）古巴一般不使用"改革"（西班牙语 reforma，英语 reform）的提法，而是使用"更新"（西班牙语 actualizar，英语 update to）。但是，在外国媒体或学者谈论古巴的"改革"时，古巴一般也不予否认。

五　问题、挑战与前景

古巴的社会主义经济建设和社会发展取得了显著的成就，但也面临不少问题和挑战，主要有：

（一）模式的更新效果不明显。古共"六大"召开以来，古巴经济增长缓慢，国内生产总值 2011 年增长 2.7%，2012 年增长 3%，2013 年增长 2%，2014 年只增长 1.3%，没有达到预期的指标（2.2%）。[1] 2015 年预计增长 4%。

（二）古巴的某些观念还需要不断更新，在一些古巴人中间，姓"资"姓"社"问题仍在争论中。古巴著名经济学家、前部长会议副主席、前经济部长何塞·路易斯·罗德里格斯撰文认为，"古巴不搞社会主

---

[1]　http://www.granma.cu/cuba/2014 - 12 - 20/con - un-pueblo-como-este-se-puede-llegar-al-ano-570-de-la-revolucion.

义市场经济","历史表明，所谓市场社会主义最后只剩下市场，没有社会主义"。① 不少古巴人对市场在社会主义国家中的作用、非公有经济的作用，仍有疑惑。

（三）古巴体制的更新困难重重。如古巴政府已宣布将逐渐取消货币双轨制，但货币双轨制的取消，将牵涉古巴工资体系、价格体系、社保体系、国民经济统计体系等的改革。劳尔表示，古巴模式的"更新"已进入最为复杂的阶段。他还提醒说，不能指望货币双轨制的取消会"神奇地"解决所有的经济困难。②

（四）古巴经济基础比较薄弱。古巴工业基础落后，能源短缺（石油、电力），农业发展缓慢，大量耕地闲置，缺乏人耕种。粮食、食品需要大量进口。传统产品蔗糖产量降低。古巴需要进口的商品很多，而能供出口的商品很有限。因此，外汇收入不足，资金短缺严重；基础设施落后。古巴领导人多次强调，只有把工农业生产搞上去，发展生产，使商品供应丰富，才能顺利地进行模式的更新。

（五）美国长期的经济封锁和贸易禁运。据古巴副外长阿贝拉多·莫雷诺 2014 年 9 月 9 日在新闻发布会上公布的数字，到 2014 年 3 月，美国对古巴实施经济封锁 52 年，给古巴造成了 1168.8 亿美元的经济损失，如果考虑美元贬值因素，损失超过 1 万亿美元。他还指出，自 2009 年 1 月奥巴马上台后至 2014 年 7 月，奥巴马政府对 37 家与古巴进行贸易的美国和外国企业罚款达 110 亿美元。联合国大会自 1992 年以来到 2014 年，已连续 23 次以压倒性多数通过决议，要求美国结束对古巴的经济、贸易和金融封锁。美国不允许古巴在国际交易中使用美元，也不允许古巴在第三国的银行设立美元账户。

美国总统奥巴马承认，50 多年来，美国对古巴的政策是失败的。2015 年 1 月 15 日，美国财政部和商务部宣布放松对古巴贸易和旅行限制。5 月 29 日，美国宣布把古巴从支持恐怖主义国家的黑名单中去除。7

---

① http：//www. rebelion. org/noticia. php? id = 192357&titular = "cuba-no-se-está-proponiendo-un-socialismo-de-mercado"．

② http：//www. granma. cu/cuba/2014 - 12 - 20/con-un-pueblo-como-este-se-puede-llegar-al-ano-570-de-la-revolucion.

月 20 日两国正式复交。但是，2015 年 10 月 27 日，当第 70 届联合国大会讨论古巴代表提出的要求美国解除对古巴长达半个世纪的经济、贸易和金融封锁决议时，只有美国和以色列两国代表仍投反对票，而其余 191 国家的代表均投赞成票。

（六）国家的补贴负担过重。每年，古巴政府需要从财政预算中为凭本计划供应的日用品、免费医疗和免费教育支付大量补贴和开支，因此，用于工农业和基础设施的投资严重不足。

（七）人口老化和减少。据古巴 2012 年人口普查结果，古巴 60 岁以上老人占人口总数的 18.3%。2012 年古巴总人口为 11167325 人，比 2002 年上次人口普查减少 10418 人。由于人口老化和减少，已出现劳动力缺乏的现象。

总的来看，古巴模式的更新具有不少有利条件，古巴更新模式具有坚强的领导和正确的路线方针；古巴民众对更新已形成共识，有紧迫感；古巴模式的更新有动力、有计划、有步骤；有比较牢固的社会基础；有可供参考的中国、越南等社会主义国家改革开放的经验。

古巴党和政府能根据形势变化，审时度势，采取了一系列更新模式的战略举措，古巴党和政府在探索符合本国国情的建设社会主义的道路方面，在政治、经济、军事、社会、外交等各方面取得了显著的成就，古巴已踏上了一条在变革开放中坚持、巩固和发展社会主义的道路。目前古巴在坚持社会主义的前提下，正在"更新"其社会主义发展模式，以适应新的世界格局，使本国经济同世界经济接轨。展望未来，古巴的"更新"社会主义发展模式的进程将是渐进、稳步和谨慎的，古巴社会主义建设的道路不可能是一帆风顺的，还会出现曲折，但古巴社会主义的前景是令人乐观的。

本章参考文献

毛相麟：《古巴社会主义研究》，社会科学文献出版社 2005 年版。

毛相麟：《古巴：本土的可行的社会主义》，社会科学文献出版社 2012 年版。

徐世澄：《古巴》，社会科学文献出版社 2003 年版。

徐世澄：《古巴模式的更新与拉美左派的崛起》，中国社会科学出版社 2013 年版。

[古] 菲德尔·卡斯特罗：《在古巴共产党第一、二、三次全国代表大会上的中心报告》，人民出版社 1990 年版。

[美] 卡梅洛·梅萨－拉戈：《七十年代的古巴：注重实效与体制化》，商务印书馆1980 年版。

Fidel Castro：*Sobre el proceso de rectificación en Cuba* 1986 – 1990，Editora Política，La Habana，1990.

Carlos Mesa – Lago：*Cuba en la era de Raúl Castro Reformas económico-sociales y sus efectos*，Editorial Colibrí，España，2013.

第 六 章

拉美一些执政的左翼政党
提出的社会主义

第一节 委内瑞拉"21 世纪的社会主义"

委内瑞拉"21 世纪社会主义"是指以委内瑞拉已故总统乌戈·查韦斯为代表的委内瑞拉左翼政党试图将社会主义理论与玻利瓦尔主义、印第安传统文明、基督教教义等多种思想融合在一起，作为指导委内瑞拉经济社会发展的一种左翼思想。

一 产生背景

委内瑞拉"21 世纪社会主义"的产生和发展有着历史和现实的特殊背景，基本上是玻利瓦尔主义的革命传统、新自由主义改革的挫败和国际共产主义运动交织融合、相互作用的一种结果。

（一）玻利瓦尔主义的革命传统

西蒙·玻利瓦尔（Simón Bolívar, 1783 - 1830）是委内瑞拉和拉丁美洲独立战争的领导人，被誉为委内瑞拉的民族英雄和南美洲的"解放者"。在反抗西班牙殖民统治、创立独立国家的革命斗争过程中，玻利瓦尔形成了自己独特的思想，被后世称为"玻利瓦尔主义"。

玻利瓦尔主义对后世影响很大，其中比较有代表性的思想包含：一方面，玻利瓦尔坚持自由平等，团结社会中下层阶层，反抗殖民压迫，对英美"自由资本主义"制度保持相当的警惕甚至是排斥态度；另一方面，玻利瓦尔也认识到下层群众的集体无意识，普遍缺乏政治参与应具有的基本公民意识，因此他主张强有力的政府和中央集权管理。另外，玻利瓦尔注重维护拉丁美洲的团结，积极倡导建立"拉美国家联盟"。

玻利瓦尔是查韦斯心目中的英雄和精神导师。1982 年，查韦斯在军中创建了"玻利瓦尔革命运动—200"，以玻利瓦尔主义为旗帜，宣扬改革不合理的政治经济体制和建立"拉美国家联盟"等激进主张。尽管在1997 年，为了参加竞选，[①] 查韦斯将"玻利瓦尔革命运动—200"改名为"第五共和国运动"。但是玻利瓦尔主义一直是查韦斯思想的中枢所在。

此外，继承玻利瓦尔主义的委内瑞拉革命前辈的思想也是查韦斯充分予以汲取的养料。查韦斯曾多次说，他领导的玻利瓦尔革命的思想源泉是"有三个根的树"。这三个根是：西蒙·玻利瓦尔的根（主张平等、自由和拉美一体化）、玻利瓦尔的老师西蒙·罗德里格斯（Simón Rodríguez，1771 – 1854，委内瑞拉思想家、教育家、哲学家，玻利瓦尔的启蒙老师）的根（主张人民受教育、自由和平等）和埃塞基耶尔·萨莫拉（Ezequiel Zamora，1817 – 1860，委内瑞拉联邦战争中联邦派首领，自由党人）的根（主张主权人民、军人和文人团结）。萨莫拉就曾提出在保持公有制和私有制前提下发展社会所有制、公社所有制和集体所有制以及军民共生等思想，后来也被融入查韦斯的"21 世纪社会主义"的理论中。可以说，"21 世纪社会主义"是对玻利瓦尔、罗德里格斯和萨莫拉委内瑞拉等先贤的思想的继承。

（二）新自由主义改革的挫败

20 世纪 80 年代，拉美国家先后陷入了比较严重的经济危机之中，委内瑞拉也不能幸免。为了摆脱危机，委内瑞拉执政当局接受了当时在拉美盛行一时的新自由主义改革的建议，政府减少对经济的干预和管制，大力推行私有化改革。其中，石油产业是私有化改革的重点。1975—1976 年，当时执政的卡洛斯·安德烈斯·佩雷斯（Carlos Andrés Pérez，1922 – 2010）总统在其第一任期间（1974—1979）曾于 1976 年通过《石油国有化法案》将所有外国石油公司收归国有。然而，佩雷斯在其第二

---

① 　当时的选举法和政党登记法规定，参选政党不能以民族英雄玻利瓦尔的名字命名。

任期间（1989—1993）奉行新自由主义政策，重新对外开放石油工业，石油业再次落到国内大资产阶级和外国投资者的手中。为了遏制经济的衰退，佩雷斯政府出台了一系列新自由主义的经济调整措施，如提高汽油和公共交通价格等，导致物价飞涨、人民生活水平下降、失业增加。再加上官员徇私舞弊，中饱私囊，大量侵吞国有资产，引起人民的强烈不满。1989 年 2 月 27 日，首都加拉加斯爆发了大规模的群众示威游行，矛头直指政府的新自由主义政策，后发生骚乱，许多商店遭到抢劫，车辆被烧毁。佩雷斯下令出动军警镇压民众的抗议和平定骚乱。这就是史称"加拉加斯骚乱"（El Caracazo），事件造成 246 人死亡、1800 多人受伤。这次事件后，新自由主义在委内瑞拉威信扫地，声名狼藉，委内瑞拉人民期望出现一种新的治国理政的理念。

（三）国际共产主义运动的影响

在整个 20 世纪，共产主义理论一度风靡全球，尤其对第三世界国家的影响尤为重大。在拉丁美洲，随着古巴社会主义革命的胜利，社会主义理论在拉美的传播也很广泛。查韦斯与古巴领导人菲德尔·卡斯特罗私交甚密，彼此视为亲密战友，两人在拉美政坛上同气连枝，互相支持。查韦斯在菲德尔·卡斯特罗的影响下，对社会主义抱有强烈的亲近感和认同感，并对社会主义理论不断地加以吸收和改造。

另外，中国社会主义革命和建设所取得的巨大成就，显示了社会主义的优越性和强大生命力，也引起查韦斯的关注。查韦斯自称曾阅读过毛泽东的著作。1999 年执政后，查韦斯曾多次访问中国，亲眼见证了中国改革开放的巨大成就。2004 年 12 月，查韦斯在北京大学演讲时再次强调要学习中国的改革经验，建设委内瑞拉式的新社会主义。据随行的委内瑞拉执政党第五共和国运动领导人说，"中国经济的活力和社会主义建设成就使查韦斯总统深受启发，最终坚定了他走有本国特色社会主义道路的决心。"[1]

---

①　陈华：《查韦斯"21 世纪社会主义"构想》，载于《当代世界》2006 年第 2 期。

二　基本内涵

青年时代的查韦斯奉玻利瓦尔为偶像，是坚定的玻利瓦尔主义者。1998 年 12 月 6 日，查韦斯当选总统，1999 年 2 月 2 日，他正式就任委内瑞拉第 53 任总统。旋即宣布实行"玻利瓦尔革命"，对国内政治经济制度进行重大调整。在执政初期，查韦斯是"第三条道路"的信奉者，一度想走"人道主义的资本主义、社会资本主义，介乎于资本主义和社会主义的第三条道路"①。如他在 2001 年访问英国时，曾对布莱尔的"第三条道路"大加赞赏。从 2002 年开始，查韦斯开始逐渐抛弃"第三条道路"，因为他在"玻利瓦尔革命"的进行中认识到"第三条道路"不适合委内瑞拉，从而倒向社会主义理论。

2005 年 2 月，查韦斯在加拉加斯举行的第 4 届社会债务峰会开幕式上首次正式提出"21 世纪的社会主义"，他说委内瑞拉的"革命应该是社会主义性质的，否则就不是革命，""这一社会主义应该是 21 世纪的社会主义"。② 同年 8 月，查韦斯在接受智利《终点》杂志社采访时承认 6 年来艰苦努力和认真学习的"第三条道路"是不可能的，同时认为"应该是新的社会主义"，即"21 世纪的社会主义"，从而将"玻利瓦尔革命"推向了"21 世纪社会主义"的新高度。

查韦斯认为，"21 世纪社会主义"应具有本土性和时代性的特点，以美洲伟大的解放者西蒙·玻利瓦尔的自由平等、地区团结等思想为基础，从委内瑞拉实际出发，与时俱进，打破"老社会主义"的条条框框。因此，查韦斯的"21 世纪社会主义"的理论框架体系中，融入了玻利瓦尔主义、萨莫拉的思想、马克思的科学社会主义、列宁主义、毛泽东思想、基督教教义、古印第安人的村社思想、何塞·马蒂的思想甚至托洛茨基主义。这些就决定了查韦斯的"21 世纪社会主义"既不是传统的社会主义，也不是某一种单一的社会主义，而是多种社会主义的

---

① 沈跃萍：《查韦斯"21 世纪社会主义"解读》，载于《当代世界与社会主义》2008 年第 3 期。

② Mary Pili Hernandez,¿Que es el Socialismo del siglo XXI? http：//www. paginal2. com. ar/diario/el mundo/4 – 77098 – 2006 – 12 – 02. html.

集合体①。

（一）民族社会主义是查韦斯"21世纪社会主义"的基础

玻利瓦尔主义、西蒙·罗德里格斯和萨莫拉的思想、印第安人的传统村社思想都具有鲜明的民族主义特点，也是查韦斯"21世纪社会主义"的理论基础。对内，查韦斯将玻利瓦尔写进新国家的国名里面，以玻利瓦尔主义团结全国人民，大力发展国有经济，以实现国家富强、人民幸福为"21世纪社会主义"的目标；对外坚持独立自主，反对霸权主义，维护委内瑞拉国家利益。

（二）民主社会主义是查韦斯"21世纪社会主义"的核心内容

查韦斯在1999年第一次总统就职演说中就明确提出要建立一个"公正、民主的社会权力国家"。2005年以来，查韦斯多次表示说，"我是21世纪的社会主义者"，"社会主义是我国人民和人类唯一的解决办法"，"解决目前世界上存在的问题，依靠资本主义是行不通的，而是要靠社会主义"。2006年2月，查韦斯在一档电视节目中向全体人民宣称，所要"建立一个新型的21世纪社会主义"是一个"人民的需要而不是资本的需要置于优先地位的更人道、平等和公正的社会"。同年，在一次讲演中，查韦斯再次强调21世纪社会主义是"建立在团结、兄弟般的情谊、友爱互助、正义、自由和公正基础上的社会主义"。以平等、自由以及社会团结与社会公正构成了"21世纪社会主义"的内核。

（三）科学社会主义是查韦斯"21世纪社会主义"的重要借鉴

查韦斯指出，在"21世纪社会主义"思想理论建设中应广泛吸纳马克思的科学社会主义。他还说，"21世纪社会主义"的计划可以参阅马列主义著作。查韦斯还指出，他的社会主义理论来自马克思、列宁的著作。查韦斯甚至还动用总统的权力下令，政府部门的工作人员，军队、学校、国有企业和私人企业中的雇员都要学习马列主义理论，而且每周学习的时间不得少于4小时。根据科学社会主义理论的

---

① 陆轶之：《查韦斯"21世纪社会主义"之内涵》，载于《延边大学学报》（社会科学版）2009年第5期。

判断，查韦斯批判和否定资本主义，指出"解决目前世界上存在的问题，依靠资本主义是行不通的，只有依靠社会主义"。查韦斯相信社会主义是摆脱贫困的唯一途径，也是委内瑞拉人民和人类摆脱资本主义堕落的唯一解决方法。他吸收了科学社会主义中关于人的发展的理论，认为"21世纪社会主义"是"一种新型的社会主义，它把人而不是机器或国家放在一切事情的前面"，要与20世纪社会主义相区别，就不得不是一种自由的社会主义，它要确保"每个人的自由发展是一切人的自由发展的条件"。查韦斯还倡议建立"第五国际"，实现社会主义革命的国际联合。

（四）基督教社会主义构成查韦斯"21世纪社会主义"的重要内容

查韦斯认为"耶稣基督是第一个社会主义者"，称赞基督教反对专制统治、特权阶层和绝对权力的思想，以及基督教追求社会公正和为了人类的尊严、平等和自由而斗争的精神，在查韦斯看来，基督教这些教义与社会主义是一致的，因此"不但要从基督教义中汲取道德营养，而且还要把它作为首要特征"。

三　主要实践

1999年2月查韦斯就任委内瑞拉总统后，开始对委内瑞拉进行大刀阔斧的改革，特别是在提出"21世纪社会主义"以后，查韦斯全面深化委内瑞拉政治、经济、社会和对外领域的改革与建设，努力建设他理想中的"完完全全的社会主义国家"。

（一）政治领域

1. 制定和修改《宪法》

查韦斯认为宪法是建设"21世纪社会主义"的最重要的推进器。在1999年2月成为委内瑞拉总统伊始，当年4月25日，举行全民公决，92%的选民投票赞成成立立宪大会。7月25日，举行立宪大会选举，8月3日，立宪大会开始运转。立宪大会对1961年的宪法进行了实质性的修改，11月20日，立宪大会提交了1999年新宪法草案，12月15日，就新宪法草案举行全民公决，70%的选民投票赞成并通过了新宪法。12月20

日，立宪大会正式颁布了新宪法①。新宪法的通过标志着玻利瓦尔革命的开始。新宪法主要包括以下改革的内容：

第一，将国名更改为"委内瑞拉玻利瓦尔共和国"，显示了与以前的共和国体制决裂的决心。新宪法确定了把玻利瓦尔的思想作为重建委内瑞拉的指导思想。新宪法第一条明确指出，共和国的"道德遗产和自由、平等、正义、国际和平等的价值观均以解放者西蒙·玻利瓦尔的学说为依据"，新宪法树立了"玻利瓦尔主义"作为立国的旗帜，具有很强的号召性。

第二，废除了传统的三权分立体制，在保留立法权、行政权、司法权的基础上，增选选举权和道德权，建立五权制衡的政治体制。

第三，实施议会改革，将原来的两院合并为一院，削弱了议会的权力。

第四，延长了总统任期，将总统任期从5年改为6年，最多可以连任一次。

2009年2月15日，委内瑞拉就宪法修正案举行全民公决，这是查韦斯执政以来的第15次选举或公投。这次公决的宪法修正案修改的条文不多，只述及现行1999年宪法中有关总统、州长、市长、议员等由选举产生的公职人员的任期的5条条文，即第160、162、174、192、230条。通过修宪公投，取消了连选连任的限制。

2. 发展人民民主

查韦斯当选总统以后，致力于促进人民群众直接参与国家事务、当家做主的制度建设。于是，2006年，颁布了《社区委员会法》，在全国建立几万个基层权力机构——社区委员会。工人、农民、学生、妇女和印第安人等社会中下层群众可直接参与到社区委员会的管理中，社区委员会独立运作，经费由政府资助，负责统筹医疗卫生、教育培训、基础设施建设、社会治安等一系列事务。代表由民主选举产生，可以随时罢免。这种"主人翁式的、革命的、社会主义的"参与式民主，提高了基层群

---

① 委内瑞拉1999年宪法的中文译文，请参见《世界各国宪法》编辑委员会编译《世界各国宪法》美洲大洋洲卷，中国监察出版社2012年版，第861—887页。

众参政议政的热情和能力，也为查韦斯赢得了基层拥护，执政基础得以夯实。

3. 加强执政党建设

查韦斯深刻认识到，执政党的强大，是实现"21世纪社会主义"的远大目标的"强有力发动机"。2006年，查韦斯蝉联总统后，开始着手进行"21世纪社会主义"的左翼政党的整合，解散了原来的"第五共和国运动"，于2008年3月14日正式成立了"委内瑞拉统一社会主义党"（简称"统社党"）。2009年11月19日至2010年4月24日，统一社会主义党召开第一次特别代表大会，通过了《党章》《原则宣言》和《纲领性文件》三个文件，确立了党的指导思想和奋斗目标。查韦斯表示，"通过这次大会，统一社会主义才真正完成了建党任务"。[1] 统一社会主义党也完成了从"选举党"向"执政党"的转型。

另外，查韦斯也非常重视统一社会主义党与国际上的社会主义政党进行交流，他曾倡导建立"第五国际"。

4. 加强对军队的控制和建设

查韦斯出身于军人，在军人中有很高的威望，曾经领导兵变失败，也曾经遭遇兵变险些下台，自然非常清楚军队的重要性。他吸收毛泽东思想中的建军思想，主张"党指挥枪"和"军民一家"，提出要建设一支"爱国主义的、人民的、反帝的社会主义军队"，在军队当中加强意识形态的宣传。同时，任命大量军人出身的人士担任党的领导职务和政府要职，确保军队的支持和忠诚。

（二）经济领域

1. 实施国有化改革

2001年，查韦斯政府先后颁布《新油气资源法》和《石油法》，将委内瑞拉最重要的石油资源重新收回到政府手中，由此掌握了丰厚的石油收入，极大地增强了政府的财政动员能力。2007年，查韦斯政府相继完成了电信、电力、水泥、钢铁等重要行业的国有化，2008年进一步推动了通信、电力和运输行业的私营企业实现国有化。2009年委内瑞拉又

---

① 康学同主编：《当代拉美政党简史》，当代世界出版社2011年版，第475页。

对国内外七家银行实行了国有化。这样，国有经济产值占委内瑞拉国内生产总值的比例上升到30%左右①。

2. 进行土地改革

2001年，为了兑现此前在竞选纲领中提出的"耕者有其田"的目标，查韦斯政府颁布《土地与农村发展法》，规定政府有权没收和再分配闲置、产权不明晰的土地，将其分给无地农民。对于地主闲置的土地或不合理占有的土地，政府有权收回或低价收购，然后分给无地可种的农民。这样，大庄园制得以废除，无地农民分到了土地。同时，查韦斯政府通过向农民提供低息贷款、低价出售或出租生产资料、免费提供技术指导等手段，大力促进农业生产，基本实现了粮食的自给自足。

3. 推行合作社经济

查韦斯认为，完成向"完美的社会主义"过渡，最终建成他理想中的"21世纪社会主义"的一个重要途径就是广泛建立合作社，因此，他在委内瑞拉大力推行合作社建设。查韦斯政府没收和售卖了地主和大土地所有者的土地，将其分给无地或者少地的农民，在农村组建数量巨大的生产合作社。废弃和效益低的工厂、矿山等也被工人组成的合作社接管经营，共有数十万家之多。查韦斯政府通过一系列优惠措施大力支持和引导各个行业走上合作社道路。为此，查韦斯专门划拨了5000万美元，建立合作基金，向合作社提供财政支持，另拨出5000万美元，专门改善社区基础设施。

（三）社会领域

1. 改善民生，提高社会福利

查韦斯政府通过掌握的石油收入，推行一系列改善民生、提高社会福利的制度建设，努力实现社会公正。政府实施了一系列的社会计划，一是推出"深入贫民区计划"，建立为贫困阶层提供包括免费看病、12小时医疗服务、24小时急诊服务、上门就医等基本的医疗卫生服务的大众诊所，所有的医药费都由国家开支，全部免费。二是建立"梅卡尔"食

---

① 陈华：《委内瑞拉"21世纪社会主义"》，载于洪君主编《当代世界研究文选（2012—2013）》，党建读物出版社2013年版，第220页。

品商店网络，设立低于市场价格的梅卡尔商店，国家对这些商店的食品提供30%的补贴，并向单身母亲提供。三是建立"社会主义城市"计划，在国内人烟稀少的地方建立"社会主义"城市，试行人民自治。

2. 加大投入，促进教育发展

查韦斯政府重视人民的教育，针对不同年龄层次和文化层次的人群制订了独特的教育计划。首先，政府兴建了公立的免费幼儿园，普及学前教育。从 2003 年起，"鲁滨逊计划"扫盲运动正式启动，查韦斯政府专门拨款成立了国家和地方委员会，开展全国范围内的扫盲运动。在取得基本扫除文盲的成果上，查韦斯政府继续推进"鲁滨逊 2 号计划"，目的是使所有居民提高到六年级的水平。查韦斯政府还制订了针对中学的"里瓦斯计划"和针对大学的"苏克雷计划"，保障青少年都能获得良好的教育，还为学生建立了政府补贴的校餐计划。此外，还将建立"玻利瓦尔大众教育"机制，开展社会核心价值观教育。

（四）外交领域

1. 充当反美先锋

自查韦斯上台以来，他在国际政治舞台上以"反美先锋"闻名于世。他多次批评美国的霸权政策，公开谴责美国对伊拉克、利比亚的军事行动，在公开场合嘲弄美国领导人，倡导南南联合，共同抵制以美国为首的资本主义，建立国际政治经济新秩序。

2. 推动拉美一体化进程

查韦斯深受玻利瓦尔"拉丁美洲联盟"思想的影响，一直梦想建立一个统一的拉美国家。2001 年，查韦斯提出建立"美洲玻利瓦尔替代计划"的构想，号召在团结合作的基础上实现拉美和加勒比地区一体化。2004 年 12 月，查韦斯与卡斯特罗共同签署了"美洲玻利瓦尔替代（计划）"的协议。2009 年，正式更名为"美洲玻利瓦尔联盟"，成员国扩展到包括玻利维亚、多米尼加、厄瓜多尔等在内的九个拉美国家。该联盟在委内瑞拉的主导下，希望通过在能源、政治、经济、外交等多方面的互助合作，实现可持续发展和一体化。2011 年 12 月 2—3 日，首届拉美和加勒比共同体峰会在委内瑞拉首都加拉加斯召开，拉美及加勒比地区的 33 个国家总统、政府首脑或代表出席会议，会议通过了《加拉加斯宣言》《加拉加斯行动计划》和《拉美和加勒比共同体章程》等 22 个文件，正式宣告拉共体成立。首届拉共体峰会突出拉美独立的主题，会议以"沿着解放者的道路前进"为会标。查韦斯总统在开幕式上指出，在委内瑞拉和拉美独立 200 周年之际，在美洲解放者玻利瓦尔的故乡，拉共体的成立是一件值得全人类纪念的历史事件，表明这一地区的人民正在觉醒。

3. 开展"能源外交"，拓宽外交空间

近年来，委内瑞拉在国际能源格局中的地位上升。查韦斯政府充分发挥"能源外交"的优势，先后与安第斯共同体国家、南方共同市场国家、加勒比地区国家分别签署了能源贸易协议，还向 13 个加勒比地区国家投入 5000 万美元作为地区联盟的合作基金，向其提供 15 年期限的优惠贷款。查韦斯把南方国家每年支付的 270 亿美元债务利息中的 50% 作为特殊发展基金，帮助需要资金的拉美各国，此举受到了拉美各国政府尤其是加勒比海小国政府的认同，确立了委内瑞拉在拉美地区的重要地位。

查韦斯政府先后与伊朗结为"战略联盟"，与法国签署了能源合作协议，成为欧洲长期的石油和天然气供应国。查韦斯政府非常重视和中国之间展开的包括石油、农业、矿业、旅游、电信等各领域的合作，两国建立的"面向未来、共同发展的战略伙伴关系"步入了全新阶段。此外，查韦斯政府还重视同俄罗斯、白俄罗斯发展外交关系。委内瑞拉在国际上的地位迅速提高。

四　前景展望

2013 年 3 月 5 日，查韦斯总统因病去世。虽然在他生前委内瑞拉已经完成了权力交接，由副总统尼古拉斯·马杜罗（Nicolás Maduro，1962 － ）接替统一社会主义党领袖和代行国家总统职权。作为查韦斯生前忠实的战友，马杜罗与查韦斯曾经一起创建了"第五共和国运动"，在查韦斯军事政变身陷囹圄时鼎力营救，帮助查韦斯赢得总统竞选后一直充当查韦斯的得力助手，毫无疑问，马杜罗是查韦斯倡导的委内瑞拉"21 世纪社会主义"事业的重要继承者。在 2013 年 4 月 14 日大选中，马杜罗当选总统，4 月 19 日正式就任。马杜罗宣称将继续履行查韦斯的政治遗嘱——2012 年 6 月查韦斯提出的《祖国计划》即《第二个国家经济和社会发展社会主义计划（2013—2019 年）》①，该计划包括 5 个历史性目标和 23 个国家目标，涵盖生产力、安全、能源、社会议程和人民公社，可以看作"21 世纪社会主义"事业的全面推进。根据这一计划，在这 7 年，国内生产总值年均增长率为 3%—4%，年均通货膨胀率为 20%；原油日产量将从 2014 年为 330 万桶增加到 2019 年的 600 万桶；平均失业率为 5%—7%；贫困家庭占家庭总数从 2011 年的 24.57%，减少到 2019 年的 15%，而赤贫家庭占家庭总数从 2011 年的 6.97%，减少到 0。

　　然而，委内瑞拉"21 世纪社会主义"理论由查韦斯提出，又经他多年一手经营，自然带有强烈的查韦斯个人色彩。在后查韦斯时代，自马杜罗执政以来，委内瑞拉的"21 世纪社会主义"的前景变得黯淡起来。主要是因为：

　　（一）理论自身的缺陷

　　"21 世纪社会主义"虽然冠名社会主义，也吸收了不少马克思主义的内容，但它始终不能称为科学社会主义。查韦斯对各种形形色色的社会主义思潮奉行"拿来主义"，搞了一个社会主义"大杂烩"，看上去这些理论中的合理部分能够"为我所用"，但这些理论从本质上不能相容，彼此之间甚至还会存在排斥性。譬如，科学社会主义是无神论，与基督教社会主义是根本对立的，两者放在一起，理论上必然发生冲突。因此，"21 世纪社会主义"从根本上不是一个科学的整体，理论上存在重大的缺陷。"21 世纪社会主义"由查韦斯创立，一直以来也是由查韦斯所阐释。查韦斯去世以后，"21 世纪社会主义"的理论权威不复存在，其合法性和权威性将极大地削弱，如果理论的各个部分发生冲突，将无法得到合理的解释和解决。也就意味着查韦斯去世后，"21 世纪社会主义"理论面临着空前的危机。

　　（二）国内国际环境发生重大变化

　　"21 世纪社会主义"之所以能在委内瑞拉推行这么多年的基础条件是

---

　　① 西班牙文原文全文请查阅：WWW. asambleanacional. gob. ve/uploads/botones/bot＿90998c61。

查韦斯的"强人政治"基础、石油收入支撑的经济基础和民众的支持。在马杜罗时代，这些基础条件正在发生着一些重大或者悄然的变化：

第一，从 2013 年 4 月 14 日大选中，马杜罗仅以 0.5% 的得票率优势险胜反对派联盟民主团结联盟候选人恩里克·卡普里莱斯（Henrique Capriles，1972 –　）可以看出，"21 世纪社会主义"将会遭遇反对派越来越强的挑战。反对派的力量几乎与执政党查韦斯派的力量势均力敌，平分秋色。

第二，执政党内部存在矛盾。马杜罗执政两年多来，继承查韦斯的遗志，继续在委内瑞拉实施玻利瓦尔社会主义革命。政治上，2014 年 7 月 26 日至 31 日，执政党委内瑞拉统一社会主义党召开了"三大"。大会一致确认查韦斯是党永远的领袖和创始人，一致同意总统马杜罗当选为党的主席。"三大"强调今后委内瑞拉党和国家将继续进行查韦斯主张的玻利瓦尔社会主义革命，坚持查韦斯确定的基本方针、路线，大会强调经济工作是党今后工作的重点。但是，种种迹象表明，委内瑞拉统一社会主义党内部存在不少矛盾。就在"三大"召开前夕，6 月 17 日，马杜罗撤换了长期以来主管国家经济事务的计划部长希奥达尼，指责他"背叛了"查韦斯的方针，而希奥达尼则发表公开信，批评马杜罗领导不力。委内瑞拉统一社会主义党领导成员之一、前部长纳瓦罗公开支持希奥达尼，被开除出党。

第三，在经济上，"21 世纪社会主义"赖以推行的经济基础不可持续。查韦斯时代的"21 世纪社会主义"都是建立在丰厚的石油收入的基础之上，这也造成了委内瑞拉经济过度依赖石油产业，结构单一，经济发展面临着极大的风险。2009 年和 2010 年，还是在查韦斯执政的时代，委内瑞拉经济已经出现了比较明显的衰退。随着全球经济低迷导致的原油价格难以攀升和刺激政策短期效应的逐步消退，委内瑞拉的经济增幅将进一步放缓，马杜罗继续推行"21 世纪社会主义"的阻力将会非常大。由于近年来，国际油价下跌了 50% 以上，使主要依赖石油出口的委内瑞拉经济受到严重影响，再加上政府经济管理不善，政策偏激，2014 年委内瑞拉经济增长为 –4%，通货膨胀高达 63.6%。由于外汇收入减少，进口压缩，再加上不法商人囤积居奇，投机倒把，使食品和基本生活用品供应紧张。据预计。2015 年委经济将会进一步恶化。社会方面，国内暴力活动猖獗，居民不安全感严重。2014 年 2 月中旬，委反对派和部分大学生举行一系列游行示威，后演变成政治危机，夺走了 43 人的生命，800 多人受伤和数百人被捕。

第四，在外交方面，美国加强对委内瑞拉的制裁和压力。2014 年 12 月 18 日，奥巴马签署由美国会众参两院通过的"保护委内瑞拉人权与公民社会法案"，并决定以侵犯人权为由对 50 多名委政府官员进行制裁。2015 年 2 月 12 日，马杜罗宣布挫败了一起美国支持的政变阴谋，指责反对派的极端分子在美国的支持下，企图推翻委合法政府。2 月 20 日，委内瑞拉政府逮捕了反对派头目之一、加拉加斯市长莱德斯马。2 月 28 日，马杜罗宣布将采取限制美国驻委外交人员的数量和行为、限制部分美政治人物入境、要求美国公民入境必须申请签证等一系列措施。3 月 9 日，奥巴马签署一项行政法令，认为委内瑞拉的局势对美国外交和国家安全构成"极大和非同寻常的威胁"，宣布美委关系"处于紧急状态"，该法令还确定对 7 名委内瑞拉高官实施制裁。面对美国政府的惩罚和制裁措施，马杜罗领导的委党和政府采取"以牙还牙"针锋相对的政策，3 月 14 日，委开始全国范围军事演习，为期 10 天，近 8 万名军人和两万名民兵参与其中。委美关系再度出现紧张。委要求奥巴马取消这一法令，并在国内外征集了 1300 万签名，要求"奥巴马立即撤销行政令"。4 月 11 日，马杜罗与奥巴马两人在巴拿马美洲峰会上举行了 10 分钟的短暂会晤，两国关系有所缓和。今年 12 月 6 日，委内瑞拉将举行国民大会选举，执政党统社党能否保住在国会中的多数还不得而知；2016 年 4 月，马杜罗执政满一半时，委内瑞拉将举行罢免性公投，这两次投票，对马杜罗政府和统社党将是一个严峻考验。

第五，民众对马杜罗政府的热情和支持正在减弱。查韦斯时代，"21 世纪社会主义"使得中下层人民群众受益，但随着改革的深入，福利改善的边际效用也逐渐减小，中下层群众的热情也慢慢消退。但在改革中利益受损的上层人士、受到忽视的中产阶级以及改革创造出来的特殊利益阶层（"玻利瓦尔阶层"）正凝聚成反对的力量。如果马杜罗接掌国家权力以后不能重新振奋民众对"21 世纪社会主义"的热情获得强大的动员能力，那么他将会成为"孤家寡人"，"21 世纪社会主义"事业也将会面临夭折的危险。

第二节　厄瓜多尔的"21 世纪社会主义"

厄瓜多尔"21 世纪社会主义"，实质就是厄瓜多尔总统、主权祖国联盟主席拉斐尔·科雷亚·德尔加多（Rafael Correa Delgado, 1963 -　　）的思想[①]。科雷亚 1963 年生于瓜亚基尔，毕业于厄瓜多尔天主教大学。大学毕业后自愿到印第安人聚居的山区的一所土著人学校教学，并协助当地印第安人发展农业项目。后回到母校任教，长期担任大学教授，从事研究工作。1991 年获比利时鲁汶天主教大学经济学硕士学位，2001 年获美国伊利诺伊大学经济学博士学位。1993 年至 2005 年期间，先后担任圣弗朗西斯科大学首席教授、经济系主任、社会经济研究中心主任，2005 年 4 月被任命为经济和财政部长。4 个月后因言行偏激被免职。2005 年 11 月，组建主权祖国联盟，一年后作为主权祖国联盟的候选人成功竞选总统，2007 年 1 月宣誓就职，2009 年 4 月新宪法通过后再次当选总统，2013 年获得连任，执政至今。

厄瓜多尔的"21 世纪社会主义"理论是在厄瓜多尔新自由主义改革失败的背景下，科雷亚在长期的教学、研究和思考中逐渐形成，并运用于其执政实践中的左翼思想。

一　产生背景

（一）新自由主义改革的失败

如同其他拉美国家一样，厄瓜多尔在经历了"失去的十年"之后，也开始寻求以新自由主义改革摆脱发展困境。这些改革包括政府放松对经济的管制，扩大经济的私有化领域，重点产业或行业允许跨国企业进入等。新自由主义改革的标志性事件是厄瓜多尔在 2000 年前后完成了

[①]　高波：《厄瓜多尔"21 世纪社会主义"》，载于洪君主编《当代世界研究文选（2012—2013）》，党建读物出版社 2013 年版。

"美元化"，即以美元正式替代原来厄瓜多尔的法定货币苏克雷作为新的官方货币。

新自由主义虽然一定程度上刺激了厄瓜多尔经济的增长，但是也带来了严重的问题。一是严重的腐败问题。在新自由主义改革中，政治家和官僚利用手中的权力，化公为私，攫取个人利益，贪污腐化现象特别严重。曾经有多任总统因涉嫌贪污腐化遭到弹劾、罢免甚至逮捕。二是贫富分化严重。由于新自由主义改革削弱了国家调控的功能，经济社会发展处于自由放任状态，绝对贫困得不到缓解，贫富差距进一步拉大。三是政局动荡，民心涣散。十几年来，厄瓜多尔的总统几乎没有一任完成完整的任期，多数都是中途被罢免或者推翻，政局的动荡也造成改革政策朝令夕改，难以贯彻。在这种动荡的局面下，许多厄瓜多尔人选择移民海外，造成人力资源的大量流失。

2015 年，科雷亚发表了他的新书《厄瓜多尔：香蕉共和国的迷失》。本书收集了他长期以来对新自由主义的批判，很大程度上代表了厄瓜多尔人的普遍感受。科雷亚认为，由于从 20 世纪 80 年代末至 2006 年这十多年，厄瓜多尔历届政府奉行了新自由主义的模式，使厄瓜多尔人均国内生产总值几乎没有增长，不平等现象加剧，失业率成倍增长，大量居民移民国外。除了经济方面的失败外，厄瓜多尔的主权和民主制度也受到伤害。与此同时，几乎所有的拉美国家都奉行了新自由主义，拉美各国经济停滞不前，贫困加剧，资源遭到掠夺。科雷亚以生动的事例，有力地说明新自由主义对厄瓜多尔和拉美其他国家来说，意味着"漫长和悲伤之夜"。正是由于新自由主义的罪过，使厄瓜多尔这个香蕉共和国迷失，因为"最近几十年来的所作所为实在没有搞出什么名堂"，"除了经济社会失败外，新自由主义也严重损害了民主制度的合法性"。

新自由主义改革的失败促使厄瓜多尔国内逐渐意识到必须果断抛弃"华盛顿共识"，"找到自己的道路，不要别人给我们提供方案和建议"。正如科雷亚所言，"厄瓜多尔和拉丁美洲不只应当寻求新的发展战略，还应当寻求一种新的发展理念：这就是不应简单地模仿体现居主导地位国家或集团的观念、经验或利益的模式……"①

（二）土著印第安人政治力量的崛起

20世纪90年代，随着土著印第安人生活水平和教育质量的提高，他们的政治参与意识不断增强。特别是经济改革牵涉土著印第安人的利益领域较多，因此，土著印第安人中涌现出不少政治人物，形成一股新的政治力量，为土著印第安人群体的利益代言。在这些土著印第安人政治家的带领下，土著印第安人通过游行示威、占领土地、发动起义、与政府谈判等方式，积极参与国家的政治活动，并且获得了国际组织（如联合国土著印第安人问题工作组、美洲人权委员会）的支持。自1990年起，厄瓜多尔印第安民族联合会经常举行大规模示威游行。1996年，土著印第安人政党——"帕查库蒂克多民族统一运动"成立，并在当年的全国选举中获得20%的选票和10%的国会议席，从而打破了长期以来传统几大政党垄断国家政治权力的局面。1998年，土著印第安人政党在修宪活动中发挥了重要的作用，在新宪法中规定了厄瓜多尔是多民族和多文化的国家，承认土著印第安人的集体权利，尊重古代医学和司法惯例等承认和尊重印第安人地位的条文。土著印第安人在各级公共机构也都有了自己的代表，厄瓜多尔政治格局从单一走向了多元化。

印第安人在厄瓜多尔政坛上的崛起，也将他们的传统思想带入国家的政治理念之中。印第安人朴素的平等观、公平观、团结、合作等内容构成了印第安社会主义的核心价值观，经过土著印第安政治家的传播，逐渐为社会大众所接受，并产生一定的影响。

（三）科雷亚个人经历与认识

科雷亚出身贫寒，经过个人努力奋斗接受了良好的高等教育。还在学生时代，担任过学生组织领导人，他关心国家的命运和社会的发展。毕业后即到印第安人聚居的山区担任过志愿者，与印第安人居民有着广泛的接触和交往，他也接触到印第安人的一些传统思想。在这段时间里，科雷亚还积极投身于支持印第安人发展的农业项目之中，这些特殊的经

---

① ［厄］拉斐尔·科雷亚·德尔加多：《厄瓜多尔：香蕉共和国的迷失》，当代世界出版社2014年，序2，第5、41、128页。

历锻炼了青年时代的科雷亚，使他更为关心民间疾苦。后来，科雷亚返回大学任教，长期从事经济领域方面的教学和研究，成为国内一流的经济学家，并长期在海外学习，开阔了视野。在对厄瓜多尔国内改革的观察和研究中，科雷亚意识到新自由主义的种种弊端，强烈意识到"华盛顿共识"不仅仅是政治上的失败，在经济上和社会上也失败了。因而开始倾向于社会主义，从科学社会主义、空想社会主义到拉美国家自己的社会主义思想，例如安第斯社会主义思想、基督教社会主义等各种思潮，他还非常关注在中国产生的毛泽东思想和邓小平理论。科雷亚逐渐成长为厄瓜多尔左翼的代表人物，并以观点激进、激烈批评现政府的政治人物形象得到越来越多的支持。在担任经济和财政部长期间，他宣布将原本用于偿还债务的收入用于社会福利，还批评世界银行干涉厄瓜多尔内政，并与委内瑞拉总统查韦斯建立了联系，受其一定的影响。2006 年，大选获胜以后，科雷亚果然将其有关社会主义的一系列思想付诸于改革实践，从而将"21 世纪社会主义"从理论提升为治国理政的指导思想。

二　基本内涵

（一）科雷亚"21 世纪社会主义"是各种社会主义思想的集合体

科雷亚所倡导的厄瓜多尔"21 世纪社会主义"① 借鉴和吸收了以往各种社会主义的思想（科雷亚称之为"传统社会主义"）对其有益的部分，加以改造和吸收，构成其主要的理论框架。

1. 科学社会主义理论

科雷亚赞同马克思和恩格斯提出的科学社会主义理论的许多思想，如劳动比资本重要的思想，使用价值比交换价值重要的思想。因而，"21 世纪社会主义"特别尊重人类劳动的重要性，强调物的价值首先是满足使用的需要。科雷亚认为，厄瓜多尔二三十年间所积累的经验印证了这些社会主义的最基本原则，从新自由主义的失败中也看到这些原则的重要性。

---

① ［厄］拉斐尔·科雷亚·德尔加多：《厄瓜多尔的"21 世纪社会主义"》，载于《拉丁美洲研究》2008 年第 1 期。

科学社会主义在一些国家的本土化和特色化也引起科雷亚的重视并加以学习。科雷亚高度评价毛泽东思想和邓小平理论。科雷亚认为毛泽东思想主张无产阶级专政和无产阶级先锋队作为先锋队，强调农民的作用，提倡通过党的直接行动引导彻底的改革，把处在被压迫阶层的农民、工人、无产阶级以及一部分小资产阶级、民族资本家等不同阶层的人团结起来。科雷亚高度赞赏邓小平提倡的社会主义，其中解放思想、实事求是的思想突破了社会主义的教条形式，以现实为基础，提出的社会主义初级理论以及通过改革开放来推动社会主义发展等这一系列重要思想都为"21世纪社会主义"理论所吸收，成为其指导思想之一。

2. 传统社会主义理论

传统社会主义理论包括很多，如欧文的空想社会主义、基督教社会主义、安第斯社会主义的思想、西班牙内战时期的自治社会主义、纳赛尔的泛阿拉伯社会主义以及厄瓜多尔也出现了对社会主义的不同的认识和理解，如诗意社会主义、农业社会主义、革命社会主义以及批评社会主义等。在这么多形形色色的社会主义理论中，基督教社会主义和安第斯社会主义对科雷亚"21世纪社会主义"思想产生了重大的影响。

基督教社会主义由塞尔蒙·蒙达亚所提出，主张推行公正、和平的改革，最重要的是强调社会主义，也是拉美社会主义思想的重要源头。科雷亚承认"基督教社会主义对拉美、对我们国家的政府及对我本人都产生了非常重要的影响，因为我也是基督教徒，我的很多政治、经济及社会政策的基础都来源于基督教社会主义，来源于基督教。因此，拉美这个特殊的社会主义也包含基督教社会主义的理论"。

安第斯社会主义是由秘鲁著名的马克思主义者何塞·卡洛斯·马里亚特吉（José Carlos Mariátegui，1894－1930）提出的，马里亚特吉吸取了安第斯国家传统的许多朴素的社会主义理论，特别强调"不是所有的问题都能在一些手册上找到答案，认为社会主义不是固定的理论，而是要自己去寻找"。

科雷亚认为，21世纪社会主义的一个重要特点，就是不再相信教条了，而是把不同学派的优点结合起来，从实际出发，从人民革命和实际斗争出发，探索自己的发展道路。

（二）科雷亚"21世纪社会主义"的主要特点

1. "21世纪社会主义"是一种方法论

科雷亚认为，"首先，21世纪社会主义是方法论"。21世纪社会主义区别于资本主义。它意味着以一种新的方法和视角来观察经济和社会的运行，从而作出相应的制度安排。科雷亚特别强调"我们的原则就是与资本主义不同，这是非常重要的"。21世纪社会主义不是一种模式，而是一些观点。科雷亚强烈反对社会主义的教条和僵化，认为并不存在一些固定的规律或教条。不可能在某本书、某一章中看到一个"21世纪社会主义"的固定模式或解释。因此，"21世纪社会主义"讲的是一些观点，但并非模式，也没有一定的模式，所有的国家都处于发展过程中，有些是发达国家，有些是发展中国家，它们的情况是不一样的，不可能遵循相同的教条和方法，遵循一种教条对所有国家都是一种灾难。

"21世纪社会主义"是一个不断发展和自我革新的过程。方法论本身就具备一个不断纠错和自我更新的内在功能。科雷亚提倡在学术界探讨"21世纪社会主义"，认为缺乏思考是错误的，缺乏批评与自我批评也是不对的。如果缺少这些思考和批评就会误入歧途。只有不断革新和自我建设才能继续前进，"21世纪社会主义"永远是在自我建设的过程中。

2. "21世纪社会主义"重视国家的作用

科雷亚"21世纪社会主义"的特点就是给予国家的集体行动以足够的重视。科雷亚认为，新自由主义提倡放任自由的市场竞争，追求利润是其唯一的目的，因而严重忽视了国家行动和集体行动，具有重大的缺陷。"21世纪社会主义"要坚决克服新自由主义的缺陷，恢复国家的职能，加强国家引导经济，因为国家对市场的调控是国家的基本功能之一，对经济增长和社会发展都起着非常重要的作用。

科雷亚高度评价了中国的国家调控，认为中国通过政府作出重大决定来调控市场。"中国社会通过集体的行动、政府的决策，来进行正确的市场调控，很好地利用了市场。"科雷亚充分吸取中国在这方面的经验，将"给予国家足够的权力，使国家可以通过集体行动来调控经济，作为'21世纪社会主义'理论和实践的重要组成部分"。

3. 科雷亚的"21世纪社会主义"具有强烈的本国特色

科雷亚强调，厄瓜多尔的"21世纪社会主义"与委内瑞拉、玻利维亚的社会主义不一样，因为委内瑞拉和这些国家社会、国情都不相同，因此，各国对"21世纪社会主义"模式的认识是不一样的。比如中国的社会主义模式适合中国的国情，但对厄瓜多尔就不一定适用。反过来也是一样。为此，要根据本国实际情况，发展适应各国自身及地区现状的社会主义。

4. 科雷亚的"21世纪社会主义"强调探索新的发展模式

拉美是世界上最不平等的地区之一，这也是拉美"21世纪社会主义"要重点解决的问题。科雷亚认为，以美国为代表的自由主义经济模式无法实现社会公正，而传统的社会主义也没有提出正确的发展观，仅仅认为现代化和更加有效地利用资源才是发展。"21世纪社会主义"在传统社会主义的社会公正观的基础上，试图找到现代发展模式的替代模式，提出新的社会发展观点。

科雷亚的"21世纪社会主义"认为社会生产力的发展和改变不应该是一种既定方式，而应该通过和平方式来进行。科雷亚强调，他不赞成生产方式的完全国有化，而是实行生产方式的民主化。像石油、机场、港口等重要的基础设施，应该由国家来控制，以有利于国家的发展，而所有提供服务的企业都应该实现产权的民主化而不是完全的国有化。

5. 科雷亚的"21世纪社会主义"强调民主和人民参与

科雷亚强调，人民是社会主义的主人，也是探索社会主义的主体，只有人民才能回答我们不断探索的这些问题。但不能把民主和大选混为一谈。民主和人民的参与应该在国家宪法的保障下进行，"21世纪社会主义"要继续推动民主进程。

三　主要实践

2005年，科雷亚总统在竞选纲领中就提出了公民革命的口号，2007年1月科雷亚上台执政后，公民革命成为科雷亚在本国推行"21世纪社会主义"而提出的执政纲领和计划，公民革命也是科雷亚政府的代名词。2015年1月7日，科雷亚总统访华期间在清华大学发表演讲时说："公民革命的实质就是要改变权力关系，以利于大多数民众。要把为少数人服务的资产阶级统治的国家，改变成为公共和普遍利益服务的真正人民的国家①"。

根据科雷亚本人的解释，"公民革命"包括 5 个轴心："宪法革命"、"道德革命"、"生产力革命"、"社会教育和卫生革命"和"主权和拉美一体化革命"，通过这 5 个方面的革命，科雷亚决心彻底改变厄瓜多尔现有的政治、经济和社会结构。执政 8 年多来，科雷亚的改革主要是围绕这些方面来进行。

（一）"宪法革命"

科雷亚认为，制定一部新宪法，是推行"21 世纪社会主义"的首要重点，是要在厄瓜多尔实行真正的民主和参与式的民主，以对政治体制进行改革。为此，厄瓜多尔先后成立了立宪大会修改宪法。2008 年 7 月 24 日，立宪大会通过了新宪法草案，9 月 28 日，对新宪法草案举行全民公决，63.93% 的公民投票赞成，新宪法正式通过。随后，又对新宪法做了一些修改。②"宪法革命"的主要成就包括以下几个方面：

1. 扩大总统职权

新宪法改变了之前对总统任期的限制，允许总统可以连任一次，总统任期为 4 年。新宪法规定，总统在一定的情况下，可解散议会、重新组织大选，总统还拥有国家的货币、信贷和汇率等金融政策的决定权。

2. 进行议会改革，限制议会权力

新宪法在保持一院制的前提下通过增加了议员的人数来保障公民能够更好地参与到民主之中，并且创建了宪法法院，独立于其他权力部门。

3. 加强国家宏观调控的能力

新宪法规定国家应更少地参与政党政治，而更多地对经济进行调控。新宪法将经济的战略部门，如石油、矿产、电信和供水等部门直接置于国家的控制之下，授予国家为了公共利益和社会利益征用财产的权力，

---

① 徐世澄：《厄瓜多尔科雷亚"公民革命"的成就及其挑战》，载于《当代世界》2015 年第 7 期。

② 厄瓜多尔 2008 年宪法的中文译文，请参见《世界各国宪法》编辑委员会编译《世界各国宪法》美洲大洋洲卷，中国监察出版社 2012 年版，第 360—402 页。

加强国家对国民经济的宏观规划与指导。为推行公民革命，科雷亚政府执政 8 年来，先后制定了"2007—2010 年公民革命计划""2009—2013年美好生活计划"和"2013—2017 年美好生活计划"。

4. 确立多种所有制并存的经济体制

新宪法提出"社会的和团结的经济"以替代原宪法中"市场经济体制"，规定国家经济可以是公有经济、私有经济、混合经济、合作经济、协作经济、社区经济和家庭经济等多种所有制并存的经济体制。

(二)"道德革命"

科雷亚"21 世纪社会主义"提倡"道德革命"，主要是想克服资本主义在道德上的缺陷，限制和规范私有经济中的垄断行为，限制剥削和超额利润。新宪法中创建了债务"非法 (ilegitimidad)"和"违法 (ile-galidad)"的概念，科雷亚政府明确提出对这两类债务可以延期偿还。

(三)"生产力革命"

为了统筹全国范围内的区域发展，缩小高原地区与沿海地区之间的发展差距，科雷亚领导的执政党经过与反对党谈判协商，达成了重新划分省区的共识。除了继续保持基多、瓜亚基尔和昆卡等传统经济中心的发展和辐射能力之外，科雷亚还在 2007 年 11 月 7 日将原瓜亚斯 (Gua-yas) 省一分为二，新建立圣·艾莱娜 (Santa Elena) 省，激发其经济发展潜力，以阻止和打消瓜亚斯省谋求自治的愿望。

(四)"社会革命"

科雷亚的"社会革命"的主要措施是土地革命，通过新宪法授权国家征收没有生产能力的土地，分配给穷人，同时提供各种生产工具，缩小贫富差距。新宪法强调在保持经济增长的同时，缩小贫富差距，增加就业，避免社会两极分化。新宪法突出了以人为本和公平分配理念，特别强调保障中下层民众利益。

值得一提的是，在科雷亚制定的"2013—2017 年美好生活计划"的第二部分"美好生活社会主义"里，科雷亚还提出"美好生活(印第安克丘亚语为 Sumak Kawsay)社会主义"的概念，"美好生活"的提法主要起源于古代印第安人对人与自然和谐共生的向往。科雷亚所提出的"美好生活社会主义"就是要建立一个多样化的、和谐的、团结的、与自然共生的社会,要过一个美好的、有尊严的、公正的、平等的、自由劳动和创造性的社会。衡量美好生活的标准是:生产的多样化和经济安全;人民享受到最好的福利:医疗、教育、有尊严的劳动、住房、居住环境等;社会公正(包括种族、性别、年龄、地区公正);社会参与;文化多样性;可持续性发展等。①

(五)"主权和拉美一体化革命"

在对外关系上,科雷亚坚决维护主权完整,反对外国在本国建立军事基地,2008 年通过的新宪法规定,禁止外国在厄瓜多尔建立军事基地。2009 年在以前的政府与美国签署的军事协议期满后,科雷亚宣布不再延长美国在厄瓜多尔曼塔的军事基地的期限,使美国于 2009 年 9 月 18 日正式撤出曼塔军事基地。2007 年 10 月 24 日,厄瓜多尔重返欧佩克组织,科雷亚政府决定不同美国签订自由贸易协议。2007 年,厄瓜多尔与巴西、阿根廷、委内瑞拉、乌拉圭、玻利维亚和巴拉圭的领导人一起,倡导和参与建立了南方银行,为南美各国融资提供便利。科雷亚政府积极参与地区性事务,推进地区一体化,先后加入南美洲国家联盟、"美洲玻利瓦尔联盟"和拉美与加勒比共同体等一体化组织。

四 主要成效

科雷亚苦心孤诣地倡导和推动"21 世纪社会主义"和公民革命,在厄瓜多尔进行了一系列相关的改革,取得了初步成效。

在政治方面,厄瓜多尔政局相对稳定。在科雷亚执政前的 10 年间,厄瓜多尔政局动荡,政变频繁,10 年内换了 7 位总统。科雷亚执政后,厄政局相对稳定。科雷亚执政 8 年中厄先后举行了 2 次大选和 7 次公民表决、国会或地方选举,执政党和科雷亚本人都获胜。2014 年 5 月 1 日,主权祖国联盟运动(成立于 2005 年)召开第四次代表会议,科雷亚再次当选党的主席。

---

① 2. El Socialismo de Buen Vivir, en Buen Vivir Plan Nacional 2013 – 2017, Secretaría Nacional de Planificación y Desarrollo, 12 de mayo de 2014, Quito, Ecuador, pp. 18 – 22, http://plan. senplades. gov. ec/anexos-del-documento.

在经济社会发展方面，2007 年至 2014 年，厄经济平均增长 4.3%，高于拉美 3.2% 的平均增长率。由于科雷亚政府采取一系列扶贫政策措施，并大幅度地增加了社会开支，厄贫困率不断下降。贫困率从 2007 年占总人口的 36.7% 减少到 2014 年的 22.5%。最低月工资从 2006 年的 170 美元，增加到目前的 354 美元，在拉美名列前茅。社会保障覆盖率从 2007 年的 26% 增加到 2014 年的 44%。[①]

在对外关系方面，科雷亚执政后，厄政府的外交政策重点从美国转向拉美国家，特别是左派执政的拉美国家以及中国、俄罗斯等国家，但仍与美国保持正常的外交和经贸关系。2013 年，厄瓜多尔政府单方面决定不再延续与美国签署的《安第斯贸易促进和根除毒品法》，还宣布中止与美国际开发署的合作。近年来，科雷亚政府的国际地位明显提高。首都基多现是南美洲国家联盟总部的所在地。2015 年厄瓜多尔成为拉美加勒比共同体的轮值主席国。在基多和瓜亚基尔经常召开国际会议，特别是左派政党和组织的会议。如 2012 年 11 月，拉美共产党在瓜亚基尔举行国际会晤；2014 年 9 月，厄主权祖国联盟在基多主持召开了第一届 "拉美进步会见"，来自拉美及欧洲 20 个国家的 35 个左翼政党或组织参加了这次会议；同年 11 月，在瓜亚基尔又举行了第 16 次世界共产党和工人党国际会晤。2015 年 9 月底，厄主权祖国联盟主持在基多召开了第二届 "拉美进步会见"，来自拉美及亚洲、欧洲和非洲 70 多个左翼政党或组织的 300 多名代表参加了这次会议。

五　挑战与前景

目前，科雷亚的 "21 世纪社会主义" 也面临着不少挑战。

（一）理论自身的缺陷

尽管科雷亚努力将各种社会主义思潮糅合进 "21 世纪社会主义" 理论中，尤其是重视吸收科学社会主义的理论精髓，而且强调以本土化和发展的态度对待社会主义理论，一定程度上可以保持 "21 世纪社会主义"

---

① 8 years of the Citizens Revolution The Knowledge Revolution, National Secretariat of Planning and Devolopment, 2015.

的合理性和先进性，但归根结底"21世纪社会主义"不是科学社会主义。它所努力包含的科学社会主义、基督教社会主义、安第斯社会主义等思想从世界观、方法论上是相对立的，因此，不可避免会发生冲突。这种"强行嫁接"而建立起来的"21世纪社会主义"理论本身存在着根本的缺陷。

（二）实践与理论脱节

社会主义往往意味着对生产关系的根本变革。科雷亚提出"21世纪社会主义"时也曾提出要对厄瓜多尔的社会关系进行重大改革和调整。但从后来一系列的改革来看，且不说没有触动厄瓜多尔资本主义制度的根本，就连生产关系中亟待解决的重大问题都没有涉及。改革中突出的两大亮点——"宪法革命"和加强国家宏观调控能力，给人一种利用新宪法行扩大总统个人权力之实的感觉，而其允诺的扩大基层人民参与民主并没有得到有效的实施。

（三）反对派不同的声音

尽管科雷亚目前在国内的威望很高，其领导的执政党在国会中占有多数席位，但目前反对派在厄瓜多尔已占据半壁江山，且首都及瓜亚基尔等大城市都掌握在反对派手中，而且反对派也得到一些群众组织的支持。反对派对"21世纪社会主义"的质疑主要有：

1. 对"21世纪社会主义"的直接质疑。如国家行动制度革新党的制宪会议代表安娜贝拉·阿津认为，"21世纪社会主义"只不过是对已经失败了的旧版社会主义的一种反映[1]。

2. 对通过的新宪法的公开批评。包括爱国社会党、印第安民族联合会、基督教社会党在内的反对派人士都认为，新宪法是"集权的"、"独裁的"，总统因而集中了过度的权力成为"超级总统"，新宪法对传统的道德原则产生了威胁，在堕胎、家庭、教育和信仰自由方面"自相矛盾"。他们甚至对新宪法中规定西班牙语是唯一官方语言颇有微词。科雷亚本人已表示他有意继续参加2017年的大选，准备在厄瓜多尔长期执政。

---

[1]　杨建民：《厄瓜多尔的"21世纪社会主义"》，载于《拉丁美洲研究》2009年第3期，第17—22页。

预计由执政党占多数的厄国会通过允许总统无限期连选连任的修宪建议的可能性比较大，但渐趋强大的反对派的抗议不会停息，这无疑将对科雷亚领导的公民革命的前景构成威胁。只要科雷亚在厄瓜多尔继续执政，他领导的公民革命会继续进行下去，但所面临的挑战和困难将增加。

（四）国内国际局势的挑战

在 2014 年举行的地方选举中，尽管执政党所获的地方政府的职位在数量上仍占优势，但反对派力量已取得明显进展。反对派夺得了首都基多和第一大城市瓜亚基尔、昆卡等重要城市市长的职位，其管辖下的人口占全国人口的一半以上。此外，由于已执政 8 年多的科雷亚想继续执政，2014 年 5 月 24 日，科雷亚在年度国情咨文中提出允许总统及其他民选公职无限期连选连任等 16 项修宪建议，遭到反对派的强烈抗议。同年 12 月 1 日，厄宪法法庭批准修宪提案进入国会审议程序，反对派要求举行公民表决以阻止科雷亚连选连任。此外，自 2014 年以来，厄印第安人联合会、亚苏尼印第安人社团、工人"统一阵线"、总工会等非政府组织因不满科雷亚企图无限期连任总统和反对政府的亚苏尼－ITT 油田开发计划，社会保障改革，《水资源法》、《劳工改革法》和《遗产法》等部分政策和改革方案中的一些条款，多次举行大规模的反政府抗议运动，削弱了政府的执政基础。

在经济方面，由于厄瓜多尔的主要出口商品石油等初级产品在国际市场的价格大幅度下降，使政府财政收入明显减少，社会开支削减，公共债务增加。2015 年 5 月 24 日，科雷亚在厄国会发表国情咨文时承认，从 2014 年 9 月至 2015 年 4 月，由于油价下跌，政府减少了 22.41 亿美元的收入。2015 年经济可能出现负增长。

此外，"21 世纪社会主义"很大程度上是科雷亚自身的思想创造，科雷亚对其拥有充分的阐释权，但是舍此之外，无人能够完全理解和掌握科雷亚的"21 世纪社会主义"的思想。虽然科雷亚通过制定新宪法延长了总统的任期，为推动"21 世纪社会主义"革命争取到了更长的时间，但一旦科雷亚任期结束以后，"21 世纪社会主义"能否继续推行下去，就要被打上大大的问号。

第三节　玻利维亚的社群社会主义

玻利维亚的"社群社会主义"思想是由以现任总统埃沃·莫拉莱斯（Evo Morales，1959 -　）为首的"争取社会主义运动"提出的，建立在反对新旧殖民主义和回归传统的平等、互惠、和谐社会的基础之上，由印第安传统思想、对资本主义的批判和反思以及吸取各种社会主义的思想养分结合在一起的新思潮。

一　产生背景

（一）印第安人问题突出

地处南美洲安第斯山区的玻利维亚是一个多民族的国家。在全国人口中，印第安人占 60%。据官方统计，玻利维亚有 36 个印第安民族，主要居住在北部亚马逊地区、东部查科平原地区以及西部安第斯山区。

1825 年，玻利维亚摆脱西班牙殖民统治，独立建国。白人和梅斯蒂索人（白人与印第安人混血种人）长期实行考迪罗政治和寡头政治统治，将印第安人排除在外。1880 年，玻利维亚议会正式通过法令，取消印第安公社，剥夺印第安人的土地，从而使地产主要集中在白人大地主手中。印第安人长期处于贫困、愚昧和落后之中。由于缺乏教育，印第安人几乎都是文盲，甚至对官方语言西班牙语一无所知，在印第安人之间通用的语言仍是克丘亚语和艾马拉语，这更是给了统治者拒绝赋予印第安人政治权利的借口。印第安人受尽新老殖民者的剥削和压迫，始终处在社会的最底层。

有压迫就会有反抗，从 19 世纪后期至 20 世纪初，印第安人为捍卫自己的土地而不断顽强地进行斗争。1927 年，印第安人举行了声势浩大地"查扬塔起义"（Alzamiento de Chayanta），沉重地打击了统治阶级的嚣张气焰。1952 年，玻利维亚爆发了一场大规模的人民武装起义，领导这次革命的民族主义革命运动掌权后采取了一系列包括普选、土地改革和矿产国有化的社会改革。印第安人不但可以参加选举，而且在土地改革中分得了土地，成为小农，印第安人公社也得以恢复。

20 世纪 70 年代后期涌现出一位印第安运动领导人菲利佩·基斯佩（Felipe Quispe，1942 - ），他于 1978 年创建了印第安人的图帕克·卡塔里运动。1984 年，玻利维亚结束军事独裁政治实行民主化改革，政治权力从中央下放到地方，激发了印第安人的民族意识和维权意识。2000 年 4 月在科恰班巴市爆发的抗议水私有化的行动中，基斯佩领导了印第安人的抗议活动，并提出了"两个玻利维亚"的争论，即"一个是印第安人的，另一个是白人的"。他认为，自从殖民时期这"两个玻利维亚"就一直处于对抗之中。这一争论使得印第安人的民族认同与以前相比发生很大的变化，即从社会的或阶级的认同向文化、族群的认同转变。

另一位印第安人政治领袖即是埃沃·莫拉莱斯。他领导的"争取社会主义运动"则将印第安人的运动引向全国，提出了多样化的统一主张，即多元文化主义。2005 年 12 月 18 日，莫拉莱斯通过竞选当选总统，并于 2006 年 1 月 22 日就任，这标志着印第安人的政治地位发生了翻天覆地的变化，已经成为玻利维亚主要的政治力量之一。

（二）新自由主义改革失败

玻利维亚是拉美天然气生产国和出口大国，但长期以来资源掌握在白人等上层阶级手中，不但经济发展落后，贫富分化和不平等现象也十分严重。20 世纪 90 年代，玻利维亚仿效其他拉美国家，引入新自由主义理论进行私有化改革。结果，不但没有起到振兴国内经济的作用，反而导致大量国有资产流失，引起广大群众的不满。1999 年，在新自由主义主导下，玻利维亚开始了水私有化改革。科恰班巴市的自来水系统被美国公司 AT 掌握并大幅度提高水价，结果引发当地大规模群众示威。抗议活动最终以 AT 放弃合同而告终。2002 年玻利维亚政府达成向北美输送天然气的协议，玻利维亚在这项协议中只能获得全部收益的 18%，引发人们的强烈不满。大规模的抗议活动爆发了暴力冲突，贡萨洛·桑切斯·洛萨达（Gonzalo Sánchez Lozada，1930 -　　）总统被迫辞职流亡国外。副总统卡洛斯·梅萨（Carlos Mesa，1953 -　　）接任总统后，虽然宣布了诸如终止天然气出口合同，并在智利出海口问题上表现出强硬的民族主义态度，但其在石油天然气国有化问题上的迟缓做法仍然引发了民众持续的大规模抗议。梅萨最终不得不在 2005 年提出辞职。这些改革暴露了新自由主义的本质，最终遭到玻利维亚人民的抛弃。

（三）莫拉莱斯个人经历

埃沃·莫拉莱斯是印第安艾马拉人，1959年10月26日出生于玻利维亚西部奥鲁罗省奥里诺卡县一个极端贫穷的印第安人家庭。和那个时代的绝大多数印第安人一样，莫拉莱斯青少年时代生活在社会最底层，这种历练一方面锻炼了莫拉莱斯坚定的心智，另一方面也激发了他为印第安人维权和抗争的信念。1979年莫拉莱斯参加了查巴雷地区的垦殖者工会组织。6年后，他当选为该组织的领导人。1988年莫拉莱斯当选为查巴雷地区古柯农组织执行秘书，1996年成为玻利维亚全国古柯农组织的领袖。1997年当选玻利维亚众议员，后因主张古柯种植合法化而被清除出议会。1999年，莫拉莱斯组建争取社会主义运动，2002年作为该党总统候选人参加大选，但在第二轮选举中以微弱劣势失利。2005年12月18日，莫拉莱斯再次参加总统选举，并以53.74%的高得票率获胜。2006年1月22日宣誓就职，从而成为该国历史上第一位印第安土著人总统。在2009年12月6日举行的总统选举中，莫拉莱斯获得64.2%的选票，再次当选总统。在2014年10月12日的大选中，获得61.4%的选票，第三次当选总统，2015年1月22日就任，任期至2020年1月。2012年3月，执政党争取社会主义运动召开"八大"，现任总统莫拉莱斯再次当选为党的领导人。

二　基本内涵

（一）"社群社会主义"的思想源泉

1. 印第安人的传统思想

印第安人曾创造了伟大的古代文明，也流传了许多朴素的宇宙观念和思想一直到后世。印第安人认为宇宙和地球是一体的，人类是大自然不可分割的一部分。①印第安人基于平等、民主、和谐的观念建立各种社群，若干数量的印第安人聚居在一起，共同拥有一片土地，共同耕种，

---

① 范蕾：《玻利维亚的"社群社会主义"》，载于《拉丁美洲研究》2009年第4期，第36—41页。

共享收获物，由此也产生了"社群文化"。莫拉莱斯将"社群"文化运用到了社会主义集体所有制的构建之中，并视其为非常重要的一环。[①] 他认为，"社会主义就是人民生活在社群与平等之中。从根本上看，农民社群里就存在社会主义。[②]"

2. 对资本主义的批判和反思

莫拉莱斯对资本主义持否定和批判的态度。他认为，资本主义体系追求利润的逻辑是一切罪恶之源。它破坏了地球、环境以及社会关系，"它向一切事物索取最大的利润。在资本主义体系下，没有什么事物是神圣而不可侵犯的，水、土地、人体基因、传统文化、正义、道德、死亡和生命本身一切都变成了商品"，资本主义要把所有人同化为单纯的消费者。世界银行和国际货币基金组织开出的新自由主义药方使多数国家陷入危机。单一的经济模式造成一种普遍的文化适应，用同一种方式看待和思考问题，即资本主义方式。资本主义全球化就这样破坏了生活的丰富性和多样性。莫拉莱斯提出，为了保护地球、生命和人类，必须消灭资本主义。于是，开展"社群社会主义"的探索。

3. 吸取各种社会主义的思想养分

莫拉莱斯广泛地吸收各种社会主义思想的有益成分，如印第安社会主义、马克思列宁主义、托洛茨基主义、拉美各种左翼思潮以及玻利维亚历史上盛行的各种社会主义思潮。莫拉莱斯高度评价人民大众在建设社会主义中的主导作用，强调社会主义的公平正义的核心价值观。但同时，莫拉莱斯对各种社会主义思想也保持着谨慎对待的态度，认为要尊重民族和文化多元化的前提，没有放之四海而皆准的社会主义模式，玻利维亚的"社群社会主义"应该是基于本土特色的，而不是照搬委内瑞拉、巴西等国的社会主义经验。

(二)"社群社会主义"的主要主张

"争取社会主义运动"的价值观基础是：自由、尊严、平等、公平、

---

① 芦思姮：《探索中的"社群社会主义"道路》，载于《中国社会科学报》2013 年 10 月 30 日第 B03 版。

② Heinz Dieterich, Evo Morales, Communitarian Socialism, and the Regional Power Block, http：//mrzine. monthlyreview. org/2006/dieterich070106. html.

对等、互补、团结、透明、社会责任、尊重生命、尊重人权、尊重文化多样性。

莫拉莱斯的"社群社会主义"主要主张①为：在玻利维亚实现社会正义，以人为本，承认人的权利；主张参与民主，召开制宪大会，选举真正代表人民利益的议员；承认玻利维亚是多民族、多元文化的国家；以印第安文明和价值为根基、以独立战争英雄的思想为指导，建立"拉美大祖国"；反对帝国主义的企图，主张第三世界国家和人民的团结，声援正在为自由、正义和解放而斗争的力量和运动；反对新自由主义的新殖民主义政策，捍卫主权、经济主权和发展权。国家资源要掌握在国家的手中；公社、工会和家庭是"争取社会主义运动"的社会发展基础，政府将保护它们；解决人民的问题是"争取社会主义运动"和政府的宗旨；"争取社会主义运动"主张"社群社会主义"，发展社团民主；保障充足的粮食供应、有效的医疗和良好的教育，捍卫贫困和边缘居民的权益，不断提高人民的购买力，重视落后地区的开发等。莫拉莱斯承认，建设"社群社会主义"任重道远，资本主义只会伤害拉丁美洲，而社会主义意味着公平和公正，使拉美不再"像过去那样被种族主义或法西斯主义者统治"。

三　主要实践

2006 年莫拉莱斯当选玻利维亚总统后，着手将"社群社会主义"理论付诸实施，在玻利维亚进行了一系列改革，主要内容包括：

（一）宪法改革

莫拉莱斯认为，旧的玻利维亚宪法体现的是"种族主义或法西斯主义者统治"，必须制定一部加强印第安人政治经济权利、体现公平和公正的新宪法。他当选总统后，成立了制宪大会，启动了新宪法的制定。2007 年 12 月 9 日，玻利维亚立宪大会通过了新宪法，2009 年 1 月 25 日玻利维亚举行新宪法的全民公决，新宪法草案以 61.8% 的支持率获得通

---

① http://www.masbolivia.org/mas/programa/principios.html.

过。同年 4 月 14 日，玻利维亚国民议会正式通过新宪法。①

新宪法强调玻利维亚的多民族国家的特性，在宪法第 1 条规定"多民族社群、自由、独立、主权、民主、跨文化、分权和自治是法治的玻利维亚共和国的基本原则。共和国建立在多元文化的基础之上，并将政治、经济、法律、文化和语言的多样性纳入国家一体化进程之中"。根据宪法，2009 年 3 月，玻利维亚议会决定将国名由"玻利维亚共和国"改为"多民族玻利维亚国"（El Estado Plurinacional de Bolivia）。

（二）政治改革

莫拉莱斯政府通过制定新宪法和推动一系列政治改革，大幅度提高了印第安人的政治地位，主要措施包括：

1. 确立印第安人在多民族国家的合法地位。宪法规定印第安人应在议会中占有一定的名额；建立多民族宪法法庭；成立多民族选举机构，印第安人在这一机构中拥有一定的代表。宪法还将 36 个印第安民族所讲的语言提高到与西班牙语一样重要的地位，都规定为官方语言，中央政府和省政府至少要使用两种官方语言。

2. 保护印第安人的合法权益。规定印第安民族有权自由地生存，有权拥有自己的文化、宗教信仰、习俗和宇宙观，有权保护传统的医学、语言、习惯、服饰，有权建立自己的体制、媒体和通信手段，有权接受多种文化和语言的教育和免费的医疗，有权实施政治、法律和经济的制度，有权分享开发他们所居住地自然资源开发的利益；濒临灭绝的印第安民族应得到保护和尊重；非裔玻利维亚民族享有与印第安民族同等的经济、社会、政治和文化的权利。

3. 赋予印第安人地方自治权利。新宪法规定印第安农民有权在他们居住的地区建立自治政府。2010 年 7 月 17 日，玻利维亚国会还专门通过了自治法。在国家统一的前提下，印第安人将被赋予行政、法律、经济、宗教和文化方面更多的自决权。在印第安人传统居留地上，土著社群可根据自己的传统选举领导人。

---

① 玻利维亚 2009 年宪法的中文译文，请见《世界各国宪法》编辑委员会编译《世界各国宪法》美洲大洋洲卷，中国监察出版社 2012 年版，第 237—271 页。

目前，玻利维亚政治形势基本稳定，争取社会主义运动在玻利维亚拥有稳定的民众支持率。争取社会主义运动在国会两院中拥有 2/3 的大多数席位。莫拉莱斯的民众支持率高达 60%。但在 2015 年 3 月的中期选举中，执政党争取社会主义运动失去了一些重要省如拉巴斯省的省长职位和重要的市如首都拉巴斯和阿尔托市市长的职位。

(三) 经济改革

为了改变玻利维亚长期落后的现状，莫拉莱斯政府制订了国家发展五年计划 (2006—2011)，提出要使玻利维亚成为一个"发展生产的、有尊严的、民主的和主权的国家"。计划的内容包括以下几个方面：

1. 战略资源部门的国有化。莫拉莱斯政府于 2006 年 5 月颁布天然气和石油国有化法，宣布对本国石油和天然气资源实行国有化。法令要求所有在玻利维亚能源领域运营的外国公司必须在当年的 10 月 28 日前与玻利维亚国营石油矿业公司签订合同，承认玻利维亚政府对本国石油、天然气资源的绝对所有权，并根据所在油气田产量将所生产的 50%—82% 不等的石油、天然气以税收形式上缴玻利维亚政府。不接受上述条件的外国公司将会被驱逐出玻利维亚。包括巴西石油公司和雷普索尔石油公司在内的所有外国公司都被迫与玻利维亚国营石油公司签订新协议，接受国有化。此后，莫拉莱斯政府不断推动矿产、森林、通信、铁路交通等领域实行国有化，重新掌握这些战略资源的所有权，同时也增加了国家的财力，为其他改革打下了坚实的基础。

2. 促进就业和收入。在扶贫方面，制订了扶贫计划和支持团结互助计划 (Propais)，规定每年要创造 10 万个就业机会，第一年重点发展 80 个贫困市 (县)，5 年内基本消除极端贫困。玻利维亚政府在全国范围内开办城镇发展银行，为手工业者、中小生产者和小型企业提供贷款和补贴。

3. 推动古柯的产业化。莫拉莱斯主张打击贩毒活动，但允许农民种古柯。莫拉莱斯政府允许每户农民种 1600 平方米的古柯叶，并推动古柯的产业化，以此保障农民的收入。

4. 缩减财政开支。莫拉莱斯政府对公有部门实行了裁员，推行新的公务员工资制度，削减公务员过高的津贴，大幅度减少政府机关的额外开支。经过这项改革，玻利维亚中央政府连续两年出现财政盈余。

随后，在争取社会主义运动提出的执政纲领《2010—2015 年通往领先玻利维亚》（Rumbo a una Bolivia Líder 2010 – 2015）的基础上，莫拉莱斯政府又制定了《2012—2015 年经济和社会发展计划》（Plan de Desarrollo Económico y Social 2012 – 2015），分政治、经济、生产、社会和外交 5 个方面提出了发展目标。此外，还制订了《2025 年加强生产的计划》（El Plan inmediato de Fortalecimiento Productivo Forjando la Agenda 2025）。①

在拉美左派执政的国家中，最近几年，玻利维亚是经济增长最快的国家，2011 年增长率为 5.2%，2012 年为 5.2%，2013 年达 6.8%，2014 年达 5.4%，2015 年预计为 4.5%。

（四）社会改革

莫拉莱斯政府的社会改革措施主要体现在两个方面：

1. 实行土地改革。为满足广大印第安农民"耕者有其田"的要求，2006 年 6 月 3 日，莫拉莱斯在东部圣克鲁斯市将第一批土地国家所有权的证书交给贫穷的农民，从而开始了一场他所说的真正的土地革命。莫拉莱斯宣布，政府将分配 200 万公顷国家的土地给农民，在开始阶段分配土地不包括征收私人的土地，以后将会影响到庄园主不生产的土地，政府准备将其收回归国家所有。同年 11 月 28 日，在参议院通过土地改革法以后，莫拉莱斯正式颁布新土改法。根据新土改法，国家有权向庄园主征收部分闲置土地，并按一定比例分配给无地的贫民和印第安农民。莫拉莱斯宣布将把大量私有空置土地的所有权收归国有并重新分配给贫民和印第安农民，但这一改革举措遭到一些省，特别是东部省的大庄园主的拒绝。2009 年 1 月 25 日的全民公决不仅通过了新宪法，而且通过了允许个人拥有最多达 5000 公顷土地的条文。

2. 扶贫和提高社会福利。在社会方面，政府采取了一系列扶贫计划，使玻利维亚贫困率从 1999 年的 63.5% 下降到 2012 年的 40.9%，同期赤

---

① http://www.somossur.net/bolivia/politica/seguimiento-al-nuevo-estado-plurinacional/212-analisis-del-plan-nacional-de-desarrollo.html.

贫率从 40.7% 下降到 21.6%。① 玻利维亚政府制定了扫盲计划，规定在一年内扫盲 72 万人。2008 年 12 月 21 日，经过三年的扫盲运动，玻利维亚被联合国教科文组织宣布为文盲已被扫除的国家。此外，玻利维亚政府还推出一系列养老金、医疗保险等社会福利方面的改革，提高了人民的社会福利水平。

（五）对外政策

莫拉莱斯政府奉行独立自主、和平和不结盟的对外政策，维护民族独立和主权，坚持各国一律平等、人民自决，不干涉别国内政、和平解决国际争端等原则，突出多元外交和务实经济外交。重视发展同拉美国家的传统友好关系，与古巴、委内瑞拉等拉美左派国家关系密切，积极推进地区一体化。但玻利维亚与智利在历史遗留下来的玻利维亚出海口问题上存在严重分歧，两国关系紧张。莫拉莱斯政府对美国的霸权主义政策持批评态度，谴责美国对玻利维亚内政的干涉。2008 年 9 月 10 日，莫拉莱斯总统下令驱逐美驻玻利维亚大使菲利普·戈德堡，理由是戈德堡在当地煽动反政府抗议，鼓励分裂活动。随即，美宣布取消《安第斯国家贸易促进和反毒法案》对玻利维亚的关税优惠，并将玻从与美合作伙伴名单中删除。2009 年 1 月奥巴马就任美国总统后，两国签署双边关系框架协定，双边关系一度有所缓和。2013 年，两国关系因玻利维亚方驱逐美国际发展计划署官员和"棱镜门"事件等再度恶化。2015 年 8 月11 日，莫拉莱斯总统在拉巴斯会见美国驻玻利维亚代办彼得·布莱纳，讨论了两国关系改善的问题。莫拉莱斯政府与中国关系友好，2013 年 12月 21 日，莫拉莱斯在访问中国期间，亲自到西昌中国航天发射场观看中国为玻利维亚研制的玻利维亚首颗人造通信卫星"图帕克·卡塔里"的成功发射，这是外国国家元首首次到中国航天发射场观看卫星发射。

四　前景预测

莫拉莱斯领导的"社群社会主义"运动已经在政治、经济和社会领

---

① 吴白乙主编：《拉丁美洲和加勒比发展报告》（2013—2014），社会科学文献出版社 2014年版，第 228 页。

域取得一系列的成果。莫拉莱斯曾在 2008 年年初的执政报告中指出：执政党以"社群社会主义"思想为指导的十大政策目标已经实现了 80%—90%[①]。尽管玻利维亚新宪法规定，总统任期为 5 年，只能连任一届，但是莫拉莱斯还是在群众的支持下连续三次当选和就任总统，从而能够将"社群社会主义"推行下去，这也反映了"社群社会主义"在玻利维亚国内获得了广泛的支持。

但从长远来看，"社群社会主义"无论是从理论还是实践上都面临着巨大的考验：

（一）理论的科学性和成熟性有待检验

从理论源泉上看，"社群社会主义"根植于印第安传统思想，具有浓重的伦理、神学、宗教、民族主义色彩，与科学共产主义有本质上的区别。莫拉莱斯创建的"争取社会主义运动"不是按照列宁的建党原则建立起来的共产党组织，他的组成主体也不是工农无产阶级，尽管莫拉莱斯提出要消灭资本主义，但是并没有为"争取社会主义"建立完整的党纲。这样，"社群社会主义"理论就具有浓郁的莫拉莱斯个人色彩，个人魅力极高、善于动员民众的莫拉莱斯乃是玻利维亚建设"社群社会主义"的绝对核心。然而，在现行的代议制民主机制下，一旦莫拉莱斯任期届满不再担任总统职务，"人走政息"，"社群社会主义"能否延续则令人担忧[②]。

（二）半数民众反对莫拉莱斯无限期连任总统

莫拉莱斯已经在玻利维亚执政了将近 10 年，他这届总统可执政到 2020 年。然而，莫拉莱斯仍想修改宪法，使自己能无限期连任总统。他的这一打算，遭到玻利维亚国内半数民众的反对。据 2015 年 7 月民意调查结果表明，56% 的人反对莫拉莱斯无限期连任总统，40% 的人赞同。[③]

---

① 范蕾：《玻利维亚的"社群社会主义"》，载于《拉丁美洲研究》2009 年第 4 期，第 36—41 页。

② 沈跃萍：《莫拉莱斯"社群社会主义"评析》，载于《马克思主义研究》2011 年第 10 期，第 117—125 页。

③ http://www.infolatam.com/2015/08/16/un-56-de-los-bolivianos-rechaza-reeleccion-de-evo-morales-segun-encuesta/.

（三）实践的可持续发展面临诸多困难

莫拉莱斯领导的"社群社会主义"改革实践为争取印第安人的权益，势必会损害大地主、资产阶级的利益，因此在许多政策上遭到他们的抵制，甚至不惜挑起一些不明是非的印第安人部落起来闹事。利益受损的外国公司也不断施加压力。莫拉莱斯政府完善民主的举措也给自己戴上了"紧箍咒"，反对党已经在新宪法制定、土地改革和地区自治权等问题上均与政府意见相左，尤其在地区自治权问题上差点闹到国家分裂。莫拉莱斯能否顺利地把他的"社群社会主义"的改革措施进行下去，前景还扑朔迷离。

第四节　巴西劳工党的"劳工社会主义"

"劳工社会主义"是巴西劳工党的指导思想。它是巴西人民长期争取民主合法权益的斗争结果、劳工党发展壮大不断提高理论水平的过程以及劳工党创始人、前主席路易斯·伊纳西奥·卢拉·达席尔瓦（Luiz Inacio da Silva，1945 – ）个人成长经历共同作用的结晶。

一　产生背景

（一）巴西人民争取民主合法权益的艰苦斗争

巴西历史上曾是葡萄牙的殖民地，1822 年独立以后，以"巴西帝国"的形式存在了 67 年时间。1889 年，丰塞卡将军发动政变推翻帝制，成立总统制的巴西合众国，一度推进了巴西现代化和民主化的进程。在 20 世纪 30 年代的世界性经济危机的影响下，巴西经济遭遇到了沉重打击，随之而来的政变、独裁体制和君主立宪制轮番上阵，把巴西的政治生活搅得一团糟。1964 年，巴西军人政变上台后，又实行了 21 年的军人独裁统治。直到 1985 年，军人政府还政于民，1988 年 10 月 5 日巴西颁布历史上第八部宪法，正式确立民主制整体，保障公民的人身自由，废除刑罚，取消新闻检查，规定罢工合法，16 岁以上公民有选举权等。1989 年，巴西才举行了近 30 年来第一次全民直接选举。

巴西民主体制的确立是巴西人民长期争取民主合法权益的艰苦斗争

的结果，其中的主力军是学生和工农阶级。如在 1964 年军人政变以后，1965—1966 年，巴西学生就举行多次聚会，抗议军政府对全国学生联盟组织的全国性集会的非法镇压。1968 年 3 月，在里约热内卢爆发了一系列学生抗议活动。在学生运动高涨的同时，工人阶级也行动起来，1968 年 4 月，坎塔盖姆的钢铁工人举行大罢工，并占领了工厂，这是巴西 1964 年以来工业界发生的首次较大规模的罢工。[①] 20 世纪 70 年代以后，反对派在城市和农村开展了反对军政府独裁的暴力斗争。斗争虽然遭到了政府的血腥镇压，但是军政府的合法性受到严重的打击。在工农运动的影响下，巴西中产阶级也开始觉醒，越来越多的人投身到争取民主的运动中，最终迫使军政府放弃权力，还政于民。

在工农阶级反对军政府独裁、追求民主的斗争中，社会主义因其最贴近工农阶层的诉求、理论性程度高且在拉美地区有着广泛的影响而成为一面重要的旗帜。像巴西共产党就高举马克思主义理论旗帜，一些工会、农会组织奉行托洛茨基主义，有一些政党和组织还宣称以毛泽东思想为指导。这些社会主义理论成为后来"劳工社会主义"理论的思想源泉。

（二）劳工党发展壮大提升理论水平的过程

在反独裁、争民主的斗争中，巴西的工会组织迅速壮大起来。20 世纪 70 年代末，在工农争取民主运动的冲击下，军政府开始政治开放，允许建立政党。1979 年 12 月 1 日，由时任圣保罗州圣贝尔多市工会领导人的卢拉提议成立巴西劳工党。1980 年 2 月 10 日，在圣保罗等地工会运动的基础上，巴西劳工党在圣保罗宣告成立，卢拉当选为党的主席。建党初期，劳工党处于地下状态，大约有 3 万名党员。随着巴西民主化进程的发展，劳工党成为一个合法登记的政党，公开开展活动，并迅速成长为全国性的政治力量。1981 年 9 月，劳工党在巴西利亚召开第一次全国代表会议，讨论并正式通过了党的宣言、纲领和章程。劳工党纲领公开宣称劳工党是巴西男女公民自愿结合的组织，为争取民主、多元化和团

---

① 董经胜：《巴西现代化道路研究——1964—1985 年军人政权时期的发展》，世界图书出版公司 2009 年版，第 70—72 页。

结，为进行旨在消灭剥削、统治、压迫、不平等、不公正、贫困的政治、社会、制度、经济、司法和文化改革而斗争，目的是建设民主的社会主义。① 不过，此时的劳工党还处于对社会主义的理论探索阶段，就连党主席卢拉也不得不公开承认"劳工党的方向是社会主义，但究竟是什么样的社会主义，说实话，我也不清楚"②。

　　1990 年 5 月 31 日至 6 月 3 日召开的劳工党第七次全国代表会议通过了题为《劳工社会主义》的决议，首次明确提出"劳工社会主义"的概念。后来，在 1999 年 11 月 24—28 日召开的劳工党"二大"上，又重申党的指导思想"劳工社会主义"。2007 年 8 月 31 日至 9 月 2 日，劳工党在圣保罗市举行"三大"，来自全国各地的一千多名代表，代表全国 90 万党员参加了大会。"三大"是劳工党作为执政党以来首次召开的党代表大会。大会再次专门通过了有关"劳工社会主义"的决议③，重申劳工党在新的历史条件下，在 21 世纪面临的挑战是"重建社会主义的选择"，确定把社会主义事业作为党的基本的、历史性的和理论性的任务。这对统一党的思想，明确党在今后的任务具有重要意义。"三大"通过的有关"劳工社会主义"的决议共 20 点，重申劳工党在 21 世纪新的历史条件下面临的挑战是"重建社会主义的选择"，确定将社会主义事业作为党的基本的、历史性的和理论性的任务。"劳工社会主义"作为巴西劳工党的指导思想的地位更加稳固。

（三）卢拉个人成长经历

　　劳工党创始人、首任主席以及巴西前总统卢拉，出生于一个农民家庭，由于家境贫困，他只上了 5 年小学，从小就到街上擦皮鞋，12 岁到洗染店当学徒，14 岁成为一家五金厂的工人。1975 年，卢拉成为圣保罗

---

　　① 徐世澄：《巴西劳工党及其"劳工社会主义"》，载于《当代世界社会主义问题》2008 年第 4 期，第 83 页。

　　② 金小鹏：《巴西"劳工社会主义"》，载于洪君主编《当代世界研究文选（2012—2013）》，党建读物出版社 2013 年版，第 223 页。

　　③ 关于"劳工社会主义"的原文（葡萄牙语）全文，请参见 Resolução sobre Socialismo Petista http://www. pt. org. br/portalpt/index. php? option = com_ content&task = view&id = 8395&Itemid = 319。

地区拥有 14 万成员的冶金工会主席。自 1978 年起，卢拉组织了巴西最大规模的罢工运动，抗议军政府的独裁统治。1980 年 2 月，卢拉与一些工会领袖、进步人士和知识分子创建了劳工党，并当选为党主席，并使该党很快发展成为巴西最大的反对党。1983 年，卢拉参与组建"劳工统一中心"，他领导的工会运动对巴西军人独裁政权 1985 年下台做出了重要贡献。卢拉曾于 1989 年、1994 年、1998 年三次竞选总统，2002 年 10 月 27 日他第四次参加总统选举获胜，并于 2003 年 1 月 1 日就任巴西第 40 任总统。卢拉是巴西历史上第一位工人出身的总统。随着卢拉的就职，巴西劳工党首次成为巴西的执政党。2006 年 10 月，卢拉再次当选为巴西总统，成为巴西历史上第二位通过直接选举获得连任的总统，卢拉第二任于 2011 年 1 月 1 日任期届满，接替总统职位的是劳工党人迪尔玛·罗塞夫（Dilma Rousseff，1947 -　　）。

二　基本内涵

自诞生之日起，巴西劳工党自称是社会主义政党。劳工党 1980 年第一次全国代表会议通过的文件指出，党的长期目标是建立社会主义和"一个没有剥削者也没有被剥削者的社会"。卢拉本人称自己是社会主义者，明确反对资本主义，倡导社会主义。[1] 卢拉还强调，要塑造一个巴西的社会主义模式，而不是照抄照搬其他国家的经验。2007 年，巴西劳工党"三大"通过了"关于劳工社会主义的决议"，对"劳工社会主义"进行了详细的阐述，主要内容包括：

（一）反对军事独裁，反对资本主义，主张彻底的民主主义

1. 反对军事独裁。劳工社会主义认为，"劳工党是城市和农村地区劳工为争取改善劳动、生活条件和言论、组织自由而斗争的产物"。

2. 反对资本主义。世界金融危机表明了资本主义的脆弱性。劳工党认为"反独裁和争取巴西社会民主化的斗争出自反对资本主义的信念，对民主的承诺使我们都成为反对资本主义者，我们的斗争是反对资本主

---

① 金小鹏：《巴西"劳工社会主义"》，载于洪君主编《当代世界研究文选（2012—2013）》，党建读物出版社 2013 年版，第 223 页。

义的必然选择"。

3. 主张彻底的民主。劳工党认为"民主不仅是实现人民主权意愿的工具，还是目的、目标，是我们政治行动的固有价值"。劳工社会主义是"彻底的民主主义，因为它要求政策社会化"，它意味着将民主扩大到所有人，将政治、个人、集体自由和经济、社会权利相结合。劳工社会主义捍卫发言权和表达权，使民众拥有物资财富和象征财富，具备文化和知识生产条件；捍卫和扩大人权；主张尊重法制民主国家，将代议制民主与建立保证公民参与方式的公共空间相结合，使社会能控制国家。劳工社会主义意味着与民主不可分的共和国实践。

（二）反对新自由主义，提出替代方案

1. 反对新自由主义。冷战结束以后，在"华盛顿共识"的影响下，新的国际秩序推动了外围国家经济战略部门的私有化。劳工社会主义强烈抨击"新自由主义并没能掩盖其保守主义和倒退的本质，全球化的概念被用来否认民族国家。它们以激进的个人主义名义用消费者取代公民，否认阶级斗争，宣布历史的终结，取消任何资本主义的取代计划，攻击民主，否认国家主权"。

2. 拉美国家对新自由主义失败的共识。在拉美国家，这一共识的影响是强烈的，新自由主义意味着金融资本把持生产活动。新自由主义想克服拉美国家通胀加剧、外债增加的财政危机，但经济的调整没有达到其主要目标：解决宏观经济的失衡，反而使宏观经济形势恶化，造成非工业化和土改的倒退，使贫困和社会排斥增加。

3. 提出替代方案。以巴西劳工党为首的左派和中左政党，在领导的工人和中产阶级成功抵制新自由主义方面功不可没，使得新自由主义在巴西的影响比较晚。劳工党主张建立一个主权和民主的国家，是为在巴西建立社会主义而斗争的组成部分。劳工党的任务是提出一个新自由主义的替代方案。克服新自由主义的影响，要通过具体的替代方案，这具有十分重要的意义。

（三）主张多元主义，推动理论和政治建设

1. 主张社会主义的多元化。"劳工社会主义"没有一个单一的政治和哲学模式，它包括左翼阵营广泛的多元思想；它反对资本主义社会以及所谓"社会主义社会"里的经济剥削和一切压迫形式，反对一切形式的种族歧视、性别歧视、宗教歧视和意识形态等方面的歧视。

2."劳工社会主义"就是一个理论和政治建设的进程。劳工社会主义强调以劳工为主，团结全国人民。劳工社会主义以劳工为本，不断取得经济、社会、政治和文化的新成果，为新成果开辟道路，在不忽略现在的前提下，将目光投向未来。

（四）主张建立新的经济社会发展模式

1.建立混合所有制经济体制。"劳工社会主义"主张建立一种新的经济，使经济增长与收入分配相协调，发挥国家在民主计划经济中的作用，使国有制、非国家公有制、私有制和集体私有制共同存在。

2.实行土地改革。"劳工社会主义"特别重视土地改革的深化，重视家庭农业与农业企业的关系。

3.构建和谐劳动关系。劳工社会主义应关注劳动关系，应当减少日工作时间，实现充分就业。

4.保护自然资源和生态。劳工社会主义主张自然资源集体民主所有，不能私有化；要保护生态，为后代着想。

（五）主张建立多边和多极世界格局，彻底改革国际关系

1.倡导建立一个民主的世界。"劳工社会主义"认为各国都应保障和平，建立一个没有饥饿、疾病、弃儿，对男女来说都有前景和希望的世界。主张将本国建设与国际主义的前景相结合，彻底改革现有的国际关系，建立一个多边的和多极的世界，减少经济和社会发展的不平衡，反对霸权主义。

2.呼吁拉美国家的团结。劳工社会主义为大陆团结特别是南美洲团结而斗争，主张巴西和二十国集团在世界贸易组织中保持坚定的立场，反对保护主义，结束与国际货币基金组织签署的资助协议，建立南美洲共同体等。

三　主要实践

2003年1月1日，卢拉正式就任总统，劳工党成为巴西历史上首个执政的左翼政党。2006年10月，卢拉获得连任。2011年1月1日，卢拉

卸任后，由其"钦点"的、竞选获胜的劳工党人罗塞夫接任总统。在2014年10月26日的大选中，罗塞夫再次当选总统，并于2015年1月1日就任至今。也就是说，从2003年年初开始，巴西进入了劳工党执政时代。"劳工社会主义"的政策主张在巴西得以付诸实践，取得了一定的成果，但也面临着严峻的挑战。

（一）加强政党联盟，巩固民主体制

反独裁、争民主，是劳工党上台执政的旗帜。卢拉当选总统时，劳工党在参、众两院议席仅占15%[①]，为了巩固执政基础，劳工党联合巴西共产党、社会主义党和民主工党等左翼政党，以及中右翼的民主运动党，形成一个强大的政治联盟，不仅扩大了劳工党的政治影响，也进一步巩固了巴西的民主体制，保证了政局稳定和政令畅通。在劳工党的努力下，到罗塞夫当选总统时，中左翼联盟获得参众两院超半数以上的席位。劳工党执政后，它的政治取向由激进转为温和，向中间立场靠拢；劳工党的队伍也发生了变化，从最初以城市工会活动分子和左翼知识分子为主，到后来有不少中间阶层参加。

与此同时，劳工党党内进行了整顿。进一步严明党的纪律，那些对党的决议执行不力的党员被开除出党。由于在执政期间，多名担任政府官员的党的高级领导干部发生贪污行为，造成恶劣影响。劳工党进行了大刀阔斧的惩治腐败行动，净化了党的队伍，使得劳工党的纪律性、纯洁性和战斗力得到一定的提升。

（二）实行稳健务实的经济政策，推动经济快速增长

卢拉接任政权的时候，巴西正面临着经济发展上的重大困难，因此，卢拉并未采取劳工党一贯主张的激进变革的主张，而是对经济进行了温和的调整，采取稳健务实的经济政策，控制通胀和财政赤字，鼓励生产性投资和工农业发展，加强金融监管，巴西经济逐步走上稳定发展道路。卢拉在上台前曾表示反对私有化，但他上台后，态度发生了明显的变化。2004年，卢拉政府对马拉尼昂州银行实行了私有化，2005年，又对塞阿

---

① 金小鹏：《巴西"劳工社会主义"》，载于洪君主编《当代世界研究文选（2012—2013）》，党建读物出版社2013年版，第223页。

州银行实行私有化，这说明卢拉政府的经济政策更加务实。近年来，为应对国际金融危机，劳工党罗塞夫政府采取系列财政金融政策，维护宏观经济稳定，但经济增速逐步放缓。

为了振兴巴西经济，卢拉在两个总统任期内共提出了两个"四年经济发展计划"和两个主要以基础设施为主的"经济增长计划"（PAC）。

第一个四年经济发展计划即《2003—2006 年经济发展计划》是在卢拉第一次当选总统的当年（2003）9 月提出来的，计划总投资18500 亿雷亚尔（1 雷亚尔 = 0.60 美元），其中计划在经济领域投入5940 亿雷亚尔，占总投资额的 36%。主要用于兴建公路和铁路、维修国道，扶植中小企业，提升巴西的出口能力，从而促进就业，刺激经济。

第二个四年经济发展计划即《2007—2010 年经济发展计划》是在卢拉开始第二个总统任期时提出来的。核心内容是在 4 年内增加 5000 亿雷亚尔的公共支出，同时减免 66 亿雷亚尔的税收，推动公共投资和私人投资的增加。

第一个经济增长计划（PAC1）。2007 年 1 月 22 日，卢拉政府公布了《加速经济增长计划》即第一个经济增长计划，计划在其第二任期内完成2007 年经济增长 4.5%，2008—2010 年年均增长 5% 和通胀控制在4.1%—4.5% 的目标。为达到这一目标，到 2010 年前投资 2570 亿美元发展包括道路、港口、机场、房屋、能源和卫生等在内的基础设施。为保证优先投资项目的资金投入，政府拟将初级盈余由历年占 GDP 的 4.25%降到 3.75%，同时还将降低基准利率减少投资成本。

第一个经济增长计划基本完成，2007 年经济增长 6.1%，2008 年5.2%，2009 年受国际金融危机影响，经济增长为 - 0.3%，2010 年增长 7.5%。

劳工党卢拉执政的 8 年，可以说在巴西创造了经济"奇迹"。经过 8年经济的连续增长，2011 年巴西的国内生产总值达到 2.4 万亿美元，一度超过英国，成为世界第六大经济体，但后来，由于增长缓慢，又退居第七位。

第二个经济增长计划（PAC2）。2010 年 3 月 29 日，卢拉政府公布了

第二个经济增长计划（PAC2），计划在 2011—2014 年巴西经济年均增长
5.5%，初级财政盈余占 GDP 的 3.33%，投资与 GDP 比率由 2010 年的
18%，于 2013 年增加至 20%，2014 年增加至 21%。该计划预计在
2011—2014 年投资 9589 亿雷亚尔，建设能源、住房和交通等重点项目，
促进经济增长，其中各级政府预算支出 1770 亿雷亚尔，国有企业投资
3000 亿雷亚尔，私有部门投资 460 亿雷亚尔，其他来自各类信贷和其他
来源；2014 年后将继续投入 6316 亿雷亚尔。投资总额为 1.59 万亿雷
亚尔。①

    由于罗塞夫总统的任期正是第二个"经济增长计划"的实施阶段，
因此，在竞选总统时，罗塞夫明确表示要延续卢拉政府的经济政策。成
功当选总统后，罗塞夫政府在经济方面的主要作为是确保第二个经济增
长计划顺利实施。然而，罗塞夫第一任期内，巴西经济增长缓慢，2011
年为 2.7%，2012 年为 1.0%，2013 年为 2.5%，2014 年只有 0.1%。没
有完成第二个经济增长计划的指标。由于受国际市场上初级产品价格下
跌等影响，加上劳工党政府没有及时调整经济结构和政策，预计 2015 年
巴西经济将出现 - 3% 的增长。

    （三）加大财政投入，努力改善民生

    改善民生方面的改革是劳工党政府工作的重点，也是亮点。在卢拉
政府制订的第一个四年经济发展计划中，政府公共支出的一大部分是投
向社会发展和改善民生方面，其中影响最大的是"零饥饿计划"。

    卢拉在竞选总统时就提出"零饥饿计划"，表示要在任期内以解决每
个巴西人的一日三餐为使命。2003 年 1 月 10 日，上任伊始的卢拉总统率
领 29 名内阁成员奔赴巴西东北部贫困地区视察，标志着正式启动"零饥
饿计划"。为了保障"零饥饿计划"的顺利推行，卢拉在中央政府一级新
增了粮食保障部，负责组织、协调和落实国家的食品营养政策，保证粮
食的正常供应。在地方上，卢拉政府启动了土地改革，将 17 个州的 20.3

---

① 外交部网站，http：//br. mofcom. gov. cn/aarticle/jmxw/201004/20100406849672. html。

万公顷没有耕种的土地分给 5500 户家庭。① 针对贫困落后的东北部，重新启动了东北部开发管理局。鼓励私人银行向小农场和合作社提供贷款，减免农村合作社的税额。"零饥饿计划"包括 60 个项目，多数在卢拉的两个总统任期内实施，取得了良好的效果，为世界所称道。卢拉政府还实行"家庭救助计划"、"杜绝童工计划"、"基本药品援助计划"等，扩大了对社会公共领域的投资。

继"零饥饿计划"之后，2011 年 6 月，罗塞夫执政后又宣布启动"无贫困计划"，要在其任期内使全国所有民众的人均月收入都能超过 70 雷亚尔，即达到联合国人均每天 1 美元的生活标准以上，使 1650 万巴西人能在 2014 年摆脱绝对贫困，以实现联合国千年发展目标。罗塞夫提出要使巴西成为"中产阶级的国家"。在这项计划中，罗塞夫政府每年拨出 200 亿雷亚尔预算，扩大家庭补助金发放范围，为这些赤贫家庭提供应有的公共设施，提供基本的生产技能培训，

劳工党政府还大力发展教育事业，通过实施"巴西扫盲计划"，使得数百万人脱盲；在中小学阶段投入大量财政资金充实校餐计划，受益范围扩大到全国中小学；通过"所有人上大学计划"和"高等教育助学金计划"，对家庭收入贫困的学生进行资助，尤其重视为印第安人和黑人学生提供奖学金。此外还大规模兴建联邦技术学院，大力促进职业教育，使巴西的教育水平上了一个新台阶。

劳工党政府还十分重视农村建设，除提高农村贫困家庭的救济金水平外，还增加对农业的投入和技术支持，为低收入家庭提供小额农业贷款，为遭受自然灾害的农民提供农业保险。

劳工党政府推出了一些重要的改革措施和发展计划，如增加就业岗位，建立为低收入者提供小额低息贷款的"人民银行"，为中低收入者提供家庭医疗服务，劳工党政府使约 4000 万人脱贫，使巴西贫富差距拉大的趋势得到一定控制，在中下层民众当中赢得了广泛支持。应该说，劳工党执政 12 年来所取得的成绩是明显的和巨大的。与此同时，劳工党本

---

① 周志伟：《浅析卢拉政府的"零饥饿计划"》，载于《拉丁美洲研究》2003 年第 6 期，第 51—54 页。

身的队伍也不断壮大，力量不断增强，到 2013 年年初，劳工党党员总数由执政前的 80 万人增加到 180 万人。①

（四）奉行多元外交政策，大力提升巴西的国际地位

自 2003 年 1 月劳工党领袖卢拉执政以来，巴西进一步调整了外交政策，以新兴大国的姿态走向世界，着力推进多元化外交方针，大力加强与世界各国的联系，罗塞夫接任总统后，在外交政策上基本延续卢拉政府的思路，保持了巴西外交政策的连续性。

在全球范围内，巴西劳工党政府积极倡导世界多极化和国际关系新秩序，积极参加二十国集团的历届峰会，巴西努力推动国际金融体系改革，同时借助"金砖国家"的集团优势，加强与中国、俄罗斯、印度、南非等其他金砖国家的关系，以此扩大巴西在国际事务中的影响力。巴西于 2010 年和 2014 年主办了金砖国家第 2 次和第 6 次领导人会晤。在处理与美国、欧盟等发达国家的关系时，巴西劳工党政府采取了务实合作的态度。积极参与拉美和国际事务，以推动国际政治民主化和国际经济新秩序的建立。巴西于 2014 年主办了国际足联世界杯比赛，并于 2016 年在里约热内卢主办夏季奥运会。巴西的国家实力在增强，国际地位在提高。

巴西劳工党政府奉行睦邻友好政策，十分重视发展南南关系和合作，加强同拉美各国的关系，把发展与拉美国家的关系、推动本地区政治团结和经济一体化进程作为其外交工作的重点。巴积极推动南方共同市场发展，并以此为依托，联合安第斯共同体等其他南美国家成立了南美洲国家联盟、南方银行、南美国家防务理事会和拉美和加勒比国家共同体，主张拉美国家自主解决地区事务。

四　前景分析

2011 年 1 月，巴西劳工党领袖罗塞夫成为新一任的总统，"劳工社会

---

① 这是劳工党全国执委会委员、圣保罗论坛执行秘书瓦特尔·波马尔 2013 年 4 月 1 日接受阿根廷《第 12 页报》采访时提供的数字。参见 WWW. polodemocratico. net/index. php？ view = article&id = 4330％3。

主义"也得以贯彻到治国理政的实践当中。但是"劳工社会主义"的实践之路正在经受着越来越多的考验。

　　劳工党政府目前面临的主要挑战之一是执政联盟内部矛盾加深,主要联盟党巴西民主运动党的一些重要成员,如众议院议长爱德华多·库尼亚公开反对罗塞夫总统,要求她下台。挑战之二是经济发展停滞,由于国际油价和铁矿石等初级产品价格下降、巴西经济结构没有及时调整、工业生产不景气等原因,巴西经济 2014 年只增长了 0.1%,2015 年预计将出现 3% 的负增长,2016 年将继续出现负增长。挑战之三是党内和政府内腐败案频繁发生,继 2005 年"月费案"丑闻曝光、2012 年 12 月审理结束劳工党有 4 名领导人被判刑和罚款之后,2014 年年底和 2015 年年初,巴西最大的国企巴西石油公司腐败案又爆发,该公司高管多次收受承包商贿赂,并向执政党提供政治资金,巴西石油公司"贪腐案"涉案金额达数十亿美元,被称为"巴西历史上最大的贪腐案件",公司总裁格拉萨·福斯特及其他 5 名高管被迫集体宣布辞职,该公司 30 多名涉案人员被捕,他们被指控涉嫌腐败、欺诈和洗钱等罪名。这一丑闻又波及劳工党司库内托等领导人,对劳工党形成打击,使罗塞夫总统支持率大跌。2015 年 3 月、4 月和 8 月,巴西全国各地有数百万示威者走上街头,抗议经济萧条、腐败横行,一些示威者甚至呼吁弹劾总统罗塞夫。

　　从本质上看,巴西"劳工社会主义"与传统社会主义的联系不是很紧密,不属于科学社会主义范畴,也不同于欧洲的社会民主主义。有评论认为,劳工党已从一个激进的左派政党演变成一个温和的、实用主义的政党,它更像是在反对资本主义和实现共产主义之间寻找一条"第三条道路"。在执政过程中,劳工党为了与中左翼政党结成政治同盟,采取了许多妥协措施,劳工社会主义的许多思想难以贯彻实施下去,如资源的国有化。因此,劳工社会主义更像是可以变通的实用哲学,而非坚定的原则,这也削弱了劳工社会主义作为政党的指导思想的权威地位。劳工党自己也承认,劳工社会主义尚不完善,也无固定模式,一切都在发展探索之中。劳工党的执政地位受到巨大的挑战。

本章参考文献

《世界各国宪法》编辑委员会编译：《世界各国宪法》美洲大洋洲卷，中国监察出版
　　社 2012 年版。

康学同主编：《当代拉美政党简史》，当代世界出版社 2011 年版。

陈华：《查韦斯"21 世纪社会主义"构想》，载于《当代世界》2006 年第 2 期。

董经胜：《巴西现代化道路研究——1964—1985 年军人政权时期的发展》，世界图书
　　出版公司 2009 年版。

范蕾：《玻利维亚的"社群社会主义"》，载于《拉丁美洲研究》2009 年第 4 期。

韩云川：《巴西劳工党的社会主义》，载于《学习时报》2009 年 6 月 29 日。

靳呈伟：《巴西劳工党执政经验及面临的挑战》，载于《当代世界与社会主义》（双月
　　刊）2012 年第 2 期。

［厄］拉斐尔·科雷亚·德尔加多：《厄瓜多尔的"21 世纪社会主义"》，载于《拉丁
　　美洲研究》2008 年第 1 期。

芦思姮：《探索中的"社群社会主义"道路》，载于《中国社会科学报》2013 年 10
　　月 30 日。

陆轶之：《查韦斯"21 世纪社会主义"之内涵》，载于《延边大学学报》（社会科学
　　版）2009 年第 5 期。

沈跃萍：《查韦斯"21 世纪社会主义"解读》，载于《当代世界与社会主义》2008 年
　　第 3 期。

沈跃萍：《莫拉莱斯"社群社会主义"评析》，载于《马克思主义研究》2011 年第
　　10 期。

王建礼：《巴西左翼政党的社会主义理论研究》，载于《社会主义研究》2013 年第
　　1 期。

徐世澄：《玻利维亚的民族关系与民族政策》，载于《世界民族》2012 年第 6 期。

徐世澄：《巴西劳工党及其"劳工社会主义"》，载于《当代世界社会主义问题》2008
　　年第 4 期。

徐世澄：《查韦斯传》，人民出版社 2011 年版。

［厄］拉斐尔·科雷亚·德尔加多：《厄瓜多尔：香蕉共和国的迷失》，当代世界出版
　　社 2014 年版。

杨建民：《厄瓜多尔的"21 世纪社会主义"》，载于《拉丁美洲研究》2009 年第 3 期。

徐世澄：《厄瓜多尔科雷亚"公民革命"的成就及其挑战》，载于《当代世界》2015
　　年第 7 期。

于洪君主编:《当代世界研究文选（2012—2013）》，党建读物出版社 2013 年版。

周志伟:《浅析卢拉政府的"零饥饿计划"》，载于《拉丁美洲研究》2003 年第 6 期。

徐世澄:《金融危机以来拉美左翼运动和共产党的新动向》，载于《求实》2015 年 7 月。

Libro Rojo Documentos Fundamentales Partido Socialista Unido de Venezuela, 2010, pp. 15, 44.

WWW. asambleanacional. gob. ve/uploads/botones/bot_ 90998c61.

8 years of the Citizens Revolution The Knowledge Revolution, National Secretariat of Planning and Devolopment, 2015.

Buen Vivir Plan Nacional 2013 – 2017 Versión Resumida, Secretaría Nacional de Planificación y Desarrollo, 2014, pp. 18 – 22.

Manifiestos Ideológico Alianza PAIS, p. 7.

WWW. movimientoalianzapais. com. ec.

Reforma y Codificación del Régimen Orgánico del Movimiento Alianza PAIS, pp. 6 – 7.

WWW. movimientoalianzapais. com. ec.

http：//www. masbolivia. org/mas/programa/principios. html.

关于"劳工社会主义"的原文（葡萄牙语）全文，请参见 Resolução sobre Socialismo Petista http：//www. pt. org. br/portalpt/index. php？ option = com _ content&task = view&id = 8395&Itemid = 319。

Heinz Dieterich, Evo Morales, Communitarian Socialism, and the Regional Power Block, http：//mrzine. monthlyreview. org/2006/dieterich070106. html.

第七章

拉美其他社会主义与左翼思潮

第一节　拉丁美洲社会民主主义

一　社会民主主义、民主社会主义与科学社会主义的异同

社会民主主义，起源于 19 世纪初。1895 年恩格斯逝世后，在伯恩施坦（1850—1932）、考茨基（1854—1938）的影响下，社会民主主义逐步演变为一种主张资本主义可以通过议会改革"和平长入社会主义"，与列宁所主张的需要通过改变资本主义的基本社会、经济结构、通过革命实现社会主义的立场形成鲜明对比。20 世纪 50 年代，社会民主党人为了凸显社会民主主义的"民主"，将其思想体系的名称由"社会民主主义"颠倒成为"民主社会主义"。20 世纪 90 年代以后，社会民主党人又把其思想体系的名称再次颠倒成"社会民主主义"。社会民主主义是一种社会思潮和社会运动，它反映和代表了世界各国社会党（包括社会民主党、工党等）及其国际组织"社会党国际"解决社会矛盾问题、处理政治问题的共同的基本主张、基本观点、基本理论和方法，是各国社会党思想体系的统称。

一般认为社会民主主义就是民主社会主义，但也有人认为，两者不尽相同，民主社会主义可以看作由社会民主主义衍生出的另一种流派，民主社会主义者仍然主张实现社会主义社会。一些自称为社会民主主义的政党与那些奉行民主社会主义的政党划清了界限。事实上，两者仍有相同或相似之处。一些民主社会主义者公开承认与社会民主主义有不少相同或相似之处，但也指出与社会民主主义的差异。一般来说，社会民

主主义的立场处在资本主义与社会主义的中间，而民主社会主义至少在口头上还拥护社会主义。对于民主社会主义与社会民主主义的区别有两种看法，一种认为民主社会主义只是比较"左"的社会民主主义，但并不是另一种分支；另一种看法则认为，即使民主社会主义与社会民主主义有相同之处，但社会民主主义已经抛弃了建立社会主义社会的目标，因此，不能再称为（民主）社会主义。

科学社会主义同民主社会主义是两个不同的思想体系，它们之间存在着根本的区别。（1）在对待马克思主义上，科学社会主义把马克思主义作为指导思想。民主社会主义则由最初信奉马克思主义，逐步变为把指导思想多元化奉为自己的思想纲领。（2）在对待社会主义上，科学社会主义强调只有建立社会主义制度，才能最终实现人民的幸福、解放、民主和自由。同时，也强调社会主义要吸收借鉴人类的一切文明成果。而民主社会主义从最初把建立社会主义制度作为目标，逐步变为仅仅把社会主义作为一种价值追求，否认建立社会主义制度的历史必然性。（3）在对待资本主义上，科学社会主义认为资本主义有其存在的历史必然性和现实依据，但也有其自身难以克服的固有矛盾，社会主义代替资本主义是社会历史发展的必然趋势。民主社会主义主张用对经济的民主监督取代消灭私有制，用实行社会保障和社会福利制度来缓和资本主义内部的矛盾。

二　拉美社会民主主义

拉美社会民主主义是拉美地区的主要政治思潮之一。早在 19 世纪末 20 世纪初，社会民主主义就开始从欧洲传入拉丁美洲。自 20 世纪六七十年代起，特别在 80 年代末和 90 年代初东欧剧变、苏联解体后，社会民主主义在拉美的影响不断扩大，其主要表现是：

（一）建立了社会党国际拉美地区机构。20 世纪 70 年代末，社会党国际在拉美成立了社会党国际拉丁美洲和加勒比地区委员会（Comité de la Internacional Socialista para América Latina y el Caribe），竭力吸纳成员党，推行社会民主主义道路。1986 年在乌拉圭首都蒙得维的亚召开了第一届拉美社会党协调委员会（ Coordinación Socialista Latinoamericana）

代表大会，拉美社会党协调委员会正式展开活动。2003 年 10 月 27—29 日社会党国际在巴西圣保罗举行了第 22 次代表大会，拉美社会民主主义的地区联合同其他地区的社民党联系加强。

（二）队伍不断壮大。20 世纪 60 年代加入社会党国际的拉美政党只有 6 个，70 年代中期增至 16 个，80 年代前半期增至 18 个，其中有 11 个正式成员党，7 个咨询成员党。2012 年在南非开普敦举行社会党国际第 24 次大会时，拉美正式成员党增加到 29 个，咨询成员党 2 个，观察员党 7 个，共 38 个。① 值得指出的是，有一些加入社会党国际的拉美政党，如智利社会党、墨西哥民主革命党、墨西哥劳动党、尼加拉瓜桑地诺民族解放阵线等同时又是圣保罗论坛的成员党，由此，也被认为是左派党。

（三）群众基础不断扩大。无论是党员人数还是所控制的群众组织人数都有增加。

（四）政治影响不断扩大。有评论认为，21 世纪第二个十年是"社会民主主义运动和力量的十年"，目前拉美的政治时刻适合民主社会主义。② 近二十年来通过大选上台执政的拉美社民党逐步增加。目前正在执政的拉美社民党有智利社会党、智利争取民主党、墨西哥革命制度党、巴西劳工党、尼加拉瓜桑地诺民族解放阵线、牙买加人民民族党、安提瓜工党、圣文森特和格林纳丁斯联合工党等。

拉美地区属于这一思潮的政党已不下 60 个，其中有些党正在执政或参政；有的党曾经执过政，现在野；还有一些党从来没有执过政，一直是在野党。

根据拉美的实际情况，属于拉美民主社会主义思潮的政党共有三类：

（一）已加入社会党国际的党。到 2012 年社会党国际第 24 次大会时，已加入社会党国际的 38 个拉美政党中，正式成员党有 29 个：阿根廷社会党、阿根廷激进公民联盟、阿鲁巴人民选举运动、巴西劳工民主党、

---

① https：//en. wikipedia. org/wiki/Socialist_ International.

② El imparable ascenso de la socialdemocracia en América latina，http：//www. infolatam. com/2012/10/31/auge-socialdemocrata-en-america-latina/.

智利争取民主党、智利激进社会民主党、智利社会党、哥伦比亚自由党、哥斯达黎加民族解放党、库拉索新安的列斯运动、厄瓜多尔民主左派党、危地马拉希望民族团结党、海地社会民主党人汇合党、牙买加人民民族党、墨西哥民主革命党、墨西哥劳动党、墨西哥革命制度党、尼加拉瓜桑地诺民族解放阵线、巴拿马民主革命党、巴拉圭团结国家党、秘鲁人民党、波多黎各独立党、多米尼加革命党、乌拉圭社会党、乌拉圭新空间党、委内瑞拉民主行动党、委内瑞拉新时代党、委内瑞拉争取社会主义运动、委内瑞拉人民意志党。

咨询成员党 2 个：安提瓜工党、巴拉圭进步民主党。

观察员党 7 个：哥伦比亚替代民主中心、海地人民斗争党。此外，以下 5 个党由于没有缴纳成员党的会费，被降格为观察员党：巴巴多斯工党、多米尼克工党、圣基茨和尼维斯工党、圣卢西亚工党、圣文森特和格林纳丁斯联合工党。

（二）未加入社会党国际，但已加入拉美社会党协调委员会的拉美政党。如阿根廷民主社会党、阿根廷人民社会党、自由玻利维亚运动、巴西社会党、巴西劳工党、厄瓜多尔社会党——广泛阵线、秘鲁革命社会党等。

（三）既未加入社会党国际，也没有加入拉美社会党协调委员会，但明确信奉社会民主主义的拉美政党。如哥伦比亚坚定者运动、巴拉圭争取社会主义运动党、墨西哥社会民主党等。

三 拉美社会民主主义思潮的特点

（一）标榜走"第三条道路"。同欧洲社会民主主义一样，拉美社会民主主义既批评资本主义，又反对共产主义，标榜走"第三条道路"；主张阶级合作，反对阶级斗争，宣扬资产阶级民主和议会道路，认为资本主义可以"和平长入"社会主义。不同的是，欧洲社会党在最初以科学社会主义学说为指导思想，甚至在共产国际成立后，还以拥护马克思主义作为幌子来反对列宁主义，而拉美的社会民主主义政党，除少数党在某一段时期（如智利社会党在阿连德任党的主席和就任总统时期曾提出"在尊重法制、体制和政治自由的条件下，改变资本主义"，要在智利建立世界上"第一个以民主、多样化和自由样式的社会主义")以外，多数党从一成立起就是反对马克思主义的。另外一点不同的是，拉美社会民主主义的政党大多都提倡"第三世界民族主义"，或民众主义，不少党的名称并不称作社会党或社会民主党，而称作"运动"、"民族解放阵线"，如委内瑞拉争取社会主义运动、尼加拉瓜桑地诺民族解放阵线等。拉美社会民主主义的政党中，有传统的社会民主主义党，也有具有民族主义倾向的政党和一批新兴的中产阶级政党。从这些政党的共同特点可以看出拉美社会民主主义的主张。

（二）主张多元政治。允许不同观点并存，允许各阶级参政，因此应实行多党制和竞选制。大多数拉美社会民主主义政党认为，要实现社会民主主义，不能只依靠一个阶级，必须依靠"多阶级联盟"，其中包括工人、农民、企业主、农场主和中间阶层。主张用"革命的改良"，即通过选举、思想教育、对现存社会结构进行和平改造的办法，来实现社会民主主义。

（三）提倡混合经济。认为自由经济造成贫富悬殊，两极分化，公有制经济会导致"极权主义"，而实现混合经济体制可以实现公有制和私有经济共处，国营、私人和合作社企业同时发展。

（四）倡导社会正义。强调国家应起调节者作用，要关心所有人，要尊重个人的权利和自由。

（五）认为社会民主主义的最终目标是建立自由、民主、平等和正义的新社会。认为拉美社会民主主义理论的来源不是马克思主义的思想体系，而是根植于基督教伦理、人道主义和联盟民族解放运动领袖们的思想。拉美多数社会民主主义政党都自称主张第三世界民族主义，提倡拉美民族主义或民众主义，主张拉美团结和一体化。

（六）实行改良主义和民族主义政策。拉美社会民主主义政党执政的政府如目前执政的巴西劳工党罗塞夫政府、墨西哥革命制度党培尼亚政府、乌拉圭广泛阵线巴斯克斯政府、尼加拉瓜桑地诺民族解放阵线奥尔特加政府、智利社会党巴切莱特政府等，一般都实行改良主义和民族主义政策，它们把建立和完善议会民主制作为一项首要任务，反对军人执政和个人独裁。将重要部门控制在国家手中，允许其他部门实现私有化并吸收外国资本，进行温和的土地改革，推动工业化，发展民族经济，实行社会福利措施，对外实行多元外交和不结盟政策，强调拉美一体化和第三世界团结，把建立国际经济新秩序作为对外政策的重要目标，奉行对中国友好的政策。

需要指出的是，尽管属于同一个思潮，拉美的社会民主主义政党的政治取向不尽相同。有的偏左，被认为是左派政党；有的中间偏右。也有评论认为，拉美的社会民主主义可称为"温和的、改良主义的左派"①。

四　拉美社会民主主义思潮的新变化

（一）拉美社会民主主义作为拉美地区的一种主要政治思潮，在拉美发挥着重要作用。拉美社民党作为中间或中左翼政治力量之一，在一定程度上迎合了中下层群众的要求，发挥了作为大多数劳动群众代言人的作用，也赢得了这部分选民的支持，获得了比以前更有利的发展空间。拉美多数社民党政府如智利社会党巴切莱特政府、巴西劳工党卢拉和罗塞夫政府、乌拉圭广泛阵线穆希卡和巴斯克斯政府等属于中左派或温和左派政府，其政策相对比较平稳，不像拉美其他一些激进政党和政府那样大起大落，他们的民众支持率比较高。但是，拉美社会民主主义同时又有明显局限性。拉美社会民主主义并不主张从根本上改变资本主义的根本制度，而只是对资本主义的弊病进行了某些改正。它虽然对资本主义制度进行了一定的批判，但这种批判更多地停留在伦理道德层面，没有从生产力和生产关系、经济基础和上层建筑的基本矛盾中把握资本主义的固有矛盾；拉美社会民主主义否定马克思主义关于人类社会由低级向高级发展的规律，否定了社会主义代替资本主义的历史必然性。因此从根本上说，拉美社会民主主义不可能彻底改变资本主义制度，也就不可能建立真正的社会主义制度。尽管有少数拉美社民党目前还打出社会主义的旗号，如巴西劳工党提出劳工社会主义，但从本质上来看，拉美社会民主主义思潮不是科学社会主义，而是一种资产阶级改良主义思潮。

---

① http：//www.infolatam.com/2012/10/31/auge-socialdemocrata-en-america-latina/.

（二）目前社会民主主义已成为拉美多数中左翼政党和组织的主要价值取向。一般来说，大多数拉美社民党可归属于中左翼政党。然而，拉美社民党的政治倾向也不尽相同，有的属于比较激进左派，如尼加拉瓜桑地诺民族解放阵线、墨西哥民主革命党等；有的属于温和左派，如智利社会党、乌拉圭广泛阵线等；有的属于中间派，如墨西哥革命制度党、秘鲁人民党等；有的中间偏右，如哥伦比亚自由党、哥斯达黎加民族解放党、委内瑞拉人民意志党等。因此，我们在分析拉美社民党和社民党执政党政府时，应就具体情况作具体分析。

（三）拉美社会民主主义与新自由主义的关系。拉美社会民主主义对新自由主义的态度具有两重性。一方面，它对新自由主义持一定的批判态度；另一方面，在实际上，当前拉美执政的社民党政府的政策主张，特别是经济政策的主张仍明显地受到新自由主义的影响。在对待新自由主义问题上，拉美社民党的态度也不尽相同。其右翼更多地倾向于新自由主义，中间派则摇摆不定，左派则对新自由主义持比较坚定的否定和批判态度。可以预料，在相当长时间内，拉美社会民主主义和新自由主义两大思潮仍将相互抗衡和制约，不可能合二为一。

第二节   秘鲁阿普拉主义

在 19 世纪与 20 世纪之交，一方面，拉丁美洲发生了一次遍及整个大陆的文化觉醒运动；另一方面，资本主义中心的危机给了外围世界一个实现自主发展的机会。在大陆运动与世界局势的双向互动之下，就像源自欧洲的马克思主义在传入俄国之后成了马克思列宁主义一样，传入拉丁美洲的社会民主主义也与当时正流行的以谋求拉丁美洲文化独立为己任的文化民族主义、民众主义（populismo）等思潮汇合，形成了富有拉丁美洲特色的社会民主主义，阿普拉主义就是拉美特色的社会民主主义之一，是秘鲁阿普拉党的创始人维克托·劳尔·阿亚·德拉托雷（Víctor Raúl Haya de la Torre，1895 - 1979，以下简称阿亚）提出的一种具有拉美特色的社会民主主义理论。美国共产党前主席威廉·福斯特称为"社会民主党在拉丁美洲特殊变种"①。美国学者爱德华·J. 威廉斯认为，阿亚"将修正了的马克思主义同土著主义思潮的要旨糅合在一起……实质上，人民党（即阿普拉党）所主张的是强调社会民主主义的改良主义和民族主义"，"人民党的社会民主主义理论，不仅在它的本国秘鲁传播开来，而且传播到其他拉丁美洲国家"，"确实，人民党思想在 20 世纪中叶成了拉丁美洲最重要的一个思想体系"。②

阿亚是拉丁美洲民众主义的创始人，也是拉丁美洲社会民主主义的代表人物。阿亚生于秘鲁西北城市特鲁希略。阿亚曾就读于特鲁西略国立大学文学院，期间结识日后成为秘鲁著名诗人的塞萨尔·巴列霍（César Vallejo，1892－1938），并与巴列霍等人形成被称为"北方小组"的知识分子群体。阿亚还曾在位于利马的圣马科斯大学这所秘鲁最富影响力的大学就读。1917 年结识在秘鲁威望甚高的文学家曼努埃尔·冈萨雷斯·普拉达（Manuel González Prada，1844－1918），普拉达去世时，阿亚是其抬棺人之一。1918 年，阿亚当选为秘鲁学生联合会主席，领导秘鲁的大学改革运动，为 1922 年成立冈萨雷斯·普拉达人民大学做出重要贡献。阿亚还支持工人争取自身权益的斗争。

1923 年，阿亚与马里亚特吉共同编辑过一份激进刊物《明晰》（Claridad），同年，因领导学生和工人反对独裁政府而被驱逐出境。阿亚由此流亡到巴拿马，之后辗转来到墨西哥，结识墨西哥著名壁画家迭戈·里维拉（Diego Rivera，1886－1957），从而能够亲身体会 1910 年墨西哥革命后的墨西哥。1924 年，阿亚在墨西哥创建美洲人民革命联盟（Alianza Popular Revolucionaria Americana，APRA），即阿普拉党。同年，应苏联教育部邀请，访问俄国，得以了解俄国革命。1924—1931 年，阿亚出访美国、德国、意大利、法国和许多拉美国家。1926—1927 年，阿亚还在伦敦政治经济学院学习过经济学，在牛津大学学习过人类学，后来（1964）还成了牛津大学的教授。1927 年，阿亚出席在比利时布鲁塞尔召

---

① ［美］福斯特：《美洲政治史纲》，人民出版社 1956 年版，第 525 页。

② ［美］爱德华·J. 威廉斯：《从发展角度看拉丁美洲的政治思潮》，商务印书馆 1979 年版，第 19—20 页。

开的第一届反对帝国主义大同盟理事会扩大会议。1931 年，阿亚回到秘鲁，主持召开秘鲁阿普拉党第一次代表大会。同年 10 月竞选秘鲁总统失败。1932 年，阿亚被捕入狱，一年多后被释放。1933 年秘鲁宪法规定一切国际性政党都是非法政党，阿普拉党由此开始长达十余年的非法状态。1945 年，美洲人民革命联盟改名为秘鲁阿普拉党或秘鲁人民党（Partido Aprista Peruano），取得合法地位，1945—1948 年再次活跃在政治舞台上。1948 年阿普拉党部分党员在卡亚俄策动起义，反对通过政变上台的独裁政府。起义失败后，1949—1954 年阿亚逃到哥伦比亚驻秘鲁使馆避难长达 5 年之久。由于他在国际上颇具影响，阿亚得以离开秘鲁，再次来到墨西哥。1962 年，阿亚回国再次参加总统竞选，这次竞选阿亚得票居首，但由于军事当局干预，阿亚未能当选。1963 年阿亚再次参加竞选遭到失败。1978 年阿亚当选为立宪会议主席。1979 年阿亚在利马逝世，有 150 万人参加了悼念阿亚的活动。阿亚的棺木埋在一块大石之下，在这块大石上刻着：光明在此安息（Aquí yace la luz）。[①]

　　阿亚的思想通常被称为"阿普拉主义"（aprismo）或"阿亚主义"（hayismo），由于曾明确提出"印第安美洲"（Indoamérica）概念，其思想也被称为"印第安美洲主义"。阿亚著述颇丰，主要有《争取拉丁美洲的解放》（1927）、《反帝主义与阿普拉》（1928）、《印第安美洲往何处去?》（1935）、《阿普拉主义 30 年》（1955）等。1977 年秘鲁出版了 7 卷本《阿亚全集》。

　　关于究竟什么是阿普拉主义，在《何为阿普拉?》（1926）一文中，阿亚提出了阿普拉主义的五点纲领：1. 反对扬基帝国主义（即美帝国主义）；2. 争取拉丁美洲的政治统一；3. 争取土地和工业的国有化；4. 争取巴拿马运河国际化；5. 争取全世界所有被压迫阶级和人民的团结。[②] 简单地说，阿普拉主义旨在打破帝国主义强加在拉丁美洲人民身上的枷锁，尽一切可能，团结一切可以团结的力量，实现拉丁美洲的解放。后来，阿亚将第一点"反对美帝国主义"改为"反对帝国主义"，即反对包括所

---

① http：//es. wikipedia. org/wiki/Víctor_ Raúl_ Haya_ de_ la_ Torre.

② http：//antimperialismo. tripod. com/id5. html.

谓的共产主义帝国主义在内的所有帝国主义，并强调说这是一种"第三立场"，按照阿亚自己的说法，"既不是华盛顿，也不是莫斯科，只有阿普拉主义才能救秘鲁"。①

可以看出，同欧洲社会民主主义一样，在某些方面，阿亚受到马克思主义的一定影响。阿亚用历史唯物主义分析历史、特别是拉丁美洲的历史，在此基础上提出了一套在殖民地或外围国家如何实现社会主义的理论，与马克思列宁主义有很大的不同。阿亚认为，与欧洲顺次经历野蛮时期、封建时期再到资本主义时期的历史发展不同，拉丁美洲同时具有世界社会经济发展的各种形态。阿亚认为，拉丁美洲各国的主要敌人，在外部是帝国主义，在内部是半封建的地主寡头，而造成国家落后的主要根源是帝国主义。关于拉丁美洲的发展道路，阿亚认为，拉丁美洲当从资本主义的帝国主义到民族主义的资本主义，再到社会主义（20 世纪50 年代之后，他不再提"社会主义"）。关于拉丁美洲现阶段的任务，阿亚认为，拉丁美洲各国需要建立反帝国家，在国家的保护下发展资本主义，整个拉丁美洲则需要在整个大陆范围内建立起反帝国家联盟。②

关于帝国主义问题，阿亚反对列宁的观点。阿亚认为，资本主义是当代文明一个不可避免的阶段，而帝国主义是资本主义的最高阶段，是迄今为止最高级的经济生产方式。但资本主义不是永恒的，而是包含着种种内部矛盾，最终资本主义将因其内部矛盾而被超越。但在被超越之前，资本主义得先经历一个出生、成长的过程。在拉丁美洲各国，无产阶级还太年轻，无法成就超越资本主义的革命。按照阿亚的看法，应该先让资本主义在拉丁美洲发展起来，然后才能进行超越资本主义的社会主义革命。怎样发展拉丁美洲的资本主义？阿亚认为，应当利用帝国主义，在这个意义上，帝国主义在发达国家是资本主义的最后阶段，但在拉丁美洲却是资本主义的最初阶段。也就是说，拉丁美洲需要做的是一件类似与虎谋皮的事情，既要反对帝国主义对殖民地国家的压迫和剥削，但同时又要利用帝国主义所取得的成果，引入帝国主义时代的资本主义

---

① http：//es. wikipedia. org/wiki/Víctor_ Raúl_ Haya_ de_ la_ Torre.

② 徐世澄主编：《拉丁美洲现代思潮》，当代世界出版社 2010 年版，第46 页。

所拥有的高级的经济生产方式，促进殖民地国家的发展，之后再进行社会主义革命。

可以想见，这是一项十分艰难的事业。为此，阿亚认为，需要尽可能地团结包括工业无产阶级、农民阶级和中等阶级在内的革命阶级，或者说，拉丁美洲的前途需要依靠具有革命潜能的"人民"或民众，实现多阶级的联合，其决定性的力量是中等阶级，不能单单依靠无产阶级，这也是阿亚所创建的政党叫作"美洲人民革命联盟"的原因，只有团结起所有革命的阶级，建立强大的国家，才有可能控制住帝国主义或资本主义的力量，为我所用。这也是阿亚的思想被称为"民众主义"的原因，在此，可以说民众主义是与"无产阶级主义"相对而言的。在某种意义上，阿亚要求所有旨在谋求拉丁美洲解放的人们团结在阿普拉主义的旗下，就此，同为秘鲁人的马克思主义者马里亚特吉曾经批评阿亚企图建立拉丁美洲的国民党，这也是导致两个一度合作无间的秘鲁人决裂的重要原因。[1] 阿亚认为，其所主张的阿普拉主义是对马克思主义的继承和发展，既否定又继续包含着马克思主义。至此，就对资本主义的基本态度而言，阿亚的思路与欧洲社会民主主义没有明显的不同：资本主义是可以改良的。这意味着拉丁美洲需要在某种程度上建立起与帝国主义的合作关系。当然，阿亚认为，在拉丁美洲大陆发展起成熟的资本主义之后，需要通过革命进入社会主义，这是与欧洲社会民主主义不同的地方，但阿亚在 20 世纪 50 年代放弃了革命立场，主张通过选举夺取政权。然而，与欧洲的接近只是阿普拉主义的一面。

阿亚认为，拉丁美洲毕竟与欧洲不同，需要在自己的土地上探索属于自己的发展道路，首先需要确定拉丁美洲的基本现实。由于在拉丁美洲一些地区，特别是在秘鲁这样的国家，印第安人占全国人口的比重很大，阿亚强调，"印第安人的存在是我们大陆的基本特征，它最适合的名称应当是'印第安美洲'"。需要团结的主要就是这些被历史遗忘的印第安人，只有唤起潜藏在印第安人当中的革命潜能，拉丁美洲才有可能积

---

① Juan Vargas, "Aprismo y Marxismo", en José Aricó, ed., *Mariátegui y los orígenes del Marxismo Latinoamericano*, México: Ediciones Pasadoy Presente, 1980, p. 51.

聚足够的力量，在利用帝国主义成果的同时，能够摆脱对帝国主义逻辑的依附，使拉丁美洲真正摆脱殖民地的命运。与印第安世界的接近是阿普拉主义的另一面，这是在欧洲社会民主主义那里找不到的东西，然而这却是使阿亚主义成为实实在在的拉丁美洲人的东西：拉丁美洲需要吸收来自欧洲的文明成果，但同样需要持守印第安美洲的传统。拉丁美洲人既不想跟着华盛顿，做完全的西方人，也不想跟着莫斯科，做纯粹的东方人，拉丁美洲人意图走出适合自己外围国家基本国情的"第三条道路"。除了秘鲁的阿普拉主义之外，巴西的瓦加斯主义、墨西哥的革命民族主义、阿根廷的庇隆主义、尼加拉瓜的桑地诺主义也持有类似观点。

阿亚生前，阿普拉党一直未能上台执政。1982 年，阿普拉党选举年轻一代的阿兰·加西亚（Alan García, 1949 -　　）为党的总书记。1985年，加西亚作为阿普拉党候选人参加总统选举，一举击败所有竞争对手，成为秘鲁历史上最年轻的总统之一。加西亚政府执政初期，秘鲁曾取得10% 的经济增长率（1986），这使加西亚拥有创纪录的支持率。但在债务问题上，加西亚政府拒绝了国际货币基金组织的建议，只承诺将秘鲁外贸收入的 10% 用于偿还债务，这个决定使秘鲁无法及时偿还外债，由此秘鲁被国际货币基金组织认定为不合格国家。之后，秘鲁发生了严重的通货膨胀，1988 年，通胀率达到可怕的 1722.3%，1989 年，这一数字更是攀升至 2775%。[1] 为应对货币的恶性贬值，加西亚政府不得不两次更换法定货币，通胀率有所回落，但经济困境并没有解除。1990 年，阿普拉党在秘鲁总统选举中失利。1992 年，继任总统藤森立案追究加西亚在执政期间的贪污公款罪和非法致富罪。同年 6 月，加西亚前往哥伦比亚寻求政治避难。2001 年，加西亚结束多年流亡生活后回到秘鲁，再次竞选秘鲁总统，没有获得足够的选票。2006 年，加西亚又一次参加总统选举，在第二轮投票中获胜，再度就任秘鲁总统，执政至 2011 年。加西亚第二次执政期间，秘鲁政局基本稳定，经济保持较高的增长率，外交上积极推动拉丁美洲一体化。但是，秘鲁的社会冲突不容小视。2009 年 4 月，居住在秘鲁亚马逊地区的印第安人不满政府允许外国企业进入亚马逊雨

---

① http://es.wikipedia.org/wiki/APRA.

林区开发天然气资源的做法，举行大规模抗议，并与警方发生激烈冲突，造成双方人员伤亡。创立之初的阿普拉党以"印第安美洲主义"为其旗帜，在思想上确认印第安人为拉丁美洲的底色，上台执政的加西亚政府却引入外国资本，与现实的印第安人发生激烈的冲突。看来，在传统和现代化之间保持平衡确实是一种类似高空走钢丝的高难度动作。

2003年，加西亚出版了《21世纪的现代性与政治——具有社会正义的全球化》（*Modernidad y política en el siglo XXI*: *globalización con justicia social*）一书。在书中，加西亚既坚持了阿普拉主义的基本主张，也提出了一些新的看法。关于帝国主义，加西亚认为，在全球化的今天，帝国主义不再实行永久性的领土占领，但其追求利润和控制市场的本质并未改变。在21世纪应该继续反对帝国主义，但现代国家的反帝不能是对外资企业实现国有化，而应是推动发展中国家一致对外，使外国资本在公正的条件下进行投资。他认为，秘鲁必须依靠拉美一体化来应对全球化。关于阿普拉党的性质，他认为，由于秘鲁社会结构已发生很大变化，阿普拉党除代表工人阶级外，还应代表非正规就业者和中等阶层。

2008年，加西亚出版了引起颇多争议的《阿普拉主义建设性的革命：现代性的理论与实践》 （*La revolución constructiva del aprismo. Teoría y práctica de la modernidad*）一书，总结了阿普拉党的历史，表达了阿普拉党对当前现实的看法。加西亚认为，阿普拉主义创始人阿亚的思想是随着时间的推移而不断成熟的，阿普拉党自1931年以来提倡的革命是阿普拉党所犯下的一个错误，这个错误使阿普拉党将国有化、集体农业模式、对商业的国家控制等策略视如己出，而这些策略跟阿亚的思想纲领是完全不合拍的。[1] 在书中，加西亚也对自己执政的第一个任期做了批判性的分析，提出要将秘鲁建设成一个强大的现代化国家，并谈到了在2011年其任期届满前的具体目标：权力下放、减少贫困、扫除文盲和将高质量的公共服务普及到大众。2011年，阿普拉党内部发生严重分歧，没有参加总统竞选，但阿普拉党在秘鲁依然拥有重要地位。

阿普拉党早在1966年社会党国际第10大上就成为其观察员党，1983

---

① http://es.wikipedia.org/wiki/Víctor_ Raúl_ Haya_ de_ la_ Torre.

年成为其咨询成员党，1999 年在社会党国际第 21 大上成为正式成员党。①

第三节　尼加拉瓜桑地诺主义

桑地诺主义（Sandinismo）是一种具有社会民主主义和拉丁美洲大陆民族主义倾向的尼加拉瓜政治思潮。桑地诺主义根植于有"自由人的将军"（General de hombres libres）之称的尼加拉瓜民族英雄奥古斯托·塞萨尔·桑地诺（Augusto César Sandino，1895 – 1934）② 的思想和行动之中。桑地诺与有"拉丁美洲诗圣"之称的鲁文·达里奥（Rubén Darío，1867 – 1916）同为尼加拉瓜这个中美洲国家的文化象征。与古巴的何塞·马蒂所号召的"第二次独立"类似，桑地诺领导了尼加拉瓜人民反对美国新殖民主义的斗争，为尼加拉瓜的独立做出了巨大贡献。为了抵抗在军事武器方面占有巨大优势的美国军队，桑地诺采取了游击战战略，成为日后拉丁美洲游击战的先驱。

在抗击美国侵略军的斗争中，桑地诺逐步形成了他的民族革命的思想。其主要内容为：（一）提出"自由祖国"概念，以"要祖国，要自由"为革命誓言，反对民族压迫，明确指出美帝国主义是尼加拉瓜人民的主要敌人。（二）采取以游击战为主要形式的人民武装斗争，在山区开展根据地，建立"尼加拉瓜主权保护军"，发动工农群众参加武装斗争。（三）提出统一战线政策，建立由各阶层和各派政治力量参加的国内统一战线。（四）积极争取建立中美洲和拉美各国团结一致共同反美的国际统一战线。桑地诺曾几次写信给拉美各国总统，主张成立拉美国家联盟，用玻利瓦尔的拉美主义对抗美国的门罗主义。桑地诺主义反映了当时尼加拉瓜资产阶级中进步的民族主义思想。

桑地诺的斗争取得了相当程度的胜利——迫使美国军队撤出了尼加拉瓜。但这不是一种彻底的胜利——美国所培养、扶植的尼加拉瓜国民警卫队首领索摩查派人杀害了桑地诺。此后，甘当美国傀儡的索摩查家

① http://www.internacionalsocialista.org/viewArticle.cfm? ArticlePageID = 931.

② http://www.elhistoriador.com.ar/biografias/s/sandino.php.

族主宰了尼加拉瓜政坛。为了继续桑地诺的事业，卡洛斯·丰塞卡（Car-
los Fonseca，1936 – 1976）、托马斯·博尔赫（Tomás Borge，1930 –
2012）等人创建了以桑地诺为名的桑地诺民族解放阵线（Frente Sandinis-
ta de Liberación Nacional，FSLN，简称桑解阵）。[①] 桑解阵是领导尼加拉
瓜人民推翻索摩查家族统治和进行尼加拉瓜革命的主要力量。所以，桑
地诺主义也指桑解阵的理论与实践。

　　桑地诺生于尼加拉瓜马萨亚省尼基诺莫城，其父亲是富有的庄园主，
母亲是其父的家仆，桑地诺是私生子。从 1904 年起，桑地诺开始与外祖
母一起生活，后来来到其父亲的庄园，但需要通过劳动支付住宿费。
1912 年，桑地诺 17 岁时，美国军队干预尼加拉瓜事务，反对美国干预的
爱国将领本哈明·塞莱东（Benjamín Zeledón，1879 – 1912）给桑地诺留
下了深刻的印象。此后，美国海军进驻尼加拉瓜。1921 年由于有人对其
母出言不敬，桑地诺与之发生械斗，为避开报复，桑地诺前往尼加拉瓜
靠近加勒比海的地区，后来到邻国洪都拉斯。1923 年，桑地诺前往危地
马拉，受雇于美国的联合果品公司。之后，再次起程来到墨西哥，在一
家美国石油公司当机械师。在墨西哥期间，桑地诺积极参加当地的反帝
爱国斗争，成为民族主义和反帝主义的热烈拥护者。1926 年，桑地诺回
到尼加拉瓜，在新塞哥维亚等地率领爱国志士宣布起义，参加自由派反
对亲美保守派政府的斗争，很快成为颇有影响的一方首领，其所领导的
队伍被称为"塞哥维亚纵队"。在自由派胜利在望之际，美国海军开始干
预。美军的介入使尼加拉瓜人的内战转变成了尼加拉瓜人反对美帝国主
义的战争。战斗正酣之际，自由派向美军投降，于 1927 年 5 月与美军签
订和平协议。但桑地诺不接受这个《埃斯皮诺内格罗协议》，不接受外国
占领者所强加的和平。从此，开始了桑地诺及其追随者与美国海军之间
力量对比悬殊的斗争。桑地诺自知战败的可能性很大，举起了红黑旗：
红色表示为自由而战，黑色表示随时接受战死的命运。[②]

　　1927 年桑地诺退往山区，开始了长达 7 年的抵抗美帝国主义及其合

---

① http：//es. wikipedia. org/wiki/FSLN.

② http：//es. wikipedia. org/wiki/Augusto_ C. _ Sandino.

作者尼加拉瓜政府军的战争。由于反侵略战争的感召力，以及美军在尼加拉瓜犯下了强暴当地妇女等劣行，桑地诺的队伍逐渐扩大，成为尼加拉瓜政治独立而战的象征，其军队被称为"国家主权保卫军"。1927 年 6 月 16 日，发生了历史性的奥科塔尔战役，桑地诺保卫军几乎占领了整个城市，但最终由于美国飞机的轰炸而不得不撤退。此后，桑地诺决定改变战略，进行游击战。"游击战士"桑地诺逐渐成为享誉整个拉丁美洲的自由斗士，法国作家亨利·巴比塞（1873—1935）将"自由人的将军"这一美誉送给了这位尼加拉瓜的爱国者。1928 年 11 月，与美国人合作的政府军将领劝桑地诺放下武器以换取日后的荣华富贵，桑地诺断然予以拒绝："人民的主权是不能讨论的，只能用手中的武器加以捍卫。武装抵抗将带来你所说的荣华，正像一切侵略将毁掉和平、引发人民的怒火一样。"① 由于看到无法在短期内战胜桑地诺的队伍，美军开始改变战略，决定退居幕后，采取"以夷制夷"的战略，让"尼加拉瓜人打尼加拉瓜人"。由此，后来主宰了尼加拉瓜政治格局的尼加拉瓜国民警卫队得以在美国的军事支持和资金援助下成立。没有击败桑地诺的美国军队所训练的尼加拉瓜国民警卫队也未能击败桑地诺。桑地诺的保卫军继续取得胜利，在数年间控制了大西洋沿岸广大农村地区，加之当时美国国内正面临严峻的经济问题，使美军于 1933 年 1 月全部撤离尼加拉瓜。1933 年 2 月，战争正式结束，以保卫尼加拉瓜国家主权为旗帜的桑地诺保卫军取得了巨大的胜利。桑地诺应尼加拉瓜总统邀请前往首都马那瓜谈判，1934 年 2 月 2 日，"和平协定"签订。2 月 21 日，在美国的授意下，国民警卫队首领索摩查派人枪杀了民族英雄桑地诺。之后，桑地诺的追随者受到国民警卫队的追杀和清洗。1936 年，索摩查推翻政府，攫取尼加拉瓜权力，开始了索摩查家族统治尼加拉瓜数十年的历史。

桑地诺主义的根本宗旨是使尼加拉瓜摆脱美帝国主义的控制，成为享有政治独立的国家，桑地诺还呼吁中美洲和整个拉丁美洲各国团结一致共同反对美帝国主义，用玻利瓦尔的拉丁美洲主义对抗为美国的扩张背书的门罗主义。在抗击美帝国主义的历程中，桑地诺主义还采取了人

---

① http：//es. wikipedia. org/wiki/Augusto_ C. _ Sandino.

民武装斗争和游击战的形式。后来成立的桑地诺民族解放阵线延续了桑地诺所进行的斗争，继承了桑地诺的政治和思想遗产。

桑地诺民族解放阵线的主要创始人是卡洛斯·丰塞卡。丰塞卡1936年出生于马塔加尔帕城。家境清寒的丰塞卡9岁时就在大街上卖过报，学习异常勤奋。丰塞卡在中学时期学习了《共产党宣言》等著作，受到马克思主义思想的影响，积极参与青年运动。1955年获学士学位并获得只有最好的学生才能获得的"金星奖章"，之后前往尼加拉瓜首都马那瓜。1956年进入尼加拉瓜国立自治大学法学院。1957年作为尼加拉瓜代表出席在莫斯科举行的第六届世界青年与大学生联欢节，随后还访问了民主德国等欧洲国家。回国后被监禁。1959年创建尼加拉瓜民主青年组织，积极领导反对索摩查家族独裁统治的政治活动，为此，丰塞卡被驱逐出境，流亡危地马拉。同年，丰塞卡在一次武装冲突中负伤，曾到古巴疗养。1961年，丰塞卡与托马斯·博尔赫等人在洪都拉斯创建桑地诺民族解放阵线，以延续桑地诺"国家主权保卫军"的事业。1962年，丰塞卡被捕入狱6个月，在狱中写下《我控告独裁统治》、《这就是真理》等篇章。受到卡斯特罗、切·格瓦拉等人领导的古巴游击战的鼓舞，丰塞卡于1963年开始系统开展尼加拉瓜的游击斗争。1968—1974年，丰塞卡任桑解阵总书记，这时的丰塞卡已经成为尼加拉瓜家喻户晓的反对派领袖，尼加拉瓜当局以严厉的镇压作为回应。1976年，丰塞卡在一次游击战中牺牲。丰塞卡对桑地诺思想进行过系统的研究，是最早提出把桑地诺思想与马克思列宁主义结合起来的尼加拉瓜革命领导人，著有《桑地诺的政治理念》等著作。丰塞卡延续了桑地诺维护尼加拉瓜政治独立的基本思想，贯彻实施游击战的基本斗争战略。[1]

桑地诺主义体现在桑解阵的纲领、路线、政策和行动中，桑解阵在一定程度上突破了资产阶级民族主义思想范畴，赋予新的历史意义。主要主张是：（一）明确指出桑解阵是工人阶级及其同盟军农民的先锋队，革命领导力量是工人阶级，动力是工人、农民和小资产阶级，对象是亲美的独裁统治集团索摩查家族、地主寡头和资产阶级，方向是社会主义。

---

[1]　http：//es. wikipedia. org/wiki/Carlos_ Fonseca_ Amador.

（二）在农村和山区建立根据地，通过以游击战为主要形式的武装斗争道路，而后发动全国起义，夺取政权。革命胜利后，解散旧军队，建立人民军队。（三）建立以工农联盟为基础的统一战线，联合一切反索摩查的阶级、政党和群众组织进行斗争，并在联盟中保持桑解阵的领导权。（四）积极争取拉美各国以及世界其他地区广泛的国际支援，以孤立索摩查集团。（五）革命取得胜利后，进行土改，颁布劳工法和社会保障法，解放妇女，取消国民警卫队，实行独立的外交。

1975—1978 年，由于在斗争战略上的分歧，桑解阵内部分成三个派别：无产阶级派、持久人民战争派和起义派（亦称第三派）。1978 年，桑解阵三派在起义派纲领的基础上，达成统一战略，协调行动，使斗争取得很大进展。加上包括天主教会在内的其他社会力量也开始反对索摩查家族的统治，桑解阵部队得以在 1979 年 7 月 19 日胜利开进首都马那瓜，结束了索摩查家族自 1936 年以来对尼加拉瓜的统治，宣告了桑地诺主义革命的胜利。

革命胜利后，桑解阵从 1979 年一直执政到 1990 年。在 1979—1984 年民族重建执政委员会时期，桑解阵在加强自身建设、确保领导权的条件下，允许各种政治组织自由活动，吸收其代表参加执委会、国务委员会和内阁。在经济上，开展了土地改革，使底层农民有地可耕；采取"混合经济"模式，使国营经济同私营经济"和平共处"。在外交上，以原属桑解阵起义派的丹尼尔·奥尔特加（Daniel Ortega，1945 –　）为首的政府强调尼加拉瓜奉行不结盟的外交政策，但实际上，同苏联和古巴的关系十分密切，同美国的关系日趋恶化。在教育文化方面，积极开展扫盲运动，使底层群众有机会接受教育。1984 年，桑解阵在大选中获胜，奥尔特加当选为总统。但由于美国的经济封锁、东欧剧变等国际因素，加上因美国在军事上支持反对派而造成的连年战乱、国民经济发展停滞、人民生活得不到改善等国内因素，桑解阵在 1990 年的大选中失利，成为反对党。在 1994 年、1998 年和 2002 年的大选中，桑解阵连续失败。期间，一些重要成员退出桑解阵。从桑解阵中分裂出了"桑地诺主义革新运动"（Movimiento Renovador Sandinista，MRS）和"拯救桑地诺主义运动"（El Movimiento por el Rescate del Sandinismo，MPRS）两个派别，使桑解阵一分为三。随着新自由主义所带来的不良后果逐渐显现，加之选民对右翼政府腐败的普遍不满，在 2006 年的大选中，桑解阵领导人奥尔特加以微弱优势获得胜利，于 2007 年再次就任总统。奥尔特加调整了前几届政府的新自由主义政策，使人民生活得到相当的改善。执政期间，尼加拉瓜还在外交上改变亲美政策，加入了委内瑞拉、古巴和玻利维亚三国倡导的"美洲玻利瓦尔替代计划"，积极争取和维护尼加拉瓜和拉丁美洲的政治独立。在 2011 年 11 月 6 日的大选中，奥尔特加以 62% 的绝对优势第三次当选总统，于 2012 年 1 月 10 日就任。2013 年 11 月初，奥尔特加总统向国会提交修宪议案，要求取消对总统连选连任的限制。2014 年 1 月 28 日，国会以 64 票对 25 票、3 票弃权的结果通过了修宪议案，这一议案的通过，为奥尔特加 2016 年再次参选并获胜提供了法律保障。尽管奥尔特加多次公开指责美国干涉内政、维护尼加拉瓜独立和主权，继续打着桑地诺主义的旗号，与古巴、委内瑞拉、俄罗斯等国保持友好合作关系，但美国依然是尼加拉瓜的重要贸易伙伴和投资国。桑解阵既是社会党国际的正式成员党，又是圣保罗论坛的成员党。

　　桑解阵领导人曾公开表示自己是马克思列宁主义者，指导思想是马克思列宁主义和桑地诺思想，革命的方向是社会主义。1987 年桑解阵总书记奥尔特加宣称："现在不是搞社会主义的时候，我们的社会模式不是东欧式的，也不是古巴式的，而是斯堪的纳维亚国际的模式。"① 2002 年桑解阵第三次全国代表大会修订的党章规定：桑解阵是一个捍卫人民利益，继承尼加拉瓜人民维护国家主权、和平与民族独立的斗争传统的，互助、民主、反帝的社会主义革命党。桑解阵主张建立符合国情的社会主义，其本质是为全体尼加拉瓜人争取享有就业以及医疗、教育、住房、文化、体育等社会服务的、有尊严的生活，通过开发尼加拉瓜的自然资源，公平地分配财富。桑解阵奥尔特加政府在政治上，主张在行政权、立法权、司法权和公民权四权之间以及公民与国家之间建立新型的、和谐的关系；在经济上，主张尊重私有财产，承认私人企业、合作社、私有银行的作用；与国内外私人资本组建合资企业，实现生产的多元化；

---

① http：//es. wikipedia. org/wiki/Daniel_ Ortega.

在社会方面，努力扫除文盲，实现公费教育和医疗；外交方面，积极推动拉美一体化；主张同包括美国在内的世界各国建立和发展友好关系。1985 年 12 月 7 日，在桑解阵奥尔特加第一任总统时期，尼加拉瓜与中国建交。1990 年反对党右翼"全国联盟"领导人查莫罗夫人上台后，尼加拉瓜宣布与台湾当局"复交"，中国政府随即终止了与尼的外交关系。但 2007 年 1 月 10 日奥尔特加再次就任总统后，没有抓紧时机与中国建交，继续保持与台湾当局的"邦交"关系。

2011 年桑解阵成立 50 周年，这一年 2 月底，桑解阵召开第四次全国代表大会，大会通过决议，提出要建立一个"基督教的、社会主义的、团结的尼加拉瓜"，要在尼加拉瓜实现社会公正、平等、自由、民主、尊严、友好、和平、繁荣。①

2012 年 8 月中旬，桑解阵召开第五次全国代表大会，近千名代表与会，大会再次重申要建立一个"基督教的、社会主义的、团结的尼加拉瓜"。②

第四节　拉丁美洲基督教民主主义

基督教民主主义是一种将基督教——特别是天主教——基本原则应用于公共领域的政治思潮。基督教民主主义兴起于 19 世纪的欧洲。对天主教会而言，基督教民主主义诞生于 1891 年。是年，教宗（教皇）良（利奥）十三世写下著名的通谕《新事》（*Rerum novarum*），开启了一个"新"的传统：天主教社会教义（Social Doctrine of the Church）或天主教社会训导（Catholic Social Teaching）传统。《新事》是为应对工业社会所带来的挑战——劳工问题——而发布的："正发生的各种冲突的因素就在工业部门的巨大膨胀和科学的奇妙发现中，在雇主和雇员之间变化了的关系中，在少数个人的巨大财富和大多数人的绝对贫困中，在劳动阶

---

① http：//laluchasigue. org/index. php？option = com_ content&view = article&id = 902：nicara-gua-triunfa&catid = 81：nicaragua&Itemid = 198.

② http：//www. lavozdelsandinismo. com/nicaragua/2012-08-16/lo-mas-dificil-es-guardarle-le-altad-a-los-heroes-y-martires-la-lealtad-de-los-principios-de-carlos/.

级日益紧密的相互联系和增长的自我信赖中。"劳资关系所带来的种种问题，使社会陷入重大危机，使每个人都充满了痛苦和不安，没有什么问题像这个问题一样如此令人揪心。① 面对如此重大的问题，教会认为，必须找到某种补救方法，以解决强行压在大多数工人阶级头上的痛苦与不幸。"真理的柱石"、"永生天主的教会"要在劳动和资本之间调停，把社会带到与福音的精神相合的"第三条道路"之上。一方面，教会承认广大劳动者的悲惨状况是资本主义对财富的过分追求所造成的，应当限制资本的贪婪；另外，教会也反对社会主义的替代方案，因为社会主义是无神论的和集体主义的，社会主义将意味着私有财产的消灭，而私有财产对维系家庭的尊严是不可或缺的。真正的解决之道包含在源自《圣经》的古老观念之中：无论是企业家还是劳动者，所有人都是雅威（天主、上帝）的儿女。应该在这个神圣不可动摇的基础上达成协议，如此，整个社会才能在天国之光的引导下走上正途。随着历史的变迁，天主教会会适时发布相关文件，重要的有 1931 年（当时资本主义正陷入前所未见的世界性危机）发布的纪念《新事》发布 40 周年的《四十年》（*Quadragesimo Anno*）、1961 年（当时包括亚非拉广大地区在内的第三世界的解放斗争如火如荼，许多深受殖民主义压迫的地区纷纷宣告独立）发布的以"基督教与社会进步"为副标题的《慈母与导师》（*Mater et Magistra*）、1963 年（当时正值美苏冷战千钧一发的古巴导弹危机时期）发布的第一个同时针对天主教徒和非天主教徒的文件《地上的和平》（*Pacem in Terris*）。

特别具有里程碑意义的是梵蒂冈第二届大公会议（1962—1965）及其总结性文件《喜乐与希望》（*Gaudium et spes*，1965），该文件的副标题是"论教会在现代世界牧职宪章"。这次会议明确指出，"教会深深感到自身和人类及其历史，具有密切的联系"②，"人不应轻视其肉体生命，而应承认其肉体的美善而重视之"③，"人以劳动奉献于天主，便是参与耶

---

① 张宪译：《新事物》，载于刘小枫等编《现代国家与大公主义政治思想》，香港：道风书社 2001 年版，第 103 页。

② 《天主教梵蒂冈第二届大公会议文献》，光启社 2005 年版，第 145 页。

③ 同上书，第 155 页。

稣基督的救世大工"①。也就是说，神圣的世界、救恩的历史与俗世的奋斗所构成的历史不能截然两分，教会不能站在世界之外训斥历史的浪潮。教会不能蜷缩在自身的门墙之内偷安，教会需要"跟上时代"，"检讨时代局势"，②捕捉时代的讯号，向现代世界敞开大门，如此，才能将福音带入现代世界的历史进程之中。另一方面，会议坚持认为，"承认天主决不违反人性尊严：因为人性尊严正基于天主，并靠天主来玉成……来世的希望并不削弱人们对现世所有的责任感，反而以新的理由支持人们完成这责任"③。在根本上，人的生命镌刻着天主的肖像与模样，除了这超越本性的光芒，没有任何其他光芒可以满足人心对无限的寻求。天主的声音在人心每一个秘密的角落回响，引导生命走向真正的圆满。"人之所是，远超出人之所有。"④ 天主把治理大地的重任托付给了人，目的是要使天主的圣名见称于普世，也就是说，人类的历史不只是动物式的生存和斗争，更重要的是，这个历史是天主不断启示自身的历史，是向天国进发的历史。人具有超自然的天命，人在历史当中的职责乃是将天国的光明普照大地。但是，天国的奥秘并没有全然启示给人，因为历史还在继续，以世俗为至上的现代世界并不是历史的终结，终极的奥秘将由神自己为人们解开："神国业已存在于此世，不过尚隐蔽于奥迹内；当基督再度来临时，则将成功为圆满无缺的。"⑤ 基督是人类历史的终向，教会则像酵母一般发挥着改天换地的作用，整个社会最终将成为天主的家庭。

梵蒂冈第二届大公会议之后，天主教会依然继续其就重大社会问题表明立场的做法。在 1971 年《新事》发表 80 周年之际，发布《八十年》（*Octogesima Adveniens*）。在 1975 年梵蒂冈第二届大公会议结束 10 周年之际，发布《福传》（*Evangelii Nuntiandi*）。两个文件都强调基督徒有责任抵抗社会中的不义现象。1981 年发布《劳动》（*Laborem Exercens*），指出应当将劳动的尊严置于资本之上。1991 年发布《百年》（*Centesimus An-*

---

① 《天主教梵蒂冈第二届大公会议文献》，光启社 2005 年版，第 209 页。
② 同上书，第 147 页。
③ 同上书，第 160—161 页。
④ 同上书，第 174 页。
⑤ 同上书，第 178 页。

nus)，同时批评社会主义和不受约束的资本主义。2004 年，《天主教社会教义纲要》（*Compendium of the Social Doctrine of the Church*）一书的出版标志着天主教社会教义传统已经系统化。在这个篇幅相当大的文献中，明确提到构成天主教社会教义核心的四大永久性原则：人类人格尊严（the dignity of the human person）原则、共同善（the common good）原则、扶助（subsidiarity）原则和共契（solidarity）原则。① 人格尊严原则来自《圣经》开首《创世记》：人是依天主的肖像和模样受造的，因而是神圣不可侵犯的，不能成为达到任何其他外在目的的手段。在劳资关系方面，这个原则可以说是对无限制的资本积累逻辑的宗教限制：人不能成为资本积累的工具；相反，资本的积累、经济的发展应当为人的福祉服务，应当成为人格尊严得以确立的物质基石。这个原则是天主教社会教义的中心，是其他所有原则和内容的根基。另外，这个原则也反对无神论、反对世俗至上主义，这个原则首先就确立了神圣者的存在，并视这个神圣者为整个社会需要指向的终极目标：只有在天主的怀里，人才能安息。共同善原则是说，人类是一体，地球上的所有东西都是属于全人类的，每一个人都有责任为人类共同的善做出自己的贡献。私有财产是必要的，因为只有这样，人们才能用自己独有的方式为人类共同的事业做出贡献，但是，任何个人、集团、民族都不能将属于全人类的财富据为己有，妨害他人对幸福的追求。虽然原则上所有人都是天主的儿女，在根本的尊严上是平等的，但在现实中，并不是所有人都能自然而然地达到自己的目的，有些处于弱势地位的人需要得到特别的扶助，这就是扶助原则的基本含义。这个原则可以追溯到耶稣基督本人，耶稣基督就是一个穷人，一个普通的木匠，但却是天主的独子。作为天主的教会，当然也有特别的义务扶助弱者、穷人。只有这样，天国的光芒才能越出王侯将相的门庭之外，真正普及到寻常百姓之中。共戚原则则指向人与人之间根本性的互相依存。任何人的生存都离不开其他人，所以人们应当将他人视作自己的兄弟姐妹。而人与人之间的这个联系的根基则是天

---

① http：//www. vatican. va/roman_ curia/pontifical_ councils/justpeace/documents/rc_ pc_ justpeace_ doc_ 20060526_ compendio-dott-soc_ en. html.

主本身，所以就像《圣经》说"天主就是爱"一样，作为天主女儿的人们也应当相亲相爱，将他人的痛当作自己的痛加以体会，只有这样，人与人之间的社会团结才不会被仇恨、歧视和冷漠的浪潮冲破。

教会提出了关于社会事务的诸多原则和看法，但由神职人员构成的体制教会本身一般并不直接卷入政治当中。而是号召平信徒为贯彻其原则而出力，这就使各种基督教民主党能够出现在政治舞台之上。这里包含着基本的二元区分：神职人员负责灵魂的拯救，而平信徒则负责此世的建设，井水不犯河水。面对已然"成年"的现代世界，教会改变了社会监护者的传统模式，但基本的秩序没有发生变化：教会依然是教会，而世界也依然是世界。教会必须立于福音的磐石之上，坚决不能被历史的风暴卷走，但为了使福音能够渗入社会，教会也不得不与社会打交道，主要处理这些社会事务的就是领会了基督教精神的政治家。教会则像永恒的北极星一般指引着在历史的惊涛骇浪中搏斗的平信徒们。这种改变了的教会——世界的二元模式可以归于法国新托马斯主义思想家雅克·马利坦（Jacques Maritain，1882－1973）。而新托马斯主义则可以回溯到13世纪的老托马斯·阿奎那的著名观点：恩典不压制也不取代自然而是使之完善。如果继续上溯，则可以来到奥古斯丁的《上帝之城》。最后，我们将来到福音书上记载的耶稣亲口说过的话：我的国不属于这个世界。从历史背景来看，基督教民主主义之所以屈尊降贵，"参与"而不是"监护"社会生活，是因为在历史的推移中，教会失去了对社会的干预能力。为了挽回历史的损失，教会必须做出必要的调整。基督教民主主义可以看成是教会意图重新赢得信徒的举措。曾经激烈反对现代社会基本原则的教会经过这次华丽的转身，转而成了贫弱无助者的庇护所，孤苦无告者的辩护人，这是历史的"新事"，也是历史的无奈。面对现代社会弱肉强食的丛林法则，教会似乎重新成了人们可以在此获得安宁的港湾。这是基督教民主主义能够拥有不可忽视的社会影响的重要原因。

众所周知，天主教会在拉丁美洲的历史发展进程中扮演了举足轻重的角色。自拉丁美洲出现在世界历史舞台上的1492年以来，军人和教士就一直是拉丁美洲这块大陆的标志性存在。在征服时期，天主教教士一方面用十字架软化了殖民武士的剑，另一方面也用《圣经》话语使印第安人皈依了天主教信仰——虽然这同时意味着对印第安传统宗教的毁灭。在之后数百年的历史中，天主教会默默地培育着拉丁美洲的百姓——虽然这也同时也意味着宗教裁判所在拉丁美洲的存在。而反对西班牙、葡萄牙的独立战争之所以揭开序幕，其中一个因素也是一批耶稣会——在宗教改革时期奋力捍卫天主教信仰的修会——会士被驱逐出了拉丁美洲，以至于拉丁美洲人失去了自己的教师。在之后的历史中，天主教会同样在光明和阴影中见证了在拉丁美洲大陆上演的种种活剧。进入风雨飘摇的 20 世纪之后，当欧洲人不断离开教会转投其他信仰怀抱的时候，拉丁美洲人没有动摇，依然持守着古老的信仰——虽然并不是没有受到冲击。

今天，拉丁美洲的天主教徒已经占据全世界天主教徒的半壁江山。据厄瓜多尔《商报》2015 年 7 月 5 日的一篇资料，目前在拉丁美洲共有 4.25 亿天主教信徒（约占拉美总人口的 70%），拉美的天主教信徒占全世界天主教信徒的 40%。在一定意义上，可以说，天主教的未来就在拉丁美洲。2013 年 3 月 13 日，布宜诺斯艾利斯总主教、旅居阿根廷东方礼信友的牧人、耶稣会士豪尔赫·马里奥·贝尔高利奥（Jorge Mario Bergoglio），当选为天主教第 266 任教宗，称方济各，他是第一位耶稣会教宗，也是第一位拉丁美洲教宗。这是拉丁美洲天主教会在世界上影响的明证，天主教在拉丁美洲都拥有广泛的社会影响。当天主教会为基督教民主主义提供支持时，这种思潮也就很自然地进入拉丁美洲。

20 世纪 30 年代，拉丁美洲基督教民主主义有了一定的发展，第二次世界大战之后，逐渐发展成为拉丁美洲政治舞台上不可小觑的政治力量。1947 年 4 月 23 日，在乌拉圭首都蒙得维的亚建立了"美洲基督教民主组织"（Organización Democrática Cristiana de América, ODCA）。[1] 20 世纪 60 年代（也就是天主教召开梵蒂冈第二届大公会议的年代）以来，基督教民主主义在拉丁美洲的影响日渐扩大。有不少拉丁美洲基督教民主主义政党加入了"基督教民主党和中间民主党国际"（Christian Democrat and Centrist Democrat International, CDI）[2]。

---

① http：//www. odca. org. mx/partidos. php.

② http：//es. wikipedia. org/wiki/Internacional_ Demócrata_ de_ Centro.

目前，拉美地区属于这一思潮的政党有 40 多个，其中有的党现正在执政，如阿根廷的正义党、智利基督教民主党（是执政联盟"新多数"成员之一）等；有的曾执过政或参过政，如墨西哥的国家行动党、哥伦比亚保守党、乌拉圭白党、委内瑞拉基督教社会党、哥斯达黎加基督教社会团结党、多米尼加基督教社会改革党等。

根据拉美的实际情况，属于拉美基督教民主主义思潮的政党有两类：

第一类是已加入"基督教民主党和中间民主党国际"或"美洲基督教民主组织"的拉美政党。

"基督教民主党和中间民主党国际"成立于 1961 年，最初名称是"基督教民主世界联盟"（Christian Democrat World Union），后改名为"基督教民主国际"（Christian Democrat International），1999 年 11 月再次改名为"基督教民主党和人民党国际"（Christian Democrat and People's Parties International）。2012 年 12 月，中间民主党国际并入该国际，其名称改为"基督教民主党和中间民主党国际"，总部设在比利时首都布鲁塞尔，参加该组织的共有世界 78 个国家的 103 个政党，其中有拉美和加勒比地区 23 个国家和地区的 30 个政党（29 个为正式成员党，1 个为观察员党）。该国际的章程规定，该国际是基督教民主党、民主人民党和中间民主党为主的国际性政党联盟。它以基督教原则和完整的人道主义观念为指导思想，认为只有实行基督教民主主义才是建设一个更加完整的人道社会的正确途径。

"美洲基督教民主组织"成立于 1947 年，现为"基督教民主党和中间民主党国际"在美洲地区的组织。现加入"美洲基督教民主组织"的有拉美 27 个国家和地区的 35 个政党（30 个成员党和 5 个观察员党），其中大多数是"基督教民主党和中间民主党国际"的成员党。该组织的宗旨是，在基督教人道主义原则基础上，遵循民主的方式，以建立各国和国际公正社会为目标，商定和协商美洲大陆国际活动的政治战略方针，制订支持拉美一体化的政治计划。其基本主张是信奉基督教民主主义，自称中间政党。肯定基督教社会理论和完全的人道主义原则。

这类政党有的名称并不是基督教民主党或基督教社会党，如阿根廷的正义党、墨西哥的国家行动党、巴西的民主党（Demócratas，原巴西自由阵线党 Partido da Frente Liberal，PFL，2007 年 3 月 28 日改名）、苏里南进步人民党等。

拉美的基督教民主党还有：阿根廷、萨尔瓦多、玻利维亚、危地马拉、洪都拉斯、乌拉圭、巴拉圭基督教民主党，厄瓜多尔的基督教民主联盟、秘鲁的基督教人民党和基督教民主联盟、巴拿马的人民党等。

第二类是信奉基督教民主主义，但尚未加入美洲基督教民主组织或基督教民主国际的拉美政党。

在拉美 40 多个基督教民主主义政党中间，历史比较悠久、影响比较大的是阿根廷的正义党，即庇隆主义党、智利基督教民主党和委内瑞拉基督教社会党等。

由于历史渊源和所代表的利益集团的不同，拉美各基督教民主主义政党的政治立场也不尽相同，有的党如阿根廷的正义党属于中左派政党，有的如墨西哥国家行动党属于中间偏右，而大多数拉美基督教民主主义政党属于中间派。

拉丁美洲基督教民主主义也宣称要走"第三条道路"，"既唾弃自由资本主义的人剥削人，又唾弃极权国家剥夺人的自由"，主张以社会正义反对资本主义，以自由反对共产主义，以天主教教义为其哲学观点和思想理论准则，通过合法的政治行动实现基督教的社会理想。① 就历史的本原而言，拉丁美洲基督教民主主义认为，精神是历史的本原，不承认经济因素的决定作用及社会发展的规律性。就理想的社会制度而言，拉丁美洲基督教民主主义主张，资本主义制度和社会主义制度都是问题本身而不是问题的解决，未来的出路在于"共有社会"，即"自由、平等、互助、和平的社会"。在政治上，实行"完全的民主"，即个人的民主、多元的民主、共有的民主、参与的民主、有机的民主。在经济上，建立"共有经济"以消灭阶级鸿沟，即限制私有制，主张多种所有制并存，在经济部门建立共有关系，鼓励工人自治企业的发展，让工人参股，参与分红等。在国际关系上，拉丁美洲基督教民主主义主张国际正义，要求为强国富国承担更多的义务，以利于穷国弱国的发展和建立国际新秩序。

---

① 徐世澄主编：《拉丁美洲现代思潮》，当代世界出版社 2010 年版，第 115 页。

基督教民主主义似乎是社会正义的化身，其影响力不断上升，有些基督教民主主义政党开始在拉丁美洲上台执政。但在它们开始执政的 20 世纪 90 年代，世界格局发生了重大的变化。此时冷战宣告结束，拉丁美洲基督教民主主义政党似乎放弃了走"第三条道路"的决心，推行新自由主义经济政策。新自由主义在改变拉丁美洲经济发展模式的同时，也带来了严重的社会问题，尤其是加剧了本来就相当严峻的贫富差距或社会不平等问题。这使部分基督教民主主义政党失去了执政地位，影响力有所下降。但考虑到在拉丁美洲许多国家天主教徒占全国人口的比重超过 80% 乃至 90% 的基本状况，可以预计，基督教民主主义依然是一支不可忽视的力量。

第五节　阿根廷的庇隆主义

庇隆主义（Peronismo），又称正义主义（Justicialismo），是由曾三度担任阿根廷总统的胡安·多明戈·庇隆（Juan Domingo Perón，1895 – 1974）[①] 在 20 世纪 40 年代中期提出和发起的政治思潮和政治运动。庇隆主义是一种典型的拉丁美洲民众主义。庇隆声称自己既反对资本主义的个人主义，又反对共产主义的集体主义，而主张正义主义这个"第三立场"，使阿根廷和拉丁美洲可以摆脱资本主义的同时又不至于陷入集体主义的罗网之中。[②] 庇隆将其所发起的运动界定为"民族运动"而非"阶级运动"，认为正义主义运动的主体是"劳动阶级"，与马克思主义传统所强调的"无产阶级"划开距离，表明其反对阶级斗争的立场。庇隆主义因其创始人的名字而被称为庇隆主义，又因其特别注重社会正义而被称为正义主义。庇隆主义的三个支柱是社会正义、政治主权和经济独立。简言之，庇隆主义要实现整个社会的高度团结，保持对强权国家的政治和经济独立，走出符合自己国情的发展道路。也许可以视庇隆主义为对秘鲁政治家阿亚·德拉托雷于 20 世纪 20 年代开创的阿普拉主义思想遗产

---

① http：//es. wikipedia. org/wiki/Juan_ Domingo_ Perón.

② http：//es. wikipedia. org/wiki/Peronismo.

的继承和发展。由于庇隆主义的这些诉求契合拉丁美洲的根本愿望，庇隆主义迅速成为可以代表整个拉美大陆的政治思潮。在庇隆执政时期，庇隆主义也是阿根廷正义党（又称庇隆主义党）的政治纲领和指导思想，对第二次世界大战之后阿根廷的社会发展进程起了至关重要的作用，庇隆主义至今仍然深刻地影响着阿根廷社会，同时对于整个拉丁美洲也有广泛的影响。

庇隆 1895 年出生于阿根廷布宜诺斯艾利斯省的洛沃斯城（Lobos）一个意大利移民家庭。1910 年，庇隆进入军事学院，1913 年作为步兵少尉毕业，开始军人生涯。1929 年成为高等陆军学校教官，同年与第一任妻子奥蕾莉亚·加布里埃拉·蒂松（Aurelia Gabriela Tizón）结婚，但她因癌症于 1938 年病逝。1930 年，庇隆参与了由乌里布鲁将军领导的政变。1936—1938 年任驻智利使馆武官。1939 年赴意大利考察，并访问西班牙、法国、德国等国。在意大利期间，庇隆对墨索里尼的军事管理制度深表赞赏。1941 年回国后发表了一系列关于欧洲战争状况的演说，同年晋升为上校，并任驻门多萨省一支山地部队的指挥官。1943 年，庇隆参与了由联合军官团（Grupo de Oficiales Unidos）发动的政变。庇隆是这次政变的组织者之一，并起草了政变的主要文件，这次政变被称为"1943 年革命"。政变成功后，1943—1946 年，庇隆担任过一开始几乎没什么影响的劳工局局长，但劳工局很快升格为劳工部，庇隆还担任过副总统和陆军部长等职。由于与正在兴起的阿根廷劳工运动建立的联盟关系，加之深厚的军队背景，庇隆的影响力迅速上升。由于在第二次世界大战期间没有选择站在同盟国一边而保持中立以及其社会政策遭到一些高层的反对，庇隆在各种压力下被迫于 1945 年 10 月 9 日辞去所有职位，并将面临监禁。得知这个消息后，劳工运动组织担心庇隆的辞职意味着已经获得的各项权益的取消，决定进行一次总罢工以声援庇隆。1945 年 10 月 17 日，在阿根廷五月广场上出现大规模的民众集会，抗议政府，要求释放庇隆。政府在如何处理庇隆的问题上表现得犹豫不决，最终庇隆重获自由，并于当晚在总统陪同下，在总统府的阳台上，对着他的众多支持者发表演说，宣布他将继续捍卫劳动者的权益，决定参加 1946 年阿根廷总统竞选，准备建立一个新的政府。这次演说不仅使原本可能遭受牢狱之灾的庇隆得以重新回到政治斗争的前沿，而且还使一批原本反对庇隆的军官成为庇隆热烈的支持者。应该说，1945 年 10 月 17 日的这个历史性的场景正是典型的拉丁美洲民众主义的场景：一个深孚众望的领袖直接面对群情澎湃的民众讲话。这个标志着庇隆主义诞生的一天被称为"忠诚日"（Día de la Lealtad）。之后不久，庇隆与后来被昵称为"小埃娃"（Evita，或译艾薇塔）的演员玛利亚·埃娃·杜阿尔特（María Eva Duarte）结婚，埃娃后来因癌症于 1952 年病逝。

1946 年 2 月，阿根廷举行大选。庇隆得到了激进公民联盟革新委员会（Unión Cívica Radical Junta Renovadora）、工党（Partido Laborista）、独立党（Partido Independiente）等多个政党的支持，参加大选。精通西班牙语、时任美国驻阿根廷大使的斯普鲁利·布雷登（Spruille Braden）组织各种反对庇隆的力量，卷入了大选进程。在 1946 年选举前夕，布雷登还特别发布《蓝皮书》，在书中指责阿根廷政府曾与轴心国合作，提出要军事干预阿根廷。与此相对，庇隆的支持者则不失时机地发布《蓝白皮书》，提出"要布雷登还是要庇隆"的口号。最终，庇隆获得胜利，第一次当选阿根廷总统，任期为 1946—1952 年。当选之后，庇隆继续执行有利于工人阶级的社会政策，争取工人的支持，并建立了一套完全在自己指挥之下的工会体系，成为阿根廷名副其实的"劳工领袖"。庇隆还解散了曾经支持自己竞选总统的三个主要政党，将它们合并为一个单独的政治组织：革命统一党（Partido Único de la Revolución），后改称庇隆主义党，即后来的正义党。庇隆的第二任妻子埃娃也积极开展妇女工作。1947 年，庇隆颁布了一项赋予妇女以选举权的法令，使阿根廷妇女第一次享有了同男子一样的政治权利。庇隆由此而在妇女中享有很高的威望。1951 年，庇隆在大选中连任阿根廷总统。1955 年被政变推翻后流亡巴拉圭，后辗转来到马德里。1961 年庇隆在马德里与最后一任妻子玛利亚·埃斯特拉·马丁内斯（María Estela Martínez，又称伊莎贝尔）结婚。流亡期间，庇隆出版了《叛国者》（1956）、《武力是野兽的权利》（1956）、《人民的时刻》（1968）等多部著作。而在阿根廷国内，庇隆的追随者则成为反对派，继续在庇隆主义的旗帜下进行一系列斗争。1973 年，庇隆回到阿根廷，在大选中获胜，第三次成为阿根廷总统。庇隆于 1974 年 7 月去世，有超过一百万群众冒雨前来为他送葬。

1950 年 10 月 17 日，"庇隆主义"诞生五周年之际，庇隆在玫瑰宫的讲话中将庇隆主义的要点概括为"二十条真理"。① 这二十条真理是：

（一）真正的民主是政府按照人民的意愿办事，并只捍卫一种利益：人民的利益。

（二）正义主义本质上是人民的，任何政治小圈子都是反人民的，因而不是正义主义的。

（三）正义主义者为运动而工作。任何以正义主义为名为某个小圈子、某个人、某个首领服务的人，都只是徒有其名的正义主义者。

（四）对于正义主义来说，只存在一个阶级：劳动者。

（五）在新阿根廷，劳动是一项为人带来尊严的权利，也是一项义务，因为每个人至少应该生产出他所消费的东西。

（六）对一个正义主义者来说，世界上不存在任何比另一个正义主义者更好的事物。

（七）任何一个正义主义者都不应当自视过高，也不应当妄自菲薄，而应当是其所是。一旦一个正义主义者开始自视过高，他就将变成一个寡头。

（八）在政治行动中，正义主义者的价值次序是这样的：摆在第一位的是祖国，其次是运动，然后才是个人。

（九）政治对我们来说不是目的，而是达成祖国福祉的手段，祖国的福祉就是其子孙的幸福和民族的昌盛。

（十）正义主义的双臂是：社会正义和社会援助。由此，我们得以给人民以正义和爱的拥抱。

（十一）正义主义渴望民族的统一而非斗争，渴望英雄而非烈士。

（十二）在新阿根廷，唯一享有特权的是儿童。

（十三）缺乏教义的政府等于一具没有灵魂的躯壳。为此，庇隆主义有自己的政治、经济、社会教义：正义主义。

_____

① http://libreopinion.com/members/justicialismo/libros/peron/jdp_ fdb_ cap2.html.

（十四）正义主义是一种单纯的、实践的、人民的新生活哲学，既有深刻的基督教精神，又有深刻的人道主义关怀。

（十五）作为政治教义，正义主义要实现个体权利与共同体权利的平衡。

（十六）作为经济教义，正义主义要通过使资本服务于经济、使经济服务于国家福利而实现社会经济。

（十七）作为社会教义，正义主义要实现使每个人在社会中各司其职、各得其所的社会正义。

（十八）我们希望看到一个社会正义、经济自由、政治上有主权的阿根廷。

（十九）我们要建立一个中央集权化的政府、一个有组织的国家和一个自由的人民。

（二十）在这块土地上，我们拥有的最好的财富就是人民。

这二十条庇隆主义真理以捍卫人民权益的决心开始，以寄望于人民的潜能结束，可见"人民"一语在庇隆主义中的崇高地位，这就是为什么庇隆主义是一种"民众主义"。"人民"是庇隆主义的价值准绳，庇隆主义希望建立与人民的直接关系；排除一切中间环节，将中间环节视为阻碍与人民建立联系的"圈子"。这样的"圈子"是僵死的、固化的社会存在，不是为人民的正义而进行的持续不断的"运动"，这个"运动"指向祖国的繁荣和强盛。谁是人民？人民身份的主要界定标准是劳动，也就是说，人民根本上是劳动者，是用自己的辛劳创造幸福的人。每个人都应该用自己的劳动证明自己不是"食利者"，配得上"劳动者"这样一个光荣的称号。劳动不是奴隶干的事，而是一个人尊严的根本。庇隆主义宣称要用"正义"和"爱"拥抱劳动的人民，这使庇隆主义始终拥有强大的劳工因素，在底层群众中拥有经久不衰的影响力。庇隆主义强调政府必须拥有使自己充满活力的灵魂，而不能只是官僚性的行政机器，指出其教义既是基督教的，又是人道主义的。这使庇隆主义政府拥有一种"精神"。这种"精神"有政治、经济、社会三个方面的内涵，对应于前面已经提及的庇隆主义的三个支柱：政治主权、经济独立、社会正义。但在这里，政治主权讲的是主权者自身的构成：个体权利与共同体权利之间的协和，而非对外的"第三立场"。也就是说，主权的基础就是团结起来的人民共同体，是人民使一个社会拥有强大的"中央"。在经济方面，这里讲的也不是外在的"经济独立"，而是内在的"经济自由"。"经济自由"的基本含义是使"经济"脱离资本的控制而获得"自由"，最终导向社会整体的福利，也就是说资本最终要为劳动者所构成的社会的福祉服务，这是庇隆主义反对资本主义的地方：不能放任资本自行展开其逻辑。正义主义的目标是使阿根廷成为一个"有组织的国家"。同样，在社会方面，社会正义也不是外在的有别于资本主义和共产主义的正义主义，而是一个社会内在的正义：人人各司其职，各得其所。这将使阿根廷人民成为"自由的人民"。而实现这一切的根本希望在于相信人民的力量：大地上最好的财富就是"人民"。

　　从这"二十条真理"来看，庇隆主义是一场为"劳动人民"的权益而服务的"运动"，而不是一个"圈子"，其旗帜和灵魂是在政治、经济、社会等方面各有其含义的"正义"。这是庇隆主义的基本"内在"意涵，但在美苏两极争霸的冷战格局形成之时诞生的庇隆主义也有其明显的"外在"指向："对于我们正义主义者来说，当今世界被分为互相斗争的资本主义者和共产主义者：我们既不是资本主义者，也不是共产主义者……我们认为，无论是资本主义还是共产主义，都是将被时代所超越的制度。"① 可以说，庇隆主义强调的"正义"是阿根廷人探索有别于资本主义和共产主义发展道路的"第三面旗帜"。在国内政治上，在无产阶级和资产阶级的阶级对立面前，庇隆政府反对斗争，主张调和。一方面加强工会的作用，另一方面又劝说资本家照顾工人的福利，以免损害资产阶级的根本利益。在经济方面，受当时刚刚兴起的以阿根廷著名经济学家劳尔·普雷维什（Raúl Prebisch，1901－1986）为首的结构主义学派的影响，庇隆政府加强了国家对经济的干预，强有力地推进进口替代工业化，以逐步改变经济结构，实现国民经济的现代化。同时，庇隆提出由政府、工人和企业主达成社会契约，实行劳资合作，实行国民收入再分配以实现在一定程度上有利于工人的"社会正义"。在对外关系上，就

---

① http://libreopinion.com/members/justicialismo/libros/peron/jdp_ fdb_ cap2. html.

像20世纪20年代的秘鲁人阿亚声称"既不跟华盛顿走，也不跟莫斯科走一样"，20世纪四五十年代的阿根廷人庇隆也坚持"第三立场"，声称"不偏向任何一方"。在20世纪70年代，随着第三世界国家的崛起，庇隆又赋予"第三立场"以"第三世界"的意义，阿根廷的"第三立场"由此变成"第三世界主义"的一部分，阿根廷超越了狭小的阿根廷的范围而成为广阔的第三世界的代表。

　　1974年庇隆去世之后，阿根廷总统职位由其妻子玛利亚·埃斯特拉·马丁内斯接任，1976年，阿根廷军人魏地拉发动政变推翻了埃斯特拉·马丁内斯政府。此后直至1983年，阿根廷一直处在军人独裁统治之下。在1983年的大选和1985年的中期选举中，正义党皆以失败告终，这迫使正义党掀起一股革新的浪潮。1989—1999年，正义党领导人卡洛斯·萨乌尔·梅内姆（Carlos Saúl Menem，1930－　）连任两届总统。梅内姆上台执政后，主张"革新"庇隆主义，实际上，他以现实主义为指导，放弃了庇隆主义的传统主张和立场，在阿根廷建立人道的、体面的、有效率的、有竞争力的资本主义。面对20世纪80年代后出现的全球化浪潮，很快提出了一套应对全球化的理论，梅内姆实施了彻底的新自由主义市场经济改革，改革完全颠覆了原有的内向型经济发展模式，实行全面对外开放，减少国家干预，强调市场调节，并且以大规模、大范围的私有化为主要特征。考虑到冷战结束后美国成为没有任何军事对手的唯一超级大国，梅内姆政府放弃了庇隆时期的"第三立场"，坚持"外围现实主义"，以适应以美国霸主地位确立和经济全球化为特征的新的世界形势。梅内姆认为自己是在新时期继承和发展了庇隆主义。但其"第二次革命"导致阿根廷对外国资本的依附程度不断加深，国内社会矛盾激化，在1999年梅内姆任期结束时，阿根廷已经处在深渊的边缘。2001年，阿根廷爆发了全面的经济危机、政治危机和社会危机。

　　在2003年总统大选中获胜的正义党人内斯托尔·基什内尔（Néstor Kirchner，1950－　）恢复了庇隆主义的基本原则，使正义党又重新回归到传统庇隆主义的轨道上来，加强了国家对经济的干预和管理，强调国家的作用，保护社会弱势群体利益，校正梅内姆时期的新自由主义政策；

在对外政策上倾向于独立自主，校正梅内姆时期的亲美政策。之后的阿根廷逐步摆脱了危机，重新走上了经济发展的道路。2007 年 10 月 29 日，内斯托尔·基什内尔的夫人克里斯蒂娜·费尔南德斯（Cristina Fernández, 1953 -   ）当选为阿根廷总统，同年 12 月 10 日就任，成为阿根廷历史上第一位民选女总统。在 2011 年 10 月 23 日大选中，她以绝对优势获胜，获得连任，并于同年 12 月 10 日再次就任。她继续执行基什内尔执政时期的内外政策。庇隆主义历经庇隆时期的创立、梅内姆时期的曲折和基什内尔夫妇时期的回归，继续保持对阿根廷政治生活的巨大影响力。阿根廷正义党是"美洲基督教民主组织"的正式成员。

第六节　拉丁美洲解放神学

解放神学是在 20 世纪 60 年代兴起的一种社会思潮，也是一种社会运动。作为一种社会思潮，解放神学以神学必须投入历史、在历史中为信仰见证为基本原则。由于 20 世纪 60 年代的历史以世界性的解放运动为特征，这种思潮取得"解放"神学的名号。由于当时的解放运动与马克思主义有密切的关联，在教会正统派看来，解放神学因而染上了异端的毒素。但解放神学所支持的解放并不是纯全历史性的解放，而有其超越性的维度，与马克思主义的立场并不相同。解放神学因而也是一种"第三立场"：既不放弃对教会悠久传统的传承，也不放弃与在历史中行进的力量的对话。具体而言，解放神学所看重的历史是穷人的历史，20 世纪 60 年代是那些曾经一无所是、一无所有的人们开始摇撼世界的年代，解放神学在其中经验到了神的存在：正在起来改变世界的穷人是神在历史中留下的踪迹，必须追随穷人的脚步，才能成为一个真正的基督徒。在解放神学所注重的穷人里既能看到马克思主义的影子，也能同样明显感觉到基督的身形。另外，作为一种社会运动，解放神学是一场神职人员走出幽静的教会门墙，毅然投入到穷人的世界中去，为改变不义的社会结构而战斗的运动，解放神学是自上而下的运动。走出教会门墙的神职人员在穷人中发现了另一种被称为"底层聚会"（Comunidades Eclesiales de

Base）或"穷人教会"（Iglesia de los pobres）[1] 的存在，实际上，这才是使解放神学成为运动的东西。解放神学家们没有创造这样的教会，是底层的普通信众自己聚集起来，以自己的方式阅读福音、庆祝福音，解放神学也是自下而上的运动。在神学与历史、神学家与穷人的双向互动中，解放神学将自己写进了拉丁美洲的历史。

　　20 世纪 60 年代是一个百川沸腾、人心思变的时代，是一个人们认为生活可以重新开始、理想触手可及的时代。1959 年爆发的古巴革命向拉

---

　　① 关于"基督徒底层聚会"，参见 Marcello de C. Azevedo，"Comunidades eclesiales de base"，en Ignacio Ellacuría y Jon Sobrino, eds.，*Mysterium Liberationis*，Tomo II，San Salvador，El Salvador：UCA Editores，1992，pp. 245 – 265 及 Leonardo Boff，*Ecclesiogenesis*，tr.，Robert R. Barr，Maryknoll，N. Y.：Orbis Books，1986。关于"穷人教会"，参见 Jon Sobrino，*Resurrección de la verdadera Iglesia*，Santander：Editorial Sal Terrae，1981。基督徒底层聚会在 20 世纪 50 年代就已经出现，但其发展与解放神学发生了密切关系。解放神学与底层聚会互相支持。解放神学能够成为一种"运动"，主要就是由于底层聚会这个社会基础的存在，而底层聚会能够获得世界性的关注很大程度上也是由于解放神学家的著述。基督徒底层聚会最早在巴西出现，因此该短语的最早形式为葡萄牙语，单数形式为 comunidade eclesial de base，复数形式为 comunidades eclesiais de base，参 Andrew Dawson，"The Origins and Character of the Base Ecclesial Community：A Brazilian Perspective"，载于 Christopher Rowland, ed.，*The Cambridge Companion to Liberation Theology*，Cambridge：Cambridge University Press，2007，pp. 139 – 158。基督徒底层聚会的西班牙语形式一般以复数形式 Comunidades eclesiales de base 出现，常常缩写为 CEBs，但据 Luis Leñero Otero，后面小写的 s 可以省略，因为在西班牙语里缩略语复数的表达方式与英语不同，比如 Estados Unidos（美国）在西班牙语里被缩略成 EE. UU.，而不是 EUs，参见 Luis Leñero Otero，"La Iglesia ¿ disidente? de los pobres：el caso de las Comunidades eclesiales de base en México sobre la pista de un cristianismo basado en la Teología de la Liberación"，载于 Joseph Ferraro, ed.，*Debate actual sobre la Teología de la Liberación*，Vol. 1，México：Universidad Autónoma Metropolitana，2003，p. 133。comunidad，意为团体，社团，共同体；eclesial 意为教会的，根据 Leonardo Boff 的看法，这个词来自希腊语 ekklesía，意为由某个报信者召集的讨论共同体公共事务的公民集会，在神学上，可以衍生为以讨论信仰问题为目的的信徒共同体的聚会，参见 Leonardo Boff，*Iglesia：carisma y poder. Ensayos de eclesiología militante*，tr.，Jesús García - Abril，Santander：Editorial Sal Terrae，1982，p. 246；base 意为基础，基层，底层。解放神学使用 Comunidades eclesiales de base 一语，有超越体制教会、通达教会本原、指向基督教兴起初期信徒活泼生动的信仰之意。台湾辅仁大学武金正先生把它称为"基督徒基层团体"，简称"基基团"。参见武金正《解放神学（上册）：时代脉络的诠释》，第 28 页。编者以为基层一词依然有些许体制的意味在里头，还不是特别妥当，而将 comunidades eclesiales de base 称为"底层聚会"，编者以为这是比较简洁，也比较能反映解放神学宗旨的，但"底层聚会"给人以完全与信仰、宗教无关的印象，所以这里不得不在前面加上一个定语而称为"基督徒底层聚会"，简称"底层聚会"。

丁美洲人表明另一种生活、另一个美洲是可能的。同一年，罗马教宗若望二十三世宣布成立"梵蒂冈第二届大公会"筹备委员会。"梵二会议"（1962—1965）向整个世界表明另一种教会、另一种教士是可能的。对于拉丁美洲而言，1968 年 8 月在哥伦比亚麦德林（Medellín）召开的、为落实"梵二会议"精神的第二届"拉丁美洲主教会议"（El Consejo Episcopal Latinoamericano，CELAM）正式宣告了作为社会运动的解放神学的确立。会议指斥在拉丁美洲无视广大人民群众生命及其基本需要的现实为"罪的境况"（situación de pecado，Paz，n. 1），① 指斥导致大规模贫穷的不义的社会制度为"体制化的暴力"（violencia institucionalizada，Paz，n. 16），② 号召人们为正义而斗争。在稍早一些的 1968 年 5 月，正值五月风暴席卷欧洲之时，拉丁美洲耶稣会会士也在巴西里约热内卢召开了一次十分重要的会议，在这次会议上，人们第一次听到了"选择穷人"这个后来成为解放神学标志的短语。在理论上，1971 年被尊为"解放神学之父"的秘鲁神学家古斯塔沃·古铁雷斯（Gustavo Gutiérrez，1928 –   ）的《解放神学》（Teología de la liberación，英译为 A Theology of Liberation）一书的出版，标志着作为社会思潮的解放神学正式诞生。此书确立了"解放史与拯救史乃同一个历史"这一解放神学的基本原则。

古铁雷斯 1928 年出生于秘鲁，1950 年获秘鲁圣马科斯大学医学学士学位，1951 年赴欧洲比利时卢汶大学等多所大学留学，1959 年获法国里昂大学神学博士，同年祝圣为神父。1960 年返回秘鲁。1983 年开始受到梵蒂冈批评。1998 年加入道明会。2002 年当选为美国艺术与科学院院士。2003 年获西班牙阿斯图里亚斯亲王奖（Premio Príncipe de Asturias）。2009 年获美国耶鲁大学荣誉博士学位。除 1971 年出版的《解放神学》外，另著有《穷人的历史性力量》（La fuerza histórica de los pobres，1979，英译为 The Power of the Poor in History）、《从他们自己的井中饮水》（Beber en su propio pozo，1983，英译为 We Drink from Our Own Wells）、《从无辜者的苦难出发谈天主》（Hablar de Dios desde el sufri-

---

① http：//www. vicariadepastoral. org. mx/5_ celam/2-medellin/medellin_ contenido. html.
② Ibid. .

miento del inocente，1986，英译为 *On Job*）、《真理将使你们自由》（*La verdad los hará libres*，1986，英译为 *The Truth Shall Make You Free*）、《天主还是西印度的黄金》（*Dios o el oro de las Indias*，1989）、《生命的天主》（*El Dios de la vida*，1989，英译为 *The God of Life*）、《追随耶稣基督的穷人》（*En busca de los pobres de Jesucristo*，1992，英译为 *Las Casas*）等。

在其奠基性的著作《解放神学》一书中，古铁雷斯给出了其对神学的基本界定：“在圣言光照下对历史实践的批判性反思。”① 这是一种身处历史，寻求历史有效性的有密度、有厚度的神学。圣言需要照亮在历史中进行的辛劳和战斗，信仰不能离开历史，成为空中楼阁。由于历史是人类用自己的意志和行动改变世界的解放的历史，古铁雷斯所界定的神学成为一种“解放”神学：神与人类解放的历史息息相关，必须探入历史的地基才能为信仰做出有分量的见证。解放神学所说的解放有三个维度②：第一，解放表达了被压迫阶级、被压迫人民的渴望，使被压迫者从社会、经济、政治的重压下获得解放。压迫是与神的意志相违背的，解放的这个维度要求从压迫和边缘化的社会处境中解放出来，古铁雷斯称为“政治解放”。第二，解放表达了人要成为自身主人的渴望，是人一步步成为其处境的掌控者的历史进程。这是人有意识地参与决定自己的生活命运，要求人在所有维度上展开其存在和历史，自为地成为其历史处境的主人。解放的这个维度“要求一种人格的转变，使我们能在一切类型的奴役面前都保持内在深度自由”。这是造就新人的事业，这个新人不是神学意义上的新人，同时也绝非社会结构的机械产物，而是一种政治哲学的内在要求。这是历史主人翁精神，意识到自己是创造世界历史的主人。这是一种征服自由的意识，一种不断的文化革命，走向一个不同的社会。这是“历史中人的解放”，也许可以称为哲学解放或意识解放。第三，解放表达了人最内在、最本己的渴望。解放的这个维度是从罪中获得解放，从一切奴役的终极根源中获得解放。罪是与天主、与他者的

---

① Gustavo Gutiérrez, *Teología de la liberación*, Salamanca: Ediciones Sígueme, 2004, p. 70.
② Ibid. , pp. 91 – 92.

断裂，这只能由天主无故的爱根除，我们只能在信仰与共融中迎接这种无故的爱。这是"从罪中解放、进入与天主的共融"，也许可以称为宗教解放。解放的这三个维度关涉人类生活的全体，人类生活没有任何方面不受到解放的触动。这是一种"整全解放"（liberación integral）或"总体解放"（liberación total），古铁雷斯说这种解放观并不是解放神学标新立异的观点，可以在教宗保禄六世1967年发布的《民族发展》（*Populorum progressio*）这一通谕的"整全发展"（desarrollo integral）概念中找到支持。[1]

解放的第一个和第二个维度可以合起来称为解放，第三个维度则可以称为拯救。解放与拯救的关系如何？这是解放神学要回答的基本问题，从某个角度看，解放神学就是以各种方式讨论这个问题。在这个关键问题上，解放神学突破了传统的教会——世界二元论（神职人员负责灵魂的拯救，而平信徒则负责此世的建设）的"层级区分"观点。因为平信徒拒绝只做"平"信徒，平信徒无法只献身于次等的事业，平信徒也要分沾神圣的恩典领域，而不是自满自限于政治这个没有恩典的、自然的、"肮脏的"领域。这意味着平信徒也要成为先知，在教会内过第一等的生活。平信徒不仅要做信仰的消费者，而且也要做信仰的生产者。和先知一样，每天与泥土打交道的人民的手从来就是脏的、臭的，最高等的恩典也与平信徒相关联。圣神是普世的，圣神无处不在。恩典渗透了整个世界和历史，基督徒信仰的主乃是化身为人、在人类历史中支起帐篷的主。古铁雷斯强调，"没有，从没有一种纯粹的自然，没有任何一个没有受到与主共融的邀请的人，没有不为恩典所标识的人"[2]。也就是说，所有人都是天主的造物，所有人都是天主的儿女，所有人都有着天主的肖像和模样，所有人都是圣的，因为所有人都是天主的。基督乃是普世之主，万民之师。在基督的国度里没有城墙围起来的隔都，基督拆毁了所有分隔人的藩篱。基督的国度至大无外，没有人在基督的国度之外。在

[1] Gustavo Gutiérrez, *Teología de la liberación*, Salamanca: Ediciones Sígueme, 2004, pp. 43 – 44.

[2] Ibid. , p. 119.

人们建设一个正义社会的进程中，天国的价值也临于其中。天主参与人的解放进程，解放已经是一种拯救。救恩不在世界之外，而是内在于世界的现实和历史。历史是"独一的历史"，没有两个历史，"只有唯一的为基督——历史的主——所不可逆转地收纳的人类生成"。① 天国囊括一切，没有任何东西是真正在天国之外的。也就是说，人类生存的任何活动最终都是对天主的肯定或否定，都是对天主给予的恩典的接受或拒绝。没有什么问题是单纯的世俗问题。"社会问题"不单单是社会问题，而是关乎天主之国的问题，是与福音信息的根本要求息息相关的问题。按照解放神学最注重的《玛窦福音》第 25 章第 31—46 节的教导，给穷人吃的，也就是给救主基督吃的。

　　解放神学认为，贫穷意味着生命随时会被死亡所吞没。而人乃是依天主的肖像和模样创造的，穷人要活着的声音即是天主的声音，天主不是死亡的天主，而是能够听到天主之民呼声的生命的主。历史的审判就是最后的审判，对穷人和卑微者所做的就是对耶稣所做的，基督徒所信奉的救主，就临在于这些因贫穷而扭曲的面孔里。基督徒无法在这样的历史面前漠然无动。在平静的学院里沉思天上奥秘的神学必须死去，神学必须双脚着地，背起历史的十字架，为穷人的生命和解放而战斗。只能如此，别无选择。就像 16 世纪的道明会神父拉斯·卡萨斯（Bartolomé de Las Casas，1484 – 1566）在每天都有无以数计的印第安人死去这个事实面前无法后退一样，20 世纪的解放神学家在每天都有无以数计的穷人死去这个事实面前无法后退。而且，穷人们自己已经起来，为主导自己的命运而战斗。长久以来，穷人相信自己遭到践踏完全是神意如此，穷人一直有一种文化上、宗教上的劣等感，"我什么也不是"是常常从穷人口中说出的话。但在 20 世纪 60 年代，拉丁美洲穷人不再相信自己的贫穷出自不可更改的天意，似乎有某种难以置信的力量突然使这些人相信自己能够改变历史。穷人们开始以主人翁的姿态打量着周遭世界。卑微者不再眼巴巴地指望大人物的垂怜，穷人不再指望从有钱人餐桌上掉下来

---

① Gustavo Gutiérrez, *Teología de la liberación*, Salamanca: Ediciones Sígueme, 2004, p. 194.

的面包屑，这些长期以来一直像忍受宿命一般默默忍受压迫的人们开始站起来，这些什么也不是的草民开始名正言顺地起来说"我是"，这是历史的"新事"。就像 1891 年教宗通谕《新事》所开启的天主教社会教义传统所教导的那样，解放神学认为，不能错过这样的"新事"，不能错过见证天主的时机。

解放神学对之寄予厚望，认为可以据以再造教会或恢复 2000 年前初兴教会光辉面容的历史现象，被称为"基督徒底层聚会"或"穷人教会"。这是一些小团体，或多或少、或直接或间接地与教会体制相关联，一般由 20—50 个成员组成，有些团体的成员数量也可能达到 200 个；其形态依各地情况各有不同，有些聚焦于圣经学习和反思，有些则注重准备弥撒等教会礼仪，有些则为了某种特殊的生活需要聚在一起，还有一些直接卷入政治活动，意图改变某个地方的生活面貌。他们学习圣经，也通过对圣经的学习读书识字；他们反思圣经的教诲，也致力于慈善活动，分发食物、衣物、药品等；他们主持各种庆典，也着力于改善当地的水电、医疗、交通、治安等设施和服务，由此而不时地与当地政府谈判。他们在圣经中生活，在生活中反思圣经。在此，人们手持圣经之镜观照生活。事情原来可以这样，原来新大陆可以就是新耶路撒冷。生活和信仰在这里不分彼此、融为一体。这些底层聚会并不自立于教会之外与教会对立，但它们也不隶属教会体制。他们一般围绕着教堂活动，尽管有些团体拥有自己的活动场所，但教士——尤其是修会修士——也在那里发挥着至关重要的作用。这些多少与教会有关的团体像酵母一样促使社会持续地发生变化。解放神学认为，圣神就临于这些团体之中。人们可以期待，有一天他们将造就一个新的格林多、新的厄弗所、新的罗马。在底层聚会的实践中，无望的穷苦人成了希望的人民，"乌托邦成了托邦"（utopia becomes topia）。①

其结论很明确：必须为穷人做点什么。有些人认为，除了拿起武器之外，无法改变穷人受害的历史，无法见证天主在当代历史中的临在，

---

① 语出 Frei Betto，转引自 Ivan Petrella, *The Future of Liberation Theology*, Aldershot, Hampshire; Burlington, VT: Ashgate, 2004, p. 59。

这些人的代表是哥伦比亚"革命神父"卡米洛·托雷斯（Camilo Torres，1929－1966）。为了人民的事业，托雷斯放弃了神职，走下司铎的圣山，拿起武器，成为游击战士，走上人民的圣山。"为了更确实地成为一个神父，我脱下了神父的袈裟。"① 托雷斯通过武器来见证天主在历史中的启示，说他不能"错过对人民和革命召唤的回答"，为此，他在一次战斗中倒下。托雷斯最著名的话可能是："如果耶稣活着，他会是一个游击战士"（Si Jesús viviera，sería guerrillero）。② 另一些人则通过和平做出自己的见证，这些人的代表是萨尔瓦多大主教奥斯卡·罗梅罗（Óscar Romero，1917－1980）。③ 在 1977 年 2 月 23 日刚上任成为萨尔瓦多大主教的时候，罗梅罗是一个非常保守的天主教徒，对于当时萨尔瓦多教会内的激进派持相当严厉的批评态度，认为他们有扰乱秩序、煽动叛乱的嫌疑。罗梅罗希望见到的是一个和平、秩序井然的萨尔瓦多和萨尔瓦多教会。但是，他上任还不到一个月，1977 年 3 月 12 日，耶稣会会士鲁蒂利奥·格兰德（Rutilio Grande，1928－1977）与一个 72 岁的老人和一个 16 岁的孩子一行三人，在去做弥撒的路上遭到枪杀。这个事件成为罗梅罗生命的转折点。先前罗梅罗眼中的秩序现在成为系统性的暴力。历史逼着罗梅罗走向底层，走向穷人的世界，倾听穷人的话语，为穷人的权利辩护，成为"无声者的声音"。秩序并不是决定性的，穷人的生命才是一切的轴心。罗梅罗说："如果整洁的公路和机场、宏伟的大厦是建立在穷人的鲜血之上的，那又有什么用？"罗梅罗批评美国卡特政府对萨尔瓦多的军事援助，因为这些援助被用来镇压萨尔瓦多人民对其基本人权的要求。1980 年 3 月 23 日，罗梅罗对萨尔瓦多士兵们说："以天主的名义，以这个受苦的人民——其冤鸣已经一天天上达天庭——的名义，我请求你们，我哀求你们，我命令你们！停止镇压！"④ 第二天，在做弥撒的时候，在

---

① Camilo Torres, *Revolutionary Priest*, ed., John Gerassi, Harmondsworth, Middlesex：Penguin，1973，p. 37.

② http：//es. wikipedia. org/wiki/Camilo_ Torres_ Restrepo.

③ http：//en. wikipedia. org/wiki/Oscar_ Romero.

④ Óscar A. Romero, *La voz de los sin voz*, eds., R. Cardenal, I. Martín－Baró y J. Sobrino, San Salvador, El Salvador：UCA Editores, 1980，p. 454.

举起圣杯的时候，罗梅罗被枪杀，圣杯里流出的酒和殉道者胸中流出的血混在一起，覆盖了祭台。由于这样的见证，解放神学成了一面正义的旗帜。

另外，解放神学也激起了各种力量的反对。在政治方面，早在1969年，美国总统尼克松就派纳尔逊·洛克菲勒（Nelson Rockefeller）到拉丁美洲去调查情况，纳尔逊·洛克菲勒的调查报告说拉丁美洲教会正在变成"一种致力于——如果必要，就动用革命手段——改变的力量"；兰德智库（Rand Corporation）1972年应美国国务院要求所作的报告也得出相同的结论；最著名的是1982年里根总统的顾问们所写的"圣塔菲文件"，这份文件写道："美国外交政策必须开始反击解放神学（而不仅仅是对之作出反应）。"① 在教会方面，以哥伦比亚枢机主教阿方索·洛佩斯·特鲁西略（Alfonso López Trujillo）为首的保守派极力攻击解放神学。梵蒂冈则通过信理部（Congregation for the Doctrine of the Faith）分别于1984年和1986年颁布两道"训示"，警诫解放神学不能越界。当时的信理部部长为枢机主教拉青格，2005年拉青格枢机当选为教宗，称本笃十六世，其反对解放神学的热情不减当年，在2009年12月会见巴西主教团时，依然在警告人们必须拒绝解放神学的"欺骗性原则"。② 由于教会高层的持续弹压，今天的解放神学已经不像1968年诞生时那样活跃，但并没有像有些人不时所宣称的那样"已经死去"。解放神学所留下的"抱紧底层"的遗产依然激励着在历史上行进的人们。2005年1月21—25日在巴西阿雷格里港召开的第五次世界社会论坛的同时，召开了"解放神学世界论坛"，与会者总结了神学界解放思潮的发展，分析了这一思潮未来的前景。会议的结论认为，解放神学依然活着，它的内涵更加具有丰富的地区色彩，也更加广泛，它已成为众多信徒精神生活中的核心部分，具有足够能力迎接当代的挑战。

值得一提的是，拉美执政的左派政党领导人，如古巴的卡斯特罗、

① Leonardo Boff and Clodovis Boff, *Introducing Liberation Theology*, tr., Paul Burns, Maryknoll, N. Y.: OrbisBooks, 1987, p. 86.

② "Liberation Theology Warning", in *National Catholic Reporter* 46. 5 （Dec 25, 2009）: 8 （1）.

委内瑞拉已故的查韦斯总统和现任的总统马杜罗、玻利维亚总统莫拉莱斯、厄瓜多尔总统科雷亚、尼加拉瓜总统奥尔特加等都很推崇解放神学，他们的思想和政策主张都在不同程度上受到解放神学的影响。

2013 年 3 月 13 日，出身与解放神学有着密切关联的耶稣会的阿根廷布宜诺斯艾利斯总主教、耶稣会士豪尔赫·马里奥·贝尔高利奥当选为教宗，称方济各，显示出解放神学再度活跃的希望。他担任教宗后不久，就于同年 9 月 11 日接见"解放神学之父"古斯塔沃·古铁雷斯，这次会见被认为是替解放神学平了反。2015 年 7 月方济各教宗访问了南美三国厄瓜多尔、玻利维亚和巴拉圭。7 月 9 日他出席了在玻利维亚圣克鲁斯召开的全球人民运动第二届聚会，教宗在会上讲话中强调，必须改变当今世界的经济制度，让团结互助全球化取而代之，并且保护母亲大地。教宗还指出，"土地、住所和工作是神圣的权利，值得为此奋斗"。面对众多没有土地的农民、失去住所的家庭和权利遭到践踏的劳工，教宗表示，必须"承认我们需要并渴望改变"。教宗问道："我们是否承认，当今经济制度所提出的利润至上逻辑不惜一切代价，毫不考虑社会排斥现象和大自然的毁坏？"为达到改变的愿景，教宗提出三项任务，首要任务是让经济为人民服务。教宗表示，"人类和大自然不该为金钱服务。我们要抵拒因金钱主宰而产生的排斥和不公平现象。当前的经济杀害、排斥人，摧毁母亲大地。不负责任的经济制度不断否定数十亿兄弟在经济、社会和文化上最基本的权利，妨碍耶稣的计划。公平分配大地和人类劳动的果实不只是慈善，更是道德义务，甚至是基督徒的诫命：必须将原本属于穷人和人民的还给他们"。第二项任务是"在和平与正义的道路上使人民团结合一"，"任何强权都不能剥夺贫穷国家充分行使主权的权利"。教宗揭露"危害和平与正义的新殖民形式"，教宗疾呼，"我们要抵拒新旧形式的殖民，促进各民族与文化的相遇"。第三项任务至关重要，即保护母亲大地。

在谈到殖民的历史时，这位来自拉丁美洲的教宗为曾经以天主之名对拉丁美洲原住民犯下的许多严重罪行，请求宽恕。他说："如同圣若望保禄二世那样，我也要求教会跪在天主台前，为他的子女过去和现在的罪祈求宽恕。我愿意清楚表明，如同圣若望保禄二世那样：我谦卑地请求宽恕，不只为了教会的冒犯之举，也为了那段所谓征服美洲时期对原住民犯下的罪行。"① 拉美和美国不少人认为，方济各教宗在拉美三国之行的言行表明，"他是一位解放神学者"，美国福克斯新闻电视台称他为"地球上最危险的人"②。

本章参考文献

刘小枫等编：《现代国家与大公主义政治思想》，香港：道风书社 2001 年版。

索萨：《拉丁美洲思想史述略》，云南人民出版社 2003 年版。

徐世澄主编：《拉丁美洲现代思潮》，当代世界出版社 2010 年版。

曾昭耀：《拉丁美洲发展问题论纲》，当代世界出版社 2011 年版。

李紫莹：《阿根廷正义主义研究》，世界知识出版社 2010 年版。

叶健辉：《托邦：拉丁美洲解放神学研究初步》，中央编译出版社 2015 年版。

《天主教梵蒂冈第二届大公会议文献》，光启社 2005 年版。

José Aricó, ed., *Mariátegui y los orígenes del Marxismo Latinoamericano*, México: Ediciones Pasado y Presente, 1980.

Leonardo Boff, *Iglesia: carisma y poder. Ensayos de eclesiología militante*, tr., Jesús García-Abril, Santander: Editorial Sal Terrae, 1982.

Leonardo Boff, *Ecclesiogenesis*, tr., Robert R. Barr, Maryknoll, N. Y.: Orbis Books, 1986.

Leonardo Boff and Clodovis Boff, *Introducing Liberation Theology*, tr., Paul Burns, Maryknoll, N. Y.: Orbis Books, 1987.

Joseph Ferraro, ed., *Debate actual sobre la Teología de la Liberación*, vol. 1, México: Universidad Autónoma Metropolitana, 2003.

Ignacio Ellacuría y Jon Sobrino, eds., *Mysterium Liberationis*, Tomo II, San Salvador, El Salvador: UCA Editores, 1992.

Gustavo Gutiérrez, *Teología de la liberación*, Salamanca: Ediciones Sígueme, 2004.

José Carlos Mariátegui, *El alma matinal y otras estaciones del hombre de hoy*, Lima: Empresa Editora Amauta, 1950.

---

① http://zh. radiovaticana. va/news/2015/07/10/.

② http://www. cubadebate. cu/noticias/2015/07/16/televisora-de-estados-unidos-califica-al-papa-francisco-como-el-hombre-mas-peligroso-del-mundo/#. VakZ5tJAXX4.

José Carlos Mariátegui, *The Heroic and Creative Meaning of Socialism: Selected Essays of José Carlos Mariátegui*, tr. , Michael Pearlman, New Jersey: Humanities Press, 1996.

Ivan Petrella, *The Future of Liberation Theology*, Aldershot, Hampshire; Burlington, VT: Ashgate, 2004.

Óscar A. Romero, *La voz de los sin voz*, eds. , R. Cardenal, I. Martín-Baró y J. Sobrino, San Salvador, El Salvador: UCA Editores, 1980.

Christopher Rowland, ed. , *The Cambridge Companion to Liberation Theology*, Cambridge: Cambridge University Press, 2007.

Jon Sobrino, *Resurrección de la verdadera Iglesia*, Santander: Editorial Sal Terrae, 1981.

Camilo Torres, *Revolutionary Priest*, ed. , John Gerassi, Harmondsworth, Middlesex: Penguin, 1973.

José Vasconcelos, *The Cosmic Race: A Bilingual Edition*, tr. , Didier T. Jaén, Baltimore and London: The Johns Hopkins University Press, 1997.

第 八 章

拉美左翼运动和共产党的新动向

20 世纪末，东欧剧变、苏联解体，世界社会主义运动处于低潮。此时，从 1999 年 2 月左翼第五共和国运动领导人查韦斯在委内瑞拉通过选举上台执政开始，左翼力量在拉美出现群体性崛起，影响力快速提升，对世界左翼和社会主义运动的复兴起了积极的推动作用。

拉美各国的传统执政党在长期执政过程中，没有能有效地解决本国所面临的一系列政治、经济和社会难题，逐渐失去民众的信任，拉美左翼政党及其领导人提出了新的发展道路和发展模式，主张进行替代新自由主义的改革，反映了广大中下社会阶层的诉求，从而赢得了大多数民众的支持。拉美左翼政党先后在委内瑞拉、巴西、阿根廷、乌拉圭、智利、玻利维亚、厄瓜多尔、尼加拉瓜、萨尔瓦多、秘鲁等拉美国家上台执政，其政治影响力获得大幅提升。

其中一些上台执政的左翼政党明确地提出了社会主义的口号，如委内瑞拉统一社会主义党和厄瓜多尔主权祖国联盟提出 "21 世纪社会主义"、巴西劳工党提出 "劳工社会主义"、玻利维亚争取社会主义运动提出的 "社群社会主义" 或 "印第安社会主义"，在拉美和世界社会主义运动中产生较大的影响，拉美这些左翼政党的领导人自称 "社会主义者"，宣称要带领各自国家进行 "社会主义建设"。在左翼当政的有利形势下，拉美地区的社会主义运动也出现新的有利条件，呈现复苏的势头。特别是在委内瑞拉 "玻利瓦尔社会主义革命"、玻利维亚 "印第安革命" 和厄瓜多尔 "公民革命" 的鼓舞下，拉美的马克思主义在思想和政治上重新武装起来。

2007 年下半年，美国爆发了次级房屋信贷危机后，投资者开始对按揭证券的价值失去信心，引发流动性危机，导致金融危机的爆发。到 2008 年，这场金融危机开始失控，并导致多家相当大型的金融机构倒闭或被政府接管，随着金融危机的进一步发展，又演化成全球性的实体经济危机。此次危机极为严重，为 20 世纪 30 年代的经济大萧条以来最为严重的危机，对全球经济产生了广泛的影响，可称为"金融海啸"。

全球金融危机的爆发，无疑为东欧剧变和苏联解体后处于低潮中的拉美共运和世界共运创造了发展机遇。拉美和世界各国共产党积极行动起来，从思想理论、行动策略、队伍建设和国际联合等方面进行了调整和应对。这场危机的爆发促使人们对资本主义制度进行反思，危机充分反映了资本主义制度的局限性，对资本主义制度无疑是一次沉重的打击，而对于拉美和世界左翼运动和共运而言，则是极大的鼓舞。在左翼运动和共产党人看来，资本主义新一轮的危机使"历史终结论"的神话不攻自破，它不仅宣告了新自由主义政策的破产，而且暴露了资本主义作为一种社会制度的内在局限性，再次揭示了社会主义取代资本主义的历史必然性。

第一节　拉美左翼领导人对世界金融危机的思考

时任古巴国务委员会主席和古巴共产党中央第一书记的菲德尔·卡斯特罗于 2008 年 10 月 12 日和 15 日连续发表题为《布什的幽灵》和《异乎寻常》两篇"菲德尔同志的思考"文章，评论由美国次贷危机引发的全球金融危机。卡斯特罗在文中批评国际货币基金组织把发达国家的发展模式强加给其他国家，卡斯特罗认为，布什领导的美国的次贷危机使美国的北大西洋公约盟友和日本在经济上陷入困境，布什已经变成一个"幽灵"。卡斯特罗在引用 2008 年诺贝尔经济学奖得主保罗·克鲁格曼的话后说，"连 2008 年诺贝尔经济学奖得主都对救市措施能否克服危机也没有把握"。

2008 年 10 月 16 日，委内瑞拉统一社会主义党主席兼总统查韦斯用嘲讽的语气评论布什的救市计划说："布什'同志'开始走向社会主义。"

查韦斯说，美国曾因为查韦斯在经济领域采取类似行动而称其为"暴君"，但美国人却不批评布什把世界最大的银行收归国有。查韦斯评论说，"布什'同志'企图用政府干预来拯救不可救药的资本的模式、资本的逻辑和资本主义"，他认为只有社会主义才能克服这场金融危机。查韦斯说，这场危机表明"单极世界在沉没，新自由主义金融体系在沉没，资本主义在动摇，'华盛顿共识'在沉没"。查韦斯主张"在新自由主义沉没时，我们应该使地区一体化机制活跃起来，加快建立南方银行"。

玻利维亚争取社会主义运动主席兼总统莫拉莱斯说："我们实行国有化是使人民有钱，而美国的国有化是为了偿还债务，克服有钱人的危机。"

时任巴西劳工党领袖兼总统卢拉指出，"拉丁美洲没有自己声音的时代已告结束"，拉美应该发出自己的声音。卢拉认为是美国的大银行的倒闭引发了这场危机，"现在要靠新兴国家来支撑世界经济了"。卢拉主张巴西应该联合其他拉美国家或一体化组织，共同对付危机。卢拉主张南美洲国家联盟成员国应在进行地区贸易时，不再以美元结算，改用本币结算。卢拉说，巴西和阿根廷已经从 2008 年年底开始实行本币结算，他希望南美其他国家也这么做。

为了应对国际金融危机，委内瑞拉、巴西等左翼政党执政的拉美国家挺身而出，呼吁拉美国家团结起来，加强区域内的合作，摆脱对美元的依赖，一起战胜危机。在委内瑞拉总统查韦斯提议下，2008 年 11 月 26 日，在委内瑞拉首都加拉加斯举行了美洲玻利瓦尔替代计划组织（ALBA）成员国的第三次特别首脑会议，专门讨论如何应对和克服全球金融危机。与会的有成员国、东道国委内瑞拉总统查韦斯，成员国玻利维亚总统莫拉莱斯，尼加拉瓜总统奥尔特加，洪都拉斯总统塞拉亚，多米尼克总理斯凯里特和古巴部长会议副主席卡布里萨斯，以及特邀参加会议的非成员国厄瓜多尔总统科雷亚等。

查韦斯召开这次会议的目的是评估这场资本主义的金融危机和提出解决这场威胁各国人民的危机的办法。查韦斯说，"这是一场资本主义模式的危机，是资本主义所有控制、经济和政治机制的危机，只有社会主义道路才能解决危机"。他指出，美国是这场危机的主要肇事者，从美国那里是不会找到解决危机的办法的。他建议设立一项金融后备基金，类似于委内瑞拉和古巴现有的基金，通过这两国的贸易交流从 2 亿美元增加到 50 亿美元。

古巴部长会议副主席卡布里萨斯在会上发出警告说，美国布什总统和欧洲的拯救计划把投机者和被市场宣告失败的银行家放在优先地位，用 3 万亿美元拯救失败的机构，但是几十年来他们没有履行将 0.7% 的国内生产总值用于官方发展援助的承诺。他认为，新自由主义和金融非调控是造成危机的主要原因，但危机的原因还不仅是这些。毫无疑问，这是一场不公正的、不平等的世界经济秩序的危机，而当今最不公正的社会化政治秩序在很大程度上是建立在它的基础上的。他指出，当前的危机不是以前的危机的重复，它同时伴随能源、粮食、生态和社会的危机，发生在经济的全球化更空前广泛和紧张的时期。因此，危机不仅是新自由主义的问题，也是人类拯救物种能力的挑战。世界经济面临的危机是资本主义制度生产和扩张方式的后果，是结构性的，不仅是金融危机。他认为，"全球经济危机教导我们，必须进行地区一体化。只有进行有效的一体化才能减少危机的影响"。

玻利维亚总统莫拉莱斯在会上要求对世界贸易组织进行一场"彻底的革命"来建立一个"国际经济新秩序"。为此，他主张必须进行结构性变革。莫拉莱斯说，世界贸易组织只是为跨国公司谈判，而把世界人民忘在脑后，因此，美洲玻利瓦尔替代计划组织可以指定变革世界贸易组织的方针。莫拉莱斯认为必须取代国际货币基金组织和世界银行这两个多边金融机构。为了结束这场造成缺乏粮食、银行破产和污染的世界危机，必须明确资本主义是人民的敌人。反对资本主义的斗争不是取消私人的所有权。如果各国政府不消灭帝国主义，人民作为历史的动力将消灭这种制度。现在政府和人民一起讨论寻求解决办法。

尼加拉瓜总统奥尔特加认为没有资金用于发展的借口是不道德的，但对阿富汗和伊拉克的战争以及拯救银行却有资金。奥尔特加认为，拉美和加勒比人民的一体化是克服世界经济危机的关键。

厄瓜多尔总统科雷亚认为，世界危机的解决办法是存在的，但是必须做出政治上的决定。他要求拉丁美洲国家建立一个新的更自主和更有主权的金融机构。他的建议的三个支柱是：一个地区发展的银行、本地区应对潜在的危机和可能出现的经济问题的后备基金、一个进行贸易交流的统一货币。他强调应该建立一个国际新秩序。

美洲玻利瓦尔替代计划组织首脑会议通过的最后声明批评现行的掠夺性的经济模式，认为解决金融危机不能靠改组现行的国际金融体系，而是要建立一个建立在团结、稳定发展和社会公正基础上的新的体系；声明主张建立21世纪联合国的新的结构，确保联合国安理会和联合国其他组织的民主化；声明支持委内瑞拉的建议，主张由联合国主持召开由全世界各国参加的有关全球金融危机的大会；声明建议成立世界货币理事会；建议建立一笔稳定和预备基金。声明为建立美洲玻利瓦尔联盟的经济货币区和建立统一货币区开绿灯，由成员国出资建立一个后备基金支持发展的投资政策。会议决定为创造一种名为"苏克雷"（SUCRE, Sistema Único de Compensación Regional，意为地区补偿统一制度）的统一货币开绿灯。与会国家的元首们承诺协调地区的建议，寻求金融机制的独立，启动联合国应对世界挑战的机制。"苏克雷"已于2010年1月正式启用，这是朝建立区域共同货币体系迈出的第一步，也是拉美国家力图应对国际金融危机和"去美元化"的又一具体行动。

第二节　拉美共产党的新动向

一　拉美共产党的现状

金融危机爆发后不久，2008年11月，世界共产党和工人党第10次国际会晤在巴西圣保罗举行。会议由巴西共产党主持，来自世界54个国家的65个共产党和工人党与会。讨论重点是国际金融危机。会议发表了《圣保罗宣言》，强调社会主义是腐朽的资本主义的出路。

2012年11月15—16日，拉美共产党在厄瓜多尔瓜亚基尔市举行国际会晤，委内瑞拉、玻利维亚、古巴、尼加拉瓜、秘鲁、萨尔瓦多、多米尼加、阿根廷、巴西、智利、乌拉圭、巴拿马、墨西哥、危地马拉、哥斯达黎加、美国、加拿大和厄瓜多尔等国二十多个共产党和左派政党、组织与会。

2014 年 11 月，在厄瓜多尔瓜亚基尔市举行了第 16 次共产党和工人党国际会晤，会晤通过决议，号召拉美和世界各地劳动者和人民声援共产党，为反对帝国主义干涉和侵略、争取民族解放和社会主义而斗争。

到 21 世纪第二个十年，拉美仍有二十多个共产主义政党。根据拉美左翼组织圣保罗论坛网站的最新材料，参加圣保罗论坛的拉美和加勒比地区的政党和组织中，有以下 15 个国家（或地区）的 20 个共产党（不包括左翼社会主义或民族主义政党）：阿根廷共产党、阿根廷共产党（特别代表大会）、玻利维亚共产党、巴西共产党、巴西的共产党、智利共产党、哥伦比亚共产党、哥斯达黎加人民先锋党（共产党）、古巴共产党、厄瓜多尔共产党、厄瓜多尔共产党（马列）、马提尼克争取独立和社会主义共产党、墨西哥共产党、墨西哥共产主义者党、巴拉圭共产党、秘鲁共产党（红色祖国）、秘鲁共产党、多米尼加劳动共产党、乌拉圭共产党、委内瑞拉共产党等。这些共产党正在努力坚持将马克思主义普遍真理同本国实际相结合，探索本国革命的道路。

拉美唯一执政的共产党——古巴共产党坚持马克思主义、坚持社会主义，经受住了东欧剧变和苏联解体的考验。目前正在"更新"古巴的经济社会模式。

金融危机以来，拉美有些共产党如巴西共产党、委内瑞拉共产党、智利共产党等与本国左翼执政党一起参政，不断壮大自己的力量。

巴西共产党 1990 年党员人数为 9 万人，到 2009 年巴西共召开"十二大"前已经发展到 30 多万党员。巴西共"十二大"通过了新的社会主义纲领。2013 年 11 月 14—16 日，巴西共召开"十三大"。目前，巴西共产党是巴西劳工党罗塞夫联合政府的参政党之一，该党在巴西联邦众议院拥有 12 席，在联邦参议院拥有 2 席，占有 1 名州长、57 名市长、18 名州议员、976 名市议员职位。

智利共产党支持并参加社会党巴切莱特的"新多数"选举联盟，2014 年 3 月 11 日巴切莱特第二次就任总统后，智共成为参政党之一，智共党员克劳乌迪娅·帕斯夸尔被任命为妇女部长。2015 年 5 月 11 日，智共党员马科斯·巴拉萨被任命为社会发展部长。目前智共在国会中占有 6

名众议员，其中包括智共主席吉列尔莫·泰列尔和总书记乌戈·古铁雷斯以及在大学生抗议运动中崭露头角的大学生运动领袖、年轻的智共女党员卡米拉·巴列霍。此外，智共另有15名大区议员，102名市议员，5名省长，7名市长。

委内瑞拉共产党2007年召开"十三大"，决定该党不合并到委内瑞拉统一社会主义党，但党全力支持查韦斯政府，参加委统社党的"大爱国中心"选举联盟。在2012年大选中，委共得票489941张，得票率3.29%。在2013年大选中，委共得票283 659张，得票率为1.89%。委共的口号是"社会主义继续是各国人民的希望"。目前，委共继续支持马杜罗政府，在国民大会中占有3席，在拉美议会中占有1席，还占有9名市长职位。2007年1月，委共中央委员戴维·贝拉斯克斯曾出任查韦斯政府的社会发展部长。

二　拉美共产党的政治地位

目前拉美国家绝大多数的共产党都是合法政党。拉美共产党的政治地位可分成以下几种：

1. 执政党。到目前为止，单独执政的只有古巴共产党。1965年由三个革命组织联合而成的古巴共产党坚持马克思主义，坚持社会主义，成为凝聚拉美社会主义运动和左翼力量的一面重要旗帜。

2. 参政党。目前的参政党的拉美共产党主要有巴西、智利、委内瑞拉、乌拉圭、萨尔瓦多等国的共产党。它们均是本国执政联盟的成员，在议会有席位，有的还在政府中任要职。

3. 在野党。多数拉美国家的共产党是在野党。一些国家在野的共产党在议会中占有席位，例如哥伦比亚共产党在参议院和众议院中都有议员。

当代拉美一些国家的共产党有与本国左翼政党一起参政的经验。拉美独特的地理、历史、政治、经济和社会条件塑造了拉美地区共产党不同于其他国家或地区共产党的特性。但是，由于不少拉美共产党没有能将马列主义很好地与本国实际紧密结合，没有很好与本国群众运动紧密结合，致使绝大多数拉美国家的共产党都未能取得政权。但是，这并不否认拉美共产党在拉美地区的发展进程中曾经发挥并且现在继续发挥着不可抹杀的进步作用。

随着拉美左派的崛起和拉美政坛的变化，拉美共产党面临新的机遇与挑战，拉美有十多个国家由左派执政，这无疑给徘徊中的拉美各国共产党带来了生机，坚守共产主义和社会主义的理想，为本国经济和社会的发展，为增强本国人民的福祉，不断反思，调整斗争策略，批判帝国主义和新自由主义，已成为拉美共产党的共同选择。

三　拉美共产党的政策主张

目前，拉美国家共产党的主要政策主张如下：与拉美一般的左翼政党不同的是，拉美国家共产党明确地把马列主义作为指导思想，这是拉美共产党与其他类型左翼政党的最本质区别。拉美国家的共产党认为，在新的历史条件下，马列主义和社会主义对解决拉美的社会问题、对满足人民的迫切要求仍具有现实意义。在新的历史条件下，拉美国家共产党的斗争策略和手段发生了根本变化，目前都强调通过民主的方式，开展合法的斗争。如哥伦比亚共产党曾经是武装斗争的积极参与者和领导者，如今该党虽然并没有完全放弃武装斗争，但合法斗争已成为其最主要的斗争手段。委内瑞拉共产党 2007 年 9 月第 11 次全国会议的"政治决议"强调，民主的中间路线是革命的重要手段。巴西共产党章程规定，"党要在国家现行法律框架内开展活动"。巴西、乌拉圭、阿根廷、哥伦比亚、玻利维亚、秘鲁等国家的共产党，都利用大选的时机，与国内其他进步政党、组织建立选举阵线或选举联盟，参与政治进程，参加选举和从事合法斗争。在政策取向上反对新自由主义改革。拉美共产党认为，新自由主义的制度面临危机：新自由主义远远不能保证社会的发展，造成社会财富愈加集中在垄断寡头手中，失业日益增加，大多数人贫困加剧，陷入被遗弃的境地。拉美国家多数共产党同其他左翼政党结成统一战线，坚持开展反对帝国主义和新自由主义的斗争。坚信社会主义能取代资本主义。拉美国家的共产党普遍认为，"社会主义仍充满活力，无论现在和将来都是人类的希望"和"拉美人民的唯一选择"；建立一个没有资本剥削和压迫的另一个世界是可能的，共产党应在建设社会主义新社会的历史进程中承担自己的责任。巴西共产党认为，党的最终目标是实现科学社会主义和共产主义，社会主义和共产主义是巴西唯一正确的出路；委内瑞拉共产党认为，社会主义是更高级、更完善的革命民主制度，要用人民的民主国家取代资产阶级的国家，向建设社会主义的方向迈进；哥伦比亚共产党则将"打开通向人道社会主义的道路"作为党的主要活动目标。

拉美共产党坚持反帝反美，反对美国主张建立的美洲自由贸易区，支持拉美国家建立拉美和加勒比共同体；支持在新的基础上重新推进一体化进程，支持所有有利于反对帝国主义和有利于地区一体化的建议。无条件地支持古巴革命，认为古巴的存在及其对帝国主义阴谋和侵略的反抗，对于人民斗争的发展、对于坚定社会主义取代野蛮资本主义的信念具有重要意义。支持拉美地区的左翼政府和进步政府，支持拉美地区左翼力量之间加强团结。

第三节　拉美左翼新理论——后新自由主义和新发展主义

从理论角度来看，近年来，拉美一些左翼学者和政治家提出了后新自由主义和新发展主义，以替代在拉美国家逐渐式微的新自由主义与发展主义。

一　后新自由主义

2008 年 9 月，巴西左翼学者、时任拉美社会科学理事会执行秘书埃米尔·萨德尔出版了《重建国家　拉丁美洲的后新自由主义》一书[1]；2010 年 4 月，古巴哲学研究所研究员希尔韦托·瓦尔德斯·古铁雷斯主编的《后新自由主义与反体制运动》一书出版。这两本书的出版在拉美世界引起不小的反响，并将后新自由主义理论带进人们的视野。

---

[1]　Emir Sader, Refundar el Estado. El Posneoliberalismo en America Latina, Buenos Aires, septiembre de 2008.

（一）性质。拉美左翼学者提出的后新自由主义，是替代新自由主义的一种理论。也有人把拉美的新左派称为"后新自由主义左派"。巴西左翼学者埃米尔·萨德尔、墨西哥国立自治大学经济研究所研究员安娜·埃斯特尔·塞塞尼娅、阿根廷布宜诺斯艾利斯大学经济学教授和社会活动家克劳迪奥·卡兹、古巴的古铁雷斯、危地马拉社会学家卡洛斯·菲格罗阿·伊瓦拉等纷纷著书立说，对拉美新自由主义发展模式提出了批评，并提出了后新自由主义的主张。他们认为，后新自由主义是反资本主义的，但它不是社会主义。

（二）特点。特点是否定新自由主义模式和力图实现拉美一体化，其弱点是尚未形成新的模式，离社会主义理想还很遥远，实现拉美团结还面临着很多挑战。但是，这是一个不容否认的进步。在巴西、委内瑞拉、玻利维亚、厄瓜多尔等拉美一些左派执政的国家，正通过民主的机制重建国家，将国家建成多民族、多种族的，更加公正、更加团结的社会，他们将把新自由主义彻底抛弃，建立一个新的世界，建立后新自由主义。有的学者指出，拉美后新自由主义在有关未来发展道路问题上，存在着走向社会主义还是新发展主义（利用国家发展民族资本）的争论。有的学者认为，后新自由主义有八个特征：1. 后新自由主义是反新自由主义及其精英的人民运动的产物；2. 后新自由主义政府是拉美国家发生的深刻的经济和社会危机的产物；3. 后新自由主义政府推行了一系列鼓励国有的经济政策，但并没有没收本国私人银行和外国银行的资产，也没有使私人企业重新国有化；4. 后新自由主义依然维持了新自由主义的阶级不平等，但实施了反贫困、贴补失业者、支持中小企业和促进就业的计划；5. 后新自由主义要求跨国公司支付更多的资源开发税，提高农工业产品的出口税，但在重新分配土地和收入方面没有做出努力；6. 建立了国有企业与私人企业的合资企业，同外国跨国公司建立了联盟，特别是在矿业和能源方面；7. 政治机构取代了人民运动，成功地推动了国家、企业和人民运动三方的协调进程，实施了建立在"社会契约"基础上的"职团政治"，以调整工资，而不是调整收入；8. 后新自由主义政府提出了发展主义战略，这一战略的基础是扩大出口和使出口多样化，实施严格的货币主义的财政政策和增加收入。① 有的学者认为，当今世界的经济危机已经引导人们进入一个新的时代——后新自由主义时代，拉美出现了一系列左派执政的国家，这些国家现正在实施后新自由主义模式。

同年，危地马拉社会学家卡洛斯·菲格罗阿·伊瓦拉出版了《处在后新自由主义门槛？拉美左派和政府》一书。伊瓦拉认为，拉美现在出现了一个新的社会模式，即后新自由主义模式，这是因为旧的新自由主义模式已经失败，拉美左派正在拉美建立新的模式。

巴西学者萨德尔认为，拉丁美洲正在通往后新自由主义。目前拉美的分界线不在于一个好的左派和一个坏的左派，而在于有些国家同美国签署了自由贸易协议，而另一些国家则重视地区一体化和建设一个多极化的世界。他认为，在拉美一些国家正在建立一个新的世界，建设一个后新自由主义。萨德尔认为，克服新自由主义不仅要建立一个新的经济发展模式，而且要建立一个新的政治模式，使国家结构深刻地民主化，以适应社会完全民主化需要的模式。

（三）应注意区分三种不同的后新自由主义。墨西哥学者安娜·埃斯特尔·塞塞尼娅在《拉美后新自由主义及其分岔》一文②中认为，后新自由主义有多种可能，拉美后新自由主义可分为"资本后新自由主义"、"国家替代后新自由主义"和"人民后新自由主义"。所谓"资本后新自由主义"是指新自由主义在拉美失败后，拉美一些右翼执政国家的资本家正在调整政策，强化国家机器，使国家军事化。所谓"国家替代后新自由主义"是指拉美一些国家（委内瑞拉、玻利维亚和厄瓜多尔等）实施的国家的、替代的后新自由主义。这些国家的政府宣称自己正在实施社会主义或正在过渡到社会主义，它们反对世界银行和国际货币基金组织提出的新自由主义政策。所谓"人民后新自由主义"是指拉美人民，特别是拉美印第安人反对资本主义和新自由主义的抵抗和起义。

① James Petras, Las nuevas clases medias dominantes de Latinoamérica: Estabilización, crecimiento y desigualdad, 06-11-2010, http://www.rebelion.org/noticia.php? id=116156.

② Ana Esther Ceceña, El postneoliberalismo y sus bifurcaciones, http://www.rebelion.org/noticia.php? id=81642&titular=el-postneoliberalismo-y-sus-bifurcaciones.

二　新发展主义

（一）性质。新发展主义是拉丁美洲左翼学者提出的一种取代发展主义和新自由主义的理论。最早于 1987 年由巴西经济和社会学家、依附论的创始者之一鲁伊·毛罗·马里尼（Ruy Mauro Marini, 1932 – 1997）提出。1987 年，马里尼在墨西哥《墨西哥社会学》杂志发表了《新发展主义的理由》一文，提出要用新发展主义取代发展主义。21 世纪初，拉美一些国家的进步学者再次提出新发展主义，以替代 20 世纪八九十年代在拉美盛行的新自由主义。巴西、阿根廷、厄瓜多尔、委内瑞拉和玻利维亚等国的进步学者，在讨论如何用"21 世纪社会主义"来替代新自由主义发展模式时，出现了两种主张：一种主张进行不断的、激进的变革；另一种主张在实施"21 世纪社会主义"之前，先经历一个新发展主义的资本主义阶段。

（二）两种战略。阿根廷经济学家克劳迪奥·卡兹（Claudio Katz，1954 –　）指出，"在讨论'21 世纪社会主义'时，两种战略发生了对立"，一种是"开展民众斗争，鼓励社会改革。这一过程需要剖析中左领导人的两面性、质疑新发展主义的出路，并把玻利瓦尔美洲替代计划，作为实现地区后资本主义一体化的有利环节加以强化"。另一种战略"倾向于新发展主义，积极推动南方共同市场，期望地区企业界的壮大，倡导社会运动和中左政权的联合阵线，而把社会主义作为实现国家管控新资本主义之后的发展阶段"。"而走新发展主义的道路必将在对抗资本主义的斗争中摇摆不定。""许多拉美左派认同在社会主义之前必须实践资本主义模式的'革命阶段论'。支持者提出，在开始任何社会主义变革前必须清除封建遗毒，而这一点必须求助于各国的民族资产阶级。另有观点认为不应局限于促进国家资本主义的壮大，还应形成地区企业主集团。民族资本主义在 20 世纪并未盛行，在目前亦有许多阻碍。南美资产阶级不仅要同北美和英法的公司竞争，还要同地区性帝国主义集团和全球化中的金融对手较量。拉美资本主义要复兴也就意味着在接下来的数十年中，国际多极化的趋势将占主导，那么谁将是失败者，帝国主义列强？或是其他依附地区？地区资本主义的战略回避了这些问题。尽管新发展主义在拉美并非完全不可行，但拉美外围集团欲通过此路径实现整体提升的希望不大，且这一路径的牺牲者和受益者显而易见。任何资本主义的代价都将由人民承担，而银行家和工业资本家只会分享利润，因此，社会主义者主张反资本主义的模式。"

（三）新发展主义的理论基础及主要代表人物。新发展主义的理论基础之一是古典政治经济学，主要是亚当·斯密的《国富论》和马克思的《资本论》。因此，社会结构和制度是最基本的因素。此外，新发展主义还吸取了 20 世纪初德国历史学派关于制度学方面的观点和美国制度学派的观点，认为制度很重要，制度改革是一种长期需要，经济活动和市场都需要不断地进行调整。因此，新发展主义是一种改革学派。

新发展主义的主要代表人物是巴西经济学家路易斯·卡洛斯·布雷塞尔 – 佩雷拉（Luiz Carlos Bresser-Pereira，1934 –　）他曾任巴西财政部长、国家改革部长、科技部长，现为《圣保罗报》专栏作家，《政治经济学》杂志主编。其主要代表作是：专著《停滞的宏观经济》（2007）和论文《新发展主义中的国家与市场》。[①]

（四）新发展主义的主要观点。布雷塞尔 – 佩雷拉比较全面地阐述了新发展主义，他认为，新自由主义失败后，一个新的发展战略正在拉美兴起，这就是新发展主义。布雷塞尔 – 佩雷拉有关新发展主义的主要观点是：

1. 新发展主义是一种国家发展战略：新发展主义不是一种单纯的经济学理论，而是一种国家发展战略，"它基于现有的经济学理论，试图提出一种能使所有外围国家逐渐达到中心国家发展水平的战略。它以市场为基础，但它将主要作用赋予国家"。

新发展主义与 20 世纪 50 年代拉美盛行的奉行进口替代战略的发展主义都强调国家作用的重要性，但它认为国家要实现发展目标必须得到稳定的融资和实施有效的行政管理，它没有为保护弱小的工业制定广泛的

---

① Bresser-Pereira, Luiz Carlos. "Estado y mercado en el nuevo desarrollismo", julio-agosto, 2007, Nueva Sociedad, disponible en, http: //www. bresserpereira. org. br/ver_ file. asp? id = 2412. 译文请参见《拉丁美洲研究》2008 年第 1 期，第 63~67 页。

措施。新发展主义不认为市场能够解决一切，也不认为制度仅仅应该保障私有财产及合同的实施。

2. 新发展主义是"第三种理论"：新发展主义是介于国家发展主义和新自由主义之间的"第三种理论"，它既区别于民众主义提倡的发展主义，又区别于新自由主义，它是为巴西、阿根廷等中等发达国家在21世纪赶上发达国家而提出的一整套制度改革和经济政策的建议。新发展主义已经在整个拉美兴起，它在阿根廷等国正在实践。但是，只有在国内达成共识，新发展主义才有意义，才能成为一种真正的发展战略。新发展主义可以在企业家、劳动者、政府专家和中产阶级自由职业者之间达成共识，达成国家契约，以建立一个能够推动经济发展的国家。

新发展主义认为，要实现发展，提高投资率和引导经济向出口转向很重要，而投资的增加取决于降低利率和有竞争力的汇率。货币的高估趋势的原因有三：一是"荷兰病"，它出现在主要生产廉价的自然资源性产品的国家，其汇率高估影响其他工业部门；二是汇率的民众主义倾向；三是缺乏国家规划而使发展变得复杂，收入的集中不仅不公正，还是形形色色民众主义的温床。

3. 新发展主义与发展主义有所区别。发展主义所处的是资本主义的"黄金时期"，而新发展主义所处的是全球化时代，因此它们的时代背景不同。

此外，新发展主义不是保护主义，但它强调竞争性汇率的必要性。它需要对汇率进行管制，既要维持浮动机制，又要避免市场的严重失误。新发展主义不把增长的基础建立在低附加值初级产品的出口上，而是主张出口工业制成品和高附加值的初级产品。新发展主义摒弃把增长建立在需求和公共赤字的基础上，它主张财政平衡，减少公共债务，变短期债务为长期债务；认为国家是最好的集体行动的工具，国家具有战略意义的作用，应该加强国家的作用。

新发展主义与发展主义都承认国家重要的经济作用是保证市场的良好运作，为资本积累提供一般的条件：教育、卫生保健、交通、电信设施和能源。发展主义认为，国家可以推动强制储蓄，并在某些战略领域内进行投资。但新发展主义认为，现在私人部门已经拥有资源，企业有足够的能力来进行投资。

4. 新发展主义与新自由主义有所区别：新自由主义是市场原教旨主义，而新发展主义则相反。新发展主义认为，市场可以充分协调经济体制的有效机制，但它具有局限性。在经济资源的配置方面，市场可以发挥作用；但在鼓励投资和创新方面，市场的作用远非那么理想，而且在收入分配方面，市场也并不是令人满意的工具。因此，新发展主义主张建设一个强大的政府，但不是以牺牲市场为代价，而是使市场得到加强。新发展主义反对新自由主义关于国家已经失去这些资源的论调，因为这一资源取决于国家管理公共财政的形式。但新发展主义认为，在那些存在合理竞争的领域，国家不应成为投资者，而应成为竞争的保护者。因此，新发展主义把市场看作能够协调经济体系的有效机制，但并不像新自由主义正统学派那样信奉市场万能。

在宏观经济政策方面，新自由主义强调控制公共债务和通货膨胀，为确保宏观经济的稳定，国家应实现财政的盈余，将债务与 GDP 的比重控制在债权人可以接受的范围内，中央银行唯一的职责是反通货膨胀，使用的唯一工具是短期利率。新发展主义更加关注利率和汇率，认为财政调整不仅是为了实现财政盈余，而且还要实现正的公共储蓄，除了要减少经常性支出外，还要降低利率。认为中央银行有两个工具，一是利率，二是购入储蓄或对资本收入进行监督。认为中央银行有三项职能：控制通货膨胀；将汇率保持在既有利于国际收支平衡又能刺激投资出口所需要的水平上，主张浮动汇率，但应受到管制，以防止"荷兰病"；促进就业。

在经济发展战略方面，新自由主义主张弱化国家强化市场，在投资和工业政策方面，赋予国家很小的作用，主张开放资本项目和依赖外部储蓄的增长。而新发展主义主张不仅要强化市场，而且要强化国家，因为一个拥有高效率的政策工具和法律制度的国家才能成为社会的工具。国民（团结的国民社会）是发展的基本力量。为了实现发展，不仅要保护财产与合同，而且还必须制定国家发展战略，鼓励企业家投资，优先发展出口和具有高附加值的知识和技术密集型产业。增长可以以国内储蓄为基础。

（五）拉美左翼眼中的新发展主义。2007 年 11 月 21 日，厄瓜多尔总统科雷亚在中国社会科学院作了《厄瓜多尔的"21 世纪的社会主义"》的报告①，在报告中，他强调要提出"新的发展观"，他说："西方的发展模式、发展观对我们是很有害的。所以我认为，传统社会主义的缺陷在于没有提出新的发展观，而只是提到经济要发展、生产力要提高等。我们现在要做的是提出新的发展观，以前的发展观是不可持续的。"

巴西社会学家若泽·毛里西奥·多明格斯认为："拉美抛弃了新自由主义，但不清楚是否会做出克服新自由主义的选择，拉美现在谈论新发展主义，但不知道它能不能运转。"②

阿根廷学者卡兹③认为，巴西总统卢拉和阿根廷总统基什内尔所奉行的政策就是新发展主义，认为新发展主义与新自由主义之间的差别往往并不明显："卢拉和基什内尔为首的中左政府是新发展主义在南美的集中体现。支持者们认为，这些政府代表了工业力量对金融投机者的反对、进步势力对右翼寡头的抵制。但新发展主义和新自由主义之间有明显的区分吗？工业家和金融家之间不存在千丝万缕的联系吗？两者间有很强的交叉，如新发展主义者卢拉，目前同金融资本的关系就比同工业部门更为密切。就算接受了这两派资本主义间有很大的不同，那么新发展主义又会在多大程度上靠近贫苦大众的社会主义目标呢？在现有的制度下，强权者的利益从来都不会惠及社会，而是引发更激烈的剥削竞争和更大的危机，再转嫁给民众。目前，被压迫人民缺少为社会主义斗争的行动纲领是他们最大的障碍。"另外，卡兹认为，"走新发展主义的道路必将在对抗资本主义的斗争中摇摆不定"。

第四节　拉美左翼运动的新动向

目前参加圣保罗论坛的拉美和加勒比地区的左翼政党和组织（包括

---

① 科雷亚演说的译文请参见《拉丁美洲研究》2008 年第 1 期，第 8 页。

② http：//edant. clarin. com/suplementos/zona/2010/02/07/z-02135149. html.

③ Claudio Katz, Socialismo o Neodesarrollismo, http：//www. rebelion. org/noticia. php? id = 42281, 1 de diciembre, 2006.

共产党在内）共有 100 多个，除了前面提到的 20 个拉美共产党外，有 80 多个拉美左翼政党。此外，还有一些拉美左翼政党并没有加入圣保罗论坛，因此，如果不包括拉美共产党在内，拉美的左翼政党和组织应在 100 个以上。一般认为，左翼执政的拉美国家有十多个，分别是委内瑞拉、玻利维亚、厄瓜多尔、尼加拉瓜、智利、巴西、乌拉圭、阿根廷、萨尔瓦多、秘鲁和古巴等。

近年来，拉美左翼运动的新动向主要有：

一　拉美左派领军人物查韦斯的去世的影响

2013 年 3 月 5 日，被公认为拉美左派领军人物的委内瑞拉总统查韦斯因病去世，这对委内瑞拉和拉美左派来说，无疑是一个巨大损失。但是，委内瑞拉和拉美左派并没有停止前进的脚步。2013 年 4 月 14 日，查韦斯生前指定的接班人尼古拉斯·马杜罗以 50.66% 的得票率和 1.5% 的微弱优势当选委内瑞拉新总统，并于 4 月 19 日就任。马杜罗继承查韦斯的遗志，继续在委内瑞拉推行"玻利瓦尔 21 世纪的社会主义"。

二　拉美左派政府执政地位依然相对稳固

2013 年，厄瓜多尔、古巴、委内瑞拉、巴拉圭、洪都拉斯、智利 6 国举行了总统选举；2014 年，萨尔瓦多、哥斯达黎加、巴拿马、哥伦比亚、巴西、玻利维亚、乌拉圭等拉美国家举行了总统选举。从 2013 年和 2014 年的选举情况来看，拉美地区政治生态仍保持基本平衡状态，左派政府执政地位依然相对稳固，左派赖以生存和发展的社会基础依然坚实。然而，值得注意的是，近年来，拉美和国际上的右翼势力加强了对拉美左派政府和力量的反攻。

2013 年 2 月 17 日，厄瓜多尔主权国家联盟主席兼总统科雷亚在大选中成功连选连任，使左翼继续在厄瓜多尔执政。

同年 2 月 24 日，劳尔·卡斯特罗连任古巴国务委员会主席兼部长会议主席，而 53 岁的迪亚斯·卡内尔当选为国务委员会第一副主席兼部长会议第一副主席，使古巴的社会主义事业有了年轻的接班人。

在同年 12 月 15 日举行的第二轮选举中，智利前总统、左翼社会党人巴切莱特作为中左新多数联盟候选人胜出，并于 2014 年 3 月 11 日再次就任，使智利中左翼政党重回执政地位。

2014 年 3 月 9 日，在萨尔瓦多第二轮大选中，执政党、左翼"法拉本多·马蒂"民族解放阵线候选人、前游击队司令、副总统萨尔瓦多·桑切斯·塞伦当选总统，并于 6 月 1 日就任。

同年 10 月 26 日，在巴西第二轮大选中，现总统、劳工党候选人迪尔玛·罗塞夫以 3 个百分点的优势战胜社会民主党候选人阿埃西奥·内维斯，再次当选总统，并于 2015 年 1 月 1 日就任。罗塞夫之所以成功连任，很大程度上得益于劳工党对低收入阶层扶贫的社会政策，使数千万巴西人摆脱贫困。然而，胶着的选情表明，社会福利政策对巴西"新中产"阶层的政治边际效用正在减弱，他们对执政党劳工党并非完全满意。

2014 年 10 月 12 日，玻利维亚举行大选，现总统、争取社会主义运动的候选人埃沃·莫拉莱斯再次当选总统，并于 2015 年 1 月 22 日开始其第三个总统任期。莫拉莱斯领导的争取社会主义运动党还获得议会 2/3 的多数席位。莫拉莱斯高票获胜的原因是最近几年，尽管发生国际金融危机，玻利维亚经济增长在拉美领先，2013 年国内生产总值增长 6.8%，2014 年国内生产总值增长 5.2%。

乌拉圭于 2014 年 11 月 30 日举行第二轮大选，左翼执政党广泛阵线候选人、前总统塔瓦雷·巴斯克斯以领先对手白党（民族党）候选人、前总统路易斯·拉卡列 12 个百分点的优势获胜，并于 2015 年 3 月 1 日就任，使左翼政党在乌拉圭继续执政。广泛阵线之所以能够再次获胜，是因为在广泛阵线的带领下，乌拉圭经济在过去 8 年中保持年均 5% 的增长率，贫困人口急剧下降，并造就了占人口 60% 的中产阶层。年过 80 岁的老总统穆希卡的廉洁，也为广泛阵线赢得了民心。

三　拉美出现了一个新的左翼论坛——拉美进步会见

2014 年 9 月 29—30 日，在厄瓜多尔左翼执政党主权国家联盟主持下，在厄瓜多尔首都基多召开了第一届拉美进步会见（Encuentro Latino-americano Progresista，ELAP）。来自拉美及欧洲 20 个国家的 35 个左翼政党或组织参加了这次会见。厄瓜多尔总统兼主权祖国联盟主席科雷亚在会见上发表讲话。会议通过了《争取第二次解放拉美声明》，表示支持拉美进步政府，坚决回击右派的进攻。第二届拉美进步会见于 2015 年 9 月底再次在厄瓜多尔首都基多召开，来自拉美、亚洲、欧洲和非洲的 70 多个政党和组织的 300 多名代表与会，这次会见的主题是"争取主权和社会正义的革命民主"。

四　拉美左翼的新趋势

拉美左派在拉美十多个国家执政已经十多年，在其他一些国家，虽然没有掌握全国政权，但也是本国举足轻重的政治力量，如墨西哥等国的左翼政党当选为本国首都的市长。由于最近十多年来，国际形势和拉美国家的国情已发生了较大的变化，拉美左翼处于一个全新的环境之中，左翼力量的发展出现一些新的趋势。主要趋势是：

（一）"左"、"右"可能会出现轮替"钟摆效应"。拉美左翼力量依然还有发展空间，拉美社会对左翼的政治经济政策和社会政策主张仍有较强的接纳能力和需求。但是，拉美左派不可能在所有拉美国家上台执政，对拉美执政左翼政党来说，目前面临的主要挑战是如何调整政策，保住自己的执政地位。拉美政坛很可能会出现"左"、"右"轮替执政的"钟摆效应"。如智利左派党社会党巴切莱特曾于 2006 年 3 月至 2010 年 3 月执政，但智利右翼政党民族革新党领导人、亿万富翁塞巴斯蒂安·皮涅拉（Sebastián Pinera，1949 – 　）作为争取变革联盟候选人在大选中获胜，于 2010 年 3 月至 2014 年执政，而巴切莱特作为"新多数"联盟候选人在大选获胜后，再次于 2014 年 3 月上台执政至今。

（二）多样化。由于拉美的新左翼与传统的左翼并存，温和左翼与激进左翼分化，拉美左翼呈现"多样化"或"多元化"趋势。目前拉美传统左翼主要包括共产党、民主社会主义政党和其他一些民族主义政党等；拉美新左翼是指最近十多年来在拉美出现的左翼力量，包括政党、组织和一些人民运动。

（三）温和化。所谓温和左翼和激进左翼主要的区别在于对待新自由主义政策和发展模式的态度，以及对美国的态度。温和左翼执政后，基本上没有触动其前任的新自由主义政策和发展模式，与美国虽有分歧和矛盾，但态度比较缓和理智；而激进左翼主张替代新自由主义发展模式和改变经济政策，对美国的批评比较激烈。但是，近年来，无论是温和左翼和激进左翼，其政治立场和路线都趋于温和化，激进左翼的成长受到一定的抑制，拉美的左翼与右翼在国家发展的大政方针上达成共识，分歧缩小，共同点增多，双方的立场逐渐趋同。

（四）非意识形态化。拉美的左翼与右翼关于意识形态的争论趋于缓和，争论的焦点并不是"社会主义"与"资本主义"，而常常是发展道路或具体经济社会政策。左翼主张改变国家的发展道路和主要经济政策，加强国家干预；而右翼反对变革，主张减少国家的干预，坚持市场经济模式和新自由主义的政策。

（五）实用主义化。从拉美现有的左翼政府来看，除古巴外，大部分左翼政府受国内和国际条件的制约，很难对本国的政治、经济和社会发展模式进行根本性的改造，其政策趋于实用主义化，有的甚至放弃或修改了原已做出的承诺，仅在某些方面做出有限的调整，强调从本国实际出发，追求稳定，而不再追求彻底的改革。

第五节　拉美新左派面临的挑战与前景

一　美国对拉美左派的分化瓦解政策

美国对拉美左派采取分化瓦解的政策，近年来，美国对古巴伸"橄榄枝"和"胡萝卜"，对委内瑞拉等国挥舞"剑"和"大棒"。自1961年1月3日以来，美国宣布与古巴断交。半个多世纪以来，美国历届政府一直对古巴奉行霸权主义和强权政治。经济上，对古巴实施封锁和禁运；军事上，组织雇佣军入侵；外交上，千方百计企图孤立古巴；政治上，扶植反对派，搞各种颠覆、破坏活动；意识形态方面，进行"电波侵略"，加强"和平演变"和颠覆性宣传攻势。美国千方百计企图扼杀古巴革命，迫使古巴低头就范。然而，古巴人民在古巴共产党和革命政府的领导下，同美国的霸权主义行径进行了针锋相对、不屈不挠的斗争并取得了节节胜利，迫使奥巴马总统不得不承认，美国对古巴的政策遭到了失败，2014年12月17日，美国总统奥巴马和古巴国务委员会主席劳

尔·卡斯特罗同时在各自首都宣布启动美古关系正常化进程，2015 年 7
月 20 日，美国与古巴正式恢复外交关系，双方在各自首都重开使馆。但
是，恢复外交关系只是两国关系正常化的第一步，今后两国关系正常化
的道路更加复杂，更加漫长。8 月 14 日，美国国务卿克里在主持美国大
使馆升旗仪式上的讲话以及他在同一天新闻发布会上的讲话中，都一再
强调美国将继续对古巴政府施加压力，要求古巴开放民主、自由、尊重
人权、举行自由选举等。

　　美国在对古巴伸"橄榄枝"和"胡萝卜"的同时，对委内瑞拉等国
挥舞"剑"和"大棒"。就在奥巴马宣布启动与古巴关系正常化的第二
天，2014 年 12 月 18 日，奥巴马签署以侵犯人权为由对 50 多名委政府官
员进行制裁的法令。2015 年 3 月 9 日，奥巴马签署一项法令，认为委内
瑞拉的局势对美国外交和安全构成"极大和非同寻常的威胁"，宣布美委
关系"处于紧急状态"，该法令还确定对 7 名委内瑞拉高官实施制裁。
2015 年 4 月在巴拿马举行的第 7 届美洲峰会上，拉美各国领导人齐声谴
责美国对委内瑞拉的惩罚措施。2015 年 8 月 17 日，玻利维亚总统莫拉莱
斯对阿根廷《第 12 页报》说，美帝国主义企图分化拉美左派来打垮进步
国家，特别是委内瑞拉和巴西。阿根廷作家斯特拉·卡洛尼（Stella Cal-
loni）认为，美国在恢复与古巴外交关系的同时，支持拉美右翼对进步政
府发动的进攻，企图消灭它们。美国学者埃瓦·戈林格认为，美国对古
巴和对委内瑞拉却是实施"双重道德"，对古巴和解和复交，对委内瑞拉
是惩罚和威胁。

二　经济困难加重

　　自 2014 年以来，由于国际金融危机的影响，拉美大多数左翼政府都
面临着程度不同的政治和社会压力以及经济困难。拉美左派执政的国家，
如委内瑞拉、巴西、阿根廷、厄瓜多尔、玻利维亚等，都是以初级产品
的出口为主要外汇收入来源的国家，近年来，由于国际市场上初级产品
价格大幅度地下降、欧元区经济不景气、中国经济增长速度放慢等原因，
这些国家的经济增长受到不同程度的影响，经济困难加重，经济下行压
力增大。委内瑞拉 2013 年经济增长率为 1.3%，2014 年为 - 4%，2015

年预计为 -10%；巴西这 3 年分别为 2.9%、0.1% 和 -3%；阿根廷分别为 2.9%、0.5% 和 1.1%；厄瓜多尔和玻利维亚情况比较好，厄瓜多尔分别为 4.6%、3.8% 和 1.9%，玻利维亚分别为 6.8%、5.4% 和 4.5%。2014 年委内瑞拉通货膨胀率高达 64.3%，阿根廷为 40%。

三　腐败盛行

尽管拉美左翼政党的党纲及其竞选时的纲领都高举反对腐败的旗帜，如委内瑞拉统一社会主义党党纲把"反对腐败"作为党的总的原则的第二条，巴西劳工党在 2002 年竞选总统时，反腐是竞选的主要口号之一。然而，拉美左派政党执政后，腐败现象在不同程度上普遍存在。委内瑞拉被透明国际认定为拉美最腐败的国家；巴西劳工党执政后，先后发生了两大腐败丑闻——"月费案"和巴西国有石油公司腐败案，劳工党多名领导人被判刑；阿根廷副总统阿马多·布杜因涉嫌贪污遭到调查；智利总统巴切莱特的儿子和儿媳因从事房产倒卖活动而受到司法部门调查；秘鲁总统乌马拉的夫人、秘鲁民族主义党主席娜丁·埃雷迪亚涉嫌洗钱被监察部门调查。由于腐败盛行，拉美左派政府的民调支持率呈下降趋势，反对官员腐败成为近年来不断高涨的民众抗议的主要口号之一。

四　右翼势力的进攻

近年来，在美国明里和暗里的支持下，几乎在所有拉美左派执政的国家里，本国右翼势力对左翼政府和执政党都发动了进攻。右翼势力进攻最猛烈的国家是巴西、委内瑞拉、厄瓜多尔，其次是阿根廷和玻利维亚等国。

早在 2014 年 7 月 21 日厄瓜多尔总统科雷亚就对《圣保罗页报》说，美国对拉美有独立、主权、尊严立场的一体化表示担忧，在拉美国家保守的、右翼势力在复兴，其目的是要终结拉美进步政府的周期。2015 年 8 月 15 日，委内瑞拉总统马杜罗谴责联盟右翼对阿根廷、巴西、尼加拉瓜、萨尔瓦多、玻利维亚、厄瓜多尔、委内瑞拉等国发动的旨在推翻左翼政府的"软政变"。8 月 17 日，玻利维亚总统莫拉莱斯对阿根廷《第12 页报》说，美帝国主义企图分化拉美左派来打垮进步国家，特别是委内瑞拉和巴西。8 月 18 日，阿根廷作家斯特拉·卡罗尼对南方电视台记者说，拉美进步政府目前正经受右翼势力同时发动的"低烈度战争"的进攻。美国学者埃瓦·戈林格认为，美国扩大了对拉美国家的干涉，通过加强在西半球的军事存在、给反对派运动的大量资助，鼓励它们在委内瑞拉、海地、玻利维亚、洪都拉斯、厄瓜多尔和巴拉圭发动政变或政变企图，推翻合法选举产生的总统。

在委内瑞拉，自查韦斯 2013 年 3 月 5 日因病去世、同年 4 月 14 日举行大选，马杜罗仅以微弱优势当选总统并上台执政两年多来，委内瑞拉反对派联盟"民主团结联盟"中的极右分子利用委内瑞拉的经济困难、物资供应紧张、居民不满情绪增长的形势，于 2014 年 2 月至 6 月动员部分大学生和民众举行一系列游行示威，要求马杜罗下台，后演变成暴力行动和政治危机，夺走了 43 人的生命，800 多人受伤，数百人被捕。2015 年 8 月 19 日，马杜罗在一次电视讲话中，出示录像证明美国两名共和党参议员曾资助过参加 2014 年 2 月抗议的反对派人士。

在巴西，罗塞夫 2015 年 1 月 1 日再次就任总统以来，巴西反对派策动民众的抗议浪潮接连不断。2013 年 6 月，巴西曾爆发了大规模民众抗议浪潮，抗议的导火索是公交票价上涨，但实际上是反映出民众、特别是中间阶层，对劳工党和政府腐败严重，教育、医疗和公共服务质量差，治党理政不善的不满。此后，抗议活动向全国蔓延，规模不断扩大，一度扩大到全国 100 多个城市、120 万民众，甚至出现了占领公共建筑、抢劫商店、烧毁汽车等过激行为。2015 年 3 月、4 月和 8 月，巴西先后爆发了三次大规模的抗议，抗议的矛头指向官员腐败、经济衰退和政府治理无方，特别是 8 月 16 日反对派大游行的主要口号是要罗塞夫下台。2015 年 8 月 6 日，巴西记者贝托·阿尔梅达（Beto Almeida）对南方电视台说，巴西反对派借口反对巴西石油公司腐败，其背后的动机是美国政府希望巴西石油公司私有化，以损害卢拉的形象，不让卢拉在 2018 年大选中东山再起，不让劳工党第五次执政。

在厄瓜多尔，自 2015 年 6 月 8 日起，反对派连续三天在基多、瓜亚基尔和昆卡等主要城市进行示威游行，反对科雷亚政府提出的增加遗产税等多项措施。抗议的导火索是此前厄政府准备提交给国会讨论通过的、广受关注的《财产再分配法》（*Ley Orgánica para la Redistribución de la Riqueza*）法案，法案对遗产税进行了较大的调整，不仅降低遗产税起征点，还大幅提高税率。原法案规定直系亲属所继承的遗产，不超过68 880美元无须纳税，而新法案则将此金额降至 35 400 美元；直系亲属最高税率从 17.5% 提高到 47.5%，非直系亲属从 35% 提高到 77.5%。若新法通过，厄瓜多尔有可能超越日本，成为全球遗产税最高的国家。2015 年 8 月 13 日，厄反对派发动全国性大罢工，抗议现任总统科雷亚提出的《财产再分配法》、《劳工法》等修改法案，以及科雷亚准备修改宪法、谋求四连任的意图，抗议者封锁了厄瓜多尔 6 个省的道路，与警方发生激烈冲突。科雷亚总统指出，厄反对派和国际上的右翼势力支持了这次厄总罢工。

在阿根廷，近年来阿根廷各行业罢工不断。2015 年 3 月 31 日，阿根廷国内交通行业爆发全国大罢工，抗议高收入税和高通胀，导致阿根廷国内地铁、多架航班、火车以及巴士运输陷入瘫痪，受此影响阿根廷国内多数商店被迫关门，街道也基本处于空置状态。5 月 6 日至 7 日，阿根廷冶金工人联盟进行 36 小时的罢工，要求增加工资。5 月 12 日，阿根廷银行工会举行罢工，全国所有银行不对外营业。6 月 9 日，阿根廷全国运输业劳动者总工会和全国劳动者总工会等二十多个主要的反对派劳工组织，开始举行 24 小时全国总罢工，要求政府减税提薪。阿根廷内政和交通部部长兰达索表示，10 月阿根廷将举行总统选举，因此此次罢工与以往不同，其主要出于政治目的，"是有人进行的蓄意扰乱国内安定的行为"。

以上情况表明，目前拉美一些左派执政的国家正面临着右翼势力的进攻，正在经受着新的考验。从外部来说，国际金融危机的影响仍继续在发酵，美国千方百计想搞垮委内瑞拉等左派政权，拉美各国国内的右派在利用部分群众的不满情绪发动进攻，拉美政坛左派占优势的局面正在发生变化，值得关注。正如 2015 年 7 月底至 8 月初在墨西哥城召开的圣保罗论坛第 21 届会议的《最终声明》所指出的，目前帝国主义和各国寡头对拉美左翼发动进攻，企图恢复右翼保守政权，因此，拉美左翼之间加强团结和加强与社会运动的联系具有特别重要的意义和必要性。

五　前景

从 1999 年起，拉美左翼陆续在十多个国家通过选举上台执政，已经执政了十年左右，被称为拉美左翼执政的周期。总的来看，大多数拉美左翼政府的执政地位相对稳固，有的如玻利维亚莫拉莱斯政府、厄瓜多尔科雷亚政府等有较高的民意支持率。但是，如前所述，有的左翼执政的国家，如委内瑞拉、巴西等出现经济和政治危机，其执政地位受到威胁和挑战。有些左翼总统，如莫拉莱斯、科雷亚和尼加拉瓜的奥尔特加试图通过修改宪法或选举法，使自己能连续执政，遭到本国国内一些民众和反对派的反对。

在今后一段时期内，不能排除有可能个别目前左翼执政的国家，通过选举，右翼上台执政；当然，也有相反的可能，即左翼也有可能通过选举在某个现由右翼执政的国家上台执政。拉美会继续出现"钟摆的现象"。

拉美社会主义及左翼运动有进一步拓展的空间，国际金融危机给拉美社会主义及左翼运动提供了机遇，拉美左翼政党之间的合作正在加强。拉美左翼政权要巩固其执政地位，必须改变经济结构，调整增长方式，实现持续发展；必须继续克服社会不公，减少贫困等一系列问题，以赢得民众的支持。今后，拉美左翼很难继续在拉美政坛占有一定优势，但拉美政坛也不会出现右翼"一统天下"的局面，拉美政坛"左"、"右"共存和竞争，双方力量对比将大体保持均衡状态。

拉美社会主义及左翼运动还应克服思想流派繁杂、内部派别林立，缺乏凝聚力和战斗力的不足，以本土化、科学化先进理论为指导，加强团结，才能取得进一步的发展。

本章参考文献

袁东振：《政治变迁与拉美左翼的变动趋势》，载于《拉丁美洲研究》2013 年第 5 期。

徐世澄：《全球金融危机对拉美的影响》，载于《环球视野》2009 年 10 月 20 日。http://www. globalview. cn/.

http://www. pcdob. org. br/texto. php? id_ texto_ fixo = 9&id_ secao = 145.

http：//www. pcchile. cl/ https：//es. wikipedia. org/wiki/Partido_ Comunista_ de_ Chile.

Emir Sader, Refundar el Estado. El Posneoliberalismo en America Latina, Buenos Aires, septiembre de 2008.

　Claudio Katz, Socialismo o Neodesarrollismo, 1 de diciembre, 2006, http：//www. rebelion. org/noticia. php? id = 42281.

http：//www. rebelion. org/noticia. php? id = 116156.

Luis Hernandez Navarro, "América Latina, rumbo al posneoliberalismo, Entrevista a Emir Sader", http：//www. jornada. unam. mx/2007/10/12/index. php? section = politica&article = 007e1pol.

Ana Esther Ceceña, El postneoliberalismo y sus bifurcaciones, http：//www. rebelion. org/noticia. php? id = 81642&titular = el-postneoliberalismo-y-sus-bifurcaciones-Giovanna Ferullo："Presidentes de A. Latina y Caribe rechazan sanciones de EE. UU contra Venezuela", http：//www. lavanguardia. com/politica/20150412/54429847114/presidentes-de-a-latina-y-caribe-rechazan-sanciones-de-ee-uu-contra-venezuela. html # ixzz3X4POueMb https：//es-us. noticias. yahoo. com/morales-denuncia-ofensiva-gobiernos-suramericanos-antiimperialistas-142600866. html.

http：//www. telesurtv. net/news/Paises-latinoamericanos-enfrentan-una-guerra-simultanea-20150818 - 0016. html.

"América Latina：la corrupción de norte a sur", http：//www. infolatam. com/2015/03/08/corrupcion/Libro Rojo Documentos Fundamentales Partido Socialista Unido de Venezuela, 2010.

http：//news. sina. com. cn/w/2014 - 08 - 12/103730671037. shtml.

http：//news. china. com. cn/live/2015 - 03/24/content_ 31975680. html.

http：//www. vennews. com/thread - 15853 - 1 - 1. html.

http：//www. contrainjerencia. com/? p = 90627.

http：//www. telesurtv. net/news/Nicolas-Maduro-rechaza-intentos-de-golpe-blando-en-America-Latina-20150815 - 0028. html.

http：//www. telesurtv. net/opinion/Beto-Almeida-EE. UU. -quiere-desnacionalizar-a-Petrobras-20150805 - 0066. html.

主要参考书目

中文书目

康学同主编:《当代拉美政党简史》,当代世界出版社 2011 年版。

王家雷主编:《当代国外政党概览》,当代世界出版社 2009 年版。

肖枫主编:《社会主义向何处去——冷战后世界社会主义运动大扫描》,
当代世界出版社 1999 年版。

《世界各国宪法》编辑委员会编译:《世界各国宪法》美洲大洋洲卷,中
国监察出版社 2012 年版。

高放、李景治、蒲国良主编:《科学社会主义的理论和实践》(第三版),
中国人民大学出版社 2003 年版。

邢贲思主编:《当代世界思潮》,中共中央党校出版社 2003 年版。

张志军主编:《20 世纪国外社会主义理论、思潮及流派》,当代世界出版
社 2008 年版。

徐世澄主编:《拉丁美洲现代思潮》,当代世界出版社 2010 年版。

祝文驰、毛相麟、李克明:《拉丁美洲的共产主义运动》,当代世界出版
社 2002 年版。

关达主编:《第二次世界大战后拉丁美洲政治》,中国社会科学出版社
1987 年版。

崔桂田、蒋锐等:《拉丁美洲社会主义及左翼社会运动》,山东人民出版
社 2013 年版。

徐艳玲:《全球化、反全球化思潮与社会主义》,山东人民出版社 2005
年版。

刘金源、李义中、黄光耀：《全球化进程中的反全球化运动》，重庆出版社 2006 年版。

徐世澄：《当代拉丁美洲的社会主义思潮与实践》，社会科学文献出版社 2012 年版。

毛相麟：《古巴：本土的可行的社会主义》，社会科学文献出版社 2012 年版。

毛相麟：《古巴社会主义研究》，社会科学文献出版社 2005 年版。

徐世澄：《古巴模式的"更新"与拉美左派的崛起》，中国社会科学出版社 2013 年版。

徐世澄：《查韦斯传》，人民出版社 2011 年版。

徐世澄：《拉丁美洲政治》，中国社会科学出版社 2006 年版。

中共中央对外联络部拉丁美洲研究所：《拉丁美洲各国政党》，上海人民出版社 1980 年版。

袁东振、徐世澄：《拉丁美洲国家政治制度研究》，世界知识出版社 2004 年版。

肖枫：《西方发展学和拉美的发展理论》，世界知识出版社 1990 年版。

肖楠等：《当代拉丁美洲政治思潮》，东方出版社 1988 年版。

索飒：《拉丁美洲思想史述略》，云南人民出版社 2003 年版。

杨煌：《解放神学：当代拉美基督教社会主义思潮》，中国社会科学出版社 2006 年版。

李紫莹：《阿根廷正义主义研究》，世界知识出版社 2010 年版。

叶健辉：《托邦：拉丁美洲解放神学研究初步》，中央编译出版社 2015 年版。

苏振兴主编：《拉丁美洲经济的发展》，经济管理出版社 2000 年版。

苏振兴主编：《拉美现代化进程研究》，中国社会科学出版社 2006 年版。

江时学：《拉美发展模式研究》，经济管理出版社 1996 年版。

徐文渊、袁东振：《经济发展与社会公正——拉丁美洲的理论、实践与教训》，经济管理出版社 1997 年版。

郝铭玮、徐世澄：《拉丁美洲文明》，中国社会科学出版社 1999 年版。

译著

［美］爱德华·J. 威廉斯：《从发展角度看拉丁美洲的政治思潮》，商务印书馆 1979 年版。

中国社会科学院拉丁美洲研究所译编：《玻利瓦尔文选》，中国社会科学出版社 1983 年版。

［美］谢尔顿·B. 利斯：《拉丁美洲的马克思主义思潮》，东方出版社 1990 年版。

［美］罗·杰·亚历山大：《拉丁美洲的托洛茨基主义》，商务印书馆 1984 年版。

［英］莱斯利·贝瑟尔主编：《剑桥拉丁美洲史》第 3 卷，社会科学文献出版社 1994 年版。

［英］莱斯利·贝瑟尔主编：《剑桥拉丁美洲史》第 4 卷，社会科学文献出版社 1991 年版。

［英］莱斯利·贝瑟尔主编：《剑桥拉丁美洲史》第 6 卷上、下，当代世界出版社 2000 年、2001 年版。

［秘］何塞·卡洛斯·马里亚特吉：《关于秘鲁国情的七篇论文》，商务印书馆 1987 年版。

［古］菲德尔·卡斯特罗：《在古巴共产党第一、二、三次全国代表大会上的中心报告》，人民出版社 1990 年版。

［古］菲德尔·卡斯特罗：《全球化与现代资本主义》，社会科学文献出版社 2000 年版。

［古］埃尔内斯托·切·格瓦拉：《古巴革命战争回忆录》，上海人民出版社 1975 年版。

［美］福斯特：《美洲政治史纲》，人民出版社 1956 年版。

［厄］拉斐尔·科雷亚·德尔加多：《厄瓜多尔：香蕉共和国的迷失》，当代世界出版社 2014 年版。

［巴］特奥多尼奥·多斯桑托斯：《帝国主义与依附》，社会科学文献出版社 1992 年版。

［巴］费尔南多·恩里克·卡多佐、恩佐·法勒托：《拉美的依附性及发

展》，世界知识出版社 2000 年版。

［美］诺姆·乔姆斯基：《新自由主义和全球秩序》，江苏人民出版社
2000 年版。

［美］丹尼尔·贝尔：《社群主义及其批评者》，三联书店 2002 年版。

［美］卡梅洛·梅萨－拉戈：《七十年代的古巴：注重实效与体制化》，商
务印书馆 1980 年版。

外文书目

Beatriz Stolowicz, Gobiernos de Izquierda en América Latina Un balance
político, Ediciones Aurora, Bogotá, Colombia, 2007.

Roberto Regalado Alvarez, América Latina entre siglos, segunda edición,
Ocean Sur, La Habana, Cuba, 2006.

Roberto Regalado, Encuentros y desencuentros de la izquierda latinoameri-
cana Una mirada desde el Foro de Sao Paulo, Ocean Sur, La Habana,
Cuba, 2008.

Roberto Regalado, La Izquierda latinoamicana en el gobierno:¿Alternativa o
reciclaje? Ocean Sur, La Habana, Cuba, 2012.

Roberto Regalado (coordinador), La Izquierda latinoamicana a 20 años del
derrumbe de la Unión Soviética. Ocean Sur, La Habana, Cuba, 2012.

Germán Rodas (coordinador), América Latina hoy ¿reforma o revolución?
Ocean Sur, La Habana, Cuba, 2009.

Robert J. Alexander, Political Parties of the Americas, Greenwood Press,
Westport, 1982.

Leopoldo Zea, El Pensamiento Latinoamericano, Colección DEMOS, Edito-
rial Ariel, Barcelona, 3a Edición, 1976.

Marta Harnecker, America Latina: Izquierda y la crisis actual, Siglo XXI
Editores, Mexico, 1990.

Pedro Pérez Herrera (editor), La Izquierda en América Latina, Editorial
Pablo Iglesias, Madrid, España, 2006.

Marta Harnecker, La Izquierda en el umbral del siglo XXI, Editorial Ciencias Sociales, Cuba, 2001.

Nikolaus Werz, Pensamiento Sociopolitico en America Latina, Editorial Nueva Sociedad, Venezuela, 1995.

Luis E. Aguilar (ed.), Marxism in Latin America, Revised Edition, Temple University Press, Philadelphia , 1978.

Elvira Concheiro, Massimo Modonesi, Horacio Crespo (coordinadores), El Comunismo: Otras Miradas desde América Latina, CEEICH-UNAM, México, 2012, segunda edición aumentada.

Osvaldo Sunkel y Pedro Paz, El subdesarrollo latinoamericano y la teoría del desarrollo, Siglo XXI editores, 18a edición, México 1970.

Crawford, W. Rex, A Century of Latin-American Thougt, Federick A. aeger Publishers, New York, 1996.

Carlos Mesa-Lago: Cuba en la era de Raúl Castro Reformas económico-sociales y sus efectos, Editorial Colibrí, España, 2013.

José Aricó, ed. , Mariátegui y los orígenes del Marxismo Latinoamericano, México: Ediciones Pasado y Presente, 1980.

Leonardo Boff, Iglesia: carisma y poder. Ensayos de eclesiología militante, tr. , Jesús García-Abril, Santander: Editorial Sal Terrae, 1982.

Leonardo Boff, Ecclesiogenesis, tr. , Robert R. Barr, Maryknoll, N. Y. : Orbis Books, 1986.

Leonardo Boff and Clodovis Boff, Introducing Liberation Theology, tr. , Paul Burns, Maryknoll, N. Y. : Orbis Books, 1987.

Joseph Ferraro, ed. , Debate actual sobre la Teología de la Liberación, vol. 1, México: Universidad Autónoma Metropolitana, 2003.

Gustavo Gutiérrez, Teología de la liberación, Salamanca: Ediciones Sígueme, 2004.

后　记

本书是在 2015 年 9 月定稿结项，同年 11 月 15 日向浙江省社科规划办申请鉴定。2016 年 3 月 16 日，省规划办完成专家鉴定，后申报全国社科规划办审核。同年 7 月 13 日，全国社科规划办准予结项。从定稿到交中国社会科学出版社出版，时间已经过去了一年多。在这一年多时间里，拉美的政治格局发生了重大的变化。因此，在本书付梓之前，有必要把最近一年多时间里拉美左翼政权发生的变化做一简要的介绍和分析。

近年来，拉美政治格局明显地出现了"左降右升"的变化。拉美左翼政权受到前所未有的挑战，接连受挫，右翼势力抬头，拉美政坛的钟摆向右摆，但是，拉美左派并没有像有的人所说的已经"死亡"[①]。拉美政治格局的主要变化是：

一　阿根廷中右翼上台

2015 年 11 月 22 日，在阿根廷第二轮总统选举中，中右翼"变革"联盟候选人、"共和国方案"党领袖毛里西奥·马克里（Mauricio Macri，1959 - 　）以 3% 的微弱优势，战胜了在第一轮中得票领先的左翼执政联盟胜利阵线候选人丹尼尔·肖利（Daniel Scioli），当选为阿根廷新总统。同年 12 月 10 日，马克里正式就任，从而结束了正义党左翼领导人基什内尔和他的夫人费尔南德斯连续 12 年的执政。马克里上台执政被视为拉美

[①] 2016 年 3 月 22 日，墨西哥前外长豪尔赫·卡斯塔内达在美国《纽约时报》上发表题为《拉美左翼死亡》的文章，文章认为，拉美左翼已经死亡。参见 WWW. nytimes. com/es/2016/03/29/la-muerte-de-la-izquierda。

地区政治钟摆向右倾斜的标志性事件。马克里就任总统一年多来，采取了放开汇率、解雇大量公务员、大幅度提高家用电费、煤气费、公共交通价格，与美国"秃鹫基金"达成和解，同意以现金方式偿还总额约120亿美元的债务等一系列新自由主义的措施，虽然改善了外国投资环境，但是影响了中下层民众的生活，引发了罢工和抗议浪潮。

二 委内瑞拉反对派控制国会

以现总统马杜罗为首的查韦斯派在2015年12月6日国会选举中失利，右翼反对派联盟"民主团结平台"控制了2016年1月成立的新国会，委"府院之争"愈演愈烈。查韦斯派所控制的全国选举委员会于10月20日宣布中止反对派为举行罢免性公决的征集签名，反对派对此反应强烈。10月30日，政府与反对派在南美洲国家联盟特邀的3名前政要和教宗特使的斡旋下开始对话，并达成为国家和平与民主的路线图的协议。但由于反对派坚持要举行罢免性公决或提前举行大选，马杜罗政府表示坚决反对，对话被迫中止。

三 巴西劳工党罗塞夫总统被弹劾

2016年8月31日，巴西参议院对弹劾左翼劳工党罗塞夫总统案进行最终投票表决，81名参议员中，61名参议员投了赞成票，20名参议员投反对票，被暂时停职的罗塞夫总统最终被弹劾，临时总统、中右巴西民运党主席米歇尔·特梅尔（Michel Temer，1940 –）被国会正式任命为新总统，执政至2018年年底。罗塞夫被弹劾对巴西左翼是一个沉重打击，同时也影响拉美地区的政治版图。特梅尔执政以来，在经济方面采取了一些稳定经济的措施，但在政治和社会方面，特梅尔政府面临诸多挑战。

四 玻利维亚总统、左翼争取社会主义运动党主席莫拉莱斯公决失败

莫拉莱斯企图通过公决谋求连选连任的计划在2016年2月21日公决中受挫，反对连选连任的票和赞成票分别为51.3%和48.7%，这是莫拉莱斯执政十年来首次在选举中遭到失败。12月15—17日，争取社会主义

运动党召开九大，一致支持莫拉莱斯以四种途径继续参加 2019 年的大选。

五　厄瓜多尔总统、左翼祖国主权联盟运动党主席科雷亚宣布他不再参加 2017 年 2 月的总统选举

该党已提名前副总统莱宁·莫雷诺（Lenin Moreno，1953－　）为该党总统的候选人参加竞选。

六　智利中左执政联盟"新多数"在 2016 年 10 月 23 日市政选举中失利

据统计，"新多数"得票率为 37.05%，低于反对派中右联盟"智利我们在前进"（38.45%）。包括首都圣地亚哥在内的一些重要城市市长的职位被反对派候选人夺取。2017 年 11 月 19 日，智利将举行大选，从目前民调结果来看，"智利我们在前进"可能的候选人、前总统塞巴斯蒂安·皮涅拉（Sebastián Piáera，1949－　）很可能赢得大选，再次上台执政。

七　尼加拉瓜大选，左翼获胜

11 月 6 日，尼加拉瓜举行大选，现总统、左翼桑地诺民族解放阵线主席奥尔特加夫妇以 72.5% 的得票率当选为总统和副总统，使尼加拉瓜这个左翼政权得以继续维持，这表明，拉美左翼并没有像有的人说的已经"死亡"，拉美进步政府的周期并没有终结，拉美右翼也不可能全面回潮，拉美会出现"东方不亮西方亮"的局面，左翼还可能"东山再起"。正如厄瓜多尔外长纪尧姆·龙（Guillaume Long）所说："拉美的进步政治进程正在经历一个削弱的过程，但这并不意味着拉美左翼政府的终结。"拉美左翼政府并没有终结，古巴依然会坚持社会主义。

2016 年 4 月，古共召开七大，七大再次确定古巴将坚持在古巴进行模式的"更新"（改革），来完善"繁荣和持续的社会主义"。古巴革命领袖菲德尔·卡斯特罗于 11 月 25 日逝世，享年 90 岁。中国国家主席习近平对卡斯特罗予以很高的评价，称卡斯特罗为"古巴共产党和古巴社会主义事业的缔造者，是古巴人民的伟大领袖""为古巴人民建立了不朽的历史功勋，也为世界社会主义发展建立了不朽的历史功勋……是我们这个时代的伟大人物"。卡斯特罗逝世后，劳尔·卡斯特罗将继续领导古巴人民坚持社会主义和坚持改革开放的方针路线，但毫无疑问，卡斯特罗的去世使古巴接班人的问题显得更加迫切，因为劳尔也已85岁；卡斯特罗的逝世有可能使古巴加快改革开放的步伐，古巴将继续改善与美国的关系。

应该看到，在拉美，除古巴外，左翼至今仍在委内瑞拉、玻利维亚、厄瓜多尔、尼加拉瓜、萨尔瓦多、乌拉圭、智利等国执政。在委内瑞拉，马杜罗目前还是国家总统。即使在阿根廷，左翼仍有相当大的实力，正义党在众、参两院中仍占有优势，且在全国不少省和城市掌权。在墨西哥、哥伦比亚、秘鲁等一些不是左翼执政的国家，左翼力量也不可小觑。由于拉美巨大的贫富差异和尖锐的社会矛盾依然存在，拉美左翼依然拥有较强的实力和坚实的社会基础，因此拉美政治版图不会出现整体右倾的状况。

包括巴西劳工党、委内瑞拉统一社会主义党、厄瓜多尔祖国主权联盟、玻利维亚争取社会主义运动等在内的拉美左翼政党和政府，在拉美一些国家执政十多年来，在反对新自由主义、发展民族经济、扶贫、扫盲、开展免费教育和医疗等方面，以及在实施独立自主的外交政策、促进拉美一体化方面取得了显著的、有目共睹的成就，得到了广大民众，特别是中下层民众的拥护和支持。我们不能因拉美一些左翼政府暂时的失利和目前面临困境和问题，而全盘否定他们执政的成绩和经验。尽管拉美左翼政党和政府有着这样或那样的问题，但只要他们认真反思自己的问题，采取积极态度应对所面临的严峻挑战，拉美左翼的前景还是光明的，经过一个时期的政策调整之后，拉美的政治钟摆仍有可能向中左回摆。正如不久前乌拉圭左翼前总统何塞·穆希卡（José Mujica，1935－　）所说，"我从来不认为左派已经失败，也不认为右派已经取得绝对胜利。人类的历史是保守与进步不断斗争的历史，是钟摆式的"，"如果左派失去地盘，那就吸取教训，卷土重来"。

值得一提的是，近年来，拉美左翼政党召开了多次会议，如第二次民主左翼会见（2016年1月，在墨西哥首都墨西哥城）、南锥体国家共产

党会议（5 月，在阿根廷首都布宜诺斯艾利斯）、圣保罗论坛第 22 次会议
（6 月，在萨尔瓦多首都圣萨尔瓦多市）、拉美加勒比共产党与革命党会
议（8 月，在秘鲁首都利马市）、第三次拉美进步会见（9 月，在厄瓜多
尔首都基多市）等。左翼政党和组织召开的这些会议对拉美地区政治形
势做了分析，并为左翼政党和今后的斗争指出了方向。

　　最后，十分感谢中国社会科学出版社的领导，特别是张林同志对本
项目的出版的大力支持。

徐世澄

2016 年 12 月 30 日